# Kontrolle von Minde

Gerhard Bosch · Frederic Hüttenhoff ·
Claudia Weinkopf

# Kontrolle von
# Mindestlöhnen

 Springer VS

Gerhard Bosch
Institut Arbeit und Qualifikation
Universität Duisburg-Essen
Duisburg, Deutschland

Frederic Hüttenhoff
Institut Arbeit und Qualifikation
Universität Duisburg-Essen
Duisburg, Deutschland

Claudia Weinkopf
Institut Arbeit und Qualifikation
Universität Duisburg-Essen
Duisburg, Deutschland

ISBN 978-3-658-26805-3          ISBN 978-3-658-26806-0   (eBook)
https://doi.org/10.1007/978-3-658-26806-0

Die Deutsche Nationalbibliothek verzeichnet diese Publikation in der Deutschen Nationalbibliografie; detaillierte bibliografische Daten sind im Internet über http://dnb.d-nb.de abrufbar.

Springer VS
Verantwortlich im Verlag: Cori Antonia Mackrodt

Springer VS ist ein Imprint der eingetragenen Gesellschaft Springer Fachmedien Wiesbaden GmbH und ist ein Teil von Springer Nature.
Die Anschrift der Gesellschaft ist: Abraham-Lincoln-Str. 46, 65189 Wiesbaden, Germany

# Inhaltsverzeichnis

**1  Einleitung**................................................. 1
   Literatur................................................. 13

**2  Wirkungen des gesetzlichen Mindestlohns – Bisherige
   Erkenntnisse**........................................... 15
   2.1  Besonderheiten des gesetzlichen Mindestlohns
        in Deutschland....................................... 15
   2.2  Positive Auswirkungen auf die Löhne – aber noch
        erhebliche Durchsetzungsdefizite ....................... 21
        2.2.1  Hohe Lohnsteigerungen in den unteren
               Einkommensdezilen............................. 22
        2.2.2  Positive Sekundärwirkungen bis in die Mitte
               der Einkommensverteilung ...................... 25
   2.3  Keine negativen Beschäftigungseffekte.................... 29
   2.4  Schlussfolgerungen ................................... 33
   Literatur................................................. 34

**3  Wechselwirkungen zwischen Mindest- und Tariflöhnen**........... 37
   3.1  Internationale Befunde zur Interaktion
        von Mindest- und Tariflöhnen .......................... 39
   3.2  Typologie der Wechselwirkungen von
        Mindest- und Tariflöhnen.............................. 42
   3.3  Vom „Autonomen Tarifsystem" zu einem
        gemischten Lohnsystem................................ 46
   3.4  Wechselwirkungen zwischen Mindest- und Tariflöhnen
        auf der Branchenebene................................ 51
   3.5  Fazit und Schlussfolgerungen .......................... 62
   Literatur................................................. 64

**4   Durchsetzung von Arbeitsstandards – die
      internationale Literatur** ...................................  69
  4.1   Hintergründe und Ursachen von wachsenden
      Durchsetzungsproblemen. ..............................  71
  4.2   Kontrollinstrumente und -strategien .......................  79
      4.2.1   Kontrolle oder Überzeugung? .....................  80
      4.2.2   Reaktive und proaktive Kontrolle ..................  83
      4.2.3   Partizipative Kontrollstrategien ....................  85
      4.2.4   Grenzen der Selbstverpflichtung ...................  86
  4.3   Auf dem Weg zu strategischer Kontrolle ...................  89
  4.4   Schlussfolgerungen .....................................  93
  Literatur. ...............................................  95

**5   Kontrolle von Mindestlöhnen in Deutschland** ..................  101
  5.1   Die Finanzkontrolle Schwarzarbeit:
      Aufgaben und Befugnisse .............................  104
  5.2   Die organisatorische Struktur der FKS ....................  106
  5.3   Strategische Vorgehensweise und Kooperationen ..............  112
  5.4   Kontrolle, Aufdeckung von Verstößen,
      Sanktionen und Durchsetzung ..........................  120
  5.5   Kontrollen und Rechtsdurchsetzung in Europa ...............  131
  5.6   Zusammenfassung und Schlussfolgerungen ..................  133
  Literatur. ...............................................  137

**6   Das Bauhauptgewerbe** .....................................  141
  6.1   Strukturelle Entwicklungen des Bauhauptgewerbes ............  144
  6.2   Industrielle Beziehungen und Tarifpolitik ..................  149
      6.2.1   Arbeitgeberverbände und Gewerkschaften ............  150
      6.2.2   Tarifbindung. ................................  151
      6.2.3   Die Sozialkassen im Bauhauptgewerbe ..............  152
      6.2.4   Tarifliche Regelungen zur Entlohnung. ..............  156
      6.2.5   Tarifliche Mindestlöhne und Lohnverteilung. ...........  158
      6.2.6   Einfluss des gesetzlichen Mindestlohns auf das
            Bauhauptgewerbe. ...........................  162
      6.2.7   Bauspezifische Arbeitsmarktpolitik ................  165
  6.3   Einhaltung der Mindestlöhne sowie Aufdeckung und
      Sanktionierung von Verstößen ..........................  166
      6.3.1   Verstöße und Umgehungsstrategien. ................  167
      6.3.2   Besondere Kontrollmaßnahmen der Sozialpartner .......  171
      6.3.3   Die Generalunternehmerhaftung in Deutschland. ........  176

6.4 Kontrollinstrumente im europäischen Baugewerbe............. 178
    6.4.1 Delegation der Kontrollen an die Sozialpartner
        im Schweizer Bauhauptgewerbe..................... 179
    6.4.2 Die Kontrolle des Kollektivvertrags
        im österreichischen Baugewerbe..................... 182
6.5 Zusammenfassung und Schlussfolgerungen.................. 185
Literatur................................................ 187

**7 Fleischwirtschaft**........................................ 191
7.1 Strukturwandel der Branche und Beschäftigungsentwicklung .... 193
7.2 Industrielle Beziehungen und Tarifpolitik................... 199
7.3 Werkverträge als Geschäftsmodell......................... 202
7.4 Maßnahmen zur Verbesserung der Löhne
    und Arbeitsbedingungen ................................ 207
7.5 Einhaltung des Mindestlohns und Umgehungsstrategien ........ 223
7.6 Kontrollen ........................................... 225
7.7 Zusammenfassung und Schlussfolgerungen.................. 226
Literatur................................................ 230

**8 Hotel- und Gaststättengewerbe**............................. 237
8.1 Betriebe, Beschäftigung und Umsätze...................... 240
    8.1.1 Veränderungen der Beschäftigtenstruktur .............. 243
    8.1.2 Beschäftigungsentwicklung........................ 245
    8.1.3 Besonderheiten und Entwicklungstrends in den
        Teilbranchen des Gastgewerbes..................... 246
8.2 Industrielle Beziehungen ................................ 247
    8.2.1 Arbeitgeberverbände und Gewerkschaften ............. 248
    8.2.2 Tarifbindung...................................... 248
    8.2.3 Betriebliche Interessenvertretung.................... 250
    8.2.4 Allgemeinverbindlicherklärungen im Gastgewerbe....... 251
    8.2.5 Tariflohnstruktur im Gastgewerbe und in der
        Systemgastronomie ............................... 253
8.3 Arbeitsbedingungen..................................... 258
8.4 Entwicklungen im Zuge der Mindestlohneinführung .......... 260
8.5 Ansatzpunkte und Strategien zur Umgehung
    des Mindestlohns....................................... 266
8.6 Kontrollen ............................................ 268
8.7 Fazit und Schlussfolgerungen ............................ 269
Literatur................................................ 271

**9    Zusammenfassung und Schlussfolgerungen**.................... 277
9.1   Durchsetzung von Arbeitsstandards – die
      internationale Literatur.................................. 280
9.2   Erhebliche Umsetzungsprobleme beim
      gesetzlichen Mindestlohn................................. 284
9.3   Wechselwirkungen zwischen Mindest- und Tariflöhnen......... 287
9.4   Lehren aus den Branchenstudien........................... 289
9.5   Wirksamkeit der Kontrollen durch die Finanzkontrolle
      Schwarzarbeit........................................... 298
9.6   Reformvorschläge ....................................... 302
Literatur..................................................... 309

# Einleitung

1

Deutschland galt lange Zeit als ein Land mit vergleichsweise geringer sozialer Ungleichheit und hoher Beschäftigungssicherheit. Die Produktivitätszuwächse wurden prozentual gleichmäßig verteilt, sodass die Einkommensverteilung stabil blieb und alle Bevölkerungsschichten vom wirtschaftlichen Wachstum profitierten. Die Entgelte wurden von starken Sozialpartnern autonom auf Branchenebene ausgehandelt. Die meisten Beschäftigten wurden nach Tarif bezahlt und Betriebe ohne Tarifbindung orientierten sich weitgehend an den Verhandlungsergebnissen.

Seit Mitte der 1990er Jahre hat sich die traditionelle Verknüpfung von wirtschaftlicher Effizienz und gesellschaftlicher Solidarität jedoch deutlich abgeschwächt, was auch die Ordnung auf dem deutschen Arbeitsmarkt beeinträchtigt hat. Unsichere und schlecht bezahlte Beschäftigungsverhältnisse haben stark an Bedeutung gewonnen. Der Niedriglohnsektor ist auf fast ein Viertel aller Beschäftigten gewachsen, was deutlich über dem Niedriglohnanteil in den meisten anderen europäischen Ländern liegt (Eurostat 2016). Durch die zunehmende Fragmentierung von Unternehmen und eine starke Ausbreitung prekärer Beschäftigungsformen haben sich auf dem deutschen Arbeitsmarkt große Zonen ohne Tarifbindung, mit schwachen Gewerkschaften und einer geringen Präsenz betrieblicher Interessenvertretungen ausgebreitet, in denen die Unternehmen die Arbeitsbedingungen einseitig festlegen können.

Vor allem die Gewerkschaften im Gastgewerbe und im Dienstleistungsbereich hatten früh erlebt, dass es in ihren Organisationsbereichen immer schwieriger wurde, auskömmliche Tariflöhne auszuhandeln oder überhaupt Tarifabschlüsse zu erreichen, und sprachen sich als erste für die Einführung eines gesetzlichen Mindestlohns in Deutschland aus. Die besser organisierten Industriegewerkschaften haben deutlich länger gebraucht, bis auch sie die Notwendigkeit eines gesetzlichen Mindestlohns anerkannten, weil der Niedriglohnsektor durch die

© Springer Fachmedien Wiesbaden GmbH, ein Teil von Springer Nature 2019
G. Bosch et al., *Kontrolle von Mindestlöhnen*,
https://doi.org/10.1007/978-3-658-26806-0_1

zunehmende Auslagerung von Tätigkeiten in Leiharbeit oder Subunternehmen auch an ihrer Mitgliedschaft nagte. Nach langen innergewerkschaftlichen Diskussionen sprach sich der DGB-Bundeskongress im Mai 2006 dafür aus, in Deutschland einen gesetzlichen Mindestlohn von 7,50 € pro Stunde einzuführen. Im Jahr 2010 wurde die Forderung auf 8,50 € erhöht.

Es hat noch mehrere Jahre gedauert, bis es der SPD in den Koalitionsverhandlungen nach der Bundestagswahl 2013 gelungen ist, die Einführung eines gesetzlichen Mindestlohns in Höhe von 8,50 € zum 1. Januar 2015 durchzusetzen. Da der gesetzliche Mindestlohn so spät kam und der Lohnunterbietungswettbewerb in Deutschland fast 20 Jahre lang die soziale Marktwirtschaft untergraben konnte, handelte es sich hierbei nicht um einen kleineren kosmetischen Eingriff, sondern um eine der größten Sozialreformen der Nachkriegszeit. Da das Lohnsystem nach unten stark ausgefranst war, hatten etwa 15 % aller Beschäftigten in Deutschland im Zuge der Mindestlohneinführung Anspruch auf teils kräftige Erhöhungen ihrer Stundenlöhne (Weinkopf 2018).

Die Einführung des gesetzlichen Mindestlohns zielte darauf ab, „angemessene Arbeitsbedingungen für Arbeitnehmerinnen und Arbeitnehmer sicherzustellen" (Deutscher Bundestag 2014, S. 26), und ihrem Schutzbedarf Rechnung zu tragen. Die zunehmende Fragmentierung der Arbeitswelt macht die Ordnung des Arbeitslebens immer schwieriger und herausfordernder: „Insbesondere im Bereich einfacher Tätigkeiten sind die Tarifvertragsparteien oftmals nicht selbst in der Lage, Arbeitnehmerinnen und Arbeitnehmer zu schützen, was zu unangemessen niedrigen Löhnen führt." (Deutscher Bundestag 2014, S. 26) Weiter heißt es im Gesetz, dass der Mindestlohn dazu beitragen soll, faire und funktionierende Wettbewerbsbedingungen zu schaffen und die sozialen Sicherungssysteme zu stabilisieren. Geschäftsmodelle, die nur funktionieren, wenn extrem niedrige Löhne gezahlt werden, sollen nachhaltig unterbunden werden.

Einen wesentlichen Teil des Mindestlohngesetzes machen Vorschriften zur Kontrolle der Einhaltung des gesetzlichen Mindestlohns aus. Zu diesem Zweck kann der Zoll als zuständige Kontrollbehörde Einsicht in alle relevanten Unterlagen nehmen. In einigen Branchen mit hohen Anteilen von prekären Beschäftigungsformen und illegalen Praktiken wie z. B. der Bau- und Fleischwirtschaft sowie dem Gastgewerbe sind die Unternehmen verpflichtet, Beginn und Ende der Arbeitszeit ihrer Beschäftigten aufzeichnen, und diese Unterlagen für zwei Jahre aufbewahren. Dies gilt branchenübergreifend auch für alle Minijobber_innen (mit Ausnahme derjenigen, die in Privathaushalten tätig sind), weil in dieser Beschäftigungsform geringe Stundenlöhne besonders weit verbreitet sind (Kalina und Weinkopf 2017, 2018). Falls Nachunternehmen ihren Zahlungsverpflichtungen der Nettolöhne und Sozialbeiträge nicht nachkommen, können die Auftraggeber dafür haftbar gemacht werden. Bußgelder können bis zu einer Höhe von 500.000 € verhängt werden, und bei Geldbußen von 250.000 € oder mehr können Unternehmen zeitweilig von öffentlichen Ausschreibungen ausgeschlossen werden (Bosch 2015, S. 178).

Die Festlegung, Kontrolle und Durchsetzung von Lohnuntergrenzen war in Deutschland lange Zeit ausschließlich Aufgabe der Tarifpartner und betrieblichen Interessenvertretungen gewesen. Dies änderte sich erst mit der Verabschiedung des Arbeitnehmer-Entsendegesetzes (AEntG) im Jahr 1996, mit dem der Staat die Aufgabe übernahm, die Einhaltung der Branchenmindestlöhne im Baugewerbe zu kontrollieren, Verstöße gegen diese Lohnuntergrenzen zu sanktionieren und die korrekte Abführung von Sozialversicherungsbeiträgen durchzusetzen. Der Prüfauftrag bei der Lohnzahlung beschränkte sich zunächst auf die dem Staat oder den Sozialversicherungen zustehenden Beiträge und Steuern. Mit der Ausweitung des AEntG auf mehr Branchen ab 2007 und insbesondere mit der Einführung des gesetzlichen Mindestlohns im Jahr 2015 haben sich die Aufgaben des Zolls (Finanzkontrolle Schwarzarbeit – FKS) nochmals deutlich erweitert.

Damit sind wir bereits mitten im Thema dieses Buches angekommen: Die ältere Literatur zu Kontrollen von Mindestarbeitsbedingungen und Mindestlöhnen war eine eng begrenzte Fachliteratur, die sich fast ausschließlich mit der konkreten Durchführung von Kontrollen befasste. Dieser enge Horizont reicht heute nicht mehr aus, weil die notwendigen Kontrollen durch die Zergliederung der Unternehmen und zahlreiche neue Beschäftigungsformen und Geschäftsmodelle immer komplexer und auch aufwendiger geworden sind. Wo man früher überwiegend integrierte Unternehmen mit meist homogenen oder jedenfalls wenig ausdifferenzierten Belegschaften vorfand, ist man heute mit einer großen Vielfalt von Arbeitsverhältnissen mit jeweils sehr unterschiedlichen Regelungen konfrontiert. Die Kontrollerfordernisse und der damit verbundene Aufwand haben sich dadurch exponentiell erhöht.

Das ausgeprägte Machtgefälle zwischen Unternehmen und Belegschaften erschwert und verkompliziert nicht nur die Durchführung von Kontrollen, sondern auch deren Effektivität und Effizienz. Wertschöpfungsketten werden auf der einen Seite zunehmend mit Unterstützung digitaler Technologien gesteuert, während auf der anderen Seite teils noch „händische" Kontrollen von einzelnen Unternehmen und deren Beschäftigten üblich sind. Dabei geht es seit langem nicht mehr nur um eine sicherlich notwendige Flexibilität für Betriebe, sondern oftmals auch um eine systematische Verschlechterung der Arbeitsbedingungen und auch um das Unterlaufen früher gut funktionierender Kontrollmechanismen oder -gremien wie etwa betrieblichen Interessenvertretungen. Neue Herausforderungen und Dimensionen resultieren dabei insbesondere auch aus der

organisierten und oftmals grenzüberschreitenden Kriminalität. Die großen Lohnunterschiede in der EU, die sehr unterschiedlichen Interessenlagen zwischen
Hoch- und Niedriglohnländern sowie die unzureichende oder teils auch überhaupt
nicht funktionierende Vollstreckung von Bußgeldern und Strafen über Länder-
grenzen hinweg laden geradezu dazu ein.

Die deutliche Erweiterung der staatlichen Aufgaben bei der Kontrolle von
Mindestarbeitsbedingungen sowie der Verpflichtung für Unternehmen, gesetzliche oder auch höhere branchenbezogene Mindestlöhne einzuhalten, wirft in
Deutschland eine ganze Reihe von Fragen auf: Wie kann die Einhaltung von
Mindestlöhnen und Mindestarbeitsbedingungen in der Praxis wirksam kontrolliert und auch nachhaltig durchgesetzt werden? Welche Strategien können dazu
beitragen, den Grad der Einhaltung von Mindestlöhnen spürbar zu erhöhen? Welche Regelungen und Mechanismen erscheinen besonders geeignet, Unternehmen
dazu zu bringen, innerhalb ihrer Subunternehmensketten selbst dafür zu sorgen,
dass Mindestarbeitsbedingungen und Mindestlöhne eingehalten werden? Welche
weiteren Akteure sollten oder könnten hieran mitwirken und welche Maßnahmen
erscheinen besonders erfolgversprechend?

Für Deutschland liegen hierzu bislang kaum Erkenntnisse vor. Aus der ein-
schlägigen internationalen Forschung ist jedoch bekannt, dass effiziente und
effektive Kontrollen von Lohnstandards keineswegs selbstverständlich sind. Eine
unzureichende Kontrolldichte kann beabsichtigt sein, wenn Kontrollen als über-
flüssige bürokratische Hürden für Unternehmen angesehen werden. In diesem
Fall fehlt der Kontrollwille, was eine Form der Deregulierung des Arbeitsmarktes
ist. Die bewusste Inkaufnahme ineffizienter Kontrollstrukturen soll den Unternehmen signalisieren, dass sie keine harten Sanktionen fürchten müssen. Aber
selbst wenn der Kontrollwille ausgeprägt ist, sind die Effizienz und Effektivität von Kontrollen noch nicht garantiert. Sie können durch fehlende Kenntnisse
von möglichen Umgehungsstrategien, unzureichende rechtliche Instrumente,
eine mangelnde Ausstattung und ineffiziente Strukturen der Kontrollbehörden,
eine geringe Bereitschaft zur Kooperation sowie wenig wirkungsvolle Kontrollstrategien geschwächt werden.

Hier setzte unsere Untersuchung an. Mit den seit 1997 sukzessive eingeführten
Branchenmindestlöhnen und insbesondere mit der Einführung des gesetzlichen
Mindestlohns im Jahr 2015 wurde in Deutschland Neuland betreten, die auch
Lücken in der Forschung offengelegt haben. Die Auswirkungen von branchenbezogenen Mindestlöhnen auf die Beschäftigung, die Arbeitsbedingungen und
die Wettbewerbssituation sind zwar vor einigen Jahren bereits umfassend evaluiert worden (Bosch und Weinkopf 2012), und auch zur Um- und Durchsetzung
des gesetzlichen Mindestlohns in Deutschland liegen bereits erste Erkenntnisse

vor, die unerwartet hohe Compliance-Probleme aufgedeckt haben (Burauel et al. 2017; Pusch 2018). Zu den Kontrollen des gesetzlichen Mindestlohns in Deutschland liegen demgegenüber bislang noch keine empirischen Forschungsarbeiten vor. Unsere Studie zielte darauf ab, diese Lücke schließen. Vorliegende Studien aus anderen Ländern – insbesondere zum gesetzlichen Mindestlohn in Großbritannien (vgl. die zahlreichen Studien der Low Pay Commission bzw. der von ihr geförderten Forschungsarbeiten) sowie die wegweisenden Arbeiten von David Weil in den USA – haben ergeben, dass für eine hohe Compliance wirkungsvolle staatliche Kontrollen wichtig sind und dass auch der Ausgestaltung und Umsetzung von Kontrollstrategien und Sanktionen eine hohe Bedeutung zukommt.

In Deutschland ist die Finanzkontrolle Schwarzarbeit (FKS) nicht nur für die Kontrolle der Einhaltung von Mindestlöhnen und Mindestarbeitsbedingungen zuständig, sondern auch für die Prüfung einer ganzen Reihe weiterer Aspekte wie z. B. die korrekte Abführung von Steuern und Sozialabgaben. Die deutliche Ausweitung des Aufgabenbereichs der FKS im Zuge der Einführung des gesetzlichen Mindestlohns hat sich in der Praxis zunächst nicht in einer steigenden Zahl von Kontrollen in Deutschland niedergeschlagen – im Gegenteil: Die Zahl der Kontrollen lag in den Jahren 2015, als der Mindestlohn eingeführt wurde, und insbesondere 2016 erheblich niedriger als in den Jahren vor der Mindestlohneinführung. Erst in den beiden dann folgenden Jahren ist die Zahl der Kontrollen wieder gesteigert worden. Ebenso wenig ist es der FKS bislang gelungen, die Zahl der Kontrollkräfte so zu erhöhen, wie es angesichts des stark gewachsenen Bedarfs an Kontrollkapazitäten nach Einführung des gesetzlichen Mindestlohns angemessen und notwendig gewesen wäre.

Die internationale Mindestlohnforschung legt außerdem nahe, dass bei der Einhaltung von Mindestlöhnen dem so genannten „Self-Enforcement" eine hohe Bedeutung zukommt. Damit ist gemeint, dass die Mindestlohnregelungen möglichst einfach und transparent sein sollen. Beschäftigte und Unternehmen müssen wissen, wie hoch der Mindestlohn ist und welche Zulagen oder sonstigen Zahlungen auf den Mindestlohnanspruch angerechnet werden dürfen oder nicht. Der deutsche Gesetzgeber hat es jedoch versäumt bzw. ausdrücklich darauf verzichtet, hierzu im Mindestlohngesetz detaillierte Regelungen zu treffen.

Die Frage der Anrechenbarkeit von Zuschlägen und Sonderzahlungen auf den Mindestlohnanspruch wurde vielmehr der Rechtsprechung überlassen. Das Bundesarbeitsgericht hat inzwischen in mehreren Urteilen entschieden, dass die meisten Sonderzahlungen und Zulagen auf den Mindestlohn angerechnet werden dürfen, was nach Einschätzung von Fechner und Kocher (2018) der ursprünglichen Absicht des Gesetzgebers widerspricht. Die unzureichende Präzisierung des (gesetzlichen) Mindestlohns erschwert die Um- und Durchsetzung auch insofern, als Ansprüche nicht unmittelbar aus dem Gesetz oder Tarifvertrag erkennbar sind, sodass Beschäftigte oft nicht wissen, welche Abzüge vom Mindestlohn zulässig sind und welche nicht. Dies führt in der Konsequenz dazu, dass Beschäftigte Schwierigkeiten haben, selbst zu beurteilen, ob ihr Arbeitgeber den Mindestlohn einhält oder nicht. Von hoher Bedeutung sind dafür klare Regelungen, was zur Arbeitszeit zählt, und eine korrekte Erfassung der geleisteten Arbeitszeiten der Beschäftigten in den Unternehmen (Skidmore 1999).

Weitere wichtige Punkte sind die Kontrolldichte und Kontrolltiefe sowie spürbare Sanktionen bei Verstößen gegen den Mindestlohn. Im Idealfall sollten die Geldstrafen bei Nicht-Einhaltung von Mindestlöhnen für die Unternehmen höher sein als Kosten bei deren Einhaltung. Da die Zahl der staatlichen Kontrollen nicht beliebig gesteigert werden kann, sind darüber hinaus wirksame Anreize für Unternehmen erforderlich, selbst dafür zu sorgen, dass auch in ihren Subunternehmerketten Mindeststandards zur Entlohnung und zu Arbeitsbedingungen eingehalten werden.

Vieles spricht dafür, dass die Durchsetzung und Einhaltung von Mindeststandards zur Entlohnung am besten gelingen, wenn sie präventiv im gesamten System verankert sind und durch eine ausreichende Zahl von effektiven Kontrollen flankiert werden. Dies kann durch weitere Maßnahmen wie z. B. automatisierte Plausibilitätsprüfungen von Lohnabrechnungen, wie sie z. B. von den Sozialkassen im deutschen Baugewerbe zur Prüfung der Einhaltung von Mindestlöhnen vorgenommen werden, unterstützt werden.

In Abhängigkeit von den jeweiligen Strukturen und Bedingungen auf der Ebene einzelner Branchen stellen sich in Deutschland ganz unterschiedliche Herausforderungen bei der Kontrolle, Durchsetzung und Einhaltung von Mindestlöhnen. Eine wichtige Funktion bei der Durchsetzung von Mindestlöhnen auf der betrieblichen Ebene haben die betrieblichen Interessenvertretungen. Da aber viele der Beschäftigten, die weniger als den aktuellen gesetzlichen Mindestlohn erhalten, in Betrieben tätig sind, in denen es keine betrieblichen Interessenvertretungen gibt, stellte sich auch die Frage, wie die individuelle Durchsetzung des Mindestlohnanspruchs unterstützt und gewährleistet werden kann. Im Unterschied zu einigen Nachbarländern werden Beschäftigte in Deutschland bislang nicht bei der Durchsetzung vorenthaltener Mindestlohnansprüche unterstützt, sondern müssen ihre Ansprüche selbst gerichtlich einfordern. Dieser Weg wird bislang aber offenbar nur selten beschritten, was z. B. mit der Angst vor dem Verlust des Arbeitsplatzes, dem Kostenrisiko oder auch zweifelhaften Erfolgsaussichten zusammenhängen kann.

Im Anschluss an die bisherigen Erkenntnisse der internationalen Forschungs-
literatur zu Mindestlohnkontrollen haben wir in unserer Untersuchung ein
besonderes Augenmerk auf die Politik-Integration gerichtet, also die Kooperation
von unterschiedlichen Institutionen und Akteuren sowie möglichen Ursachen und Hintergründen für eine geringe Bereitschaft oder auch Möglichkeit
zur Kooperation. Auf der Basis von vorliegenden Studien, aber auch und insbesondere im Rahmen von Interviews mit Expert_innen in Deutschland und einigen Nachbarländern sind wir der Frage nachgegangen, was gut oder weniger gut
funktioniert. Besonders interessiert haben uns Ansätze, die von den jeweiligen
Akteuren als erfolgversprechend im jeweils spezifischen nationalen Kontext bzw.
auf einzelne Branchen bezogen eingeschätzt wurden. Da für Deutschland bislang
kaum Forschungsarbeiten zu den staatlichen Kontrollen und Ansatzpunkten zur
Erhöhung ihrer Effektivität und Effizienz vorliegen, sind wir davon ausgegangen,
dass man viel von anderen Ländern lernen kann.

**Auswahl der Untersuchungsbranchen**
Aufgrund der hohen Heterogenität der Bedingungen und Strukturen zwischen
den Branchen in Deutschland und um branchenspezifische Besonderheiten
berücksichtigen zu können, haben wir uns dafür entschieden, unsere empirische
Untersuchung auf drei ausgewählte Branchen zu konzentrieren, die sich u. a. hinsichtlich ihrer Erfahrungen mit branchenbezogenen Mindestlohnregelungen bzw.
der „Betroffenheit" von der Einführung des gesetzlichen Mindestlohns sowie
ihrer Beschäftigtenstruktur unterscheiden: das Bauhauptgewerbe, die Fleischwirtschaft und das Gastgewerbe.

Diese Branchen zählen auch zu den in § 2a Schwarzarbeitsbekämpfungsgesetz namentlich aufgeführten Branchen, in denen Arbeitgeber und Entleiher
nach § 17 Mindestlohngesetz verpflichtet sind, „Beginn, Ende und Dauer der täglichen Arbeitszeit der Arbeitnehmerinnen und Arbeitnehmer aufzuzeichnen und
diese Aufzeichnungen mindestens zwei Jahre aufzubewahren". Hintergrund ist,
dass sie aufgrund der überwiegend kleinbetrieblichen Strukturen stark fragmentiert sind und Beschäftigungsformen mit hohen Niedriglohnanteilen und geringer
Verhandlungsmacht der Beschäftigten wie insbesondere Minijobs, Werkverträge,
Scheinselbstständige und entsandte Beschäftigte aus Mittel- und Osteuropa eine
besondere Rolle spielen.

Für die Einbeziehung des *Bauhauptgewerbes* sprach u. a., dass in dieser Branche bereits seit 1997 branchenbezogene Mindestlöhne gelten, die weit über dem
gesetzlichen Mindestlohn liegen. Darüber hinaus verfügt die Branche über eine
Reihe von besonderen Institutionen und Mechanismen, die darauf abzielen, die
Einhaltung der Mindestlöhne besser überprüfen und auch durchsetzen zu können.

Das *Gastgewerbe* haben wir ausgewählt, weil es vor der Einführung des gesetzlichen Mindestlohns eine der großen Branchen mit dem höchsten Anteil von Beschäftigten mit Stundenlöhnen von 8,50 € aufwies, und damit von der Einführung des gesetzlichen Mindestlohns in einem besonders hohen Maß betroffen war. Außerdem ist fast die Hälfte der Beschäftigten der Branche in Minijobs tätig, die als besonders anfällig nicht nur für Unterschreitungen des Mindestlohns gelten, sondern auch dafür, dass Betriebe ihnen gesetzlich geregelte Ansprüche auf bezahlten Urlaub, Lohnfortzahlung im Krankheitsfall und für Feiertage häufig nicht gewähren.

Die *Fleischwirtschaft* wurde in die Untersuchung einbezogen, weil die Branche wegen besonders niedriger Löhne und schlechter Arbeitsbedingungen insbesondere für entsandte Beschäftigte aus Mittel- und Osteuropa, die bei Werkvertragsunternehmen tätig sind, seit Jahren unter massiver Kritik steht. Erst im Januar 2014 haben sich die regionalen Arbeitgeberverbände der Fleischwirtschaft und die Gewerkschaft NGG darauf verständigt, ab August 2014 einen branchenbezogenen Mindestlohn einzuführen.

Tab. 1.1 gibt einen Überblick zu zentralen Kennzahlen und weiteren Besonderheiten der drei untersuchten Branchen.

Im *Bauhauptgewerbe* arbeiten ganz überwiegend männliche Vollzeitbeschäftigte, wobei es vor allem in Berlin auch eine auffällig hohe Zahl von Teilzeitbeschäftigungsverhältnissen und Minijobs gibt, was nach Einschätzung der Sozialkasse des Berliner Baugewerbes ein deutlicher Hinweis auf einen beachtlichen Anteil von (Teil-)Schwarzarbeit ist. Der durchschnittliche Stundenlohn von Vollzeitbeschäftigten im Baugewerbe ist weitaus höher als in den anderen beiden Branchen, was auch mit den vergleichsweise hohen Mindestlöhnen zusammenhängen dürfte. Außerdem ist die Tarifbindung im Bauhauptgewerbe deutlich höher als in den anderen beiden Branchen (vgl. auch Kap. 6 und Tab. 9.1 im Schlusskapitel).

In der *Fleischwirtschaft* sind fast die Hälfte der Beschäftigten Frauen, was auf den ersten Blick überraschend erscheint, aber vermutlich damit zusammenhängt, dass viele weibliche Beschäftigte vor allem im eher kleinbetrieblich strukturierten Bereich der Fleischereifachgeschäfte sowie in der Weiterverarbeitung und Verpackung von Fleischwaren tätig sind. Der durchschnittliche Stundenlohn in der Fleischwirtschaft ist deutlich niedriger als im Bauhauptgewerbe und dürfte überdies nur für diejenigen gelten, die bei den Fleischunternehmen direkt angestellt sind. Von den bei den größeren Unternehmen tätigen Arbeitskräften stehen jedoch immer noch gut die Hälfte bei Werkvertrags- oder Zeitarbeitsfirmen unter Vertrag, die meist deutlich geringere Stundenlöhne zahlen (vgl. Kap. 7).

**Tab. 1.1** Die Untersuchungsbranchen im Vergleich (Stand: 2017)

| | Bauhauptgewerbe | Fleischwirtschaft | Gastgewerbe |
|---|---|---|---|
| Beschäftigtenzahl insgesamt | 817.415 | 197.912 | 2.063.663 |
| Anteil der Vollzeitbeschäftigten | 83,2 % | 65,7 % | 27,7 % |
| Anteil der Beschäftigten in sozialversicherungspflichtiger Teilzeit | 9,2 % | 16,1 % | 23,8 % |
| Anteil der Minijobber_innen | 7,5 % | 18,3 % | 48,5 % |
| Frauenanteil an allen Beschäftigten | 11,4 % | 49,6 % | 58,7 % |
| Frauenanteil bei Minijobs | 31,7 % | 66 % | 62 % |
| Art des Mindestlohns | Tariflich | Tariflich[a]/gesetzlich | Gesetzlich |
| Betroffenheit vom Mindestlohn | 23,5 % der Beschäftigten in den Lohngruppen 1 und 2 | Besonders hoch bei Beschäftigten, die bei Werkvertragsfirmen angestellt sind[b] | Hoch – über 50 % der Beschäftigten verdienten 2014 weniger als 8,50 € |
| Durchschnittlicher Stundenlohn von Vollzeitbeschäftigten (ohne Sonderzahlungen) | 22,03 € | 15,32 € | 13,78 € |
| Niedriglohnanteil | Gering | Hoch | Hoch |
| Anteil von Kleinbetrieben mit unter 10 Beschäftigten | 72,7 % | 65,7 % | 83,8 % |

[a]Seit 2018 gilt in der Fleischwirtschaft nur noch der gesetzliche Mindestlohn
[b]Hierbei handelt es sich oftmals um Arbeitskräfte aus Mittel und Osteuropa, die vor der Umstellung auf deutsche Arbeitsverhältnisse im Jahr 2016 (in Folge der freiwilligen Selbstverpflichtung der größeren Unternehmen von September 2015) als entsandte Arbeitskräfte bei ausländischen Werkvertragsunternehmen tätig waren
Quelle: Eigene Zusammenstellung nach Bundesagentur für Arbeit (2018); Statistisches Bundesamt (2018); Weinkopf (2018)

Im *Gastgewerbe* ist der durchschnittliche Stundenlohn für Vollzeitbeschäftigte am niedrigsten. Da nur gut ein Viertel aller Beschäftigten im Gastgewerbe in Vollzeit tätig sind, dürften die tatsächlich gezahlten Stundenlöhne angesichts des hohen Anteils von Teilzeitbeschäftigten und vor allem von Minijobber_innen noch deutlich niedriger liegen. Hintergrund ist auch die geringe Tarifbindung in der Branche (vgl. Kap. 8).

**Methodik der Untersuchung**
Methodisch stützte sich unsere Untersuchung zum einen auf umfangreiche Literatur-, Presse- und Internetrecherchen. Zum anderen haben wir zahlreiche persönliche Interviews mit Expert_innen von Arbeitgeberverbänden und Gewerkschaften, Betriebsräten, Unternehmen (Management, Personalabteilungen), Sozialkassen, beim Zoll und der Deutschen Rentenversicherung sowie Beratungsstellen wie z. B. „Faire Mobilität" geführt. Insgesamt haben wir 63 Interviews mit 102 Personen geführt, die wir teilweise im Verlauf der Studie auch mehrfach befragt haben. Die Dauer der Interviews lag zwischen einer und vier Stunden. Die Interviews wurden gänzlich oder in wesentlichen Teilen transkribiert und anschließend bezogen auf unsere zentralen Fragestellungen inhaltsanalytisch ausgewertet.

Von besonderem Interesse waren für uns dabei übergreifende oder auch branchenspezifisch unterschiedliche Umgehungsstrategien sowie die Identifikation von strategischen Ansatzpunkten für eine wirksamere Kontrolle und Durchsetzung von Mindestlöhnen.

**Gliederung des Buches**
In Kap. 2 geben wir einen Überblick zum Stand der bisherigen Umsetzung des gesetzlichen Mindestlohns in Deutschland und gehen dabei insbesondere auch auf bislang vorliegende Erkenntnisse aus ersten ökonomischen Studien zu den Auswirkungen des Mindestlohns auf Löhne und Beschäftigung ein. Die bislang vorliegenden Studien und Auswertungen zur Einhaltung und Durchsetzung des gesetzlichen Mindestlohns haben ergeben, dass die Einhaltung des gesetzlichen Mindestlohns noch nicht flächendeckend gewährleistet ist. Vor allem in bestimmten prekären Beschäftigungsformen wie insbesondere Minijobs sowie in kleinen Betrieben bestehen offenbar noch erhebliche Defizite bei der Einhaltung und Durchsetzung des Mindestlohns.

In Kap. 3 stehen die Wechselwirkungen von Mindestlöhnen und dem Tarifsystem im Mittelpunkt. Aus internationalen Vergleichen wissen wir, dass Mindestlöhne bei hoher Tarifbindung – wenn sie überhaupt gebraucht werden – eine untere Auffanglinie für die Tarifpartner bieten, die für die meisten Beschäftigten aber höhere Löhne aushandeln. Ganz anders sieht es in Deutschland aus, wo erhebliche Unterschiede zwischen den Branchen bezogen auf die Tarifbindung, aber auch hinsichtlich der Höhe der Löhne, der Verbreitung von betrieblichen Interessenvertretungen und der industriellen Beziehungen bestehen. Deutlich überdurchschnittliche Anteile geringer Löhne finden sich vor allem in Branchen mit einer niedrigen Tarifbindung (z. B. Gastgewerbe, Landwirtschaft und Handel). Bis auf „Inseln" tarifgebundener Betriebe dominiert hier der Typus des *„isolierten Mindestlohns"*. Gerade in diesen Bereichen häufen sich auch die Unterschreitungen des gesetzlichen Mindestlohns. Dies deckt sich mit Ergebnissen von ländervergleichenden Analysen, die zeigen, dass die Tarifbindung offenbar einen deutlich stärkeren Einfluss auf den Umfang des Niedriglohnsektors hat als die Existenz oder Höhe eines gesetzlichen Mindestlohns. Eine Untersuchung von Schulten (2018) hat ergeben, dass der Anteil von tarifgebundenen Beschäftigten in den beiden unteren Einkommens-Quintilen im Jahr 2014 deutlich niedriger war als in den höheren drei Quintilen. Dies hängt auch damit zusammen, dass immer weniger Tarifverträge bzw. tarifliche Lohngruppen in Deutschland für allgemeinverbindlich erklärt werden.

In Kap. 4 fassen wir die Erkenntnisse aus der umfangreichen theoretischen wie auch empirischen internationalen Literatur zu Fragen von Compliance und Enforcement zusammen. Im Vordergrund der internationalen Literatur stehen Untersuchungen von staatlichen Kontrollbehörden, deren Instrumente und Strategien in den letzten Jahren weiter entwickelt worden sind. Dies war eine notwendige Reaktion auf wachsende Kontrollprobleme infolge der zunehmenden Fragmentierung von Unternehmen und der Ausdifferenzierung der Beschäftigungsformen. Neuere Arbeiten befassen sich insbesondere mit der Frage, wie man durch proaktive Strategien nachhaltige Verhaltensänderungen der Unternehmen bewirken kann – etwa durch eine systematische Einbindung anderer Akteure, vor allem von Arbeitnehmervertreter_innen, aber auch von lokalen Akteuren der Zivilgesellschaft, um die Informations- und Ressourcenbasis zu verbessern. Vor allem die wichtigen Arbeiten von Weil aus den USA verweisen darauf, dass man auch an der Spitze von Wertschöpfungsketten ansetzen und große Unternehmen in die Pflicht nehmen sollte, die Einhaltung von Arbeitsstandards in ihren Nachunternehmen selbst zu kontrollieren und durchzusetzen.

Kap. 5 liefert eine umfassende Beschreibung und Analyse des staatlichen Systems zur Kontrolle von Mindestlöhnen, zu den daran beteiligten Akteur_innen und Institutionen sowie zur strategischen Ausrichtung der Kontrollen. Die Verantwortlichkeit für Kontrollen und Sanktionen von Mindestlohnverstößen liegt in Deutschland in erster Linie bei der Finanzkontrolle Schwarzarbeit (FKS), aber auch andere Zusammenarbeitsbehörden wie z. B. die Deutsche Rentenversicherung sind hieran beteiligt. Grundlage der Prüfungen der FKS sind neben dem Mindestlohngesetz auch das Arbeitnehmer-Entsendegesetz, das Arbeitnehmerüberlassungsgesetz sowie das Schwarzarbeitsbekämpfungsgesetz mit einem Fokus auf der Einhaltung sozialversicherungsrechtlicher Bestimmungen. Ein zentrales Ergebnis unserer Studie bezogen auf die Kontrollen der FKS besteht darin, dass in Deutschland bislang keine koordinierte Strategie bei der Durchführung der Kontrollen von Mindestlöhnen erkennbar ist.

In den folgenden drei Kap. 6 bis 8 stehen die Branchen im Mittelpunkt, die wir im Rahmen unserer Studie untersucht haben. Von besonderem Interesse war hierbei u. a., welche Wirkungen die Einführung des gesetzlichen Mindestlohns im Gastgewerbe und in der Fleischwirtschaft entfaltet hat, und ob und inwieweit auf der Branchenebene spezifische Ansätze zur Kontrolle und Durchsetzung von Mindestlöhnen entwickelt worden sind.

Kap. 6 beschäftigt sich mit dem *Bauhauptgewerbe,* in dem bereits seit 1997 ein branchenbezogener Mindestlohn gilt. Demnach gibt es hier bereits deutlich umfangreichere Erfahrungen, welche Ansatzpunkte zur Durchsetzung und Einhaltung von Mindestlöhnen bestehen und wie Verstöße erfolgreich aufgedeckt bzw. unterbunden werden können. Die Branche verfügt mit den Sozialkassen und anderen branchenspezifischen Regelungen zudem über mehrere Institutionen und Mechanismen, die für die Durchsetzung und Kontrolle der Mindestlohneinhaltung hilfreich sind. Außerdem sind sich die Sozialpartner einig, dass wirksame Kontrollen zur Einhaltung der Mindestlöhne unabdingbar sind. Regelungen sowie Praxisbeispiele aus dem Baugewerbe in der Schweiz und in Österreich sowie einigen weiteren Ländern haben Anregungen gegeben, wie solche sozialpartnerschaftlichen Kontrollmechanismen weiter gestärkt werden könnten.

In den beiden anderen Branchen sind die industriellen Beziehungen hingegen deutlich schwächer und fragmentierter. Entsprechend gering war lange Zeit die Bereitschaft der Arbeitgeberseite, Mindeststandards zur Entlohnung festzulegen bzw. die Einführung des gesetzlichen Mindestlohns zu unterstützen.

In Kap. 7 steht die *Fleischwirtschaft* im Mittelpunkt, in der die Unternehmen lange Zeit mit einer hohen Zahl von entsandten Arbeitskräften aus Mittel- und Osteuropa ihre Marktanteile ausgeweitet und die Umsätze gesteigert haben. Erst im Jahr 2013 ist es gelungen, den politischen Druck auf die Branche so zu erhöhen, dass sich die großen Unternehmen letztlich bereit erklärten, einen branchenbezogenen Mindestlohn zu vereinbaren, der im August 2014 in Kraft getreten ist. In den folgenden Jahren haben die großen Player mit freiwilligen Selbstverpflichtungen versucht, Begrenzungen des Einsatzes von Werkvertragsunternehmen zu verhindern, womit sie auch bis heute erfolgreich waren. Im Juni 2015 wurde überraschend vom Deutschen Bundestag das „Gesetz zur Sicherung von Arbeitnehmerrechten in der Fleischwirtschaft" (GSA Fleisch) verabschiedet, das darauf abzielte, die Kontrollen durch eine Generalunternehmerhaftung nach dem Vorbild des Bauhauptgewerbes zu erleichtern.

Kap. 8 widmet sich dem *Hotel- und Gaststättengewerbe,* das aufgrund der meist geringen Löhne von der Einführung des gesetzlichen Mindestlohns besonders stark betroffen war. Darüber hinaus sind in der Branche viele Beschäftigte in Minijobs tätig, die als besonders anfällig für Mindestlohnunterschreitungen und weitere arbeitsrechtliche Verstöße bekannt sind. Die vom Arbeitgeberverband DEHOGA im Vorfeld der Mindestlohneinführung befürchteten massiven Arbeitsplatzverluste sind nicht eingetreten. Die Zahl der Beschäftigten und die Umsätze haben sich in den letzten Jahren weiter positiv entwickelt. Angesichts der oftmals kleinbetrieblichen Strukturen und der vergleichsweise hohen Verbreitung von Arbeit auf Abruf oder anderen hochflexiblen Arbeitszeitformen ist die Branche besonders anfällig für Mindestlohnverstöße.

In Kap. 9 fassen wir die zentralen Erkenntnisse aus den einzelnen Teilen unserer Studie zusammen und gehen ausführlich auf Stärken und Schwächen des Kontrollsystems sowie auf den Stand der bisherigen Durchsetzung und Einhaltung von Mindestlöhnen in Deutschland ein. Aus der Gesamtschau der Ergebnisse unserer Untersuchung sowie Erkenntnissen aus der umfangreichen internationalen Literatur zu Compliance und Enforcement haben wir darüber hinaus Vorschläge und Handlungsempfehlungen entwickelt, die strategische Ansatzpunkte und Wege aufzeigen, wie die Einhaltung und Durchsetzung von Mindestlöhnen in Deutschland deutlich verbessert werden könnten.

## Literatur

Bosch, Gerhard. 2015. Der holprige Weg zum gesetzlichen Mindestlohn in Deutschland. *Sozialer Fortschritt* 7:173–181.

Bosch, Gerhard, und C. Weinkopf. 2012. *Wirkungen der Mindestlohnregelungen in acht Branchen. Expertise im Auftrag der Abteilung Wirtschafts- und Sozialpolitik der Friedrich-Ebert-Stiftung.* Bonn: FES (WISO Diskurs).

Bundesagentur für Arbeit. 2018. *Sozialversicherungspflichtig und geringfügig Beschäftigte nach ausgewählten Wirtschaftszweigen.* Sonderauswertung vom 22. Februar 2018, Nürnberg.

Burauel, Patrick, M. Caliendo, A. Fedorets, M.M. Grabka, C. Schröder, J. Schupp, und L. Wittbrodt. 2017. Mindestlohn noch längst nicht für alle – Zur Entlohnung anspruchsberechtigter Erwerbstätiger vor und nach der Mindestlohnreform aus der Perspektive Beschäftigter. *DIW-Wochenbericht* 49:1109–1123.

Deutscher Bundestag. 2014. Gesetzentwurf der Bundesregierung. Entwurf eines Gesetzes zur Stärkung der Tarifautonomie (Tarifautonomiestärkungsgesetz). Drucksache 18/1558 vom 28. Mai 2014. https://dip21.bundestag.de/dip21/btd/18/015/1801558.pdf. Zugegriffen: 9 Mai 2019.

Eurostat. 2016. Structure of earnings survey 1 out of 6 employees in the European union is a low-wage earner situations differ widely across member states. News Release. 8. Dezember 2016. http://ec.europa.eu/eurostat/documents/2995521/7762327/3-08122016-AP-EN.pdf/3f02c5ed-81de-49cb-a77e-74396bac2467. Zugegriffen: 5. Mai 2019.

Fechner, Heiner, und E. Kocher. 2018. Rechtspraxis und Anpassungsbedarf beim gesetzlichen Mindestlohn. *Stellungnahme zur schriftlichen Anhörung der Mindestlohnkommission* 2018.

Kalina, Thorsten, und C. Weinkopf. 2017. Niedriglohnbeschäftigung 2015 – bislang kein Rückgang der Niedriglohnbeschäftigung. IAQ-Report 2017-06. Duisburg. http://www.iaq.uni-due.de/iaq-report/2017/report2017-06.php. Zugegriffen: 9. Mai 2019.

Kalina, Thorsten, und C. Weinkopf. 2018. Niedriglohnbeschäftigung 2016 – beachtliche Lohnzuwächse im unteren Lohnsegment, aber weiterhin hoher Anteil von Beschäftigten mit Niedriglöhnen. IAQ-Report 2018-06. Duisburg. http://www.iaq.uni-due.de/iaq-report/2018/report2018-06.php. Zugegriffen: 9. Mai 2019.

Pusch, Toralf. 2018. Bilanz des gesetzlichen Mindestlohns: Deutliche Lohnerhöhungen, aber auch viele Umgehungen. *Wirtschaftsdienst* 4:252–259.

Schulten, Thorsten. 2018. The role of extension in German collective bargaining. In *Collective agreements: Extending labour protection,* Hrsg. S. Hayter und J. Visser, 65–92. Genf: ILO.

Skidmore, Paul. 1999. Enforcing the minimum wage. *Journal of Law and Society* 26 (4): 427–448.

Statistisches Bundesamt. 2018. *Verdienste und Arbeitskosten. Arbeitnehmerverdienste – Jahresergebnisse.* Fachserie 16, Reihe 2.3, Wiesbaden.

Weinkopf, Claudia. 2018. *Verringerung des Gender Pay Gaps durch Mindestlöhne und Tarifpolitik?* Vortrag auf der Tagung der Arbeitnehmerkammer Bremen „Tarifpolitik gegen soziale Ungleichheit – Potenziale, Herausforderungen und Grenzen" am 18. Januar 2018, Bremen.

# Wirkungen des gesetzlichen Mindestlohns – Bisherige Erkenntnisse

**2**

Bevor man die Umsetzung des gesetzlichen Mindestlohns und die Strategien und ihre Erfolge bei seiner Durchsetzung untersucht, muss zunächst einmal der Untersuchungsgegenstand näher beschrieben werden. Dazu werden zunächst in Abschn. 2.1 die Besonderheiten der Ausgestaltung und der Festsetzung des deutschen Mindestlohns dargestellt. Es folgt eine Zusammenfassung der wichtigsten Forschungsergebnisse zu den Auswirkungen auf Löhne und Beschäftigung (Abschn. 2.2 und 2.3). Diese zeigen, dass der Mindestlohn zu deutlichen Lohnerhöhungen und positiven Sekundäreffekten bis in die Mitte der Einkommensverteilung führte, ohne dass die Beschäftigung darunter litt. Es wird allerdings auch sichtbar, dass der Mindestlohn bislang längst nicht in allen Arbeitsmarktsegmenten voll umgesetzt worden ist. In Abschn. 2.4 werden Schlussfolgerungen gezogen.

## 2.1 Besonderheiten des gesetzlichen Mindestlohns in Deutschland

Vor Einführung des gesetzlichen Mindestlohns wurde vor allem dessen Geltungsbereich kontrovers diskutiert. U. a. wurden regionale Differenzierungen – vor allem zwischen Ost- und Westdeutschland – sowie Ausnahmen für Jugendliche und besondere Beschäftigungsformen wie vor allem Minijobs gefordert. Aus den Erfahrungen in anderen Ländern war bekannt, dass eine starke Differenzierung des Mindestlohns negative Auswirkungen auf die anschließende Umsetzung hat. Eine einheitliche Höhe ist hingegen leicht zu kommunizieren und wird, wenn der Mindestlohn hinreichend bekannt ist, von den Beschäftigten auch

© Springer Fachmedien Wiesbaden GmbH, ein Teil von Springer Nature 2019    15
G. Bosch et al., *Kontrolle von Mindestlöhnen*,
https://doi.org/10.1007/978-3-658-26806-0_2

eher eingefordert, was in der Literatur als „Self-Enforcement"[1] bezeichnet wird. Zudem erleichtert ein einheitlicher Wert die Kontrollen.

Aus diesem Grund wurde ein bundesweiter Mindestlohn von 8,50 € für Ost- und Westdeutschland beschlossen, vom dem man bis Ende 2017 über repräsentative tarifliche Vereinbarungen abweichen konnte. Auch für Zeitungszusteller_innen galten bis Ende 2017 Übergangsregelungen. Mit diesen temporären Abweichungen konnten die politischen Kontroversen eingefangen werden, sodass ab 2018 ein einheitlicher Wert mit nur noch wenigen Ausnahmen gilt.

Der deutsche Gesetzgeber hat es jedoch versäumt, im Gesetz zu präzisieren, welche Zulagen oder sonstigen Zahlungen auf den Mindestlohnanspruch angerechnet werden dürfen oder nicht. Die Frage der Anrechenbarkeit von Zuschlägen und Sonderzahlungen auf den Mindestlohnanspruch wurde demnach der Rechtsprechung überlassen. Das Bundesarbeitsgericht hat inzwischen in mehreren Urteilen entschieden, dass die meisten Sonderzahlungen und Zulagen auf den Mindestlohn angerechnet werden dürfen, was nach Einschätzung von Fechner und Kocher (2018) der ursprünglichen Absicht des Gesetzgebers widerspricht. Die unzureichende Präzisierung des (gesetzlichen) Mindestlohns erschwert die Um- und Durchsetzung auch insofern, als Ansprüche nicht unmittelbar aus dem Gesetz oder Tarifvertrag erkennbar sind, sodass Beschäftigte oft nicht wissen, welche Abzüge vom Mindestlohn zulässig sind und welche nicht. Dies führt in der Konsequenz dazu, dass Beschäftigte selbst oft nicht beurteilen können, ob ihr Arbeitgeber den Mindestlohn einhält oder nicht. Von hoher Bedeutung sind auch klare Regelungen, was zur Arbeitszeit zählt, und eine korrekte Erfassung der geleisteten Arbeitszeiten der Beschäftigten in den Unternehmen (Skidmore 1999). Vor allem diese Unklarheiten bei der Anrechnung von Lohnbestandteilen, dürften vor allem in der Anfangsphase das Self-Enforcement geschwächt haben.

Der deutsche Mindestlohn unterscheidet sich in einigen wesentlichen Punkten von den Mindestlöhnen in vielen anderen Ländern. Hervorzuheben ist dabei vor allem der starke Einfluss der Sozialpartner auf die Zusammensetzung der Mindestlohnkommission und die Erhöhung des Mindestlohns, der durch

---

[1]„In the United Kingdom, for example, when the national minimum wage was introduced, it was widely believed that the policy would be successful only if it was largely "self-enforced" – that is, so widely known about and accepted that there would be widespread compliance. To this end, much attention was devoted to information campaigns, by the authorities as well as social partners." (ILO 2016, S. 58 f.).

folgende Regelungen gesichert ist: Erstens werden die Mitglieder der Mindestlohnkommission einschließlich des Vorsitzenden und der Vertreter_innen aus der
Wissenschaft von den Spitzenorganisationen der Sozialpartner vorgeschlagen
und nicht wie beispielsweise im Vereinigten Königreich von der Regierung ausgewählt. Zweitens haben die Wissenschaftler_innen ebenfalls anders als im Vereinigten Königreich kein Stimmrecht in der Mindestlohnkommission, sondern nur
beratende Funktion. Drittens sollen sich die Mindestlohnerhöhungen in Deutschland „nachlaufendend an den Tariferhöhungen orientieren" (§ 9, 2 MiLoG). Viertens haben die Sozialpartner durch ihre selbstgewählte Geschäftsordnung diese
Orientierung an den Tarifverträgen zu einer Quasi-Indexierung des Mindestlohns ausgebaut, da nur mit einer Zwei-Drittel-Mehrheit der stimmberechtigten
Kommissionsmitglieder von dieser Regel abgewichen werden kann. Man kann
daher davon ausgehen, dass es zu solchen Abweichungen nur in außerordentlichen
Situationen wie z. B. einer weiteren Finanzkrise kommen wird. Fünftens schließlich kann die Bundesregierung die Empfehlung der Mindestlohnkommission zur
Erhöhung des Mindestlohns nicht ändern. Sie kann allenfalls die Allgemeinverbindlicherklärung verweigern, da das Gesetz keine Umsetzungspflicht vorsieht.[2]
Nur in Belgien haben die Sozialpartner einen vergleichbar starken Einfluss auf den
gesetzlichen Mindestlohn. Dort beruht der Mindestlohn auf einem Tarifvertrag,
der die Unterschriften der Sozialpartner trägt und für allgemeinverbindlich erklärt
wird.

Durch die weitgehende Delegation der Beratung und Beschlussfassung über
die Erhöhungen des Mindestlohns an die Sozialpartner folgte man der deutschen
Tradition der Tarifautonomie und hat den gesetzlichen Mindestlohn ebenso wie
zuvor schon die von den Tarifpartnern ausgehandelten Branchenmindestlöhne
so weit wie möglich pfadabhängig gestaltet. Der große Vorteil ist, dass Entscheidungen über den gesetzlichen Mindestlohn aus dem Tagesgeschäft heraus-
genommen worden sind. Die teilweise erratischen politischen Eingriffe in den
Mindestlohn in die eine (überdurchschnittliche Erhöhung) oder die andere
Richtung (Stagnation oder Absenkung) wie in manchen anderen Ländern, sind
damit erschwert worden. Gleichzeitig ist auch eine schleichende Aushöhlung
des Mindestlohns durch Nichtstun, also jahrelang ausbleibende Erhöhungen des

---

[2]Lakies (2015, S. 217) schreibt in seinem Kommentar dazu: „Eine „Umsetzungspflicht" des
Verordnungsgebers ist damit nicht verbunden. Für den Verordnungsgeber besteht [...] ein
**Ermessen** (fett im Original, die Autor_innen), ob er von der Rechtsverordnung Gebrauch
macht oder nicht."

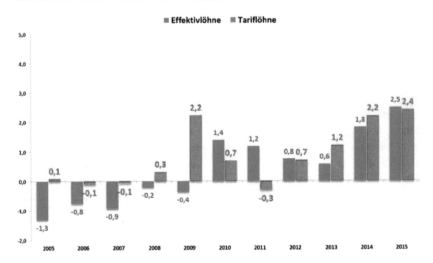

**Abb. 2.1** Entwicklung der realen Tarif- und Effektivlöhne 2005–2015. (Quelle: Bundesregierung 2017, S. 75 [Berechnungen auf Basis des WSI-Tarifarchivs und Destatis])

Mindestlohns wie etwa in den Vereinigten Staaten auf nationaler Ebene, ausgeschlossen.[3] Überdies hat die partnerschaftliche Einbindung der Sozialpartner in bewährter Tradition die Konflikte um den Mindestlohn institutionalisiert, sodass die meisten Arbeitgeberverbände ihren Frieden mit dieser neuen Institution geschlossen haben. Die Delegation der Lohnfindung an die Sozialpartner hat auch den Vorteil, dass die Akzeptanz der vereinbarten Standards bei den Unternehmen deutlich höher sein kann als bei staatlich verordneten Mindestlohnerhöhungen.

Über die möglichen Auswirkungen der Quasi-Indexierung des deutschen Mindestlohns wurde bislang noch nicht geforscht. Zu vermuten sind Auswirkungen in vier Richtungen. Erstens stabilisiert der Mindestlohn vor allem in Zeiten hoher Arbeitslosigkeit die Löhne in den nicht-tarifgebundenen Bereichen der Wirtschaft. Abb. 2.1 zeigt den starken Verfall der Reallöhne in den Jahren

---

[3]In einzelnen Bundesstaaten sowie Städten der USA sind deutlich höhere Mindestlöhne als auf nationaler Ebene festgelegt worden. Die zahlreichen Kampagnen zu „living wages" in Großstädten sind zum einen eine Reaktion auf die rasch steigenden Lebenshaltungskosten in den Ballungsräumen und zum anderen kann man sie auch als Gegenbewegung zu der politischen Blockade von Mindestlohnerhöhungen auf nationaler Ebene verstehen (Allegretto et al. 2018).

2005 bis 2007, der durch eine Orientierung an den Tariflöhnen aufgehalten worden wäre. Zweitens ist eine schleichende Erosion des Mindestlohns wie in den Vereinigten Staaten ausgeschlossen, da die Tarifbindung und die gewerkschaftliche Durchsetzungsfähigkeit in Kernbranchen weiterhin hoch sind und die Sozialpartner mit ihren dortigen Abschlüssen den Mindestlohn mitziehen. Drittens ist davon auszugehen, dass die Tariflöhne in gut organisierten Branchen schneller steigen als die unteren Löhne in den nicht tarifgebundenen Unternehmen. Durch diese positive „Tarifdrift" im dualisierten deutschen Arbeitsmarkt wird der Mindestlohn im längeren Verlauf prozentual möglicherweise etwas stärker angehoben werden, als wenn man sich an den Erhöhungen der durchschnittlichen tatsächlichen Löhne orientiert hätte. Falls die Tarifbindung, die seit 1990 stark abgenommen hat, weiter sinkt, könnte dieser Effekt im Zeitverlauf sogar stärker werden. Viertens wird die „Tarifdrift" allerdings erheblich dadurch gebremst, dass nach dem Gesetz der Mindestlohn nur alle zwei Jahre angepasst werden muss. Besonders in Zeiten mit höheren Tarifabschlüssen wie seit 2015 bis heute müssten die Mindestlohnbeziehenden zwei Jahre warten, bevor sie von den allgemeinen Lohnsteigerungen profitieren. Auf diese letztgenannten Probleme hat die Mindestlohnkommission mit ihrer Empfehlung, den Mindestlohn in den Jahren 2019 und 2020 jährlich zu erhöhen, reagiert. Die Arbeitgeber haben dem zugestimmt, wohl um zu starke Erhöhungen zu vermeiden, die betriebliche Anpassungen erschweren könnten.

Die möglichen positiven Effekte der „Tarifdrift" auf die Anhebung des Mindestlohns sind ebenfalls in Abb. 2.1 erkennbar. Sie würden noch sichtbarer, wenn man bei den Effektivlöhnen die hohen Einkommen, die überdurchschnittlich gewachsen sind und als Vergleichsmaßstab für die effektiven Lohnsteigerungen in den unteren und mittleren Dezilen nicht taugen, herausnehmen würde.

Eine zweite wichtige Besonderheit des deutschen Mindestlohngesetzes liegt in der expliziten Sonderbehandlung bestimmter Wirtschaftszweige und Beschäftigungsformen mit dem Ziel, die Kontrolle der Einhaltung des Mindestlohns zu erleichtern. In § 20 MiLoG wird ausdrücklich festgestellt, dass der Mindestlohn auch von Arbeitgebern im Ausland für ihre in Deutschland tätigen Arbeitnehmer und Arbeitnehmerinnen spätestens am Monatsende zu zahlen ist. Durch diese Bekräftigung des Arbeitsortsprinzips bei der Bezahlung soll der häufig festgestellten Diskriminierung entsandter Arbeitskräfte aus dem Ausland begegnet werden. Dazu zählen auch besondere Meldepflichten für ausländische Unternehmer, die mit eigenen Arbeitskräften Werkverträge im Inland ausführen, oder diese Kräfte verleihen. Nach § 19 MiLoG müssen die Beschäftigten vor Beginn der Tätigkeit mit genauem Namen, dem Beginn und Ende der

Beschäftigung und dem Einsatzort gemeldet werden. Da diese Unternehmen wegen des fehlenden Geschäftssitzes in Deutschland keinerlei sonstige Meldepflichten wie deutsche Unternehmen haben, handelt es sich nicht um eine Diskriminierung ausländischer Unternehmen (Lakies 2015, S. 251).

Schließlich sind die besonderen Dokumentationspflichten in § 17 MiLoG zu erwähnen. Für die Beschäftigten der im § 2a des Schwarzarbeitsbekämpfungsgesetz genannten Branchen[4] für alle Beschäftigten bis zu einem Monatseinkommen von 2950 €[5] sowie für geringfügige Beschäftigte mit Ausnahme der Minijobber_innen in Privathaushalten müssen Beginn, Ende sowie die Pausen der täglichen Arbeitszeit innerhalb von sieben Tag nach Erbringung der Arbeitsleistung aufgezeichnet und für zwei Jahre aufbewahrt werden. Das gilt auch für Unternehmen mit Sitz im Ausland, die Arbeitskräfte in diese Branchen entsenden oder ausleihen.

Diese Sonderregelungen werden zum einen mit den überdurchschnittlichen Niedriglohnanteilen in diesen Branchen und bei dem Minijobs begründet, die bei Einführung des gesetzlichen Mindestlohns zu Umgehungsreaktionen führen könnten. Zum anderen wird auf die hohen Schwankungen der Arbeitszeit in den aufgeführten Bereichen hingewiesen, die eine Umgehung des Mindestlohns ohne Arbeitszeitaufzeichnungen erleichtern würden. Im Einzelnen heißt es in der Gesetzesbegründung:

„Eine Aufzeichnungspflicht besteht für geringfügig Beschäftigte […] mit Ausnahme der geringfügig Beschäftigten in Privathaushalten. […] Geringfügig beschäftigte Arbeitnehmer_innen gehören zu der Gruppe von Beschäftigten, deren Bruttolöhne sich durch den Mindestlohn am stärksten erhöhen werden. Zukünftig ist die Zahl der Arbeitsstunden begrenzt, wenn der Status der geringfügigen Beschäftigung beibehalten werden soll. Aufgrund der statusrechtlich relevanten Verdienstobergrenze kommt der tatsächlich geleisteten Arbeitszeit eine besondere Bedeutung zu. Für kurzfristig Beschäftige hat die Aufzeichnung der Arbeitszeit, insbesondere die

---

[4]Es handelt sich um folgende Branchen: Baugewerbe, Gaststätten- und Beherbergungsgewerbe, Personenbeförderungsgewerbe, Speditions-, Transport und damit verbundene Logistikgewerbe, Schaustellergewerbe, Unternehmen der Forstwirtschaft, Gebäudereinigungsgewerbe, Unternehmen, die sich am Auf- und Abbau von Messen und Ausstellungen beteiligen, die Fleischwirtschaft und das Prostitutionsgewerbe.

[5]Diese Schwelle ist zum 1. August 2015 um eine neue Schwelle von 2000 € brutto ergänzt worden. Die neue Schwelle greift jedoch nur dann, wenn die betreffenden Beschäftigten das Gehalt von über 2000 € brutto als verstetigtes Arbeitsentgelt bereits in den letzten 12 Monaten vom selben Arbeitgeber erhalten haben.

Zahl der gearbeiteten Tage, aufgrund der sozialversicherungsrechtlichen Rahmen-bedingungen ebenfalls eine besondere Bedeutung. Die in § 2a des Schwarzarbeits-bekämpfungsgesetzes aufgeführten Wirtschaftsbereiche oder Wirtschaftszweige zeichnen sich durch eine hohe arbeitszeitliche Fluktuation aus, sodass eine Bezugnahme des § 2a des Schwarzarbeitsbekämpfungsgesetzes ein tauglicher Anknüpfungstatbestand ist" (Deutscher Bundestag 2014, S. 41).

Auffällig ist, dass der Gesetzgeber sich hier auf eine alte Liste bezieht und nicht auf neuere Forschungsergebnisse zu der Branchenverteilung von Niedrig-löhnen. Wichtig ist in diesem Zusammenhang allerdings die in § 17 Absatz 3 MiLoG genannte Befugnis des Bundesministers für Arbeit ohne Zustimmung des Bundesrats die Liste der Branchen oder Beschäftigtengruppen, für die die besonderen Dokumentationspflichten gelten, zu erweitern oder einzuschränken. Diese Vorschrift bietet, wie es Weil (2018) fordert, die Möglichkeit, die Ziel-genauigkeit strategischer Kontrollen zu verbessern, in dem diese Liste durch Aus-wertungen von Forschungsergebnissen zur Umgehung des Mindestlohns sowie der Kontrolltätigkeiten des Zolls kontinuierlich aktualisiert wird.

## 2.2 Positive Auswirkungen auf die Löhne – aber noch erhebliche Durchsetzungsdefizite

Mindestlöhne haben durch die Festlegung einer verbindlichen Lohnuntergrenze direkte Auswirkungen auf die Löhne. Sie können darüber hinaus auch Sekundär-wirkungen entfalten, die in der Literatur als „Ripple-Effekte" bezeichnet werden. Solche Sekundäreffekte können institutionalisiert sein, wenn die Tarifbindung sehr hoch ist und mit Erhöhungen des Mindestlohns auch die Tarifgitter neu ver-handelt und entsprechend nach oben geschoben werden. Sie sind aber auch in deregulierten Arbeitsmärkten festzustellen, in denen sich Unternehmen durch eine Bezahlung oberhalb des Mindestlohns als gute Arbeitgeber profilieren oder durch Lohnanhebungen für qualifizierte Beschäftigte den früheren Lohnabstand zwischen unterschiedlichen Beschäftigtengruppen wieder herstellen wollen.

Die Bundesregierung wollte die Ripple-Effekte des Mindestlohns stär-ken. Sie hat daher 2014 das Mindestlohngesetz in das sogenannte „Tarifauto-nomiestärkungsgesetz" eingebunden. Dieses Gesetzespaket enthält auch die Erleichterung der Allgemeinverbindlicherklärung von Tarifverträgen und die Möglichkeit der Vereinbarung zusätzlicher Branchenmindestlöhne für nunmehr alle Branchen. Die Primär- und Sekundäreffekte des Mindestlohns auf die Ein-kommen sollen im Folgenden getrennt betrachtet werden.

## 2.2.1   Hohe Lohnsteigerungen in den unteren Einkommensdezilen

Bei der Untersuchung der Einkommenseffekte des Mindestlohns stehen unterschiedliche Quellen zur Verfügung. Die Verdiensterhebung (VE) 2016 beruht auf freiwilligen Angaben von insgesamt 7862 Betrieben, während im sozio-ökonomischen Panel (SOEP) alljährlich rund 16.000 Haushalte mit etwa 13.000 Erwerbstätigen befragt werden. In beiden Erhebungen werden Stundenlöhne nicht direkt erfragt, sondern aus den Angaben der Unternehmen (VE) bzw. Beschäftigten (SOEP) zur Arbeitszeit und den Monatslöhnen berechnet. Im SOEP werden die Beschäftigten sowohl nach ihrer vertraglichen als auch nach ihrer tatsächlichen Arbeitszeit gefragt. Durch Erinnerungslücken, ungenaue Angaben oder andere Probleme bei der Berechnung des Stundenlohns kann es zu Ungenauigkeiten kommen. Beide Datensätze zusammen grenzen aber den Datenkorridor ein, in dem die reale Entwicklung der Stundenlöhne liegt.

Die Daten der Verdiensterhebung von 2016 lassen sich mit den Daten der Verdienststrukturhebung von 2014, einer umfassenderen Befragung mit einer gesetzlichen Auskunftspflicht der Unternehmen, die aber nur alle vier Jahre durchgeführt wird, und den Daten der Verdiensterhebung von 2015 vergleichen. Abb. 2.2 zeigt eine deutliche Verschiebung der Stundenlöhne über die Mindestlohngrenze von 8,50 €. Die Verschiebung fand vor allem im Jahr 2015 statt, setzte sich aber auch 2016 in abgeschwächter Form fort, da einige der abweichenden Tarifverträge ausliefen und sich mehr Unternehmen an den Mindestlohn hielten. Die Zahl der Beschäftigten, die weniger als den Mindestlohn verdienten, ist nach der Verdiensterhebung von etwa 1 Mio. im Jahr 2015 auf 750.000 im Jahr 2016 zurückgegangen. Nimmt man die Betriebe heraus, die aufgrund von allgemeinverbindlichen Übergangstarifverträgen vom gesetzlichen Mindestlohn noch ausgenommen waren, sinkt die Zahl auf etwa 650.000 (Statisches Bundesamt 2017, S. 16). Immerhin 84 % der vom Mindestlohn betroffenen Betriebe gaben an, die Löhne erhöht zu haben (Statisches Bundesamt 2017, S. 20), wenn auch offensichtlich nicht immer im erforderlichen Maße.

Eine detaillierte Auswertung der SOEP-Daten durch das Deutsche Institut für Wirtschaftsforschung (DIW) lässt die beträchtlichen Lohnsteigerungen in den unteren Dezilen der Einkommensverteilung erkennen (Abb. 2.3). In den Jahren 1998 bis 2014, also vor Einführung des Mindestlohns, stiegen die Löhne in den beiden unteren Dezilen mit ungefähr 1 % pro Jahr deutlich langsamer an als die Löhne in den oberen Dezilen 8 bis 10, die um durchschnittlich 4 % pro Jahr zulegten. Diese Entwicklung hat sich in den Jahren 2014 bis 2016 umgekehrt. Im untersten Dezil kam es sogar zu Lohnsteigerungen von 15 %.

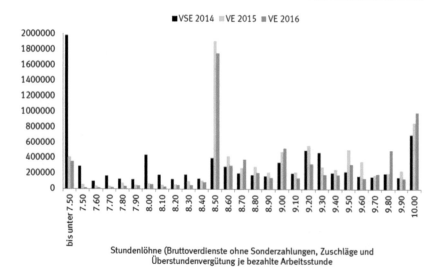

**Abb. 2.2**  Verteilung der Stundenlöhne im unteren Bereich, 2014–2016. (Quelle: Statistisches Bundesamt 2017, S. 16)

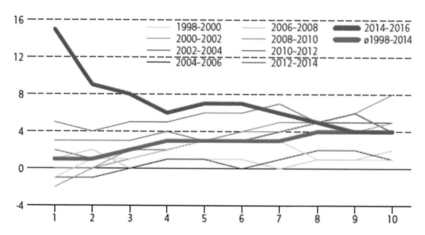

**Abb. 2.3**  Nominales Wachstum des vertraglichen Stundenlohns über zwei Jahre nach Dezilen 1998–2016. (Quelle: Burauel et al. 2017, S. 1110)

Überdurchschnittliche Lohnanstiege (mehr als 4,8 %) verzeichneten Frauen (6,8 %), Minijobber_innen (9,2 %), Beschäftigte ohne Berufsausbildung (7,2 %), Beschäftigte in kleineren Betrieben mit 5–9 Beschäftigten (13,4 %) und Ausländer_innen (9,3 %) (Burauel et al. 2017, S. 1121). Beschäftigte in Kleinstbetrieben mit bis zu vier Beschäftigten lagen mit nur 3,2 % hingegen unter dem Durchschnitt, was auf erhebliche Compliance-Probleme in diesem Bereich verweist.

Grabka und Schröder (2018) sowie Caliendo et al. (2018) weisen jedoch darauf hin, dass die monatlichen Verdienste nicht in gleichem Maße gestiegen sind, weil bei einem Teil der Beschäftigten im Mindestlohnbereich die vertragliche Wochenarbeitszeit gesunken ist.

Nach Berechnungen des DIW erhielten rund 1,8 Mio. anspruchsberechtigte Personen im Jahr 2016 weniger als 8,50 € pro Stunde, was einem Anteil von 7 % entspricht. Noch höher liegt der Anteil der Mindestlohnverstöße (bei knapp 10 %), wenn bei der Berechnung der Stundenlöhne die Angaben der befragten Beschäftigten zu ihrer tatsächlichen Arbeitszeit verwendet werden. Überdurchschnittlich hoch ist der Anteil der Non-Compliance bei Minijobs (43,3 %), befristet Beschäftigten (19,2 %), Beschäftigten ohne Berufsausbildung (15,6 %) sowie in Betrieben mit bis zu vier Beschäftigten (33,3 %) und Betrieben mit 5–9 Beschäftigten (23,6 %) (Burauel et al. 2017, S. 1120). Selbst die überdurchschnittlichen Lohnsteigerungen für einige dieser Beschäftigungsgruppen reichten offensichtlich nicht aus, um alle Beschäftigten über die Mindestlohnschwelle zu bringen. Dies zeigt, wie extrem ausgefasert die deutsche Lohnstruktur vor Einführung des Mindestlohns war. Unsere Fallstudien und Interviews mit Expert_ innen belegen, dass die meisten Betriebe inzwischen eine „saubere Aktenlage" haben und für die vertragliche Arbeitszeit den gesetzlichen Mindestlohn bezahlen (Weinkopf und Hüttenhoff 2017; vgl. auch Kap. 6, 7 und 8). Nicht vergütet werden aber häufig Zusatzarbeiten über die vertragliche Arbeitszeit hinaus – und zwar insbesondere in Kleinstbetrieben ohne Betriebsräte und bei Beschäftigtengruppen mit geringer Verhandlungsmacht. Bei den Minijobs kommt die Nichtbezahlung von Urlaubs- und Krankheitstagen hinzu. Mehrere Untersuchungen haben festgestellt, dass solche Regelverletzungen bei Minijobs weit verbreitet sind (z. B. Bachmann et al. 2017; Fischer et al. 2015; Bosch und Weinkopf 2017), was die obligatorischen Aufzeichnungspflichten der Arbeitszeit bei Minijobs (außer in Privathaushalten) unabdingbar macht.

Hinzu kommt, dass die Zahl der Kontrollen abgenommen hat. Erst seit Anfang 2017 wurden wieder mehr Kontrollen durchgeführt (Deutscher Bundestag 2017). Als Grund für die abnehmende Kontrolldichte wurde ein Strategiewechsel der Finanzkontrolle Schwarzarbeit (FKS) zur vorrangigen Bekämpfung organisierter

Kriminalität ab Anfang 2015 genannt. Hinzu kam die vorübergehende Abordnung von FKS-Kräften für die Bearbeitung von Asylanträgen. Nicht zuletzt wollte man den Betrieben Zeit gelassen, sich an den neuen Mindestlohn anzupassen. Im ersten Halbjahr 2015 fanden kaum Kontrollen statt und die erklärte Devise der FKS war, die Mindestlohneinführung durch Aufklärung und Beratung von Betrieben zu begleiten, statt Verstöße sofort zu ahnden. Wir werden aber zeigen, dass die abnehmende Kontrolldichte auch durch die Abschaffung des Streifendienstes im Zuge der Organisationsreform der FKS von 2014, die hohe interne Personalfluktuation, die auf einen massive Abfluss von Kompetenz hinweist, sowie durch ineffiziente Doppelstrukturen in den Fahndungsdiensten, die u. a. die Nutzung digitaler Technologien erschwert, verursacht wurde (vgl. ausführlicher Kap. 5).

Erste Analysen nach Branchen zeigen, dass sich die Probleme der Nichteinhaltung insbesondere in Dienstleistungsbranchen konzentrieren, in denen sich „Risikofaktoren" wie hohe Anteile an Kleinbetrieben und/oder prekärer Beschäftigung, wechselnde Arbeitszeiten und Einsatzorte sowie geringe Tarifbindung und geringe Vertretung durch Betriebsräte kumulieren (Abb. 2.4). Nicht alle dieser Branchen, vor allem nicht der beschäftigungsintensive Einzelhandel mit vielen Minijobber_innen unterliegt den besonderen Dokumentationspflichten der Arbeitszeit nach dem Mindestlohngesetz. In Branchen mit hohen Anteilen entsandter Arbeitskräfte, die bei Werkvertragsunternehmen tätig sind, wie vor allem in der Fleischindustrie und im Baugewerbe hilft uns die deutsche Beschäftigungsstatistik zur Nichteinhaltung des Mindestlohns, die keine Daten zu diesen Gruppen enthält, nicht weiter.

## 2.2.2   Positive Sekundärwirkungen bis in die Mitte der Einkommensverteilung

Die neuere deutsche Mindestlohnforschung zu den Auswirkungen von Branchenmindestlöhnen hat ergeben, dass in Branchen mit einem hohen Fachkräfteanteil bei Erhöhungen der Mindestlöhne die Lohnkurve in Westdeutschland in die Mitte verschoben wurde mit beträchtlichen Ripple-Effekten bis deutlich über den Medianlohn der Branche hinaus. In Ostdeutschland wurde demgegenüber die Lohnstruktur komprimiert mit zum Teil deutlichen Verlusten bei den höheren Löhnen (Bosch und Weinkopf 2012).

Autor_innen aus Ländern mit geringer Tarifbindung und hohen betrieblichen Entscheidungsspielräumen über Lohnstrukturen begründen positive Ripple-Effekte vor allem mit dem Interesse der Unternehmen, Lohnunterschiede im Unternehmen zu bewahren. Um die Arbeitsmoral, Motivation und Produktivität

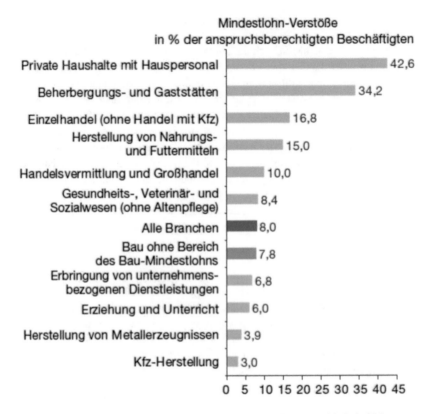

**Abb. 2.4** Mindestlohnverstöße nach Branchen, 2016. (Quelle: Pusch 2018, S. 256)

der Beschäftigten zu erhalten, müssten auch die Löhne der besser Qualifizierten angehoben werden (Wicks-Lim 2008, S. 199; Stewart 2010, S. 2). Dies hat im Vereinigten Königreich aber offenbar viele Unternehmen nicht davon abgehalten, die Kosten einer Erhöhung der Mindestlöhne durch eine Absenkung der darüber liegenden Löhne zu finanzieren. Da der gesetzliche Mindestlohn in Frankreich in vielen Branchen nahe an den untersten Tariflöhnen liegt, wird bei einer Erhöhung des Mindestlohns in diesen Branchen das Tarifgefüge insgesamt angehoben. Daher verwundern die hohen Ripple-Effekte in Frankreich nicht. Diese Unterschiede in den Lohninstitutionen sprechen dafür, dass die Interaktionen zwischen Mindestlöhnen und Tarifverträgen ganz unterschiedlich sind und von der jeweiligen Architektur der Institutionen der Lohnfindung abhängen (Bosch und Weinkopf 2013), worauf wir in Kap. 3 ausführlicher eingehen.

Abb. 2.5 gibt auch wichtige Hinweise auf mögliche Ripple-Effekte in Deutschland. Zwischen 2014 und 2016 stiegen die Löhne bis ins sechste Dezil stärker als zuvor. Es ist zu vermuten, dass es vor allem die Unternehmen waren, die bewährte Lohndifferenziale wieder herstellen wollten. Allerdings hat wohl auch die Tarifpolitik einen Teil dazu beigetragen. Die Gewerkschaften haben schon ab 2010 in Erwartung des kommenden Mindestlohns versucht, die untersten tariflichen Stundenlöhne über das Niveau von 8,50 € anzuheben, was ihnen auch weitgehend gelungen ist. Im Jahr 2010 lagen noch 16 % aller Vergütungsgruppen in 31 Wirtschaftszweigen unter 8,50 €. Im Jahr 2017 waren es nur noch 1 % der Vergütungsgruppen in sieben Wirtschaftszweigen (Bispinck und WSI-Tarifarchiv 2017). In einigen Branchen sind jedoch die Gewerkschaften sowie auch die Arbeitgeberverbände zu schwach, um Tarifverträge neu zu verhandeln. Beispiele dafür sind das Metallhandwerk in Sachsen oder die Landwirtschaft in Mecklenburg-Vorpommern (Abb. 2.5).

Die Ripple-Effekte sind dort am ehesten institutionalisiert, wo die unterste Lohngruppe nahe am Mindestlohn liegt, wie z. B. in der Systemgastronomie.

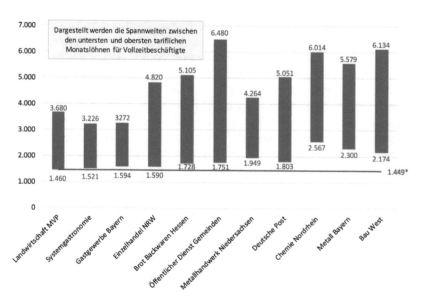

**Abb. 2.5** Mindestlohn und Tarifverträge (Ende 2017) (* Mit einem Mindestlohn von 8,84 € ergibt sich bei 38 Wochenstunden ein Monatslohn von 1449 €). (Quelle: Eigene Darstellung nach Schulten 2018)

In den Bereichen, wo die Gewerkschaften stark sind wie im öffentlichen Dienst, der Deutschen Post oder der Metall- und Chemischen Industrie liegen die untersten Tariflöhne deutlich über dem Mindestlohn, sodass sich aus der Erhöhung des Mindestlohns kein Anlass zu Neuverhandlungen ergibt. Diese Bereiche ziehen aufgrund der Quasi-Indexierung des Mindestlohns diesen eher nach oben.

Eine Studie des Statistischen Bundesamts (2018) hat gezeigt, dass sich die Abstände zwischen den Tariflöhnen und dem gesetzlichen Mindestlohn zwischen Dezember 2014 und Juni 2017 in mehreren Tarifbereichen verringert haben. Am stärksten war dieser Rückgang mit −7,2 % im Gastgewerbe. Offensichtlich hat der Mindestlohn hier zu einer Kompression der Tarifstruktur geführt.

Die Tarifpolitik hat also möglicherweise positive Sekundäreffekte des Mindestlohns bis in die Mitte der Einkommensstruktur erreichen können. Angesichts der geringen Tarifbindung in typischen Niedriglohnbranchen steht allerdings zu befürchten, dass dies Einmaleffekte sind, die sich u. U. zudem nur auf bestimmte Branchen konzentrieren. Die Intention der Bundesregierung, durch die Erleichterung der Allgemeinverbindlichkeit die Tarifbindung insgesamt wieder zu erhöhen und damit auch Mindestlohn und Tarifverträge in den typischen Niedriglohnbranchen enger zu verknüpfen, scheint allerdings nur in Einzelfällen erfolgreich gewesen zu sein (Körzell und Nassibi 2017, S. 237 f.). Allgemeinverbindlicherklärungen von Lohntarifen aufgrund eines „öffentlichen Interesses" sind nach Einführung des Tarifautonomiestärkungsgesetzes lediglich für die untersten drei Lohngruppen im Gastgewerbe in Nordrhein-Westfalen im September 2016 (Bundesanzeiger 2016) und im Juni 2018 für das gesamte Tarifgitter in Bremen erfolgt (Bundesanzeiger 2018). Entsprechende Vorstöße im Einzelhandel von den Gewerkschaften, aber auch unterstützt von einzelnen Unternehmen, die über unfairen Wettbewerb klagen, fanden demgegenüber bislang keine Unterstützung der Arbeitgeberverbände (Zacharakis 2017).

Eine weitergehende Korrektur der sehr ungleichen Markteinkommen durch allgemeinverbindliche Tarifverträge in den Branchen mit geringer Tarifbindung ist daher in absehbarer Zeit nicht zu erwarten. Das kann auf Dauer die Legitimation des Mindestlohns untergraben. Viele Beschäftigte können vom Mindestlohn nicht leben und es werden unweigerlich Forderungen nach drastischen Erhöhungen des Mindestlohns laut werden. Die Aufgabe, für den Lebensunterhalt ausreichende Löhne zu sichern, kommt eigentlich den Tarifverträgen zu. Hier sind neue politische Initiativen zur Stärkung der Tarifbindung notwendig. Die Vereinbarung der neuen Koalition, einen allgemeinverbindlichen Tarifvertrag in der Pflege einzuführen, könnte ein wichtiger Schritt nicht nur für diese Branche, sondern auch für andere Branchen mit fragmentierten oder ohne Tarifstrukturen werden. Allerdings ist noch völlig offen, ob und wie dieses Ziel erreicht werden kann.

## 2.3    Keine negativen Beschäftigungseffekte

Die neuere internationale Mindestlohnforschung ist mit verfeinerten Methoden zu dem Ergebnis gekommen, dass Mindestlöhne die Lebenslage der
betroffenen Beschäftigten verbessern, ohne dabei die Beschäftigung oder die
Wettbewerbsfähigkeit von Unternehmen zu beinträchtigen. Zwar kann es zu
leichten Preissteigerungen kommen, die aber durch die gestiegene Kaufkraft aufgefangen werden. Mindestlöhne tragen weiterhin dazu bei, die Fluktuation der
Beschäftigten im Niedriglohnsegment zu verringern, sodass die Unternehmen
erheblich weniger Zeit und Geld für die Suche, Einarbeitung und Weiterbildung
von Beschäftigten aufwenden müssen (Belman und Wolfson 2014; Doucouliagos
und Stanley 2009; Dube et al. 2010). Zu einem ähnlichen Ergebnis kamen auch
die Evaluationen zu den Wirkungen der Branchenmindestlöhne in Deutschland
aus dem Jahre 2011. Diese Branchenmindestlöhne lagen schon damals teilweise
deutlich über 8,50 €. Es ist überdies deutlich geworden, dass man die aggregierte
Beschäftigung in den Blick nehmen muss, da durchaus Arbeitsplätze in einzelnen
Unternehmen verloren gehen können, die aber an anderer Stelle neu entstehen.
Die deutschen Evaluationen zeigten z. B., dass Mindestlöhne Geschäftsmodelle
erschweren, die auf Lohnunterbietung basieren, und die Nachfrage zu effiziente-
ren Unternehmen wandert (Bosch und Weinkopf 2012).

Dieser internationale „Stand der Forschung" ist in der deutschen ökonomischen Mindestlohnforschung bis 2015 weitgehend ignoriert worden. Modell-
rechnungen zu drohenden Beschäftigungsverlusten in Deutschland unterstellten
hohe negative Beschäftigungselastizitäten, die von der empirischen Mindestlohnforschung nicht bestätigt werden. Mit teilweise apokalyptischen Prognosen
riskierten prominente Ökonom_innen sogar ihre wissenschaftliche Reputation. So schrieben z. B. die Präsidenten und Direktoren der großen Wirtschaftsforschungsinstitute in einem gemeinsamen Aufruf vom 12. März 2008: „So
oder so – der Mindestlohn führt zu erheblichen Beschäftigungsverlusten. Diese
Beschäftigungsverluste sind im Westen unseres Landes erheblich. Im Osten werden sie erschütternde Ausmaße annehmen." (Blum et al. 2008, S. 3) Bis heute ist
diese Einschätzung trotz klarer gegenteiliger Evidenz nicht korrigiert worden.

Bislang liegen noch keine umfassenden Evaluationen der Beschäftigungswirkungen des Mindestlohns vor. Die Beschäftigungszahlen lassen jedoch
erkennen, dass es nicht zu dem befürchteten Beschäftigungseinbruch auf dem
Arbeitsmarkt gekommen ist. Mithilfe des für das Monitoring des Mindestlohns
vom IAB im „Arbeitsmarktspiegel" zusammengestellten Datensatzes lässt sich
zeigen, dass der Beschäftigungsaufbau unverändert weitergeht und sogar an
Geschwindigkeit zunimmt (Abb. 2.6). Vor und nach Einführung des Mindestlohns

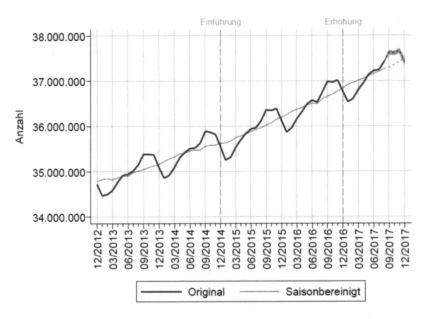

**Abb. 2.6** Entwicklung der Beschäftigung insgesamt 2012–2017. (Quelle: vom Berge et al. 2018, S. 12)

nahm die Beschäftigung pro Jahr um rund 500.000 zu, 2016 waren es sogar 600.000 zusätzliche Beschäftigte (vom Berge et al. 2017, S. 13). Dabei ist die sozialversicherungspflichtige Beschäftigung nach Einführung des Mindestlohns sogar etwas schneller als vorher gewachsen.

Die Entwicklung bei der geringfügigen Beschäftigung verläuft differenziert. Mit der Einführung des Mindestlohns hat die geringfügige Beschäftigung als Haupttätigkeit abgenommen und nimmt weiter ab (Abb. 2.7), während sie bei den Nebentätigkeiten unverändert wächst. Der Mindestlohn setzt für geringfügig Beschäftigte de facto eine Arbeitszeitgrenze, die bei dem Wert von 2019 (9,19 €) bei rund 49 h im Monat liegt. Im Jahr 2015 wurden rund doppelt so viele geringfügige Haupttätigkeiten in sozialversicherungspflichtige Beschäftigung umgewandelt wie in den Jahren zuvor und danach (vom Berge et al. 2017, S. 32). Offensichtlich kommen viele Unternehmen mit der neuen Stundengrenze nicht zurecht, die ja auch ihre interne Arbeitszeitflexibilität deutlich einschränkt. Die besonderen Dokumentationspflichten der Arbeitszeit von Minijobber_innen lassen Überschreitungen der genannten Stundengrenze zudem leichter erkennen.

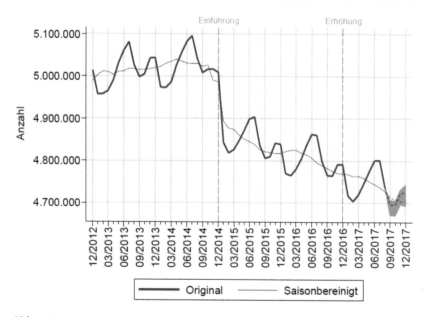

**Abb. 2.7**  Entwicklung der Zahl der ausschließlich geringfügig Beschäftigten 2012–2017. (Quelle: vom Berge et al. 2018, S. 20)

Das hat möglicherweise Unternehmen veranlasst, Minijobs mit einer Stundenzahl nahe der Höchstgrenze in sozialversicherungspflichtige Beschäftigung umzuwandeln. Eine andere Erklärung ist die gute Arbeitsmarktlage seit Einführung des Mindestlohns, der vor allem Minijobber_innen im Hauptjob die Chance bietet, in eine sozialversicherungspflichtige Beschäftigung mit höherem Monatsverdienst zu wechseln. Geringfügig Beschäftigte im Nebenjob, die ihr Einkommen aus dem Hauptjob aufbessern wollen, streben dies nicht an, sondern wollen von der Abgabenfreiheit der Minijobs profitieren, was ihre Zunahme erklären kann.

Der deutsche Mindestlohn ist im Vergleich zu den westlichen Nachbarländern eher niedrig angesetzt worden, was auch daran lag, dass man Beschäftigungsrückgänge oder auch massive Umsetzungsprobleme in Ostdeutschland aufgrund des deutlich niedrigeren Lohnniveaus fürchtete. Dort hat der Mindestlohn ja auch zu erheblich höheren Lohnsteigerungen geführt als im Westen. Zu dem befürchten Beschäftigungseinbruch ist es jedoch nicht gekommen. Die sozialversicherungspflichtige Beschäftigung der Männer stieg im Osten sogar leicht stärker als im Westen an. Bei den Frauen blieb sie demgegenüber etwas hinter den

Werten in Westdeutschland zurück, wuchs aber gleichwohl kräftig (vom Berge
et al. 2017, S. 39).

Schließlich zeigt der Arbeitsmarktspiegel auch, dass die sozialversicherungspflichtige Beschäftigung in den Niedriglohnbranchen, die die höchsten Lohnsteigerungen zu verkraften hatten, sogar überdurchschnittlich gewachsen ist
(Abb. 2.8). Es ist allerdings darauf hinzuweisen, dass ein Beschäftigungsrück-
gang in Niedriglohnsegmenten des Arbeitsmarktes zugunsten der Segmente mit
mittleren und höheren Löhnen bei positiver Gesamtbilanz der Beschäftigung
kein Problem wäre. Wenn gering produktive Arbeitsplätze verschwinden und
die freigesetzten Arbeitskräfte auf offene Stellen in besser bezahlenden Branchen mit höherer Produktivität wechseln können, ist dies ein wichtiger Beitrag
zur Verringerung des Fachkräftemangels und natürlich auch zur Eindämmung des
Niedriglohnsektors.

Auch andere Studien kommen zu ähnlichen Ergebnissen. So stellen
Frentzen et al. (2018) ebenfalls einen Zuwachs von sozialversicherungspflichtigen Beschäftigungsverhältnissen und einen Rückgang von geringfügigen

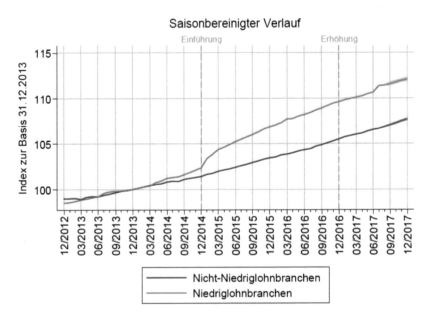

**Abb. 2.8** Beschäftigungsentwicklung in Niedriglohn- und Nicht-Niedriglohnbranchen
2012–2017. (Quelle: vom Berge et al. 2018, S. 44)

Beschäftigungsverhältnissen, die als einziger Job ausgeübt werden, fest. Sie haben darüber hinaus die Beschäftigungsentwicklung in besonders betroffenen Branchen wie dem Einzelhandel und dem Gastgewerbe untersucht und konstatieren,, dass dem Verlust geringfügiger Beschäftigungsverhältnisse „ein Zuwachs bei den sozialversicherungspflichtig Beschäftigten gegenüber (steht), der bei den stark vom Mindestlohn betroffenen Betrieben sogar höher war als in der Vergleichsgruppe" (Frentzen et al. 2018, S. 49).

## 2.4    Schlussfolgerungen

Der Mindestlohn hat zu deutlichen Erhöhungen der Stundenverdienste geführt, die in den beiden untersten Dezilen am höchsten waren, aber bis in die Mitte der Einkommensverteilung reichten. Besonders profitiert vom gesetzlichen Mindestlohn haben prekär Beschäftigte, Frauen, Ausländer_innen und Beschäftigte in kleinen Betrieben. Besorgniserregend ist, dass die Zahl und der Anteil der anspruchsberechtigten Beschäftigten, denen der Mindestlohn noch vorenthalten wird, weiterhin hoch sind. Die unzureichende Einhaltung hängt möglicherweise auch mit der rückläufigen Zahl der Kontrollen durch die Finanzkontrolle Schwarzarbeit zusammen. Besonders verbreitet ist die Nichteinhaltung des Mindestlohns in den schwer zu kontrollierenden Kleinbetrieben und in prekären Beschäftigungsformen wie vor allem bei Minijobs. Auch die Schwächung des „Self-Enforcement" durch allenfalls von Expert_innen nachvollziehbare Regelungen zur Anrechnung anderer Lohnbestandteile dürfte in der Anfangsphase die Umsetzung erschwert haben.

Aufgrund der vielfältigen Erfahrungen mit der Nichteinhaltung von gesetzlichen Mindeststandards in den vergangenen Jahren wurden für ausgewählte Branchen und Minijobs besondere Pflichten der Dokumentation der Arbeitszeit eingeführt, um Kontrollen zu erleichtern. Die bisherigen Ergebnisse zur Einhaltung des Mindestlohns nach Branchen zeigen, dass diese Liste nicht mehr aktuell ist. Der Einzelhandel mit seinen überdurchschnittlichen Werten der Nichteinhaltung ist zum Beispiel nicht enthalten. Die Möglichkeiten, diese Liste auch auf der Basis von Forschungsergebnissen per Rechtsverordnung zu ergänzen, wurde bislang nicht genutzt. Die besonderen Dokumentationspflichten der Arbeitszeit von Minijobber_innen haben zu einem leichten Rückgang der geringfügigen Beschäftigung als Haupttätigkeit geführt, vermutlich weil damit die Nichteinhaltung des Mindestlohns für die Kontrollbehörden leichter sichtbar wird. Andere Regelverstöße wie die Nichtgewährung bezahlten Urlaubs sind aber offensichtlich endemisch. Man kann ihnen nicht allein durch

Kontrollen begegnen. Erforderlich ist die Abschaffung des Sonderstatus dieser Beschäftigungsform, die offensichtlich sowohl Beschäftigten als auch Unternehmen das Signal vermittelt, dass eine Sonderbehandlung angesagt ist (Bosch und Weinkopf 2017).

Erfreulicherweise gab es sichtbare Sekundäreffekte, d. h. überdurchschnittliche Lohnerhöhungen auch bei Löhnen oberhalb des gesetzlichen Mindestlohns. Dazu beigetragen haben Neuverhandlungen von Tarifverträgen, die Branchenmindestlöhne und Personalstrategien der Unternehmen, eingespielte Lohndifferenziale wieder herzustellen oder sich durch bessere Löhne auf dem Arbeitsmarkt als guter Arbeitgeber zu profilieren. Die Erleichterung der Allgemeinverbindlicherklärung von Tariflöhnen durch das Tarifautonomiestärkungsgesetz hat dagegen nicht die gewünschte Wirkung einer Stärkung der Tarifbindung erzielt. Es bleibt abzuwarten, ob die in der Koalitionsvereinbarung der neuen Bundesregierung verabredete Allgemeinverbindlichkeit eines Tarifvertrages in der Pflege realisiert wird und ggf. auch eine positive Signalfunktion für andere Branchen auslösen kann.

Die Beschäftigung ist weiter im Trend gewachsen. Die prognostizierten Horrorszenarien sind nicht eingetreten, was auch zu einer zunehmenden Akzeptanz des Mindestlohns im Arbeitgeberlager geführt hat. In Einzelfällen ist es zwar durchaus zu Personalabbau gekommen. So hat die Zahl der ausschließlich geringfügig Beschäftigten abgenommen. Es gibt auch Anzeichen, dass wenig produktive Betriebe schließen mussten. Bei der Bewertung der Beschäftigungseffekte muss man jedoch immer von einer Gesamtbilanz ausgehen, die eindeutig positiv ist. Wenn zudem Beschäftigte aus Betrieben mit niedriger Produktivität in andere Betriebe mit höherer Produktivität und Bezahlung wechseln und dort Personallücken schließen, ist das ein wichtiger Beitrag zur Bekämpfung des Fachkräftemangels und zur Steigerung der Erwerbseinkommen.

## Literatur

Allegretto, Sylvia, A. Godoey, C. Nadler, und M. Reich. 2018. The new wave of local minimum wage policies: Evidence from six cities. http://irle.berkeley.edu/files/2018/09/The-New-Wave-of-Local-Minimum-Wage-Policies.pdf. Zugegriffen: 30. Apr. 2019.

Bachmann, Ronald, W. Dürig, H. Frings, L.S. Höckel, und F. Martinez Flores. 2017. Minijobs nach Einführung des Mindestlohns – Eine Bestandsaufnahme. *RWI Materialien* 114. Essen.

Belman, Dale, und P. J. Wolfson. 2014. *What does the minimum wage do?* Upjohn Institute for Employment Research, Michigan.

Bispinck, Reinhard, und WSI-Tarifarchiv. 2017. WSI Niedriglohn-Monitoring 2017. Mindestlöhne und tarifliche Niedriglöhne im Jahr 2017. *Elemente qualitativer Tarifpolitik* Nr. 83, Düsseldorf.

Blum, Ulrich, M. Hüther, C.M. Schmidt, H.W. Sinn, D.J. Snower, T. Straubhaar, und K.F. Zimmermann. 2008. Gemeinsamer Aufruf der Präsidenten und Direktoren der Wirtschaftsforschungsinstitute vom 12. März 2008. *ifo Schnelldienst* 6:3–4.

Bosch, Gerhard, und C. Weinkopf. 2012. *Wirkungen der Mindestlohnregelungen in acht Branchen. Expertise im Auftrag der Abteilung Wirtschafts- und Sozialpolitik der Friedrich-Ebert-Stiftung.* Bonn: FES (WISO Diskurs).

Bosch, Gerhard, und C. Weinkopf. 2013. Wechselwirkungen zwischen Mindest- und Tariflöhnen. *WSI-Mitteilungen* 66 (6): 393–404.

Bosch, Gerhard, und C. Weinkopf. 2017. *Gleichstellung marginaler Beschäftigung – Vorschlag zur Reform der Minijobs.* Expertise im Rahmen des Zweiten Gleichstellungsberichts der Bundesregierung. Berlin:gleichstellungsbericht.de.

Bundesanzeiger. 2016. Land Nordrhein-Westfalen: Bekanntmachung über die Allgemeinverbindlicherklärung eines Tarifvertrags für das Gaststätten- und Hotelgewerbe vom 20. September 2016. Veröffentlicht am 13. Oktober 2016.

Bundesanzeiger. 2018. Freie Hansestadt Bremen. Bekanntmachung über die Allgemeinverbindlicherklärung eines Tarifvertrags für das Hotel- und Gaststättengewerbe vom 20. Juni 2018. Veröffentlicht am 10. Juli 2018.

Bundesregierung. 2017. *Lebenslagen in Deutschland. Der fünfte Armuts- und Reichtumsbericht 2017.* Berlin.

Burauel, Patrick, M. Caliendo, A. Fedorets, M.M. Grabka, C. Schröder, J. Schupp, und L. Wittbrodt. 2017. Mindestlohn noch längst nicht für alle – Zur Entlohnung anspruchsberechtigter Erwerbstätiger vor und nach der Mindestlohnreform aus der Perspektive Beschäftigter. *DIW-Wochenbericht* 49:1109–1123.

Caliendo, Marco, A. Fedorets, und C. Schröder. 2018. Mindestlohn: Stundenlöhne steigen, aber Monatsentgelte stagnieren. *DIW-Wochenbericht* 27:600–608.

Deutscher Bundestag. 2014. Gesetzentwurf der Bundesregierung. Entwurf eines Gesetzes zur Stärkung der Tarifautonomie (Tarifautonomiestärkungsgesetz). *Drucksache 18/1558* vom 28. Mai 2014, Berlin.

Deutscher Bundestag. 2017. Antwort der Bundesregierung auf die Kleine Anfrage der (...) Fraktion BÜNDNIS 90/DIE GRÜNEN – Drucksache 18/11304. Finanzkontrolle Schwarzarbeit: Kontrolle von Mindestlöhnen 2016. *Drucksache 18/11475* vom 10. März 2017. Berlin. http://dip21.bundestag.de/dip21/btd/18/114/1811475.pdf. Zugegriffen: 5. Mai 2019.

Doucouliagos, Hristos, und T.D. Stanley. 2009. Publication Selection Bias in Minimum-Wage Research. A Meta-Regression Analysis. *British Journal of Industrial Relations* 47 (2): 406–428.

Dube, Arindrajit, T.W. Lester, und M. Reich. 2010. Minimum wage effects across state borders: Estimates using contiguous counties. *Review of Economics and Statistics* 92 (4): 945–964.

Fechner, Heiner, und E. Kocher. 2018. Rechtspraxis und Anpassungsbedarf beim gesetzlichen Mindestlohn. *Stellungnahme zur schriftlichen Anhörung der Mindestlohnkommission 2018.*

Fischer, Gabriele, S. Gundert, S. Kawalec, F. Sowa, J. Stegmaier, K. Tesching, und S. Theuer. 2015. *Situation atypisch Beschäftigter und Arbeitszeitwünsche von Teilzeitbeschäftigten – Quantitative und qualitative Erhebung sowie begleitende Forschung.* Forschungsprojekt im Auftrag des Bundesministeriums für Arbeit und Soziales. Nürnberg: IAB.

Frentzen, Katrin, M. Beck, und J. Stelzer. 2018. Beschäftigungswirkungen des Mindest-lohns. *Wirtschaft und Statistik* 1:35–51.

Grabka, Markus M., und C. Schröder. 2018. Ungleichheit in Deutschland geht bei Stunden-löhnen seit 2014 zurück, stagniert aber bei Monats- und Jahreslöhnen. *DIW-Wochen-bericht* 9:158–166.

ILO (International Labour Organization). 2016. Minimum wage policy guide. Genf.

Körzell, Stefan, und G. Nassibi. 2017. Zukunftsfragen der Tarifpolitik – Am Beispiel der Allgemeinverbindlicherklärung aus Sicht des DGB. In *Tarifpolitik als Gesellschafts-politik – Strategische Herausforderungen im 21. Jahrhundert*, Hrsg. T. Schulten, H. Dribbusch, G. Bäcker, und C. Klenner, 234–243. Hamburg: VSA.

Lakies, Thomas. 2015. *Mindestlohngesetz. Basiskommentar zum MiLoG.* Frankfurt a. M.: Bund.

Pusch, Toralf. 2018. Bilanz des gesetzlichen Mindestlohns: Deutliche Lohnerhöhungen, aber auch viele Umgehungen. *Wirtschaftsdienst* 4:252–259.

Schulten, Thorsten. 2018. The role of extension in German collective bargaining. In *Col-lective agreements: Extending labour protection*, Hrsg. S. Hayter und J. Visser, 65–92. Geneva: ILO.

Skidmore, Paul. 1999. Enforcing the minimum wage. *Journal of Law and Society* 26 (4): 427–448.

Statistisches Bundesamt. 2017. *Verdiensterhebung 2016. Erhebung über die Wirkung des gesetzlichen Mindestlohns auf die Verdienste und Arbeitszeiten der abhängig Beschäftigten*, Wiesbaden.

Statistisches Bundesamt. 2018. *Verdienste und Arbeitskosten. Arbeitnehmerverdienste – Jahresergebnisse*. Fachserie 16, Reihe 2.3, Wiesbaden.

Stewart, Mark B. 2010. *Individual-level wage changes and spill-over effects of minimum wage increases*. ESRC: University of Warwick.

vom Berge, Philipp, S. Kaimer, S. Copestake, J. Eberle, und W. Klosterhuber. 2017. Arbeitsmarktspiegel. Entwicklungen nach Einführung des Mindestlohns. *IAB-Forschungsbericht* 9/2017, Nürnberg.

vom Berge, Philipp, S. Kaimer, S. Copestake, J. Eberle, und W. Klosterhuber. 2018. Arbeits-marktspiegel. Entwicklungen nach Einführung des Mindestlohns. *IAB-Forschungs-bericht* 5/2018, Nürnberg.

Weil, David. 2018. Creating a strategic enforcement approach to address wage theft: One acade-mic's journey in organizational change. *Journal of Industrial Relations* 60 (3): 437–460.

Weinkopf, Claudia, und F. Hüttenhoff. 2017. Der Mindestlohn in der Fleischwirtschaft. *WSI-Mitteilungen* 70 (7): 533–539.

Wicks-Lim, Jeannette. 2008. Mandated wage floors and the wage structure: New estimates of the ripple effects of minimum wage laws. In *A measure of fairness: The economics of living wages and minimum wages in the United States*, Hrsg. R. Pollin, M. Brenner, J. Wicks-Lim, und S. Luce, 199–215. Ithaca: Cornell University Press.

Zacharakis, Zacharias. 2017. Mehr Lohn an der Kasse. Wie kann das sein? Im Handel fordern einzelne Unternehmer höhere Löhne für die Angestellten. Sie beklagen einen unfairen Wettbewerb. *ZEIT Online*. https://www.zeit.de/wirtschaft/2017-05/loehne-ein-zelhandel-lidl-discounter-mitarbeiter-tarifvertraege. Zugegriffen: 8. Mai 2019.

# Wechselwirkungen zwischen Mindest- und Tariflöhnen

3

Die Befürchtung, dass ein gesetzlicher Mindestlohn die Tarifautonomie schwächen könnte, hat die Gewerkschaften in Deutschland lange davon abgehalten, einen gesetzlichen Mindestlohn zu fordern. Bis Mitte der 1990er Jahre hatten sie über Branchentarifverträge im Unterschied zu den meisten anderen OECD-Ländern noch eine Zunahme der Einkommensungleichheit verhindern können und hofften, dass ihnen das auch in Zukunft gelingen werde. Das starke Anwachsen des Niedriglohnsektors mit Löhnen deutlich unter den Mindestlöhnen unserer wesentlichen Nachbarländer seit Mitte der 1990er Jahre war aber unübersehbares Anzeichen, dass das alte deutsche Sozialmodell nicht mehr für alle Branchen galt. Zunächst versuchte man noch, in ausgewählten Bereichen in der Tradition der Tarifautonomie Branchenmindestlöhne autonom auszuhandeln. Das gelang aber nur in einigen Branchen und hatte keine sichtbaren gesamtwirtschaftlichen Auswirkungen, da in vielen Niedriglohnbranchen die Arbeitgeber nicht willens oder aufgrund der Schwäche der Arbeitgeberverbände nicht in der Lage waren, Mindestlöhne für ihre Branchen auszuhandeln. Es dauerte insgesamt mehr als 10 Jahre, bis die deutschen Gewerkschaften ihren Machtverlust und die Unmöglichkeit, über tariflich vereinbarte Branchenmindestlöhne den Niedriglohnsektor einzudämmen, voll realisiert hatten und mit den Forderungen nach Einführung eines Mindestlohns und der Erleichterung der AVE auch die entsprechenden strategischen Schlussfolgerungen zogen (Bosch 2018). Nur in den skandinavischen Ländern sprechen sich die Gewerkschaften weiterhin gegen einen gesetzlichen Mindestlohn aus (Eldring und Alsos 2012). Die skandinavischen Vorbehalte sind allerdings bis heute gut nachvollziehbar, da dort die Sozialpartner infolge der hohen gewerkschaftlichen Mitgliedschaft und Tarifbindung weiterhin selbst über die Macht verfügen, in allen Branchen wirkungsvolle Lohnuntergrenzen durchzusetzen.

© Springer Fachmedien Wiesbaden GmbH, ein Teil von Springer Nature 2019
G. Bosch et al., *Kontrolle von Mindestlöhnen*,
https://doi.org/10.1007/978-3-658-26806-0_3

Die Skepsis, dass Mindestlöhne bei einer gleichzeitigen Schwächung von Branchentarifverträgen eine Sogwirkung nach unten entfalten können, ist nicht ganz unbegründet. Grimshaw (2010) hat am Beispiel des britischen Einzelhandels, in dem die Gewerkschaften aber schon lange keine Branchentarifverträge mehr durchsetzen konnten, gezeigt, dass die teilweise deutlich über dem Mindestlohn liegenden Löhne über mehrere Jahre auf ein Niveau knapp über dem gesetzlichen Mindestlohn abgeschmolzen wurden.

Solche warnenden Beispiele vor Augen wollten die deutschen Gewerkschaften den neuen gesetzlichen Mindestlohn als Sprungbrett für eine Stärkung der Tarifverhandlungen nutzen. Nicht zuletzt auf ihren Druck hin wurde das Mindestlohngesetz (MiLoG) Teil eines größeren Gesetzespakets. Der Name dieses Gesetzes – „Tarifautonomiestärkungsgesetz" – sollte das politische Ziel verdeutlichen, den Mindestlohn als Plattform für eine Stärkung von Tarifverhandlungen zu nutzen. Neben dem Mindestlohn wurde die Allgemeinverbindlicherklärung von Tarifverträgen bei Vorliegen eines „öffentliches Interesses" erleichtert und die Vereinbarung von über dem gesetzlichen Mindestlohn liegenden Branchenmindestlöhnen in allen Branchen zugelassen.

Ganz unbegründet war diese Hoffnung nicht. Denn schon im Vorfeld der Beratungen über den Mindestlohn wurden in einigen Branchen Tarifverhandlungen aufgenommen – nicht zuletzt, um damit mehr Zeit für Anpassungen der Tariflöhne vor allem in Ostdeutschland zu gewinnen. Dass es seit 2015 zumindest in einigen Branchen positive Wechselwirkungen gibt, deuten die Wirkungsanalysen zum Mindestlohn, die wir in Kap. 2 ausgewertet haben, an. Die durch den Mindestlohn bewirkten Lohnsteigerungen reichten bis in die Mitte der Einkommensverteilung, also deutlich über den Mindestlohn hinaus, und es ist zu vermuten, dass die Tarifpolitik einen Beitrag zu dieser Entwicklung geleistet hat.

In diesem Kapitel sollen deshalb die Wechselwirkungen zwischen dem Mindestlohn und Tarifverträgen in Deutschland untersucht werden. Aus Erfahrungen anderer europäischer Länder mit gesetzlichen Mindestlöhnen wissen wir, dass je nach Architektur der industriellen Beziehungen und Lohnsysteme sehr unterschiedliche Wechselwirkungen mit dem Tarifvertragssystem auftreten können. Dabei lassen sich nationale Muster, aber oftmals auch Unterschiede zwischen Branchen erkennen, und es sind auch Dynamiken in unterschiedliche Richtungen möglich. Vor diesem Hintergrund stellt sich die Frage nach den Auswirkungen des gesetzlichen Mindestlohns auf die industriellen Beziehungen und die Prozesse der Lohnaushandlung in Deutschland. Unsere These ist, dass die Wirkungen je nach Wirtschaftszweig höchst unterschiedlich ausfallen, weil die Architektur der industriellen Beziehungen und der Lohnsysteme auf der

Branchenebene infolge der starken Erosion des Tarifsystems innerhalb Deutschlands in den letzten 20 Jahren immer heterogener geworden ist.

Dieses Kapitel ist wie folgt gegliedert. Zunächst fassen wir die Befunde aus der internationalen Forschung zur Interaktion von Mindest- und Tariflöhnen zusammen (Abschn. 3.1). Dann stellen wir eine Typologie dieser Beziehungen vor, die wir im Rahmen mehrerer international vergleichender Studien entwickelt haben (Abschn. 3.2). Es folgt eine Analyse der Entwicklung des deutschen Tarifsystems von einem relativ homogenen autonomen System hin zu einem heterogenen System mit unterschiedlicher Tarifbindung (Abschn. 3.3). Die Ländertypologien lassen sich aufgrund der hohen internen Heterogenität gut zur Kennzeichnung der deutschen Branchenunterschiede nutzen (Abschn. 3.4).

## 3.1 Internationale Befunde zur Interaktion von Mindest- und Tariflöhnen

Während die Beschäftigungswirkungen von Mindestlöhnen vielfach erforscht wurden, finden sich kaum Untersuchungen zu den Wechselwirkungen zwischen Mindestlöhnen und Tarifverträgen und ihre gemeinsamen Auswirkungen auf die Einkommensverteilung. Erst seit einigen Jahren sind die Wirkungen von Mindestlöhnen auf die darüber liegenden Löhne, die so genannten „Ripple-Effekte", überhaupt in den Blick der empirischen Forschung geraten. Wicks-Lim (2008) fand heraus, dass Erhöhungen des US-amerikanischen Mindestlohnes Auswirkungen bis ins vierte Dezil in der Lohnverteilung haben und dass die Auswirkungen besonders stark in Branchen sind, in denen sich die Löhne knapp über dem Mindestlohn konzentrieren. Stewart (2010) konnte hingegen im Vereinigten Königreich keine Ripple-Effekte von Mindestlöhnen feststellen. Seine quantitativen Ergebnisse werden durch Fallstudien in typischen Niedriglohn-Branchen untermauert (Grimshaw 2010). Diese zeigen, dass nach Erhöhungen des gesetzlichen Mindestlohns die Lohndifferenzen zwischen den unterschiedlichen Beschäftigtengruppen nicht wiederhergestellt wurden. Er stellte sogar negative Ripple-Effekte in einzelnen Branchen fest, in denen der Abstand zwischen dem gesetzlichen Mindestlohn und den darüber liegenden Löhnen abgenommen hat. Die Gründe hierfür sind vor allem in der Schwächung des britischen Tarifsystems, aber auch in der Aufstockung geringer Löhne durch staatliche Subventionen (in-work benefits) zu sehen, die das Interesse der Beschäftigten, höhere Löhne auszuhandeln, verringerten.

Zu ganz anderen Ergebnissen kommt die Forschung in Frankreich. Koubi und Lhommeau (2007) stellten für Frankreich fest, dass eine Erhöhung des

Mindestlohns (SMIC) Lohnerhöhungen bis in die Mitte der Einkommensverteilung nach sich zieht. Gautier (2017) untersuchte die Auswirkungen nicht nur auf die tatsächlich gezahlten Löhne, sondern auch auf die tariflichen Lohntabellen. Hier sind die Ripple-Effekte bis zum 1,5-fachen des Mindestlohns stark.

Die deutsche Forschung zu den Branchenmindestlöhnen zeigte, dass in Branchen mit hohem Fachkräfteanteil Erhöhungen der Mindestlöhne die Lohnkurve in Westdeutschland nach oben verschoben haben mit beträchtlichen Ripple-Effekten bis deutlich über den Medianlohn der Branche hinaus. In Ostdeutschland wurde hingegen die Lohnstruktur komprimiert mit zum Teil deutlichen Verlusten bei den höheren Löhnen (Bosch und Weinkopf 2012b).

In Lohntheorien wird auf die Bedeutung von sogenannten Ecklöhnen („key rates") verwiesen, an denen sich die Löhne anderer Beschäftigter orientieren (Dunlop 1957). Die Löhne der Beschäftigten mit besserer Qualifikation, längerer Betriebszugehörigkeit oder höherer Stellung in der Hierarchie steigen, wenn sich diese Ecklöhne innerhalb von sogenannten Lohnkonturen („wage contours") verändern. Gemeint sind einigermaßen stabile Lohnstrukturen in Branchen, Berufsgruppen oder Regionen (Dunlop 1957, S. 131). Dunlop konnte selbst für die USA im Jahr 1957 noch davon ausgehen, dass „Tarifverhandlungen als der Normalfall angesehen werden müssen" (Dunlop 1957, S. 125, eigene Übersetzung), sodass er die Lohnkonturen damals noch mit den tariflichen Entgelten gleichsetzte, in denen eine Erhöhung des Ecklohnes das gesamte Tarifgitter mit seinen festen Proportionen nach oben verschob. Mit der Schwächung der Gewerkschaften sowie der Dezentralisierung und Individualisierung der Lohnfindung sind die Lohnkonturen jedoch in vielen Ländern informeller und vor allem instabiler geworden, sodass heute in den OECD-Ländern die Spannbreite von positiven bis hin zu negativen Ripple-Effekten reicht und sich diese Effekte im Zeitablauf auch ändern können.

Autor_innen aus Ländern mit geringer Tarifbindung und hohen betrieblichen Entscheidungsspielräumen über Lohnstrukturen begründen positive Ripple-Effekte vor allem mit dem Interesse der Unternehmen, ihre interne Lohndifferenzierung zu bewahren. Um die Arbeitsmoral, Motivation und Produktivität der Beschäftigten zu erhalten, mussten auch die Löhne der besser Qualifizierten angehoben werden (Wicks-Lim 2008, S. 199; Stewart 2010, S. 2). Dies hat im Vereinigten Königreich aber offenbar viele Unternehmen nicht davon abgehalten, die Kosten einer Erhöhung des Mindestlohns durch eine Absenkung der darüber liegenden Löhne zu finanzieren. Sie waren nicht durch Tarifverträge gebunden

und konnten daher die Lohnstruktur einseitig verändern. Da der Arbeitsmarkt
aufgrund der hohen Arbeitslosigkeit ergiebig war, konnten die Unternehmen
sich das offensichtlich ohne allzu negative Auswirkungen auf die Fluktuation
ihrer Beschäftigten leisten. Die unterschiedlichen Ergebnisse der US-amerikanischen und britischen Untersuchungen zeigen, wie sehr die Ripple-Effekte von der
jeweiligen Arbeitsmarktsituation abhängen.

Dies ist ganz anders in Frankreich mit einer Tarifbindung von über 90 %. Dort
lassen sich Erhöhungen des gesetzlichen Mindestlohns nicht durch Absenkungen
der höheren Löhne finanzieren. Im Gegenteil: Mindestlohnerhöhungen sind hier
der Treiber für die Tarifverhandlungen. So lagen 2016 z. B. im sogenannten
secteur général mit insgesamt 174 Branchen, der den gesamten Dienstleistungsbereich umfasst, 89 % der untersten Tarifgruppen auf dem Niveau des SMIC
(Ministère du Travail 2017, S. 371). In den anderen Sektoren (z. B. Metall oder
Bau) sind die Werte ähnlich hoch. Wenn dann Ende eines jeden Jahres der gesetzliche Mindestlohn angehoben wird, verhandeln die Sozialpartner in den meisten
Branchen in den ersten Monaten des folgenden Jahres die Löhne neu mit der
Folge, dass das Lohngitter mit seinen fixen Proportionen zwischen den Lohngruppen wieder auf das Niveau des neuen SMIC angehoben wird. Die hohen
Ripple-Effekte in Frankreich können nicht verwundern, da sie eben institutionalisiert worden sind. Oberhalb der Tarifgitter nehmen sie aber stark ab, da die höheren Löhne eher durch Zulagen und Einzelvereinbarungen bestimmt werden.

Insgesamt sprechen die beschriebenen Befunde dafür, dass die Interaktionen
zwischen Mindestlöhnen und Tarifverträgen nicht einheitlich sind, sondern von
der jeweiligen Architektur der Institutionen der Lohnfindung, der Stärke und dem
Handeln zentraler Akteure sowie der Arbeitsmarktsituation abhängen (Grimshaw
und Bosch 2013). Die eher an Effizienzlohntheorien angelehnten Erklärungen
von Wicks-Lim (2008) müssen also durch eine Analyse der Lohninstitutionen
ergänzt werden, um die Ripple-Effekte und vor allem auch ihre Dimensionen und ihre Stabilität zu verstehen. In Betrieben ohne Tarifbindung und starke
betriebliche Interessenvertretung sind Ripple-Effekte ausschließlich Ergebnis
von Entscheidungen des Managements, von denen unter Umständen nicht alle
Beschäftigten profitieren und die bei veränderter Wirtschaftslage auch wieder
abgebaut werden können. Genau wegen dieser stabilisierenden Wirkung werden
Tarifverträge in der neoliberalen Terminologie auch als „Rigiditäten" (Gautier
2017) gekennzeichnet.

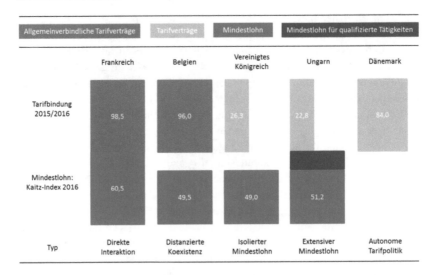

**Abb. 3.1** Typologie der Wechselwirkungen zwischen Mindestlöhnen und Tarifverträgen. (Quelle: Bosch und Weinkopf 2013, S. 399 [mit veränderter Darstellung])

## 3.2  Typologie der Wechselwirkungen von Mindest- und Tariflöhnen

Auf der Basis von mehreren vergleichenden Länderstudien[1], die wir in den letzten Jahren durchgeführt haben, lassen sich folgende Typen der Wechselwirkungen zwischen Mindestlöhnen und Tarifverträgen unterscheiden (Abb. 3.1):

Die direkte Interaktion: In diesem Typ ist der Abstand zwischen dem Mindestlohn und den untersten tariflichen Lohngruppen nur gering. Die Gewerkschaften sind zu schwach, um ohne Hilfe des Staates in autonomen Tarifverhandlungen Lohnuntergrenzen in Höhe des Mindestlohns zu garantieren. Da der Mindestlohn mit jeder Erhöhung das gesamte Tarifgefüge nach oben verschiebt, sind die Ripple-Effekte hoch. Ein gutes Beispiel hierfür ist Frankreich. Der hohe Anteil

---

[1]Zu nennen sind ein Projekt zu Lohnstandards im Baugewerbe im internationalen Vergleich (Bosch et al. 2011), die Evaluation der branchenbezogenen Mindestlohnregelungen in Deutschland (Bosch und Weinkopf 2012b) und ein EU-Projekt zu den Wechselwirkungen von Mindestlöhnen und Tarifverträgen (Bosch und Weinkopf 2012a; Grimshaw 2013).

der Beschäftigten, die trotz der sehr hohen Tarifbindung auf dem Niveau des Mindestlohns oder knapp darüber bezahlt werden, deutet auf eine enge Koppelung hin (Caroli und Gautié 2008). Die Folge ist, dass der gesetzliche Mindestlohn im Mittelpunkt der politischen Aufmerksamkeit steht, und die Tarifpolitik nachfolgend dessen Erhöhungen für alle Tarifbeschäftigten verallgemeinert. Die enge Koppelung ist zudem durch die fast flächendeckende Allgemeinverbindlicherklärung von Branchentarifverträgen fest institutionalisiert.

1. *Die distanzierte Koexistenz:* In diesem Typ liegen die Tariflöhne aufgrund einer Tradition autonomer Tarifpolitik mit starken Sozialpartnern überwiegend deutlich über dem Mindestlohn und die Tarifverhandlungen werden – wie z. B. in Belgien – nicht direkt durch Anhebungen der Mindestlöhne bestimmt. Die unterdurchschnittlichen Niedriglohnanteile in Belgien sind weniger auf den Mindestlohn als vielmehr auf die hohe Tarifbindung mit kollektiv ausgehandelten Löhnen zurückzuführen. Im Unterschied zu Frankreich mit einer gewerkschaftlichen Organisationsquote von nur 7,9 % der Beschäftigten (2015) sind die belgischen Gewerkschaften mit einer Organisationsquote von 54,2 % (2015) stark genug, aus eigener Kraft Tarife auszuhandeln, die auch im unteren Bereich deutlich über dem Mindestlohn liegen. Die hohe Organisationsquote der Beschäftigten wird – wie in Schweden – durch das Gent-System, also die Verwaltung der Arbeitslosenversicherung durch die Gewerkschaften, gesichert. Durch die ebenfalls flächendeckenden Allgemeinverbindlicherklärungen gelten die Tarifvereinbarungen für nahezu alle Beschäftigten.
2. *Der isolierte Mindestlohn:* In diesem Typ ist die Tarifbindung gering, da es das Instrument der Allgemeinverbindlicherklärung nicht gibt oder es nicht genutzt wird. Nur noch im öffentlichen Dienst und vereinzelt auch in Branchen der Privatwirtschaft (z. B. Bauwirtschaft) werden Branchentarifverträge mit Lohngittern oberhalb des Mindestlohns ausgehandelt. Angesichts der Schwäche der Gewerkschaften in der Privatwirtschaft überwiegen einseitige Entscheidungen der Unternehmen, die fast ausschließlich von Effizienzüberlegungen und der Arbeitsmarktsituation abhängen. Bei hoher Verfügbarkeit und Austauschbarkeit von Arbeitskräften können die Ripple-Effekte auch negativ sein. Beispiel für diesen Typ ist vor allem das Vereinigte Königreich, in dem die in den 1960er Jahren noch starken Branchentarifverträge in der Privatwirtschaft inzwischen völlig verschwunden sind. Nach dem Zusammenbruch der Branchentarifverhandlungen konzentrieren sich Gewerkschaften und Politik inzwischen fast ausschließlich nur noch auf die Anhebung des gesetzlichen Mindestlohns (Grimshaw et al. 2010).

3. *Autonome Tarifpolitik:* In Ländern mit hoher Tarifbindung und großer autonomer Handlungsmacht der Gewerkschaften werden gesetzliche Mindestlöhne als Eingriff in die Tarifpolitik abgelehnt. Durch die fast lückenlose Tarifbindung wirken die untersten tariflichen Lohngruppen wie Mindestlöhne. Beispiel für diesen Typ ist Schweden, wenngleich die umfassende Tarifbindung nach einigen Urteilen des Europäischen Gerichtshofs (EuGH) (Laval, Viking) mittlerweile durch grenzüberschreitende Entsendungen an den Rändern Risse bekommen hat (Eldring und Alsos 2012; Bosch 2013). Ein hoher gewerkschaftlicher Organisationsgrad der Beschäftigten (rund 66 % im Jahr 2017) und die weitreichenden Mitbestimmungsrechte auf betrieblicher und Unternehmensebene sowie die durch das Gent-System institutionalisierte Macht der Gewerkschaften festigen die Verhandlungsstärke der Gewerkschaften.

4. *Extensiver Mindestlohn:* Wenn die Tarifpartner schwach sind und die Tarifbindung gering ist, die Regierung aber dennoch tarifähnliche Entgeltstrukturen durchsetzen will, kann sie den Mindestlohn differenzieren. Ungarn ist ein gutes Beispiel für diesen Typ. Hier wurden im Jahr 2006 drei unterschiedliche hohe Mindestlöhne eingeführt, eine unterste Rate für An- und Ungelernte, eine mittlere für Qualifizierte und ein noch höherer Satz für Beschäftigte mit einem akademischen Abschluss. Der oberste Mindestlohn wurde allerdings im Jahr 2009 wieder abgeschafft und hat seitdem nur noch empfehlenden Charakter. Mit den beiden anderen Mindestlöhnen, die bis heute gelten, wurde in Ungarn ein Basisgerüst für betriebliche und tarifliche Lohnstrukturen geschaffen, das negative Ripple-Effekte für Qualifizierte deutlich einschränkte (Neumann 2010). In jüngster Zeit wurde der Mindestlohn für qualifizierte Beschäftigte sogar mehrfach deutlich stärker angehoben. Anfang 2017 wurde der Mindestlohn für qualifizierte Beschäftigte sogar um 25 % erhöht, während der untere Mindestlohn nur um 15 % stieg (Rödl und Partner 2016).

Die Auswirkungen der verschiedenen Typen auf die Einkommensverteilung sind sehr unterschiedlich. Das lässt sich in Abb. 3.2 erkennen, die eine außergewöhnlich starke Korrelation zwischen der Tarifbindung und dem Anteil von Niedriglohnbeschäftigten in der EU belegt. Die Länder mit „Autonomer Tarifpolitik", wozu neben Schweden auch Dänemark und Finnland zählen, haben sehr niedrige Anteile von Beschäftigten mit Niedriglöhnen. Auch in den beiden Ländern mit „Direkter Interaktion" (Frankreich) und „Distanzierter Koexistenz" (Belgien) ist es durch die fast flächendeckende Allgemeinverbindlichkeit der Tarifverträge gelungen, den Anteil der Niedriglohnbeschäftigten zu begrenzen. Oberhalb der Trendlinie liegen z. B. Österreich und die Niederlande. Beide Länder haben deutlich höhere Niedriglohnanteile, als es angesichts ihrer hohen Tarifbindung zu

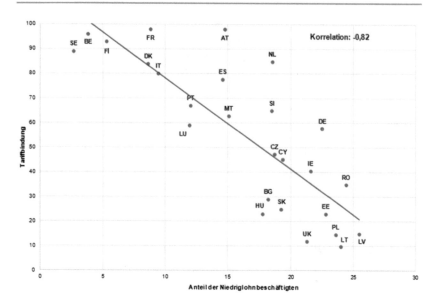

**Abb. 3.2** Korrelation zwischen Tarifbindung und Anteil von Niedriglöhnen in der EU 2014. (Quelle: Visser 2016; Eurostat 2016; eigene Darstellung und Berechnung)

erwarten wäre. Österreich hat im Unterschied zu den skandinavischen Ländern mit einer vergleichbaren Tarifbindung nie eine solidarische Lohnpolitik verfolgt, die auch auf die Anhebung der Löhne in typischen Frauenbranchen zielte.[2] Die Niederlande wiederum haben deutlich niedrigere Mindestlöhne für Jugendliche. Die Besonderheiten beider Länder verweisen darauf, dass nicht nur Institutionen, sondern auch die Akteure in diesen Institutionen mit sehr unterschiedlichen Strategien eine Rolle spielen.

Hoch ist hingegen der Anteil der Niedriglohnbeschäftigten in den beiden anderen Typen „Isolierter Mindestlohn" und „Extensiver Mindestlohn". Der isolierte Mindestlohn ist angesichts der geringen Tarifbindung in den meisten mittel- und osteuropäischen Staaten sicherlich inzwischen der in Europa am stärksten verbreitete Typus. Die insgesamt geringe Tarifbindung in den beiden

---

[2]Die nahezu flächendeckende Tarifbindung in Österreich resultiert aus der Pflichtmitgliedschaft der Unternehmen in der Wirtschaftskammer, deren Fachverbände die Branchentarife mit den Gewerkschaften abschließen.

Referenzländern für unsere Typologie, dem Vereinigten Königreich und Ungarn, führt offensichtlich dazu, dass die Mindestlöhne zur „going rate" und nicht durch Tarifverträge ausreichend nach oben ausdifferenziert werden. Ob die in letzter Zeit in Ungarn erfolgte stärkere Anhebung des Mindestlohns für Qualifizierte diese Lohnverteilung ändern kann, ist mit den hier zugrunde liegenden Daten, die bis 2014 reichen, nicht erkennbar.

Deutschland liegt in Abb. 3.2 deutlich über der Trendkurve und kombiniert eine über dem EU-Durchschnitt liegende Tarifbindung mit einem ebenfalls überdurchschnittlichen Anteil von Beschäftigten mit geringen Stundenlöhnen. Das spricht für eine starke Heterogenität der Wechselwirkungen zwischen Mindestlöhnen und Tarifverträgen in den unterschiedlichen Branchen. Den Ursachen für diese Heterogenität gehen wir im nächsten Abschnitt nach.

## 3.3    Vom „Autonomen Tarifsystem" zu einem gemischten Lohnsystem

Das deutsche Lohnsystem zählte traditionell zu den „autonomen" Lohnsystemen, in denen Unternehmen bzw. Arbeitgeberverbände und Gewerkschaften ohne direkte staatliche Eingriffe die Löhne und viele andere Arbeitsbedingungen wie etwa die Dauer und die Lage der Arbeitszeit aushandelten. Die Tarifautonomie in Deutschland ist im Grundgesetz geregelt und hat damit sogar Verfassungsrang. Die Löhne und viele andere Arbeitsbedingungen wie etwa die Dauer der Wochenarbeitszeit wurden weitgehend auf Branchenebene von den Sozialpartnern ausgehandelt. Die Tarifverträge setzen als branchenspezifische „Gesetzbücher" die Normen für die Arbeitsbedingungen in den jeweiligen Branchen. Die Vorteile der Tarifautonomie gegenüber staatlichen Eingriffen in die Lohnfindung werden u. a. in der geringen Bürokratisierung der Arbeitswelt gesehen, da die Sozialpartner nicht nur von beiden Verhandlungspartnern akzeptierte Normen generierten, sondern auch ihre Einhaltung kontrollierten. Der Staat konnte auf umfangreiche Kontrollbehörden verzichten und den Unternehmen blieben aufwendige und möglicherweise konflikthafte Verhandlungen über eigene Lohnstrukturen erspart. Hinzu kommen die Passgenauigkeit der Normen im Hinblick auf die spezifischen Branchenbedingungen und ihre flexible Anpassung bei Veränderungen dieser Bedingungen, was beides nicht durch branchenübergreifende Gesetze mit ihren langwierigen Abstimmungsprozessen erreicht werden kann.

Der Staat wurde in der direkten Lohnsetzung nur auf Initiative der Tarifvertragsparteien aktiv, wenn diese einen Antrag auf Allgemeinverbindlicherklärung (AVE) von Mindestentgelten, von ausgewählten tariflichen Lohngruppen oder auch von ganzen Tarifgittern stellten. Er wurde sozusagen aktiv, ohne „die Verantwortung für den substanziellen Gehalt der Regelungen tragen zu müssen" (Schulten 2012, S. 487). Allgemeinverbindliche Entgelttarifverträge waren auch in der Vergangenheit allerdings eher die Ausnahme (Kirsch 2003; Bispinck 2012). Sie waren in einigen Branchen mit hohen Anteilen von Klein- und Mittelbetrieben wie dem Einzelhandel oder dem Friseurgewerbe zu finden, wurden im Unterschied zu mehreren anderen europäischen Ländern aber niemals flächendeckend zur Lohnregulierung in schwach organisierten Branchen genutzt. Das deutsche Tarifsystem lässt sich also als ein freiwilliges System kennzeichnen, in dem Unternehmen die Arbeitgeberverbände verlassen oder nicht in sie eintreten können, auch um Löhne unterhalb der Tarife zahlen zu können.

Autonome Lohnsysteme sind äußerst voraussetzungsvoll. Erforderlich sind starke Gewerkschaften, die mit den Unternehmen und Verbänden auf Augenhöhe verhandeln können. Die Gewerkschaften müssen im Zweifel in der Lage sein, kollektiven Druck zu entfalten, was eine starke Organisationsbasis erfordert. Deutschland gehörte zu den schwachen autonomen Systemen. Selbst zu Hochzeiten gewerkschaftlicher Organisationstärke in den 1970er Jahren waren nicht mehr als 35,5 % im Jahr 1978 der Beschäftigten in einer Gewerkschaft organisiert (Visser 2016). Das deutsche System war also immer in besonderer Weise abhängig von der Bereitschaft der Unternehmen, sich in Arbeitgeberverbänden zu organisieren. Bis zur Wiedervereinigung lag die Tarifbindung mit rund 85 % (Visser 2016) um ein Mehrfaches über dem gewerkschaftlichen Organisationsgrad der Beschäftigten, da die meisten Unternehmen einem Arbeitgeberverband angehörten. Selbst nicht tarifgebundene Betriebe orientierten sich weitgehend an den Tarifverträgen. Diese hohe unternehmerische Tariftreue hatte ihren Grund zum einen in der geringen Arbeitslosigkeit in der alten Bundesrepublik, die die Verhandlungsmacht der Beschäftigten stärkte und Verhandlungen ohne den Schutz der Arbeitgeberverbände im Konfliktfall wenig attraktiv erscheinen ließ. Zum anderen konnten die Verbände und Kammern im alten deutschen Korporatismus mit langfristig denkenden Unternehmen auch über moralischen Druck Regeln fairen Lohnwettbewerbs durchsetzen.[3] Hinzu kam die Furcht vor betrieblichen Konflikten vor allem in den tonangebenden Arbeitgeberverbänden des verarbeitenden Gewerbes, in dem die Gewerkschaften überdurchschnittlich gut organisiert und zudem über die betriebliche und unternehmerische Mitbestimmung stark verankert waren.

---

[3]In der Literatur über die „Varieties of Capitalism" wird die normsetzende Funktion des deutschen Korporatismus auch zur Erklärung anderer Institutionen wie der hohen Ausbildungsbereitschaft der Unternehmen herangezogen (Bosch et al. 2007).

Bis 2017 ist die einstmals hohe Tarifbindung in Deutschland auf 55 % gesunken, ohne dass bislang ein Ende dieser Entwicklung absehbar wäre. Die „Tariftreue" der Unternehmen begann zunächst in Ostdeutschland zu sinken und lag dort 2017 mit 44 % deutlich unter dem Niveau von Westdeutschland (57 %). Hintergrund waren drei Trends: Erstens war die Produktivität der zumeist neu gegründeten Unternehmen in Ostdeutschland sehr niedrig, sodass der Widerstand gegen die rasche Lohnangleichung mit Westdeutschland wuchs. Zweitens sahen die Unternehmen wegen der bröckelnden gewerkschaftlichen Mitgliedschaft nach der schockartigen Deindustrialisierung der ostdeutschen Wirtschaft und dem raschen Anstieg der Arbeitslosigkeit die Chance, die Löhne einseitig ohne Verhandlungen mit den Gewerkschaften festzulegen. Drittens propagierten Teile des Unternehmerlagers offen den Ausstieg aus der Tarifbindung und unterstützten dies durch das Angebot von Mitgliedschaften ohne Tarifbindung (oT). Weiterhin verweigerten die Arbeitgeberverbände auf Branchen- und auf Bundesebene zunehmend die Zustimmung zur Allgemeinverbindlicherklärung von Lohntarifverträgen (Bispinck 2012). Am gravierendsten war sicherlich die von großen Einzelhandelsketten politisch gewollte Beendigung der früher allgemeinverbindlichen Lohntarife im Einzelhandel zu Beginn des Jahrtausends. Mit diesem Strategiewechsel der Unternehmerverbände wurde erkennbar, dass die Gewerkschaften in vielen Branchen nicht die Kraft besaßen, die Tarifbindung aus eigener Stärke zu verteidigen.[4]

Die Erfahrung, dass man das deutsche Tarifsystem „ungestraft", also ohne eine Zunahme betrieblicher Konflikte und einen raschen Anstieg der gewerkschaftlichen Organisationsquote, verlassen konnte, und dafür noch Zuspruch aus der Politik und sogar vom eigenen Arbeitgeberverband bekam, lud zur Nachahmung auch in Westdeutschland ein. Visser schätzt den Anteil der Unternehmen, die Mitglied in einem Arbeitgeberverband waren, für das Jahr 2002 auf 63 % und für 2011 auf 58 % (Visser 2016). Der Anteil der verbandsgebundenen Unternehmen in der Metallindustrie durch Gesamtmetall, dem wichtigsten Arbeitgeberverband in Deutschland, ging in Westdeutschland von 77,4 % im Jahre 1985 auf 56,5 % im Jahre 2006 zurück. In Ostdeutschland sank er sogar von rund 65 % im Jahr 1992 auf weniger als 20 % im Jahr 2006 (Haipeter 2011). Unzufriedenheit vor allem mit den Arbeitszeitregelungen wurde als Hauptgrund für den Austritt

---

[4]Der Vorsitzende der IG Metall kommentierte den für diese Entwicklung beispielhaften Ausstieg der Unternehmen aus dem Flächentarif des KFZ-Gewerbes in NRW ganz nüchtern: „Das Bedrückende daran: Es machte uns klar, dass wir in Wahrheit nie die Kraft besessen hatten, die Tarifverträge auch im Streitfall durchzusetzen." (Wetzel 2012, S. 156)

angegeben. Ebenso wichtig für die Erosionsprozesse wie die Austritte waren die Nichteintritte vieler neu gegründeter Betriebe (Schroeder und Ruppert 1996). Eine Befragung von Geschäftsführer_innen von Arbeitgeberverbänden ergab, dass dieser Mitgliederschwund seit 2005 gestoppt wurde (Nicklich und Helfen 2013).

Begünstigt wurde diese Entwicklung durch veränderte Unternehmensstrategien sowie die Öffnung vieler ehemals öffentlicher Dienstleistungen (Post, Bahn, Nahverkehr etc.) für private Anbieter, die nicht tarifgebunden waren, und mit Lohndumping gegen die staatlichen Unternehmen konkurrierten. Das hohe Lohngefälle zwischen den Branchen und den Betrieben unterschiedlicher Größenordnungen bietet starke Anreize zu einer Auslagerung von Tätigkeiten, um damit Lohnkosten zu senken. Für die Verlagerung von Tätigkeiten in schlechter bezahlende Branchen oder Betriebe gibt es viele Beispiele. Das überdurchschnittlich starke Wachstum einiger Branchen wie etwa der Gebäudereinigung, dem Catering, dem Transportwesen, dem Wach- und Sicherheitsdienstleistungen oder der Leiharbeit lassen sich nur so erklären. Die Folge ist eine starke Fragmentierung der Unternehmen, wodurch die Beschäftigten, die in einer Betriebsstätte zusammenarbeiten, zunehmend unterschiedliche Arbeitgeber haben und damit für sie auch unterschiedliche Lohnstandards gelten.

Weiterhin wirkte die wachsende Frauenbeschäftigung im traditionellen westdeutschen Familienmodell wie ein automatischer „Deregulator" von Beschäftigungsstandards. Durch den Mangel an Kinderbetreuungsangeboten und die Kombination der Abgabenfreiheit für Minijobs mit abgeleiteter Krankenversicherung über den Ehepartner und das Ehegattensplitting bei der Einkommensteuer mündete ein großer Teil des zunehmenden Arbeitsangebotes von Frauen in Minijobs. Da viele Unternehmen Minijobber_innen nur bei Anwesenheit entlohnen, also weder Urlaub noch Feier- oder Krankheitstage bezahlen (Bosch und Weinkopf 2017), sind Minijobs gegenüber sozialversicherungspflichtiger Teilzeitarbeit für Unternehmen erheblich billiger. Daher werden für viele Dienstleistungstätigkeiten häufig nur noch Minijobs angeboten mit der Folge, dass die Chancen auf einen Übergang in sozialversicherungspflichtige Beschäftigung abgenommen haben. Dies hat gravierende Auswirkungen auf die Machtbasis der Gewerkschaften vor allem im Dienstleistungssektor. Frauen in marginaler Beschäftigung haben nur eine geringe Bindung an das Erwerbssystem und organisieren sich kaum.

Im Unterschied zu den skandinavischen Gewerkschaften, die auf vollwertige Beschäftigung von Frauen setzten, konnten die deutschen Gewerkschaften nicht vom Beschäftigungszuwachs bei den Frauen profitieren. Der Anteil der gewerkschaftlich organisierten Frauen sank in Deutschland zwischen 1980 und 2009 von 21,4 % auf 12,9 %, während er in Schweden von 1963 bis 2008 von 48 % auf 74 % anstieg und die Mitgliederverluste bei den Männern mehr als ausglich (Visser 2016). Die Hartz-Gesetze haben die deutliche Ausdifferenzierung des Lohnspektrums nach unten nicht angestoßen, aber verstärkt und zudem verhindert, dass im starken Aufschwung ab 2005 Niedriglohnbeschäftigung abgebaut wurde. Einen wichtigen Einfluss hatten dabei die beiden im Zuge der Hartz-Gesetze deregulierten Beschäftigungsformen Leiharbeit und Minijobs mit überdurchschnittlichen Niedriglohnanteilen (Statistisches Bundesamt 2012).

In Kernbereichen der deutschen Wirtschaft wie etwa der Metall-, Elektro- und der chemischen Industrie ebenso wie im Öffentlichen Dienst und einigen privaten Dienstleistungsbranchen wie Banken und Versicherungen ist die Tarifbindung trotz dieser Entwicklungen hoch geblieben. Es stellt sich die Frage nach den Gründen dieser Stabilität, da in Großbritannien in einer früheren Periode der Deregulierung von Produkt- und Arbeitsmärkten die einstmals dominierenden Flächentarife mangels einer weiteren Verhandlungsbereitschaft der Arbeitgeber in kurzer Zeit fast alle verschwunden sind. Die wichtigste Erklärung ist zum einen die hohe institutionelle Macht der Gewerkschaften durch die deutsche Mitbestimmung auf betrieblicher und Unternehmensebene, die einen Ausstieg aus den Flächentarifen wie im Vereinigten Königreich erheblich erschwerte. Zum anderen ist die eigene Organisationsmacht der Gewerkschaften in den Kernbranchen des verarbeitenden Gewerbes in Deutschland so hoch, dass ein Frontalangriff auf die Branchentarifverträge zu unkalkulierbaren Konflikten geführt hätte. Politik und Arbeitgeberverbände konzentrierten sich daher darauf, durch Öffnungsklauseln die Verbindlichkeit der Flächentarife einzuschränken. Allerdings hat die stärkere Koordinierung der tariflichen Abweichungsverhandlungen sowie die aktive Einbeziehung der Belegschaften, die über die Tarifabweichungen abstimmten – zumindest in den Organisationsbereichen der IG Metall und der IG BCE – sogar die gewerkschaftliche Organisationsmacht in den Betrieben gestärkt (Haipeter und Lehndorff 2009; Haipeter 2011).

Zu einer Revitalisierung der Sozialpartnerschaft vor allem im verarbeitenden Gewerbe ist es in der Finanzkrise gekommen, als durch Vereinbarungen zur temporären Verkürzung der Arbeitszeit und der intensiven Nutzung von Kurzarbeit Entlassungen in den meisten größeren und mittleren Betrieben vermieden werden konnten, und zudem noch fast so viele Auszubildende wie im Jahr vor der Krise eingestellt wurden. Die erfolgreiche Bewältigung der Finanzkrise hat sich tief ins Gedächtnis der Sozialpartner und der Politik als ein geglückter Fall gemeinsamen Krisenmanagements durch die Mobilisierung und Koordinierung aller Verhandlungsebenen (national, Branche, Region, Betrieb) eingegraben und wird möglicherweise das Rollenmodell in künftigen Krisen sein. Auf jeden Fall hat

**Tab. 3.1** Sozialpartnerschaftsorientierung von Arbeitgeberverbänden nach Gewerk-schafts-domäne, Angaben in % und in absoluten Zahlen

| Gewerkschafts-domäne | 2005/2006 | | | 2012 | | |
|---|---|---|---|---|---|---|
| | Ablehnung[a] in % | Zustimmung in % | n | Ablehnung in % | Zustimmung in % | n |
| | zu Statement *Die deutsche Sozialpartnerschaft ist ein Vorteil im internationalen Wettbewerb:* | | | | | |
| IG Metall | 78,4 | 21,6 | 37 | 25,0 | 75,0 | 24 |
| ver.di | 82,9 | 17,1 | 41 | 41,2 | 58,8 | 34 |
| IG BCE | 47,4 | 52,6 | 19 | 18,2 | 81,8 | 11 |
| IG BAU | 72,1 | 27,9 | 43 | 47,8 | 52,2 | 23 |
| Sonstige | 86,7 | 13,3 | 30 | 22,7 | 77,3 | 22 |
| Total | 75,9 | 24,1 | 170 | 33,3 | 66,7 | 114 |
| | Pearson $\chi 2(4)$ 11,925[b] | | | Pearson $\chi 2(4)$ 6,111 | | |

[a] Einschließlich Unentschiedene bzw. teils/teils

Quelle: Helfen und Nicklich (2013), S. 484

sich die sozialpartnerschaftliche Orientierung der Funktionäre der Arbeitgeber-verbände gegenüber 2005/2006 deutlich erhöht. Eine Wiederholungsbefragung von Geschäftsführer_innen der Arbeitgeberverbände zeigte, dass dieser Wandel besonders ausgeprägt in den von der Finanzkrise stark betroffenen Wirtschafts-zweigen wie der chemischen und der Metallindustrie ist (Tab. 3.1). Dieser Wandel erklärt sich sicherlich neben der gemeinsamen Krisenbewältigung auch durch die gute wirtschaftliche Lage im Jahr 2012 sowie die hohe Flexibilität, die Tarifver-träge inzwischen zulassen.

Diese sehr unterschiedliche Entwicklung der Tarifpolitik je nach Branche, die von der völligen Erosion von Flächentarifen bis hin zu einer Revitalisierung der Sozialpartnerschaft reicht, spricht für unsere oben schon formulierte These sehr heterogener Wechselwirkungen zwischen dem gesetzlichen Mindestlohn und den Tarifverträgen.

## 3.4 Wechselwirkungen zwischen Mindest- und Tariflöhnen auf der Branchenebene

Ländertypologien sind immer etwas holzschnittartig, weil bei der notwendigen Verallgemeinerung die Besonderheiten einzelner Branchen nicht berücksichtigt werden können (Bosch und Weinkopf 2013, S. 397). Bei hoher Branchenhomo-genität in der Lohnfindung wie in Schweden, Frankreich oder im Vereinigten Königreich wirft das keine großen Probleme auf. Ganz anders ist es in Deutsch-land aufgrund der großen Unterschieden zwischen den Branchen, die von einer funktionierenden Sozialpartnerschaft mit vielen innovativen Tarifvereinbarungen über schwache Verbände, die mit Mühe ihre Branchentarife verteidigen, bis hin zu weitgehend tariffreien Zonen reichen.

Bei der Analyse der Wechselwirkungen zwischen dem gesetzlichen Mindestlohn und Tarifverträgen in Deutschland ist weiterhin die Besonderheit zu berücksichtigen, dass es neben dem gesetzlichen Mindestlohn auch tariflich ausgehandelte Branchenmindestlöhne gibt, die für allgemeinverbindlich erklärt werden können. Da diese Branchenmindestlöhne mit Ausnahme der Übergangsregelungen bei der Einführung des gesetzlichen Mindestlohns, die zeitweilig auch Mindestlöhne unterhalb von 8,50 € zuließen, meist deutlich über dem gesetzlichen Mindestlohn liegen, fallen einige Branchen in den Typus des „Extensiven Mindestlohns". Das gilt insbesondere für die Branchen, die einen zweiten höheren Mindestlohn für qualifizierte Beschäftigte eingeführt haben, wie das Bauhauptgewerbe, das Dachdeckerhandwerk, das Maler- und Lackiererhandwerk sowie die Gebäudereinigung (Bosch et al. 2012). Diese Branchenmindestlöhne sind mit Ausnahme der Fleischwirtschaft (Weinkopf und Hüttenhoff 2017) Teil eines Tarifgitters, das die Löhne nach oben bis hin zu mittleren Führungskräften ausdifferenziert.

Aus der umfangreichen Evaluation der Branchenmindestlöhne in Deutschland in den Jahren 2010/2011 wissen wir, dass die Branchenmindestlöhne in Ostdeutschland aufgrund der geringeren Tarifbindung häufig zur „going rate" geworden sind und damit de facto zum Typus des „isolierten Mindestlohns" zählen (Bosch und Weinkopf 2012b). In Westdeutschland werden die Tarifverträge hingegen weitgehend eingehalten, was dem Typus „Direkte Interaktion" entspricht. Dies soll hier beispielhaft am Vergleich der Dachdecker- und der Installationsbranche, in der es keinen Branchenmindestlohn gab und gibt, gezeigt werden (Abb. 3.3). In Ostdeutschland konzentrierten sich nach Einführung des Branchenmindestlohns die Löhne um diesen Mindestlohn, es kam also zu einer Lohnkompression, während sich die Löhne in der nicht regulierten Kontrollbranche über ein breiteres Spektrum, allerdings mit einem hohen Anteil an sehr geringen Löhnen verteilten. In Westdeutschland hingegen hat der Dachdeckermindestlohn das Tarifgitter nach links verschoben, da die vereinbarten Tarife nicht nur für einen höheren Anteil der Betriebe galten, sondern in der Praxis auch eher eingehalten wurden (Aretz et al. 2011, S. 30).

Um im Folgenden unsere Ländertypologie zu den Wechselwirkungen zwischen Mindest- und Tariflöhnen fruchtbar zu machen, müssen wir die wachsende Heterogenität der industriellen Beziehungen in Deutschland durch Kennziffern sichtbar machen. Dafür bieten sich die Tarifbindung sowie der Anteil der Beschäftigten mit betrieblicher Interessenvertretung an. Diese Indikatoren sind

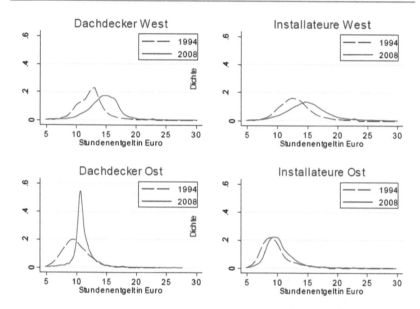

**Abb. 3.3** Lohnverteilung in der Dachdecker- und Installationsbranche nach West- und Ostdeutschland, 1994 und 2008 (BA-Daten mit vereinfachter Stundenlohnimputation). (Quelle: Aretz et al. 2011, S. 214)

zwar nicht für einzelne Branchen verfügbar, werden aber zumindest für Wirtschaftszweige regelmäßig auf der Basis des IAB-Betriebspanels berechnet. Zur (freilich sehr groben) Einschätzung des Lohnniveaus bzw. der „Eingriffsintensität" des gesetzlichen Mindestlohns wird zudem ausgewiesen, wie hoch der Anteil der Beschäftigten mit Niedriglöhnen ist (Tab. 3.2).

Tab. 3.2 veranschaulicht, wie unterschiedlich die Tarifbindung ja nach Wirtschaftszweig ausfällt. Mit Ausnahme der Öffentlichen Verwaltung und den wirtschaftlichen Dienstleistungen ist die Tarifbindung in Ostdeutschland zudem durchgängig teils deutlich niedriger als in Westdeutschland. Besonders ausgeprägt sind die Unterschiede in der Landwirtschaft, in der die Tarifbindung im Osten noch nicht einmal halb so hoch ist wie in Westdeutschland.

Deutlich überdurchschnittliche Anteile geringer Löhne finden sich vor allem in Branchen mit einer niedrigen Tarifbindung (Gastgewerbe, Landwirtschaft und Handel). Dies deckt sich mit Ergebnissen von Ländervergleichen, die zeigen, dass die Tarifbindung offenbar einen deutlich stärkeren Einfluss auf den Umfang des Niedriglohnsektors hat als die Existenz oder Höhe eines gesetzlichen

**Tab. 3.2** Anteil der Beschäftigten in tarifgebundenen Betrieben[a] und mit betrieblicher Interessenvertretung sowie Anteil der Beschäftigten mit Stundenlöhnen unter 8,50 € nach Wirtschaftszweig – 2017, in %

| Wirtschaftszweig | Tarifbindung | | Niedriglohn-anteil | Beschäftige mit Betriebsrat[b] |
| | West-deutsch-land | Ostdeutsch-land | | |
| --- | --- | --- | --- | --- |
| Landwirtschaft u. a. | 48 | 21 | Hoch | k. A. |
| Energie, Wasser, Abfall, Bergbau | **85** | **72** | Gering | 79 |
| Verarbeitendes Gewerbe | **63** | 35 | | 63 |
| Baugewerbe | **63** | **54** | Gering | 17 |
| Großhandel | 40 | 18 | Hoch | 28 |
| Einzelhandel | 40 | 28 | | |
| Verkehr und Lagerei | 58 | (27) | Mittel | 46 |
| Information und Kommunikation | 19 | (18) | Gering | 35 |
| Finanz- und Versicherungsdienstleistungen | **83** | **66** | Gering | 74 |
| Gastgewerbe & sonstige Dienstleistungen | 39 | 26 | Hoch | 9 |
| Gesundheit, Erziehung und Unterricht | **60** | **45** | Mittel | 44 |
| Wirtschaftliche, wissenschaftliche und freiberufliche Dienstleistungen | 49 | **50** | Mittel | 25 |
| Organisationen ohne Erwerbscharakter | **65** | **41** | Mittel | k. A. |

(Fortsetzung)

**Tab. 3.2** (Fortsetzung)

| Wirtschaftszweig | Tarifbindung | | Niedriglohn-anteil | Beschäftige mit Betriebsrat[b] |
|---|---|---|---|---|
| | West-deutsch-land | Ostdeutsch-land | | |
| Öffentliche Ver-waltung/ Sozialver-sicherungen | **98** | **98** | Gering | k. A. |
| **Gesamt** | **57** | **44** | **22,7** | 39 |

[a]Tarifbindung an Branchen- oder Firmen-/Haustarifvertrag (Werte in Klammern wenig belastbar wg. geringer Fallzahl)
[b]Privatwirtschaftliche Betriebe ab 5 Beschäftigte
k. A.: keine Angabe verfügbar; fett markiert sind Wirtschaftszweige mit überdurchschnittlich hoher Tarifbindung bzw. einem überdurchschnittlichen Anteil von Stundenlöhnen unter 8,50 €
Quelle: Ellguth und Kohaut 2018, S. 300 (Tarifbindung und betriebliche Interessenvertretung); Kalina und Weinkopf 2018 (Niedriglohnanteil)

Mindestlohns (Hayter und Weinberg 2011 sowie Abb. 3.3). Dies bestätigt für Deutschland auch eine Auswertung, die den Anteil der Beschäftigten mit Tarifbindung nach Quintilen differenziert im Jahr 2014 aufzeigt (Abb. 3.4).

Die geringe Tarifbindung in den beiden unteren Quintilen hängt auch damit zusammen, dass im Niedriglohnbereich immer weniger Tarifverträge bzw. tarifliche Lohngruppen für allgemeinverbindlich erklärt werden. Die Bundesregierung hatte zwar mit der Einführung des gesetzlichen Mindestlohns in Deutschland und dessen Einbettung in das Tarifautonomiestärkungsgesetz die Hoffnung verbunden, dass der Mindestlohn als Plattform für eine Stärkung des Tarifvertragssystems genutzt werden könnte, und künftig mehr Lohngruppen für allgemeinverbindlich erklärt würden. Allerdings ist dies seit der Mindestlohneinführung lediglich im Gastgewerbe in NRW (Bundesanzeiger 2016) und Bremen (Bundesanzeiger 2018) gelungen, obwohl bis Mitte 2017 sieben weitere AVE-Anträge gestellt worden waren (Tab. 3.3).

Hintergrund der geringen Verbreitung allgemeinverbindlicher Tariflohngruppen in Deutschland ist vor allem die überwiegend ablehnende Haltung der Bundesvereinigung der Deutschen Arbeitgeberverbände (BDA). Überraschend ist allerdings, dass die AVE auch für Branchen mit hohen Anteilen von Niedriglöhnen abgelehnt wird, obwohl auch die BDA ein „öffentliches Interesse" am Schutz der Beschäftigten einräumt: „Das ‚öffentliche Interesse' kann daher nur dann gegeben sein, wenn aufgrund der Marktverhältnisse, der Beschäftigungslage

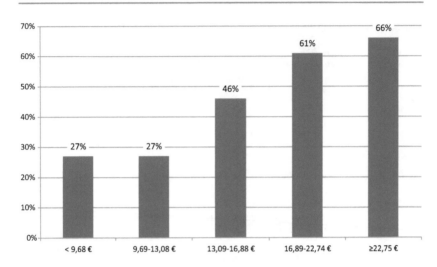

**Abb. 3.4** Tarifbindung der Beschäftigten in Deutschland nach Höhe der Stundenlöhne (Quintile), 2014. (Quelle: Eigene Darstellung nach Schulten 2018, S. 68)

**Tab. 3.3** Von Arbeitgeberseite abgelehnte AVE-Anträge seit 2015 auf Ebene der Bundesländer

| Branche | Bundesland | Datum der Ablehnung |
|---|---|---|
| Gastgewerbe | Saarland | 9. Juli 2015 |
| Sicherheitsdienstleistungen am Flughafen | Hessen | 13. Oktober 2015 |
| Altenpflege | Bremen | 14. Dezember 2015 |
| Altenpflege | Niedersachsen | 25. Januar 2016 |
| Friseurgewerbe | Schleswig-Holstein | 14. Dezember 2016 |
| Wach- und Sicherheitsgewerbe[a] | Sachsen | 20. Dezember 2016 |
| Sicherheitsdienstleistungen am Flughafen | Sachsen | 28. Juni 2017 |

[a]Die AVE für das Wach- und Sicherheitsgewerbe in Sachsen wurde vonseiten der Gewerkschaft ver.di abgelehnt, weil sich diese AVE auf einen Tarifvertrag bezog, den der Arbeitgeberverband BDSW mit der christlichen Gewerkschaft Öffentlicher Dienst und Dienstleistungen (GÖD) abgeschlossen hatte
Quelle: Schulten 2018

und unter Berücksichtigung branchenspezifischer Besonderheiten einheitliche und angemessene Beschäftigungsbedingungen zum Schutz der Beschäftigten notwendig sind. Wettbewerbs- oder Konkurrenzerwägungen als solche können nach der höchstrichterlichen Rechtsprechung des Bundesarbeitsgerichts und des Bundesgerichtshofs ein „öffentliches Interesse" dagegen nicht begründen." (BDA 2017, S. 2)

Die Blockade der BDA und auch vieler Arbeitgeberverbände auf der Branchenebene von Allgemeinverbindlicherklärungen von Tarifverträgen erklären die großen Unterschiede zwischen den Wechselwirkungen von Mindestlöhnen und Tarifverträgen je nach Branche. Denn im Unterschied zu Frankreich, Belgien oder den Niederlanden werden die Schwächen der Gewerkschaften in typischen Niedriglohnbranchen nicht durch Allgemeinverbindlich-erklärungen „ausgeglichen".

In Anlehnung an unsere Ländertypologie lassen sich diesbezüglich mehrere mögliche Branchenkonstellationen unterscheiden:

- *„Distanzierte Koexistenz":* In Branchen mit hoher Tarifbindung und einem tariflichen Lohnniveau, das deutlich oberhalb des gesetzlichen Mindestlohns von 9,19 € (2019) liegt, beeinflusst der gesetzliche Mindestlohn das Tarifniveau auf der Branchenebene (zunächst) nicht. Dies betrifft in Deutschland eine ganze Reihe von Branchen, wie es Tab. 3.2 nahelegt. Beispiele sind die Öffentliche Verwaltung, die Finanz- und Versicherungsdienstleistungen sowie große Teile des Verarbeitenden Gewerbes, wo auch die Mehrheit der Beschäftigten auf der betrieblichen Ebene über eine Interessenvertretung verfügt. Ein weiteres Beispiel ist das Bauhauptgewerbe, in dem der untere Mindestlohn seit März 2019 bundesweit bei 12,20 € lag, und damit deutlich über dem gesetzlichen Mindestlohn von 9,19 € (2019). Zudem gibt es in dieser Branche in Westdeutschland und Berlin einen zweiten deutlich höheren Mindestlohn für Fachwerker_innen, der seit März 2019 bei 15,20 € bzw. 15,05 € (Berlin) lag. Allerdings bestehen im Baugewerbe aufgrund der Dominanz von kleinen und mittleren Betrieben erhebliche Vertretungslücken, die die Durchsetzung tariflicher Normen insbesondere in Ostdeutschland erschweren (Bosch et al. 2011).
- *„Isolierter Mindestlohn":* In typischen Niedriglohnbranchen mit geringer Tarifbindung, in denen viele Beschäftigte durch die Einführung des gesetzlichen Mindestlohns Anspruch auf eine mehr oder weniger starke Lohnerhöhung hatten, war – ohne eine Revitalisierung von Tarifverhandlungen – zu erwarten, dass der gesetzliche Mindestlohn zur „going rate" (also zum üblichen Lohn) für einen nennenswerten Teil der Beschäftigten werden könnte. Tatsächlich wurde

in manchen Tarifbereichen zunächst kaum mehr als der Mindestlohn vereinbart, während es in anderen Branchen gelungen ist, das Niveau der Tariflöhne
erkennbar über den Mindestlohn anzuheben. In einigen Bereichen wurde eine
gewisse Revitalisierung der Tarifpolitik in typischen Niedriglohnbranchen auch
dadurch angestoßen, dass im Zuge der Mindestlohneinführung eine Reihe von
Branchen die Möglichkeit genutzt haben, für eine Übergangszeit bis höchstens
Ende 2017 auf der Basis allgemeinverbindlicher Tarifverträge vom Mindestlohn
abzuweichen (Bispinck 2017, S. 532). Das hat z. B. in der Fleischwirtschaft den
Anstoß für erstmalige Verhandlungen über einen branchenbezogenen Mindestlohn gegeben. Dieser Branchentarifvertrag war ein Unikat, da nur eine verbindliche Lohnuntergrenze, aber keine weiteren tariflichen Lohngruppen vereinbart
wurden. Obwohl sich die Arbeitgeber und die Gewerkschaft NGG im Februar
2018 nach zähen Verhandlungen auf eine Erhöhung des Mindestlohns auf 9 €
pro Stunde geeinigt hatten, war dieser nicht in Kraft getreten, weil das Bundesarbeitsministerium ihn im Jahr 2018 nicht für allgemeinverbindlich erklärt hatte.
In anderen Branchen, in denen die Vergütungstarifverträge bereits seit Jahren
nicht neu verhandelt worden waren, blieben i. d. R. auch nach der Mindestlohneinführung Tarifverhandlungen aus.

- *„Direkte Interaktion":* In einer ganzen Reihe von Branchen wie z. B. der
  Systemgastronomie ist der Abstand zwischen dem Mindestlohn und den Tariflöhnen eher gering. Der gesetzliche Mindestlohn hat hier zunächst zu einer teils
  deutlichen Komprimierung der Lohnstruktur geführt (Bispinck 2017, S. 532).
  Anders als zeitweilig befürchtet, ist es jedoch gelungen, einen gewissen Abstand
  der tariflichen Lohngruppen zum Mindestlohn wiederherzustellen, indem nicht
  nur die untersten Tariflöhne, sondern auch weitere Tariflohngruppen überdurchschnittlich erhöht wurden (Bispinck 2017, S. 532). In manchen Branchen wie
  etwa der Floristik oder dem Friseurhandwerk konnten im Zuge der Mindestlohneinführung zudem längere Phasen ohne Tarifverhandlungen beendet und neue
  Tarifabschlüsse erreicht werden, in deren Rahmen z. B. in der Floristik die Zahl
  der tariflichen Vergütungsgruppen unter 8,50 € innerhalb eines Jahres von 83
  auf null gebracht wurde. Eine Gewerkschafterin, die für Tarifverhandlungen im
  Friseurgewerbe zuständig ist, berichtete im Februar 2018 auf einer Tagung, dass
  es vielen Frisör_innen zunächst schwerfiel, die teils deutlichen Preissteigerungen
  im Zuge der Mindestlohneinführung gegenüber der Kundschaft zu vertreten,
  diese aber bei den meisten Kund_innen auf Verständnis gestoßen seien. Da
  weiterhin die Möglichkeit besteht, höhere Mindestlöhne auf der Branchenebene
  zu vereinbaren, stellt sich auch die Frage nach möglichen Wechselwirkungen
  zwischen diesen Branchenmindestlöhnen und dem gesetzlichen Mindestlohn.

Im Wachgewerbe, in dem von Juni 2011 bis Ende 2013 nach Bundesländern differenzierte Mindestlöhne galten (zuletzt zwischen 7,50 und 8,90 € pro Stunde), waren diese Regelungen zeitweilig ersatzlos ausgelaufen. Seit Januar 2019 liegen die Stundenlöhne nunmehr jedoch in allen Bundesländern bei mindestens 10 € pro Stunde (Bundesverband der Sicherheitswirtschaft 2019). Der im Jahr 2009 eingeführte Branchenmindestlohn für Wäschereien im Objektkundengeschäft ist im September 2017 ausgelaufen und nicht erneuert worden (Lesch 2017). Auch in der Abfallwirtschaft war der zuletzt gültige Branchenmindestlohn von 9,10 € Ende März 2017 ausgelaufen, aber nach einer Pressemitteilung ist von beiden Seiten gewünscht, einen neuen Mindestlohn für die Branche zu vereinbaren (Verband für Abbruch und Entsorgung 2017).

Im April 2019 galten in insgesamt zwölf Branchen branchenspezifische Mindestlöhne. Das ist nicht weniger als vor der Einführung des gesetzlichen Mindestlohns, sodass von einer Verdrängung solcher Regelungen in Folge des gesetzlichen Mindestlohns nicht die Rede sein kann. Man kann die Branchenmindestlöhne fast als ein schwächeres „deutsches Substitut" für die Allgemeinverbindlicherklärung von Entgelttarifen bezeichnen. Die AVE ist in den Arbeitgeberverbänden politisch blockiert, sodass Branchen, die die Lohnunterbietung mit all ihren negativen Konsequenzen wie Abwanderung von Fachkräften, Krise der Berufsausbildung sowie Rekrutierungs- und Motivationsprobleme eingrenzen wollen, Branchenmindestlöhne als Ausweg nutzen. Zum Teil haben sie dabei mit einem zweiten Mindestlohn für Fachkräfte schon vorsichtige Schritte in Richtung eines verbindlichen Tarifgitters unternommen. In vier dieser Branchen gibt es zwei nach Qualifikation der Beschäftigten differenzierte Mindestlöhne: im Bauhauptgewerbe (allerdings nur in Westdeutschland und Berlin), während in der Gebäudereinigung, im Dachdeckerhandwerk sowie im Maler- und Lackiererhandwerk bundesweit zwei Mindestlohnstufen gelten. Diese Branchen fallen unter den Typus des „extensiven Mindestlohns".

In den letzten Jahren sind erfolgreiche Anstrengungen unternommen worden, die branchenbezogenen Mindestlöhne in Ost- und Westdeutschland anzugleichen. In den im Jahr 2019 geltenden Mindestlohntarifverträgen wird dies mit Ausnahme der Pflege und Arbeitnehmerüberlassung spätestens im Laufe des Jahres 2020 erreicht (Tab. 3.4). Es liegt auf der Hand, dass die Mindestlöhne in Westdeutschland vor diesem Hintergrund im jeweiligen Zeitraum der Angleichung weniger stark erhöht werden konnten als in den Jahren zuvor.

Darüber hinaus wurden im August 2015 regional differenzierte Mindestlöhne für die Geld- und Wertdienste eingeführt. Die aktuellen Mindeststundenlöhne

**Tab. 3.4** Branchenbezogene Mindestlöhne in Deutschland, in € pro Stunde (Stand: Mai 2019)

| Branche | Geltungsbereich | Höhe des Mindestlohns | | Laufzeit |
|---|---|---|---|---|
| Baugewerbe | West | ML 1: 12,20 | ML 2: 15,20 | 3/2019–2/2020 |
| | Berlin | | ML 2: 15,05 | |
| | Ost | 12,20 | | |
| Berufliche Aus- und Weiterbildung (pädagogische Mitarbeiter_innen) | Bundesweit | Ohne BA | Mit BA | 1–12/2019 |
| | | 15,72 | 15,79 | |
| | | 16,19 | 16,38 | 1–12/2020 |
| | | 16,68 | 17,02 | 1–12/2021 |
| | | 17,18 | 17,70 | 1–12/2022 |
| Dachdeckerhandwerk | Bundesweit | ML 1: 12,20 | ML 2: 13,20 | 1–12/2019 |
| Elektrohandwerk | Bundesweit | 11,40 | | 1–12/2019 |
| | | 11,90[a] | | 1–12/2020 |
| Gebäudereinigung | West mit Berlin | ML 1: 10,56 | ML 2: 13,82 | 1–12/2019 |
| | | ML 1: 10,80 | ML 2: 14,10 | Ab 1/2020 |
| | Ost | ML 1: 10,05 | ML 2: 12,83 | 1–12/2019 |
| | | ML 1: 10,55 | ML 2: 13,50 | Ab 1/2020 |
| | Bundesweit | ML 1: 10,80 | ML 2: 14,10 | Ab 12/2020 |
| Gerüstbauer | Bundesweit | 11,88[a] | | 6/2019–7/2020 |
| Leiharbeit | West | 9,79 | | 4/2019–9/2019 |
| | | 9,96 | | 10–12/2019 |
| | Ost mit Berlin | 9,49 | | 4–9/2019 |
| | | 9,66 | | 10–12/2019 |
| Maler und Lackierer | Ungelernte (bundesweit) | 10,85 | | 5/2019–4/2020 |
| | | 11,10 | | 5/2020–4/2021 |
| | Geselle (West und Berlin) | 13,30 | | 5/2019–4/2020 |
| | | 13,50 | | 5/2020–4/2021 |
| | Geselle (Ost) | 12,95 | | 5/2019–4/2020 |
| | | 13,50 | | 5/2020–4/2021 |

(Fortsetzung)

**Tab. 3.4**  (Fortsetzung)

| Branche | Geltungsbereich | Höhe des Mindestlohns | Laufzeit |
|---|---|---|---|
| Pflege | West mit Berlin | 11,05 | 1–12/2019 |
| | | 11,35 | 1–4/2020 |
| | Ost | 10,55 | 1–12/2019 |
| | | 10,85 | 1–4/2020 |
| Schornsteinfeger | Bundesweit | 13,20 | 10/2018–2/2020 |
| Steinmetze | Bundesweit | 11,85[a] | 5/2019–4/2020 |
| | | 12,20[a] | 5/2020–4/2021 |

[a]Bis Mai 2019 noch keine AVE
Quelle: Eigene Darstellung nach WSI-Tarifarchiv 2019

sollten eine Laufzeit von Februar 2019 bis Ende 2020 haben, aber die AVE war bis Mai 2019 noch nicht erfolgt (Tab. 3.5).

Von manchen Expert_innen war im Vorfeld der Mindestloheinführung befürchtet worden, dass in Branchen, deren Branchenmindestlöhne nah am Niveau des gesetzlichen Mindestlohns liegen oder zumindest nach anstehenden Erhöhungen liegen werden, künftig auf eine branchenspezifische Mindestlohnregelung verzichtet werden könnte. Hierfür gibt es jedoch kaum Anzeichen. Ausnahme ist lediglich die Fleischwirtschaft, in der der branchenbezogene Mindestlohn im Jahr 2018 nicht für allgemeinverbindlich erklärt worden ist. Seitdem gilt nur noch der jeweilige gesetzliche Mindestlohn. In den beiden anderen Branchen mit eher geringem Abstand zum gesetzlichen Mindestlohn (Arbeitnehmerüberlassung und Gebäudereinigung) im Jahr 2019 haben die branchenbezogenen Mindestlöhne demgegenüber eine Laufzeit bis ins Jahr 2020 bzw. 2021, sodass hier kein Wegfall der Mindestlohnregelungen absehbar ist. Mit Ausnahme der Arbeitnehmerüberlassung, in der seit April 2019 Mindestlöhne von 9,49 € in Ost- und 9,79 € in Westdeutschland gelten, lagen im Jahr 2019 alle branchenbezogenen Mindestlöhne zwischen 10,05 € und 17,25 € (Geld und Wert NRW) pro Stunde. Sie hatten damit einen relativ großen Abstand zum gesetzlichen Mindestlohn (2019: 9,19 €), der auch nach der bereits beschlossenen Erhöhung des gesetzlichen Mindestlohns auf 9,35 € ab Anfang 2020 bestehen bleiben wird.

Nicht auszuschließen ist darüber hinaus, dass in weiteren Branchen zusätzliche Mindestlohnregelungen auf der Branchenebene vereinbart werden. Dies könnte insbesondere dann der Fall sein, wenn Arbeitgeberverbände und

**Tab. 3.5** Mindestlöhne für Geld- und Werttransporte sowie Geldbearbeitung, in € pro Stunde

| Region | Geld- und Wert-transport | Geldbearbeitung | Laufzeit |
|---|---|---|---|
| Baden-Württemberg | 16,22 | 13,91 | 2–12/2019 |
| | 17,11 | 14,80 | 1–12/2020 |
| Bayern | 16,22 | 14,28 | 2–12/2019 |
| | 17,11 | 15,03 | 1–12/2020 |
| Bremen/Hamburg | 15,90 | 13,91 | 2–12/2019 |
| | 16,69 | 14,60 | 1–12/2020 |
| Hessen | 15,90 | 13,91 | 2–12/2019 |
| | 16,79 | 14,60 | 1–12/2020 |
| Niedersachsen | 16,52 | 13,91 | 2–12/2019 |
| | 17,41 | 14,60 | 1–12/2020 |
| NRW | 17,25 | 14,28 | 2–12/2019 |
| | 18,00 | 15,03 | 1–12/2020 |
| Rheinland-Pfalz/ Saarland | 14,91 | 11,80 | 2–12/2019 |
| | 15,60 | 12,69 | 1–12/2020 |
| Schleswig-Holstein | 13,79 | 11,80 | 2–12/2019 |
| | 14,68 | 12,69 | 1–12/2020 |
| Ostdeutschland/ Berlin | 13,53 | 11,27 | 2–12/2019 |
| | 14,42 | 12,16 | 1–12/2020 |

Quelle: Eigene Darstellung nach WSI-Tarifarchiv 2019

Gewerkschaften ein Interesse daran haben, branchenbezogene Mindeststandards oberhalb des gesetzlichen Mindestlohns zu verankern, um Fachkräfte zu binden oder um für eher einfache, aber sehr belastende Tätigkeiten ausreichend geeignetes Personal gewinnen und halten zu können.

## 3.5  Fazit und Schlussfolgerungen

Vor der Einführung des gesetzlichen Mindestlohns wurde vor allem vonseiten der Gewerkschaften die Befürchtung geäußert, dass ein staatlicher Eingriff in die Lohnsetzung wie der gesetzliche Mindestlohn Tarifverhandlungen verdrängen könnte. Aus der internationalen Forschung ist jedoch bekannt, dass es bei der

Einführung oder der Erhöhung von Mindestlöhnen oft auch zu Lohnanhebungen bis in die Mitte der Einkommensverteilung kommt. Solche sogenannten Ripple-Effekte können in Branchen ohne Tarifbindung Folge unternehmerischer Kalkulationen sein, die Motivation und Betriebsbindung der eigenen Belegschaft zu erhöhen und auch attraktiv bei Neueinstellungen zu sein. Neben solchen betriebswirtschaftlichen Effizienzkalkulationen können Ripple-Effekte auch durch positive Interaktionen zwischen Mindestlöhnen und Tarifverhandlungen institutionalisiert sein.

Dabei haben wir unterschiedliche Architekturen der nationalen Lohninstitutionen mit verschiedenen Typen der Interaktion von Mindestlöhnen und Tarifverträgen identifizieren können. In Ländern ohne Flächentarifverträge in der Privatwirtschaft finden wir den „isolierten Mindestlohn". Dies bedeutet, dass die Ripple-Effekte ausschließlich Folge von Unternehmensentscheidungen sind. Sie können sogar negativ sein, wenn Unternehmen aufgrund eines hohen Arbeitskräfteangebots keine Zunahme der Fluktuation befürchten müssen. Positive Ripple-Effekte wiederum sind nicht zwingend stabil, da sie in Krisenzeiten ohne Verhandlungen wieder rückgängig gemacht werden können. Diese problematische Konstellation ist aber nicht Folge des Mindestlohns, sondern der Schwäche der Sozialpartnerschaft. Ein zweiter Typ ist die „direkte Interaktion". Hier liegen die untersten Tariflöhne auf dem Niveau des gesetzlichen Mindestlohns und Erhöhungen des Mindestlohns lösen Tarifhandlungen zur Anhebung des gesamten Tarifgitters aus, das für allgemeinverbindlich erklärt wird. Beispiel hierfür ist Frankreich. Der Staat stabilisiert hier durch Anhebungen des Mindestlohns und die AVE für Tarifverträge gleichermaßen die beiden zentralen Institutionen der Lohnsetzung und gleicht damit die Schwäche der Gewerkschaften und der Sozialpartnerschaft aus. Davon zu unterscheiden ist die „distanzierte Koexistenz". Hier ist die Organisationsmacht der Gewerkschaften so groß, dass sie aus eigener Kraft in den meisten Branchen Tariflöhne deutlich über dem Mindestlohn abschließen können, wie etwa in Belgien. Beim Typus des „extensiven Mindestlohns", den wir in Ungarn finden, setzt der Staat angesichts der Schwäche der Tarifpartner einen zweite Lohngrenze mit einem höheren Mindestlohn für Qualifizierte. Im Typus der „autonomen Tarifpolitik" ist die Sozialpartnerschaft aufgrund der Stärke der Gewerkschaften so stabil, dass über Tarifverhandlungen flächendeckend wirkungsvolle Lohnuntergrenzen gesetzt werden können.

Deutschland gehörte bis zur Wiedervereinigung zum Typus der „autonomen Tarifpolitik". Durch die politisch vielfach gewollte und geförderte Erosion der Tarifbindung sind die industriellen Beziehungen in den Branchen jedoch zunehmend heterogener geworden. Dies hatte auch Auswirkungen auf die Interaktionen zwischen dem neuen gesetzlichen Mindestlohn, den Tarifverträgen sowie den in Deutschland verbreiteten Branchenmindestlöhnen. Wie groß die Heterogenität in Deutschland inzwischen geworden ist, zeigt sich daran, dass wir für alle der genannten Ländertypen Gruppen von Branchen finden. In den Kernbranchen mit starken Betriebs- und Personalräten und Gewerkschaften, wie dem öffentlichen Dienst und großen Teilen des verarbeitenden Gewerbes, dominiert die „distanzierte Koexistenz". Die „direkte Interaktion" findet sich in einigen Dienstleistungsbranchen, in denen die Tarifgitter an den Mindestlohn anschließen, wie in der Systemgastronomie. In mehreren Branchen wurde ein zweiter höherer Branchenmindestlohn eingeführt, was dem Typus des „extensiven Mindestlohns" entspricht.

Anzeichen, dass durch den gesetzlichen Mindestlohn Tarifverhandlungen geschwächt wurden, haben wir nicht gefunden – im Gegenteil: Beim Fall der direkten Interaktion setzt der Mindestlohn eine höhere Untergrenze als zuvor. Im Gastgewerbe ist es seit 2017 in fast allen Bundesländern gelungen, die Abstände zwischen den Tariflöhnen von Hilfs- und Fachkräften zu vergrößern. Nur in zwei Branchen, die zuvor sehr niedrige Branchenmindestlöhne hatten (Abfallwirtschaft und Wäschereien), sind diese nach Einführung des gesetzlichen Mindestlohns nicht fortgeführt worden. Eine ganze Reihe von Branchen haben demgegenüber durch erfolgreiche Verhandlungen zwischen Arbeitgeber- und Arbeitnehmerseite signalisiert, dass sie durch eine teils deutlich über dem gesetzlichen Mindestlohn liegende Lohnuntergrenze auf dem Arbeitsmarkt attraktiv bleiben wollen. Dazu haben sicherlich auch die gute Arbeitsmarktlage und die Verknappung von Fachkräften beigetragen. Zudem sind Branchenmindestlöhne für Arbeitgeberverbände in mehreren Branchen der einzige Ausweg aus der politischen Blockade der AVE durch die BDA, da die Allgemeinverbindlichkeit von Branchenmindestlöhnen nicht im Tarifausschuss beschlossen werden muss, sondern über einen Erlass des Bundesarbeitsministeriums erfolgt.

## Literatur

Aretz, Bodo, M. Arntz, S. Gottschalk, T. Gregory, M. Niefert, C. Rammer, H. Schröder, und H. Schütz. 2011. Evaluation bestehender gesetzlicher Mindestlohnregelungen – Branche: Dackdecker. Zentrum für europäische Wirtschaftsforschung GmbH (ZEW) und infas Institut für angewandte Sozialwissenschaften GmbH. http://www.bmas.de/SharedDocs/Downloads/DE/PDF-Meldungen/evaluation-mindestlohn-dachdecker.html;jsessionid=14260746ADD6298B6D391C946C264F51. Zugegriffen: 9. Mai 2019.

Bispinck, Reinhard. 2012. Allgemeinverbindlicherklärung von Tarifverträgen – Vom Niedergang zur Reform? *WSI-Mitteilungen* 65 (7): 496–507.

Bispinck, Reinhard. 2017. Mindestlöhne und Tarifpolitik – Ergebnisse des WSI-Niedriglohn-Monitoring. *WSI-Mitteilungen* 70 (7): 523–532.

Bosch, Gerhard. 2013. Grenzüberschreitende Arbeitsmärkte und nationale Beschäftigungssysteme in der EU. In *Transnationale Vergesellschaftungen. Verhandlungen des 35. Kongresses der Deutschen Gesellschaft für Soziologie in Frankfurt a. M. 2010*, Hrsg. H.-G. Soeffner, 279–292. Wiesbaden: Springer.

Bosch, Gerhard. 2018. The making of the German minimum wage: A case study of institutional change. *Industrial Relations Journal* 49 (1): 19–33.

Bosch, Gerhard, und C. Weinkopf. 2012a. Mindestlöhne, Tariflöhne und Lohnungleichheit. In *Sozialpolitik und Sozialstaat*, Hrsg. R. Bispinck, G. Bosch, K. Hofemann, und G. Nägele, 221–238. Wiesbaden: Springer VS.

Bosch, Gerhard, und C. Weinkopf. 2012b. *Wirkungen der Mindestlohnregelungen in acht Branchen. Expertise im Auftrag der Abteilung Wirtschafts- und Sozialpolitik der Friedrich-Ebert-Stiftung*. Bonn: FES. WISO Diskurs.

Bosch, Gerhard, und C. Weinkopf. 2013. Wechselwirkungen zwischen Mindest- und Tariflöhnen. *WSI-Mitteilungen* 66 (6): 393–404.

Bosch, Gerhard, und C. Weinkopf. 2017. *Gleichstellung marginaler Beschäftigung – Vorschlag zur Reform der Minijobs*. Expertise im Rahmen des Zweiten Gleichstellungsberichts der Bundesregierung, Berlin: gleichstellungsbericht.de.

Bosch, Gerhard, C. Weinkopf, und G. Worthmann. 2011. *Die Fragilität des Tarifsystems. Einhaltung von Entgeltstandards und Mindestlöhnen am Beispiel des Bauhauptgewerbes*. Berlin: edition sigma.

Bosch, Gerhard, T. Kalina, und C. Weinkopf. 2012. Wirkungen der Mindestlohnregelungen in der Gebäudereinigung. *Journal for Labour Market Research* 45 (3–4): 209–231.

Bosch, Gerhard, T. Haipeter, E. Latniak, und S. Lehndorff. 2007. Demontage oder Revitalisierung? Das deutsche Beschäftigungsmodell im Umbruch. *Kölner Zeitschrift für Soziologie und Sozialpsychologie* 59 (2): 318–339.

Bundesanzeiger. 2016. Land Nordrhein-Westfalen: Bekanntmachung über die Allgemeinverbindlicherklärung eines Tarifvertrags für das Gaststätten- und Hotelgewerbe vom 20. September 2016. Veröffentlicht am 13. Oktober 2016.

Bundesanzeiger. 2018. Freie Hansestadt Bremen. Bekanntmachung über die Allgemeinverbindlicherklärung eines Tarifvertrags für das Hotel- und Gaststättengewerbe vom 20. Juni 2018. Veröffentlicht am 10. Juli 2018.

Bundesverband der Sicherheitswirtschaft (BDSW). 2019. Tarifübersichten. https://www.bdsw.de/tarife/tarifuebersichten. Zugegriffen: 9. Mai 2019.

Bundesvereinigung der Deutschen Arbeitgeberverbände. 2017. Allgemeinverbindlicherklärung von Tarifverträgen, Berlin.

Caroli, Eve, und J. Gautié. 2008. *Low-wage work in France*. New York: Russell Sage.

Dunlop, John T. 1957. The task of contemporary wage theory. In *New concepts in wage determination*, Hrsg. G.W. Taylor und F.G. Pierson, 117–139. New York: McGraw-Hill.

Eldring, Line, und K. Alsos. 2012. European minimum wage: A Nordic outlook. *Fafo-report* 2012:16.

Ellguth, Peter, und S. Kohaut. 2018. Tarifbindung und betriebliche Interessenvertretung: Ergebnisse aus dem IAB-Betriebspanel 2017. *WSI-Mitteilungen* 71 (4): 299–306.

Eurostat. 2016. Structure of earnings survey 1 out of 6 employees in the European Union is a low-wage earner Situations differ widely across Member States. News Release. 8. Dezember 2016. http://ec.europa.eu/eurostat/documents/2995521/7762327/3-08122016-AP-EN.pdf/3f02c5ed-81de-49cb-a77e-74396bac2467. Zugegriffen: 30. Apr. 2019.

Gautier, Erwan. 2017. Rigidité des salaires et accords collectifs: Une analyse à partir de données individuelles en France, DARES Mieux comprendre l'évolution des salaires depuis la crise. Comparaisons internationales, Colloque 13.12.2017 Paris. http://dares.travail-emploi.gouv.fr/dares-etudes-et-statistiques/colloques-et-appels-a-projets/manifestations-et-colloques/passes/article/mieux-comprendre-l-evolution-des-salaires-depuis-la-crise-comparaisons. Zugegriffen: 30. Apr. 2019.

Grimshaw, Damian. 2010. United Kingdom: Developing a progressive minimum wage in a liberal market economy. In *The minimum wage revisited in the enlarged EU*, Hrsg. Daniel Vaughan-Whitehead, 473–508. Geneva: International Labour Office.

Grimshaw, Damian, Hrsg. 2013. *Minimum wages, pay equity, and comparative industrial relations*. New York: Routledge.

Grimshaw, Damian, und G. Bosch. 2013. The intersections between minimum wage and collective bargaining institutions. In *Minimum wages, pay equity, and comparative industrial relations*, Hrsg. Damian Grimshaw, 50–80. New York: Routledge.

Grimshaw, Damian, C. Shepherd, und J. Rubery. 2010. *Minimum wage systems and changing industrial relations: National report UK*. Manchester.

Haipeter, Thomas. 2011. Unbound ‚employers' associations and derogations: Erosion and renewal of collective bargaining in the German metalworking industry. *Industrial Relations Journal* 42 (2): 174–194.

Haipeter, Thomas, und S. Lehndorff. 2009. Collective bargaining on employment. Dialogue Working Paper No. 3. International Labour Office, Industrial and Employment Relations Department, Geneva.

Hayter, Susan, und B. Weinberg. 2011. Mind the gap: Collective bargaining and wage inequality. In *The role of collective bargaining in the global economy. Negotiating for social justice*, Hrsg. Susan Hayter, 136–186. Cheltenham: Elgar.

Helfen, Markus, und M. Nicklich. 2013. Zwischen institutioneller Kontinuität und De-Industrialisierung – Industrielle Dienstleistungen als Parallelwelt überbetrieblicher Arbeitsbeziehungen. *Berliner Journal für Soziologie* 23:471–491.

Kalina, Thorsten, und C. Weinkopf. 2018. Niedriglohnbeschäftigung 2016 – Beachtliche Lohnzuwächse im unteren Lohnsegment, aber weiterhin hoher Anteil von Beschäftigten mit Niedriglöhnen. IAQ-Report 2018-06. Duisburg. http://www.iaq.uni-due.de/iaq-report/2018/report2018-06.php. Zugegriffen: 10. Mai 2019.

Kirsch, Johannes. 2003. Die Allgemeinverbindlicherklärung von Tarifverträgen – Ein Instrument in der Krise. *WSI-Mitteilungen* 7:407–412.

Koubi, M., und B. Lhommeau. 2007. Les effets de diffusion de court terme des hausses du Smic dans les grilles salariales des enterprises de dix salariés ou plus sur la période 2000–2005. *Les salaires en France, édition 2007*.

Lesch, Hagen. 2017. Mindestlohn und Tarifgeschehen: Die Sicht der Arbeitgeber in betroffenen Branchen. IW-Report Nr. 13. Köln.

Ministère du Travail, de l'Emploi et de la Santé. 2017. *Bilans et rapports – La Négociation Collective en 2016*. Paris.

Neumann, László. 2010. National Report Hungary. EC project – Minimum Wage Systems and Changing Industrial Relations in Europe. Manchester. http://research.mbs.ac.uk/european-employment/Portals/0/docs/HungarianReport.pdf. Zugegriffen: 30. Apr. 2019.

Nicklich, Markus, und M. Helfen. 2013. *Wirtschaftsverbände in Deutschland: Mitgliedergewinnung und -bindung als zentrale Herausforderung*. Kurzstudie des Lehrstuhls für Unternehmenskooperation im Management-Department der Freien Universität Berlin.

Rödl & Partner. 2016. Newsletter Ungarn 4/2016. Aktuelles aus den Bereichen Steuern, Recht und Wirtschaft in Ungarn. http://www.roedl.net/fileadmin/user_upload/Documents/Newsletter/Newsletter-Ungarn-4-2016.pdf. Zugegriffen: 30. Apr. 2019.

Schroeder, Wolfgang, und B. Ruppert. 1996. *Austritte aus Arbeitgeberverbänden. Eine Gefahr für das deutsche Modell?* Marburg: Schüren.

Schulten, Thorsten. 2012. Stellenwert der Allgemeinverbindlicherklärung für die Tarifvertragssysteme in Europa. *WSI-Mitteilungen* 65 (7): 485–495.

Schulten, Thorsten. 2018. The role of extension in German collective bargaining. In *Collective agreements: Extending labour protection*, Hrsg. S. Hayter und J. Visser, 65–92. Geneva: ILO.

Statistisches Bundesamt. 2012. Niedriglohn und Beschäftigung 2010. Begleitmaterial zur Pressekonferenz am 10. September 2012 in Berlin. Wiesbaden. https://www.destatis.de/GPStatistik/servlets/MCRFileNodeServlet/DEMonografie_derivate_00001466/NiedriglohnBeschaeftigung.pdf. Zugegriffen: 9. Mai 2019.

Stewart, Mark B. 2010. *Individual-level wage changes and spill-over effects of minimum wage increases.* ESRC: University of Warwick.

Verband für Abbruch und Entsorgung. 2017. Neuer Anlauf für Mindestlohn in der Abfallwirtschaft. Meldung vom 17. Oktober 2017. https://www.abbruch-mv.de/2017/10/17/neuer-anlauf-fuer-mindestlohn-in-der-abfallwirtschaft/. Zugegriffen: 8. Mai 2019.

Visser, Jelle. 2016. Institutional Characteristics of Trade Unions, Wage Setting, State Intervention and Social Pacts (ICTWSS). An international database. Amsterdam Institute for Advanced Labour Studies (AIAS), Version 5.1. Amsterdam.

Weinkopf, Claudia, und F. Hüttenhoff. 2017. Der Mindestlohn in der Fleischwirtschaft. *WSI-Mitteilungen* 70 (7): 533–539.

Wetzel, Detlef. 2012. *Mehr Gerechtigkeit wagen. Der Weg eines Gewerkschafters.* Hamburg: Hoffman und Campe.

Wicks-Lim, Jeannette. 2008. Mandated wage floors and the wage structure: New estimates of the ripple effects of minimum wage laws. In *A measure of fairness: The economics of living wages and minimum wages in the United States*, Hrsg. R. Pollin, M. Brenner, J. Wicks-Lim, und S. Luce, 199–215. Ithaca: Cornell University Press.

WSI-Tarifarchiv. 2019. Mindestlöhne in Deutschland nach Mindestlohngesetz (MiLoG), Arbeitnehmer-Entsendegesetz (AEntG), Arbeitnehmerüberlassungsgesetz (AÜG), Tarifvertragsgesetz (TVG). Stand: 18. April 2019. Düsseldorf.

# Durchsetzung von Arbeitsstandards – die internationale Literatur

**4**

Die Einhaltung von Arbeitsstandards wurde in Deutschland lange nicht als Problem angesehen. Man vertraute auf die Sozialpartner, die nicht nur Löhne, Arbeitszeiten und viele andere Arbeitsbedingungen autonom aushandelten, sondern auch für die Einhaltung und Kontrolle ihrer Vereinbarungen verantwortlich waren. Vor allem über die Mitbestimmung der Betriebsräte stärkte der Staat dabei die Ressourcen der schwächeren Seite, also der Vertreter_innen der Beschäftigten (Bosch und Lehndorff 2017). Die Kontrollfunktionen der Betriebsräte wurden ausdrücklich im Betriebsverfassungsgesetz festgeschrieben. Danach haben die Betriebsräte „darüber zu wachen, dass die zugunsten der Arbeitnehmer geltenden Gesetze, Verordnungen, Unfallverhütungsvorschriften, Tarifverträge und Betriebsvereinbarungen durchgeführt werden" (§ 80 1,1 Betriebsverfassungsgesetz). Zur Ausübung dieser Rechte muss der Arbeitgeber alle notwendigen Informationen zur Verfügung stellen.

Dieses System der Delegation der Festlegung und der Kontrolle zentraler Arbeitsstandards an die Sozialpartner funktionierte bis Anfang der 1990er Jahre in Deutschland sehr gut. 85 % der Beschäftigten fielen unter einen Tarifvertrag (Visser 2016) und die Kontrolle der Einhaltung der Gesetze und der Tarifverträge hatte sich zum Basisgeschäft der Betriebsräte entwickelt. Allerdings wurden auch damals lange nicht alle Beschäftigten durch einen Betriebsrat vertreten. Die fast selbstverständliche Einhaltung von tariflichen Standards durch die Unternehmer ist daher ohne eine funktionierende moralische Komponente im Verhalten der Unternehmer nicht zu erklären. In der umfangreichen Literatur zum deutschen Beschäftigungsmodell in den 1980er Jahren wurde diese moralische Komponente als Erfolgskriterium für die Entwicklung der diversifizierten Qualitätsproduktion hervorgehoben (Streeck 1997). Sie war auch mehr als eine bloße deklaratorische Selbstbindung, sondern basierte auf starken Unternehmerorganisationen und Kammern, die ihre Mitglieder über Gruppendruck auf gleiche

Arbeitsbedingungen verpflichten konnten, und ein durch stabile Eigentümer-
strukturen „geduldiges Kapital", das sich an langfristigen Erträgen orientierte
(Lehndorff et al. 2009).

Diese Bedingungen haben sich inzwischen grundlegend verändert. Die Tarif-
bindung und die Vertretung durch Betriebsräte sind deutlich zurückgegangen.
Vor allem kann man nicht mehr von einer Vorreiterrolle dieser beiden zentralen
Institutionen des deutschen Beschäftigungssystems für die großen tarif- und mit-
bestimmungsfreien Zonen ausgehen. Der stark gewachsene Niedriglohnsektor
(Bosch und Weinkopf 2007) belegt den Zusammenbruch des früher gemeinsamen
Grundverständnisses vom „ehrbaren Kaufmann" in Teilen der Wirtschaft. Die
durch die staatliche Deregulierung von Produkt- und Arbeitsmärkten forcierte
Krise der autonomen Normsetzung durch die Sozialpartner hatte nicht intendierte
Folgen. Sie zwang den Staat, in die Bresche zu springen. Er musste anstelle der
Sozialpartner nicht nur eigene Normen setzen, zuerst durch Branchenmindest-
löhne und dann durch den gesetzlichen Mindestlohn, sondern zusätzlich auch die
Einhaltung dieser staatlichen Normen kontrollieren. Denn der durch die Mindest-
löhne angestrebte Schutz der Beschäftigten und die Herstellung gleicher Wett-
bewerbsbedingungen für die Unternehmen können nur mit der Einhaltung dieser
Lohnstandards gewährleistet werden.

Die Internationale Arbeitsorganisation (ILO) hält deshalb wirkungsvolle Kontrollen von Arbeitsstandards auch für ein zentrales Element der Governance von
guter Arbeit („decent work"), die durch internationalen Erfahrungsaustausch,
Lernen in den Kontrollbehörden aber auch durch gezielte Forschung zu den
Wirkungen unterschiedlicher Kontrollverfahren und -strategien verbessert werden können (Bignami et al. 2013, S. 5). Ebenso, wie man in Deutschland mangels eigener Erfahrung bei der Ausgestaltung des gesetzlichen Mindestlohns
von der Forschung anderer Ländern profitieren konnte, lässt sich auch viel aus
der umfangreichen internationalen Literatur zur Kontrolle und Durchsetzung von
Mindestlöhnen und anderer Arbeitsstandards lernen. Dabei muss man natürlich
den deutschen Kontext mit nach wie vor einflussreichen Gewerkschaften und
wirkungsvollen Mitbestimmungsrechten der Betriebsräte in den meisten mittleren
und größeren Betrieben berücksichtigen.

Im Vordergrund der internationalen Literatur stehen Untersuchungen der staatlichen Kontrollbehörden, deren Instrumente und Strategien in den letzten Jahren weiterentwickelt wurden. Dies war eine notwendige Reaktion auf wachsende
Kontrollprobleme infolge der zunehmenden Fragmentierung von Unternehmen
und der Ausdifferenzierung der Beschäftigungsformen (Abschn. 4.1). Mit den
herkömmlichen Einzelfallkontrollen kann man nur Symptome kurieren und schnell
alle Ressourcen ohne nachhaltige Wirkung verbrauchen. Die neuere einschlägige

Literatur kreist daher um die Frage, wie man durch proaktive Strategien nachhaltige Verhaltensänderungen der Unternehmen bewirken kann (Abschn. 4.2). Dabei geht es zum einen um eine Erweiterung des traditionellen Instrumentenkastens der Kontrollen und Sanktionen. Durch die systematische Einbindung anderer Akteure, vor allem von Arbeitnehmervertreter_innen, aber auch von lokalen Akteuren der Zivilgesellschaft kann man die Informations- und Ressourcenbasis deutlich verbessern. Zum anderen müssen Kriterien für strategisches Kontrollhandeln entwickelt werden, sodass man sich nicht in Einzelproblemen „verheddert". So muss man beispielsweise stärker an der Spitze von Wertschöpfungsketten ansetzen, da Großunternehmen ebenso wie auch staatliche Behörden durch die engen Kostenvorgaben bei der Auftragsvergabe für die Arbeitsbedingungen in ihren Nachunternehmen mitverantwortlich sind (Abschn. 4.3).

Mit der eher marktradikalen Literatur, die in gesetzlichen Arbeitsstandards wie Mindestlöhnen ebenso wie in ihrer Kontrolle und Durchsetzung beschäftigungsfeindliche Regulierungen sieht, die es abzuschaffen gilt (Almeida und Carneiro 2009), befassen wir uns nicht näher. Ihre pauschalen Argumente können durch die neuere Mindestlohnforschung, die überwiegend keine negativen Beschäftigungseffekte von Mindestlöhnen feststellen konnte, als widerlegt gelten. Im Detail allerdings stellen sich natürlich immer die in allen Ländern aufgeworfenen und berechtigten Fragen, ob die Kontrollen angemessen und wirkungsvoll sind und inwieweit der Akzent auch die Beratung der Unternehmen gelegt werden sollte.

## 4.1 Hintergründe und Ursachen von wachsenden Durchsetzungsproblemen

Die umfangreiche internationale Literatur zu unterschiedlichen Formen prekärer Beschäftigung belegt eindrucksvoll die Entstehung von „Parallelwelten in der Arbeit" (Holst und Singe 2013). Die schlechten Arbeitsbedingungen im wachsenden Segment prekärer Arbeit sind nicht nur Folge veränderter Regulierungen, sondern auch der systematischen Nicht-Einhaltung von Mindeststandards. Die Forschung zeigt weiterhin, dass staatliche Kontrollen heute durch die wachsende Heterogenität der Arbeitsformen, die steigende Intransparenz der Ansprüche und Rechte von Beschäftigten den Bedeutungsverlust klassischer Normen von fairer Bezahlung im entfesselten Wettbewerb sowie die Schwächung der Gewerkschaften als wirkungsvolle dezentrale Kontrollakteure notwendiger als in der Vergangenheit geworden sind.

Die wegweisenden Arbeiten von Dickens (2009) und Weil (2010 und 2014) analysieren die Auswirkungen des Wandels der Beschäftigungsbeziehungen im

Vereinigten Königreich und in den USA auf die Durchsetzung und Einhaltung von Mindeststandards. Zur Erinnerung sei erwähnt, dass sich das Vereinigte Königreich bis in die späten 1970er Jahre auf ein funktionierendes System der industriellen Beziehungen stützen konnte. Damals war die Tarifbindung hoch und die gewerkschaftlichen Vertrauensleute waren wirkungsvolle Kontrollinstanzen, sodass die Politik auf Kontrollen angemessener Entlohnung verzichten konnte. „At its heart was a policy of relative legal abstention, with primacy to, and support for regulation through collective bargaining. Regulation of the employment relationship by means of collective bargaining between employers and unions was far more important than legal regulation through Acts of Parliament." (Dickens 2009, S. 1) Der Vorteil der Selbstregulierung lag nicht nur in der Unterstützung der Durchsetzung individueller Ansprüche bei Fehlverhalten der Unternehmen, sondern vor allem auch in der präventiven Wirkung, sodass solches Fehlverhalten kaum verbreitet war. Durch die Deregulierung des britischen Arbeitsmarkts und den Bedeutungsverlust von Tarifverträgen funktioniert die Selbstkontrolle durch die Sozialpartner inzwischen nicht mehr. Der Staat musste widerwillig die Lücke füllen. Es wurden zwar zahlreiche neue individuelle Ansprüche geschaffen, etwa über den Mindestlohn oder auch durch EU-Direktiven z. B. zur Teilzeit- und Leiharbeit. Ihre Durchsetzung aber wurde weitgehend den einzelnen Beschäftigten überlassen. In der Folge wurden die Gerichte mit einer wachsenden Zahl von Einzelklagen mit hohen Kosten für die öffentliche Hand überlastet. Strategische Überlegungen zu systematischen Kontrollstrategien waren nicht erkennbar, da Kontrollen als „burdens on business" angesehen wurden (Dickens 2009, S. 3). Es ist zwar mittlerweile sogar im Vereinigten Königreich wieder anerkannt, dass gewerkschaftlich organisierte Betriebe besser sind „at managing individual disputes" (Dickens 2009, S. 6), ohne dass daraus aber die politische Schlussfolgerung gezogen wird, Konfliktlösungen über die Stärkung der Tarifbindung oder den Ausbau der betrieblichen Mitbestimmung gegenüber individuellen Lösungen zu privilegieren.

Selbst in den USA hat die Selbstkontrolle durch Gewerkschaften früher eine Rolle gespielt. So konstatierte beispielsweise Dunlop (1957, S. 125) in den Nachkriegsjahren ganz selbstverständlich: „collective bargaining must be taken as the normal case". Weil, der wohl die wichtigsten Arbeiten zur Kontrolle von Arbeitsstandards vorgelegt hat, beschreibt die Entwicklung stabiler interner Arbeitsmärkte, die auch in nicht gewerkschaftlich organisierten Betrieben dominierten. Er spricht dabei von den „visible hands" der Unternehmen mit klaren und expliziten Regeln der Entlohnung und der Beförderung (Weil 2014, S. 31) sowie von Normen fairer Behandlung, auf die sich die Unternehmen verpflichteten, und die in einem Umfeld mit stabilen Märkten den industriellen Frieden sicherten. Compliance war sozusagen „enlightened self-interest" (Weil 2014, S. 20).

Den wichtigsten Grund für die wachsenden Compliance-Probleme sieht Weil (2010 und 2014) in der Verschiebung der Grenzen der Unternehmen. Da die Koordinationskosten durch neue Technologien deutlich gesunken sind, ist es Unternehmen möglich geworden, Teile ihrer Wertschöpfungskette auszulagern, sie aber gleichwohl durch die Vorgabe detaillierter Standards, deren Einhaltung genauestens kontrolliert wird, zu steuern. Die Großunternehmen ersetzen viele Funktionen interner Arbeitsmärkte durch Marktbeziehungen und entledigen sich damit ihrer juristischen Arbeitgeberfunktion, obwohl sie die Arbeitsabläufe in der Wertschöpfungskette weiterhin zum Teil bis ins Kleinste kontrollieren. Das Ergebnis sind „fissured workplaces", also eine zerklüftete Arbeitswelt mit vielen abhängigen Zulieferern, die die Löhne und Sozialleistungen drücken, um gegen die Konkurrenz in diesem harten Wettbewerb bestehen zu können. Neue Formen der „fissured workplaces" entstehen im Rahmen der Gig-Ökonomie, in der die Arbeitgeberfunktionen der Plattformen umstritten sind (Friedman 2014). Der wohl bekannteste Fall ist Uber. Das Unternehmen vermittelt Taxifahrten, setzt Preise fest, entwickelt Vorgaben zum Verhalten der Taxifahrer, lässt sie durch die Kunden bewerten und sortiert sie ohne Möglichkeiten des Widerspruchs aus. Obwohl Uber – wie viele andere Plattformen auch – Arbeitgeberfunktionen wahrnimmt, behauptet das Unternehmen nur Maklerfunktionen wahrzunehmen (Berg et al. 2018), da die Fahrer_innen offiziell als Selbstständige tätig sind.

Weil (2015) hat vor allem Unternehmen im Blick, die die gesamte Wertschöpfungskette detailliert steuern, wie etwa Franchise-Unternehmen. Ähnlich, aber etwas weiter gefasst ist das Konzept der fragmentierten Unternehmen. Ausgangspunkt sind ebenfalls Veränderungen der Arbeitsbedingungen infolge der Aufspaltung von Unternehmen oder der Auslagerung von Tätigkeiten zur Kosteneinsparung (Marchington et al. 2005). Allerdings steuern die Auftraggeber nicht alle Prozesse und nehmen – anders als beim Franchising, wo ein Markenprodukt gepflegt werden muss – zum Teil auch Qualitätseinbußen hin, wie etwa in der Gebäudereinigung oder in der Pflege. Die Folgen für die Beschäftigten sind jedoch ähnlich.

In fragmentierten Unternehmen bleibt oft unklar, wer eigentlich der für die Arbeitsbedingungen verantwortliche Unternehmer ist. Die Aufspaltung der Unternehmen vervielfacht den Aufwand für externe Kontrollen, da nicht nur festgestellt werden muss, wer der eigentliche Arbeitgeber ist, sondern für die Unternehmen meist auch unterschiedliche Regelungen gelten. Zudem ist anders als in vertikal integrierten Unternehmen die Vertretung gemeinsamer Interessen durch die Beschäftigten erschwert, da gesetzliche und tariflich ausgehandelte

Mitbestimmungsrechte sich auf Betriebe oder Unternehmen beschränken und an den Unternehmensgrenzen enden.

Von der Fragmentierung der Unternehmen ist die Prekarisierung der Beschäftigungsverhältnisse zu unterscheiden. Die Intransparenz der Arbeitsbedingungen erhöht sich nicht nur durch die Verteilung der Beschäftigten auf eine größere Zahl von Unternehmen, sondern auch innerhalb der Unternehmen auf eine Vielzahl unterschiedlicher Beschäftigungsformen. Prekäre Beschäftigungsformen sind vielfach als „Exit-Optionen" (Bosch et al. 2010) aus den mit dem Normalarbeitsverhältnis verbundenen Arbeitsstandards politisch geschaffen worden oder Ergebnis von neuen Unternehmensstrategien, die strategischer als in der Vergangenheit Regulierungslücken nutzen, Vorschriften systematisch unterlaufen und die Kontrollkapazitäten des Staates „austesten". Erkennbare Kontrolllücken sprechen sich schnell herum und die Nichteinhaltung von Mindestbedingungen kann dann zum Normalfall werden.

Die Überschneidungen zwischen der Fragmentierung der Unternehmen und der Prekarisierung der Beschäftigung sind offensichtlich. Beschäftigte von Werkvertragsunternehmen, aus dem Ausland entsandte Arbeitskräfte oder Leiharbeitskräfte gehören zu anderen Unternehmen, unterliegen aber de jure oder de facto – ebenso wie Scheinselbstständige – Weisungen des auftraggebenden Unternehmens. Damit entstehen juristische Grauzonen, die es Unternehmen an der Spitze der Wertschöpfungskette erlauben, sich ihrer juristischen und sozialen Arbeitgeberpflichten zu entledigen.

Die skandalösen Arbeitsbedingungen infolge der oft systematischen Nichtbefolgung von Arbeitsstandards in den verschiedenen Formen prekärer Arbeit und die Konzentration der Probleme in bestimmten Branchen sind in der Literatur zum Teil sehr detailliert beschrieben worden (z. B. Bernhardt et al. 2008, 2009). Auch wenn sich das Ausmaß der Verstöße zwischen den Ländern infolge unterschiedlicher Arbeitsmarktinstitutionen deutlich unterscheidet, findet man länderübergreifend meistens die gleichen „üblichen Verdächtigen".

Als besonders durch Gesetzesverstöße gefährdet gelten Scheinselbstständigkeit und trianguläre Beschäftigungsverhältnisse (Bignami et al. 2013, S. 2). Durch die Verlagerung abhängiger Beschäftigung in Scheinselbstständigkeit entziehen sich Unternehmen ihrer in Arbeits- und Sozialgesetzen definierten Arbeitgeberverantwortung und verhindern gleichzeitig durch die Eingliederung der Betroffenen in ihre Arbeitsprozesse echte unternehmerische Tätigkeiten. Bei triangulärer Beschäftigung werden die Betroffenen nicht bei ihrem juristischen Arbeitgeber, sondern in einem anderen Unternehmen als Leiharbeitskräfte oder Subunternehmer_innen zu schlechteren Arbeitsbedingungen als die Stammkräfte eingesetzt. Die Trennung von Beschäftigungs- und Einsatzort erschwert die

Formulierung gemeinsamer Interessen dieser Beschäftigten, die Gewerkschaften bzw. Betriebsräte in den Einsatzbetrieben fühlen sich nicht zuständig und sind vielfach auch nicht unzufrieden, wenn Beschäftigungsrisiken externalisiert werden und ihre Stammbelegschaft verschont bleibt. Falls sie dennoch Solidarität üben, sind ihre Instrumente stumpf, da die meisten Mitbestimmungsrechte nur bei den eigenen Beschäftigten greifen.

Hinzu kommen Regulierungslücken. Die EU-Direktive zur Leiharbeit enthält zwar den Grundsatz der gleichen Bezahlung für gleiche Arbeit für Leiharbeitskräfte. Fraglich ist allerdings, ob dieser Gleichbehandlungsgrundsatz auf nationaler Ebene überall adäquat durchgesetzt wurde. In Deutschland sind z. B. Abweichungen vom Equal Pay-Gebot in den ersten neun Monaten eines betrieblichen Einsatzes bei Leiharbeitskräften zulässig und selbst darüber hinaus, falls dies tarifvertraglich geregelt ist. Die außerordentlich hohen Lohnunterschiede zwischen Leih- und Stammarbeitskräften (Bundesagentur für Arbeit 2017) lassen Zweifel aufkommen, ob der in der EU-Richtlinie geforderte angemessene Schutz der Leiharbeitskräfte in Deutschland adäquat umgesetzt wurde. In einer Expertise für den Deutschen Juristentag hieß es dazu: „Voraussetzung der richtlinienkonformen Öffnung ist, dass die tarifvertraglichen Gestaltungen ‚unter Achtung des Gesamtschutzes von Leiharbeitnehmern' vom Gleichbehandlungsgebot abweichen." (Waltermann 2010, S. 40). In der Folge sind schwach regulierte Räume fast ohne wirkungsvolle Vertretung durch Betriebsräte entstanden, in denen die Unternehmen sanktionsfrei Löhne drücken und auch auf kostenträchtige Arbeitsschutzmaßnahmen verzichten können.

Besonders markant sind die Probleme bei den Beschäftigten von ausländischen Werkvertragsunternehmen. Ihre Einsätze fallen unter die EU-Dienstleistungsfreiheit, sodass sie im Ausland Dienstleistungen zu heimischen Arbeitsbedingungen erbringen können. Das im Arbeitsrecht übliche Territorialprinzip wird also durch das Ursprungslandprinzip ersetzt, sodass „Inseln ausländischen Arbeitsrechts" (Hanau 1997) in den nationalen Arbeitsmärkten entstehen. Versuche, auf nationaler Ebene über das Arbeitnehmer-Entsendegesetz tarifliche Mindeststandards zu sichern, wurden wiederholt vom EuGH als nicht angemessene Eingriffe in die Wettbewerbsfreiheit zurechtgestutzt (Ahlberg et al. 2014; Cremers 2011). Nach dem sogenannten Rueffert-Urteil war das Tariftreuegesetz für öffentliche Bauaufträge in Niedersachsen, das sich auf das gesamte Lohngitter bezog, unzulässig, da der Tarif nicht für allgemeinverbindlich erklärt worden war, was in Deutschland unüblich ist. Das Urteil ist schwer nachzuvollziehen, da ein ausländischer Wettbewerber gegenüber einem inländischen Wettbewerber nicht schlechter gestellt worden wäre. Die Vertretung eigener Interessen ist aufgrund von Sprachbarrieren (Jobelius 2015), systematischen Falschinformationen und in einigen Fällen auch die „kasernierte" Unterbringung meist kaum möglich (Wagner 2015a, b). Hinzu kommen oft noch kriminelle Praktiken der Schlepper, die weit über die Drohung einer Entlassung hinausgehen können.

Ob die ausländischen Unternehmen die im Ausland angebotenen Dienst-leistungen tatsächlich auch im Heimatland ausüben oder erst zum Zweck der Entsendung gegründet wurden, lässt sich nur in Kooperation mit dem Entsende-land feststellen. Dieses hat aber meist kein Interesse an solchen Kontrollen. Die Europäische Kommission hat mehrfach versucht (z. B. 2004 über die sogenannte Bolkestein-Richtlinie), die Kontrollbefugnisse ganz auf die Entsendeländer zu verlagern. Dieses Ursprungslandprinzip, das beim Warenaustausch in der EU üblich geworden ist, sollte zur Öffnung der Dienstleistungsmärkte auch auf Arbeitskräfte angewendet werden. In der Praxis wäre dies gleichbedeutend mit der Abschaffung der Kontrollen des Einsatzes ausländischer entsandter Arbeits-kräfte gewesen, da wirkungsvolle Kontrollen nur am Einsatzort möglich sind.

Cremers (2011) hat daher die Festschreibung der Kontrollen durch das Ziel-land der Entsendungen gefordert und einen Katalog von Maßnahmen formu-liert, die Voraussetzung für wirkungsvolle Kontrollen sind. Dazu zählen u. a. die Beseitigung der Kontrollschranken aus dem Wettbewerbsrecht wie beim Rüffert-Urteil, schriftliche Arbeitsverträge mit detaillierter Beschreibung der Arbeitsbedingungen, die Erstreckung nationaler Tarifverträge auf Entsandte und die Vollstreckung von Sanktionen über die Grenzen hinaus. Eine grenzüber-schreitende Vollstreckung von Sanktionen ist in der EU bis heute nicht gesichert, sodass ausländische Werkvertragsunternehmen im Unterschied zu nationalen Unternehmen oft straffrei gegen die nationalen Regelungen der Arbeitnehmerent-sendung verstoßen können. Wenn somit jede Abschreckung entfällt, gibt es für die betroffenen Unternehmen keinen Grund, ihre gesetzwidrigen Praktiken zu ändern. Cremers und Bulla (2012) sehen angesichts der oft nur kurzzeitigen Ein-sätze auch die Notwendigkeit der Beschleunigung der Verfahren in arbeitsrecht-lichen Konfliktfällen (z. B. maximal 30 Tage für Gerichtsentscheidungen).

Besonders missbrauchsanfällig sind zudem kurze Teilzeitarbeitsverhältnisse. Extremformen sind die britischen „zero-hours contracts", in denen das gesamte Einsatzrisiko vom Unternehmen auf die Beschäftigten verlagert wird[1] (Rubery und Grimshaw 2016), und die deutschen Minijobs (Bosch und Weinkopf 2017).

---

[1]Anders als in Deutschland gibt es im Vereinigten Königreich keine gesetzlichen Unter-grenzen für Teilzeitverträge. In Deutschland gilt nach § 12 Absatz 1 des Teilzeit- und Befristungsgesetzes eine Mindestarbeitszeit von 10 h, sofern keine andere Arbeitszeit ver-einbart worden ist.

Solche randständigen Beschäftigungsformen vermitteln den Beschäftigten und den Unternehmen das Gefühl, dass es sich nicht um vollwertige Arbeitsverhältnisse mit den üblichen Rechten und Ansprüchen handelt. Zudem erleichtern sie Unternehmen die Verschleierung der geleisteten Arbeitszeit. Mehrere Untersuchungen, in denen Beschäftigte und Unternehmen befragt wurden, zeigen, dass Minijobber_innen meist nur für die Stunden bezahlt werden, in denen sie gearbeitet haben, aber keinen bezahlten Urlaub erhalten und bei Krankheit und an Feiertagen nicht entlohnt werden (Fischer et al. 2015; Bachmann et al. 2017).

Schließlich werden Branchen in den Blick genommen, in denen sich prekäre Beschäftigungsverhältnisse und Kontrollprobleme kumulieren. Trotz aller Länderunterschiede lassen sich hier Muster erkennen. Mindestarbeitsbedingungen werden überdurchschnittlich häufig nicht eingehalten in Branchen mit ständig wechselnden Einsatzorten der Beschäftigten wie in der Bauwirtschaft oder im Warentransport sowie in Branchen mit hohen Anteilen einfacher standardisierter und auch spracharmer Tätigkeiten, wo man die Stammkräfte auch durch Migrant_innen ohne Kenntnisse der Landessprache ersetzen kann wie z. B. in der Fleisch- und der Landwirtschaft. Ähnliches gilt für Branchen mit kleinbetrieblichen Strukturen ohne eine wirkungsvolle Vertretung der Beschäftigten und mit starkem Preiswettbewerb, was auf weite Teile des privaten Dienstleistungssektors in Deutschland zutrifft (Artus 2013). Häufig sind die Beschäftigten nicht über ihre Rechte informiert, was bei Migrant_innen mit Sprachbarrieren besonders ausgeprägt ist. Kovacheva und Vogel (2012) schlagen daher für unterschiedliche Herkunftsländer und Sprachgruppen Treffpunkte vor, an denen sich die Betroffenen über ihre Rechte sowie die Chancen und Risiken einer Auseinandersetzung mit ihren Arbeitgebern informieren können.

Bislang hat sich die Forschung zu prekärer Arbeit überwiegend auf die Beschreibung der gegenüber dem Normalarbeitsverhältnis schlechteren Arbeitsbedingungen und die Analyse längerfristiger Narbeneffekte auf künftige Einkommens- und Erwerbschancen konzentriert. Nur zum Teil wurde gefragt, worauf diese Benachteiligungen beruhen. Einen Schritt weiter reichte das Forschungsinteresse von Grimshaw et al. (2016) und Jaehrling et al. (2016). Neben der Analyse der Arbeitsbedingungen in unterschiedlichen Formen prekärer Arbeit wurde auch den Ursachen und Hintergründen der Benachteiligungen detaillierter nachgegangen. Dabei wurde nach Lücken bei der Kontrolle, bei der Vertretung durch Betriebsräte oder Gewerkschaften, der Regulierung der Arbeitsverhältnisse und der sozialen Sicherung gefragt. Ohne hier die zahlreichen interessanten Einzelergebnisse wiedergeben zu können, ist für den Kontext unserer Studie die Erkenntnis wichtig, dass Benachteiligungen von prekär Beschäftigten bei weitem nicht nur auf unzureichender Kontrolle von Mindeststandards, sondern auch auf

Regulierungs- und Vertretungslücken beruhen können. Vor allem wird erkennbar, dass die Regulierungs- und Vertretungslücken meist politisch intendiert sind und durch nachgehende Kontrollen nicht geschlossen werden können.

Diese kurze Übersicht lässt erkennen, warum die ILO die hohe Bedeutung gezielter Forschung für eine Verbesserung der Kontrollstrategien hervorhebt (Bignami et al. 2013), die in mehrfacher Weise von hohem praktischen Nutzen sein kann. Erstens wird erkennbar, welche Unternehmensstrategien und Beschäftigungsformen besonders missbrauchsanfällig sind. Lösungen sind hier nicht allein in verbesserten Kontrollstrategien zu suchen, sondern müssen – wie erwähnt – auch durch Re-Regulierungen prekärer Beschäftigungsformen unterstützt werden. So sind etwa die europäischen Richtlinien zur Gleichbehandlung in der Bezahlung und der sozialen Sicherung für Teilzeitbeschäftigte, Leiharbeitskräfte und befristet Beschäftigte aus dem Interesse entstanden, deren auch wissenschaftlich gut belegte systematische Benachteiligung zu korrigieren. Zweitens hat die Untersuchung von hierarchisch organisierten Wertschöpfungsketten zur Einsicht geführt, dass – ähnlich wie im Umweltschutz – „end-of-the-pipe"-Kontrollen nicht weiterführen, sondern man die Auftraggeber dazu zwingen muss, für Ehrlichkeit im System zu sorgen. Die gesamte Debatte über „corporate responsibility" in weltweiten Lieferketten, die die Haftung der Auftraggeber bei Nichteinhaltung der Arbeitsstandards durch die Subunternehmen, sowie die Verankerung der Einhaltung von Arbeitsstandards in öffentlichen Ausschreibungen vorsieht, basiert auf dieser Erkenntnis. Drittens lassen sich besonders anfällige Branchen und Beschäftigungsformen identifizieren, für die man besondere gesetzliche Regulierungen bei der Dokumentation der Arbeitsbedingungen oder der Haftung festlegen kann, wie es in Deutschland im Mindestlohngesetz mit der Pflicht zur Aufzeichnung der Arbeitszeiten von Beschäftigten in Minijobs und für Beschäftigte der in § 2a Schwarzarbeitsbekämpfungsgesetz genannten Branchen bei Arbeitsverhältnissen bis zu einer Verdienstgrenze von 2000 € bzw. 2958 € im Monat[2] erfolgt ist. Viertens ergibt sich aus der wachsenden Zahl grenzüberschreitender Tätigkeiten die Notwendigkeit, dass Zuwanderungs- und Arbeitsbehörden enger kooperieren.

---

[2]Die Aufzeichnungspflicht nach § 17 Abs. 1 und Abs. 2 MiLoG gilt nicht für Beschäftigte mit einem regelmäßigen Monatsentgelt von über 2958 € brutto. Diese Schwelle ist zum 1. August 2015 um eine neue Schwelle von 2000 € brutto ergänzt worden. Die neue Schwelle greift jedoch nur dann, wenn der betreffende Arbeitnehmer das Gehalt von über 2000 € brutto als verstetigtes Arbeitsentgelt bereits in den letzten 12 Monaten vom selben Arbeitgeber erhalten hat.

Allerdings sind auch die Grenzen solcher strategischer erfahrungs- und forschungsbasierter Kontrollen erkennbar geworden. Auch wenn es selten offen so kommuniziert wird, ist die Absenkung und Nicht-Einhaltung von Arbeitsstandards oft politisch gewollt, sodass sowohl Re-Regulierungen als auch verbesserte Kontrollstrategien und stärkere Sanktionen oft auf den bitteren Widerstand der Profiteure stoßen. „Turning a blind eye", wie ein Artikel überschrieben wurde (Basu et al. 2007), ist meist nicht einfach Nachlässigkeit von behäbigen Kontroll-instanzen, sondern auch bewusstes Verhalten, nicht unbedingt der Behörden, sondern eher der dahinter stehenden politischen Entscheidungsträger_innen. Viele der prekären Beschäftigungsformen sind ja gerade aus dem Interesse geschaffen worden, dem dichteren Netz der Kontrollen des klassischen Normalarbeitsverhält-nisses entkommen zu können.

## 4.2  Kontrollinstrumente und -strategien

Auch wenn sich die Analysen zu prekärer Beschäftigung oft nicht mit Kontroll-strategien befassen, sind sie gleichwohl von großem praktischen Nutzen. Sie zei-gen zum einen die Notwendigkeit von Re-Regulierungen dieser Arbeitsformen auf und ermöglichen zum anderen eine strategische Schwerpunktsetzung der Kontrollbehörden, die ihre Kräfte bündeln und auf die Bereiche mit besonders gravierenden Verstößen konzentrieren können. Solche strategischen Schwer-punktsetzungen sind für arbeitsteilige Kontrollbehörden keine Selbstverständ-lichkeit. Sie können sich nicht allein auf erprobte Routinen verlassen, sondern müssen ihre bisherigen Kontrollerfahrungen regelmäßig kritisch hinterfragen, um auf neue Ausweichstrategien findiger Unternehmen adäquat zu reagieren.

Das hat Auswirkungen auf die Forschung zu Kontrollbehörden, die eine lange Geschichte hat. In Deutschland wurden beispielsweise bereits ab Mitte des 19. Jahrhunderts die ersten Aufsichtsbehörden im Bereich des Arbeits- und Gesund-heitsschutzes aufgebaut, deren Aufgabenbereiche sich mit wachsender staatlicher Normsetzung deutlich erweitert haben. Der Kompetenzaufbau des Personals über Ausbildung, Befähigungsnachweise und eine Spezialisierung auf unterschied-liche Themen sowie eine effiziente Organisation wurden als zentrale Voraus-setzungen wirkungsvoller Kontrollen angesehen (Feig o. J.). Als ebenso wichtig galt ab den 1920er Jahren die enge Kooperation mit den Gewerkschaften, die am ehesten über Durchsetzungsprobleme in den Betrieben informiert waren und Beschwerden bündeln konnten. Auch damals fehlten in der Literatur nicht die Hinweise auf die unzureichende Personalausstattung der Kontrollbehörden mit der daraus folgenden unzureichenden Kontrolldichte. Debatten über die

strategische Ausrichtung der eigenen Arbeit wurden nicht nur innerhalb der
Kontrollbehörden, sondern immer auch im Meinungsaustausch oder gar Konflikt
mit der Politik geführt. Im Ergebnis wurden den Kontrollbehörden zusätzliche
Aufgaben zugewiesen, was man an ihrer internen fachlichen Spezialisierung und
ihrem organisatorischen Aufbau ablesen kann (Feig o. J.).

In den letzten 25 Jahren hat sich eine sehr umfangreiche internationale Literatur zur Kontrolle von Arbeitsbedingungen entwickelt, die deutlich über die klassische Analyse effektiven Verwaltungshandelns in diesem Bereich hinaus geht
und nach der nachhaltigen Wirkung der Kontrollbehörden fragt. Die klassischen
Methoden der Ökonomisierung staatlichen Handelns durch eine Rationalisie-
rung interner Abläufe gelten zwar weiterhin als wichtig, um Ressourcen für neue
Aktivitäten freizusetzen, helfen aber nicht viel, wenn nicht gleichzeitig auch die
Effizienz der Kontrollstrategien überprüft und gegebenenfalls korrigiert wird. Im
Folgenden sollen zunächst die unterschiedlichen Grundphilosophien in der Com-
pliance-Literatur beschrieben werden. Sie entscheiden letztlich, wie die Kontroll-
tätigkeiten ausgerichtet sind (Abschn. 4.2.1). Die traditionell eher reaktiven
Vorgehensweisen sind in den letzten Jahrzehnten vielfach durch proaktive
Kontrollansätze ergänzt worden, was anschließend erörtert wird (Abschn. 4.2.2).
Danach steht die Einbeziehung anderer Akteure in Kontrollen, also die
sogenannte partizipative Vorgehensweise, im Mittelpunkt (Abschn. 4.2.3). In
Abschn. 4.2.4 gehen wir schließlich auf die Grenzen von Selbstverpflichtungen
ein.

## 4.2.1   Kontrolle oder Überzeugung?

In der Compliance-Literatur, die sich ja nicht nur mit der Einhaltung von
Arbeitsstandards, sondern auch mit der Umsetzung einer Vielzahl von anderen
gesetzlichen Vorschriften befasst, hat sich die Unterscheidung zwischen dem
Enforcement-, dem Management- und dem Persuasion-Ansatz eingebürgert,
die jeweils auch mit unterschiedlichen Instrumenten verbunden sind (Hartlapp
2007; Tallberg 2002). Der Enforcement-Ansatz geht davon aus, dass Gesetze
aus Kosten-Nutzen-Abwägungen der Unternehmen nicht eingehalten werden,
solange die Gewinne bei der Nichteinhaltung größer sind als die Verluste bei
ihrer Aufdeckung. Hierbei spielen die Intensität von Kontrollen, die Schärfe
von Sanktionen und deren abschreckende Wirkungen eine zentrale Rolle. Der
Management-Ansatz sieht die Umsetzungsprobleme vor allem in unzureichender
Expertise und mangelnden Ressourcen und setzt prioritär auf Beratung und
Unterstützung. Der Persuasion-Ansatz geht davon aus, dass die Nichteinhaltung

Folge unterschiedlicher Normen und Werte ist, die nur durch Überzeugungsarbeit verändert werden können.

Einige Autor_innen meinen, dass man sich für einen Ansatz entscheiden müsse, da Beratung und Überzeugungsarbeit ins Leere laufen, wenn man gleichzeitig mit Kontrollen und Sanktionen droht (Hartlapp 2007, S. 656). Piore und Schrank (2008) stellen in ihrer umfangreichen empirischen Untersuchung der Arbeitsinspektionen in mehreren Ländern den US-amerikanischen dem flexibleren „lateinischen" Ansatz in Südamerika, Südeuropa, Marokko und Frankreich gegenüber:

> „the salient characteristic of the United States model is its adversarial nature. By way of contrast, the Latin model is pedagogical. [...] Whereas United States officials trace non-compliance to the rational calculations of utility-maximizing business people, and hope to ensure respect for the law in the long run by punishing disrespect for it in the short run, their Latin counterparts treat transgressions more often as products of the ignorance, inefficiency and poverty of employers – and recognize that punitive sanctions may actually aggravate, rather than relieve, the problem." (Piore und Schrank 2008, S. 4)

Als vorteilhaft werden zudem die großen Entscheidungsspielräume etwa der französischen Arbeitsinspektor_innen genannt, die oft dezentral entscheiden können, ob Sanktionen in Krisenzeiten gelockert werden sollten, um Beschäftigung zu sichern (Piore und Schrank 2008, S. 7). Der „lateinische" Ansatz wird in diesen Arbeiten deutlich idealisiert. Es wird völlig unterschlagen, dass ohne die Drohkulisse von Sanktionen viele Unternehmen nicht bereit sind, zu „lernen" und Missstände abzustellen. Überdies wird nicht thematisiert, ob sich durch dezentrale Entscheidungen nicht abweichende lokale Praktiken mit niedrigeren Standards dauerhaft etablieren können, was vor allem in schwachen Staaten ohne wirkungsvolle Sanktionsmechanismen durchaus üblich ist. Amengual (2014, S. 7) schreibt:

> „dominant explanations for the enforcement of labor law are designed only for contexts in which states are strong in a specific context: professional inspectors, bureaucratic coherence, low level of interference and substantial resources. This limitation is significant because most inspectorates around the world do not meet these criteria."

Tombs und Whyte (2013) weisen zu Recht darauf hin, dass solche „soft-law"-Strategien meist in einer Aufweichung der Standards enden. Sie können allerdings attraktiv für die Politik sein, da sich der Druck der Unternehmen, die meist intensive Kontrollen ablehnen, verringert. Zudem bieten sich solche

Ansätze als eine einfache ‚Lösung' im Umgang mit den wachsenden Herausforderungen durch die Fragmentierung der Unternehmen bei gleichzeitiger chronischer Unterfinanzierung der Kontrollbehörden an (Vosko et al. 2011). Die Kritik von Piore und Schrank (2008) an dem US-amerikanischen Ansatz, der nur auf Abschreckung setzt und die Unternehmen nicht ausreichend informiert und überzeugt, hat allenfalls seine Berechtigung, wenn die Potenziale des *Management*- und *Persuasion*-Ansatzes nicht ausgeschöpft worden sind. Die meisten Expert_innen in diesem Feld halten jedoch eine Kombination dieser Ansätze für unverzichtbar. Tallberg (2003, S. 143) spricht von einer sequenziellen Komplementarität, die mit Information, Beratung und Überzeugung beginnt, auf die dann Kontrollen und bei Nichteinhaltung Sanktionen folgen. Er nennt das die „enforcement management ladder".

Andere Autor_innen befassen sich intensiver mit den Ursachen und Gründen der Einhaltung von Gesetzen. Hardy (2011) z. B. unterscheidet drei Motivationslagen. Die kalkulierte Compliance ergibt sich aus den abschreckenden Wirkungen der Sanktionen bei entdeckten Regelverstößen. Die normative Compliance beruht auf der Internalisierung der Normen fairer Arbeit, die man folglich dann aus eigenem Antrieb auch einzuhalten versucht. Sozial motivierte Beweggründe der Compliance zielen auf die Anerkennung anderer Akteure, die für das Unternehmen wichtig sind, wie die Öffentlichkeit, die Medien, die Kund_innen, aber auch die Gewerkschaften und die eigenen Beschäftigten. Darüber hinaus hängt die Einhaltung von Vorschriften auch von deren Kenntnis sowie der Expertise und bei komplexen Regulierungen auch von den Ressourcen, diese auch wirkungsvoll umzusetzen, ab. Da die kalkulierte Compliance in den deregulierten Arbeits- und Produktmärkten mit härterem Preiswettbewerb und kurzfristigerem Planungshorizont an Bedeutung gewonnen hat, muss das Risiko, dass Regelverstöße entdeckt und spürbar sanktioniert werden, erhöht werden.

Die Kenntnis von Arbeitsstandards kann man durch Informationskampagnen und auch eine einfache Ausgestaltung von Regulierungen fördern. So wurde z. B. ein einheitlicher und leicht verständlicher Mindestlohn immer als Voraussetzung für ein wirkungsvolles *Self-Enforcement* angesehen, auch wenn es durchaus gute ökonomische Begründungen für eine Ausdifferenzierung des Mindestlohns etwa nach Regionen geben kann. Auf mangelnde Informationen, Expertise und unzureichende Ressourcen können die Kontrollbehörden in Kooperation mit Arbeitgeberverbänden und Gewerkschaften mit Informationskampagnen, Beratung und auch Schulungsprogrammen reagieren (Benassi 2011; Gallina 2005).

Viel schwieriger ist es, die normative und sozial motivierte Compliance zu beeinflussen. Die „moralische Infrastruktur" der Wirtschaft und Gesellschaft hängt von einer Vielzahl von Faktoren ab, wie etwa die Verbreitung von Korruption in Politik und Wirtschaft, deren Ursachen überwiegend außerhalb des Aktionsbereichs von Kontrollbehörden liegen. Einige Sanktionsstrategien zielen allerdings direkt auf die Reputation von Unternehmen als ehrliche und gesetzestreue Akteure, wie etwa das öffentliche „Naming und Shaming" bei Verstößen gegen den Mindestlohn im Vereinigten Königreich (Hull 2013). Dies wird zum Teil als wirkungsvoller angesehen als finanzielle Sanktionen. In einer aktuellen Handreichung zu den britischen Kontrollstrategien heißt es: „The government recognises that some employers are more likely to respond to the social and economic sanctions that may flow from details of their payment practices being made public, than from financial deterrents." (National Minimum Wage Law 2017, S. 20). Diese Aussage gilt insbesondere, wenn zuvor die Öffentlichkeit durch kritische Berichterstattung über die Zustände in einer Branche sensibilisiert worden ist, wie das etwa durch die Medienberichte zur deutschen Fleischindustrie oder über die Zulieferbetriebe der Textilunternehmen in der dritten Welt geschehen ist. Vor überbetriebenen Erwartungen an ein „Naming und Shaming" ist allerdings zu warnen. Die vielen kleinen Subunternehmen sind in der Öffentlichkeit nicht bekannt und auch große Unternehmen lernen schnell, das eine negative Presse in Märkten, wo nur der Preis zählt, nicht unbedingt zu Umsatzeinbrüchen führt.

## 4.2.2  Reaktive und proaktive Kontrolle

Bei den eigentlichen Kernaufgaben der Kontrollbehörden wird seit längerem zwischen *reaktiven* und *proaktiven* Vorgehensweisen unterschieden. Mit der reaktiven Vorgehensweise untersuchen die Kontrollbehörden Verstöße auf der Basis konkreter Beschwerden von betroffenen Beschäftigten oder anderen interessierten Akteuren wie Gewerkschaften oder Konkurrenten, die sich benachteiligt fühlen. Auch reaktive Vorgehensweisen müssen organisiert werden. Zentral sind leicht zugängliche, bekannte und sanktionsfreie Beschwerdekanäle wie z. B. eine „Bad Boss Hotline", die auch anonym genutzt werden können (Vosko und Thomas 2014, S. 645). Die Zugänglichkeit und Transparenz kann erhöht werden, wenn die Nummer der Hotline in den Betrieben ausgehängt wird oder auf der Lohnabrechnung von Beschäftigten verzeichnet ist.

Hilfen bei individuellen Beschwerden werden zwar als wichtige „symbolic resources" (Albiston 2005, S. 28) bei der Durchsetzung von Ansprüchen angesehen. Angesichts des Machtungleichgewichts in den Unternehmen nutzen jedoch nur wenige Beschäftigte diese Möglichkeiten – und wenn überhaupt, dann meistens erst nach Beendigung des Arbeitsverhältnisses (Kocher 2012). Da der

Verweis auf individuelle Klagemöglichkeiten kaum ausreicht, müssen wirkungsvolle Hilfen bei der Verteidigung der individuellen Rechte von Beschäftigten
angeboten werden. In mehreren angelsächsischen Ländern sind außergerichtliche
Schlichtungsverfahren üblich. Sie haben allerdings den Nachteil, dass die Einhaltung der Standards zur Verhandlungssache wird (Vosko et al. 2016, S. 35).
Zum Teil werden die Beschäftigten bei der Durchsetzung ihrer Rechte von Dritten unterstützt, die die Rechtswege besser kennen. Die in den USA unter Präsident
Obama durch die Kontrollbehörden durchgesetzte Rückzahlung der vorenthaltenen
Löhne und finanzielle Strafen hält Weil (2018) für eine unverzichtbare finanzielle Abschreckung. Im Vereinigten Königreich werden die Arbeitgeber bei Verstößen durch sogenannte „Notices of Underpayment" offiziell aufgefordert, den
Beschäftigten die Löhne nachzuzahlen. Falls das Unternehmen allerdings dadurch
in Insolvenz gehen könnte, kann ein Teil der Nachzahlungen erlassen werden oder
später erfolgen. Falls die „Selbstkorrektur" nicht gelingt, können die Kontrollbehörden sie auch auf dem Gerichtsweg durchsetzen (National Minimum Wage
Law 2017, S. 8 ff.), was aber in der Praxis nicht so häufig geschieht. Croucher und
White (2007) kritisieren allerdings die Effektivität der britischen Kontrollansätze.
Die individuellen Rechte müssen weitgehend ohne kollektive Rückendeckung im
Betrieb durchgesetzt werden, was nicht zuletzt auf die Abwesenheit der Gewerkschaften im privatwirtschaftlichen Niedriglohnsektor zurückzuführen ist. Nicht zu
unterschätzen für die Effektivität von Kontrollbehörden ist auch die Erkenntnis,
dass diese vor allem erfolgreich abgeschlossene Fälle produzieren wollen, weshalb
möglicherweise schwieriges Gelände umgangen wird. Die Autoren kennzeichnen
das britische System als wenig wirksame „soft regulation", dessen Verbesserung
nicht zuletzt aus Angst vor Vorwürfen der Überregulierung unterbleibt. Notwendig
sei ein System der „überwachten Selbstregulierung", in dem Beschäftigte eine
wichtige Rolle spielen, indem sie Hinweise und Informationen auf Verstöße geben
(Estlund 2005), aber auch bei der Durchsetzung ihrer Ansprüche durch Rechtshilfe
unterstützt werden.

Hilfen der Kontrollbehörden bei der Durchsetzung vorenthaltener Mindest-
ansprüche sind keineswegs selbstverständlich. In Deutschland versucht der Staat
nur, die ihm entgangenen Sozialabgaben und Steuern einzutreiben. Die Lohn-
nachzahlung muss demgegenüber von den Beschäftigten individuell eingeklagt
und durchgesetzt werden. Das geschieht – auch wegen des Prozesskosten-
risikos – nur selten, was die finanziellen Risiken der Unternehmen bei Mindestlohnverstößen erheblich verringert. Bei den proaktiven Strategien warten die
Kontrollbehörden nicht auf Beschwerden, sondern kontrollieren auch verdachtsunabhängig. Die Effektivität proaktiver Strategien hängt auch von der Qualität

der Einschätzung risikobehafteter und weniger risikobehafteter Unternehmen ab (Hampton 2005). Die ILO schreibt hierzu:

> „The accuracy of the chosen strategies depends on the access to reliable, complete and updated sources of information on enterprises, sectors, workers, previous inspection visits, imposed sanctions and interventions from other authorities. Political options, academic studies, official statistics and complaints received from trade unions, workers or other interested parties are also considered as indicators on which to base future action." (Bignami et al. 2013, S. 70)

Diese Einschätzungen können durch wissenschaftliche Untersuchungen und eine Kooperation mit anderen gesellschaftlichen Akteuren, die über besondere Kenntnisse der Arbeitsbedingungen verfügen, erheblich verbessert werden. Genannt werden in der Literatur vor allem die Gewerkschaften. Sie sind zwar in den besonders risikobehafteten Betrieben oft nicht vertreten, verfügen aber über ihre Branchenkenntnisse und die Netzwerke ihrer Mitglieder häufig über gute Kenntnisse der Arbeitspraktiken in den unterschiedlichen Branchen.

## 4.2.3  Partizipative Kontrollstrategien

Eigentlich alle Expert_innen in diesem Feld betonen die Vorteile eines Co-Enforcements, das auf einer Zusammenarbeit der Kontrollbehörden mit Gewerkschaften, Arbeitgeberverbänden, Beschäftigten, zivilgesellschaftlichen Akteuren und Branchenvertreter_innen beruht:

> „Worker organizations, however, potentially have resources that can only be partially substituted by the state and only at very high cost. Consider that enforcement begins with workers on the 'shop floor' and that what workers are willing to share about what they see, hear, and experience firsthand is instrumental to identifying non-compliance. Workers have unique capabilities to enhance enforcement because they are present at the worksite every day, and have tacit knowledge of the work process, formal and informal teams and communication networks, and firsthand experience with changing working conditions and employer practices over time. Many worker organizations can tap into social networks that afford them vast amounts of information which would otherwise be difficult for state officials to gather alone." (Amengual und Fine 2017, S. 39)

Fine und Gordon (2010) beschreiben erfolgreiche Beispiele solcher kooperativer Kontrollansätze in Kalifornien, die auf den besonderen Branchenkenntnissen der einbezogenen Beschäftigtenvertreter_innen basieren, was Gewerkschaften, aber auch regionale *Worker Center* mit zivilgesellschaftlicher Beteiligung in den USA oder Kanada einschließt. Diese besonderen Branchenkenntnisse ermöglichen „affirmative enforcement strategies specifically tailored to particular industries, based on access to accurate and complete information about relevant actors and their practices" (Fine und Gordon 2010, S. 559). Zentral ist dabei, dass die Beschäftigtenvertreter_innen das Vertrauen der betroffenen Beschäftigten haben und diese bewegen können, sich für die Durchsetzung ihrer Rechte einzusetzen (Fine und Lyon 2017).

In den meisten Fällen beschränkt sich die Partizipation offensichtlich aber auf Information über die Probleme in bestimmten Branchen, die Diskussion über adäquate Kontrollstrategien, die Information der Beschäftigten über ihre Rechte und die der Unternehmen über ihre Pflichten. Sobald es zu echten Kontrollen und zur Verhängung von Sanktionen kommt, sind die Kontrollbehörden meist zur Vertraulichkeit verpflichtet. Nur in wenigen Fällen sind auch andere Akteure mit gesetzlichen Kontrollrechten betraut, wie zum Beispiel die Sozialkassen in Deutschland (vgl. Kap. 6 zur Bauwirtschaft) oder die paritätischen Kommission in der Schweizer Bauwirtschaft (vgl. Kap. 5 zur Kontrolle).

## 4.2.4  Grenzen der Selbstverpflichtung

Viele international tätige Unternehmen haben auf Medienkampagnen zu den ausbeuterischen Praktiken ihrer Unterauftragnehmer mit freiwilligen Selbstverpflichtungen zur Kontrolle der Arbeitsbedingungen in ihren Zulieferbetrieben reagiert. Die Selbstverpflichtungen reichen allerdings von reinen Marketingstrategien, um den beschädigten Ruf aufzupolieren, über Versuche, durch weiche Selbstregulierung harte gesetzliche Maßnahmen zu vermeiden, bis hin zu ernsthaften Kontrollen der Zulieferketten.

In der Compliance-Literatur hat dies zu einer Kontroverse über die Rolle von „soft law" geführt – vor allem, da der Staat sich teilweise aus Kontrollen mit Hinweisen auf die Selbstregulierung durch die Unternehmen, die z. T. mit eigenen Konfliktlösungsverfahren verknüpft sind, zurückgezogen hat. Mehrere empirische Arbeiten kommen zum Schluss, dass damit eine Absenkung der Standards verbunden ist. Das hat etwa Davidov (2010) in einer empirischen Untersuchung der Reinigungs- und Sicherheitsdienste in Israel festgestellt. Auch Estlund (2005) konstatierte, dass die wachsende Anzahl der Selbstverpflichtungen der Unternehmen in Nordamerika oft zum Anlass genommen wurde, die staatlichen Kontrollen zurückzufahren. Gleichzeitig sei die Reichweite von Tarifverhandlungen zurückgegangen. Mit dem Übergang der „Selbstverwaltung" der Tarifpartner zur

„Selbstregulierung" der Unternehmen hätten die Beschäftigten ihre institutionelle Stimme und ihre schützende Hilfe bei Gerichten und Behörden verloren. Fairman und Yapp (2005) haben die Selbstregulierung in der britischen Lebensmittelindustrie untersucht und kommen ebenfalls zu ernüchternden Schlussfolgerungen. Die Umsetzung von Vorschriften würde als Verhandlungsgegenstand mit den Kontrolleur_innen gesehen. Anstöße zu dauerhaften Veränderung kämen nur von außen. Die Selbstregulierung verfehle letztlich den Sinn, staatliche Kontrollinstanzen zu entlasten. Kocher (2012) schließlich sieht in alternativen betrieblichen Konfliktverfahren die Gefahr der Abdingbarkeit von Recht.

Locke (2013) untersuchte die Wirkung von freiwilliger Selbstkontrolle der Arbeitsbedingungen durch Corporate Responsibility-Programme in den internationalen Zulieferketten großer amerikanischer Konzerne. Er stellt fest, dass sie alle nur begrenzte Auswirkungen auf die Arbeitsbedingungen haben, da es kaum möglich sei, alle widersprüchlichen Interessen in den komplexen Wertschöpfungsketten unter einen Hut zu bringen. Das beginnt damit, dass die Zulieferer in der Dritten Welt in der Regel für mehrere Auftraggeber, die unterschiedliche Interessen haben, gleichzeitig produzieren. Ein einzelnes Unternehmen habe nur begrenztes Interesse, die Produktionsprozesse des Zulieferers zu optimieren, da davon auch andere profitierten. Zudem sei die Dauerhaftigkeit der Erfolge begrenzt wegen des häufigen Wechsels der Zulieferer. Am ehesten seien Erfolge bei kontinuierlicher und enger Zusammenarbeit zu erzielen. Für ihn ist nach den ernüchternden Resultaten ziemlich klar, dass die private nicht die öffentliche Kontrolle ersetzen kann. Allerdings könnten sie sich wechselseitig gut ergänzen. Diese überwiegend kritische Einschätzung von Selbstregulierungsverfahren bezieht sich allerdings nur auf Fälle, in denen diese zu einer Verringerung der Zahl staatlicher Kontrollen und einer Verwässerung von Standards führen. Die Kritik bezieht sich nicht auf ernsthafte unternehmerische Compliance-Strategien zur Umsetzung von Arbeitsstandards im eigenen Unternehmen und der Wertschöpfungskette, die auch mit Sanktionen arbeiten.

Solche internen Compliance-Strategien gewinnen an Bedeutung, wenn der Staat die Kultur der Verantwortungslosigkeit der Auftraggeber, die sich in den komplexen Wertschöpfungsketten eingenistet hat, wirkungsvoll bekämpfen will. Dabei haben in den letzten Jahren zwei Instrumente an Bedeutung gewonnen. Zum einen geht es um die explizite Verankerung sozialer Kriterien wie die Bezahlung von Mindestlöhnen, um das Selbstverständliche nochmals unmissverständlich einzufordern, oder sogar die Einhaltung ganzer Tarifgitter in Ausschreibungen oder Vergabeverfahren. Damit werden vor allem öffentliche Auftraggeber mit ihrem beachtlichem Auftragsvolumen in die Pflicht genommen, bei der Vergabe nicht den billigsten Anbieter auszuwählen, wenn erkennbar ist, dass diese Angebote nur unter Verletzung von Mindeststandards realisiert werden können. Zum anderen können die Auftraggeber durch die Generalunternehmerhaftung für Mindestarbeitsbedingungen in den juristisch unabhängigen Subunternehmen in die Verantwortung genommen werden (Hardy und Howe 2015). Beide Instrumente können mit harten Sanktionen, die über Geldstrafen hinausreichen, verbunden werden. Besonders wirkungsvoll ist der Ausschluss von Wiederholungstätern bei gravierenden Fällen der Nichteinhaltung von Standards von öffentlichen Ausschreibungen. Davidov (2015) sieht die Haftung des Generalunternehmers insbesondere dann als gerechtfertigt an, wenn der Auftraggeber den Verstoß (mit-) verursacht hat oder ihn hätte verhindern können, und wenn die indirekt Beschäftigten auf dem Gelände des Unternehmens, also quasi unter Aufsicht des Generalunternehmers, der hier ja schon meist für die Arbeitssicherheit mit zuständig ist, arbeiten.

Zu den Vorgehensweisen und Erfolgen dieser Instrumente liegen noch relativ wenige empirische Arbeiten vor. Jaehrling et al. (2018) untersuchten die Umsetzung sozialer Kriterien in öffentlichen Ausschreibungen von Kommunen in mehreren europäischen Ländern. Die sozialen Kriterien haben zu deutlichen Verbesserungen der Arbeitsbedingungen in schwach regulierten Arbeitsmärkten geführt, wenn die Kommunen mit eigenen Strukturen und Bündnissen mit Gewerkschaften und Arbeitgebern die Kontrollen unterstützten. Eine Fallstudie zum sozialen Nachunternehmensmanagement bei ThyssenKrupp zeigt, wie wirkungsvoll hiermit die Unfallquote bei den Nachunternehmen, die dreimal so hoch wie bei den Stammbeschäftigten war, verringert werden konnte (Bosch 2017, S. 40 ff.). Kaum beachtet in der Compliance-Literatur sind die zahlreichen Untersuchungen zu den positiven Auswirkungen von Tariftreuegesetzen in der US-amerikanischen Bauwirtschaft (z. B. Duncan et al. 2014; Azari-Rad et al. 2005; Philips 2003). Hier finden sich die einzigen ökonometrischen Studien mit Kontrollgruppen zu Tariftreuevorschriften in öffentlichen Ausschreibungen, die US-Staaten mit und ohne Tariftreuegesetze oder Staaten vor und nach Einführung solcher Gesetze untersuchen.[3] Diese Untersuchungen zeigen, dass sich mit Tariftreuegesetzen die Löhne und die im Tarifvertrag über eine Fondsabgabe geregelte Ausbildungsquote erhöht haben. Gleichzeitig sind die Baukosten trotz höherer Löhne wegen höherer Effizienz und Kapitalintensität nicht gestiegen.

---

[3]Die „Differenz-von-Differenzen"-Studien wurden durch den Vergleich der Baukosten standardisierter Bauten wie etwa öffentlicher Schulen, die in den USA zugänglich sind, möglich.

## 4.3  Auf dem Weg zu strategischer Kontrolle

Die neuere empirische Forschung hält die traditionelle Schwerpunktsetzung auf reaktive Kontrollen, die konkreten Beschwerden nachgehen, angesichts der wachsenden Fragmentierung der Unternehmen und der Ausbreitung prekärer Beschäftigungsformen zunehmend für problematisch. Saunders und Dutil (2005, S. 17) schreiben: „dealing with compliance one case at a time is expensive and risks overloading the available capacity". Dickens (2009, S. 4) sieht in dem „victims approach" nur geringe Möglichkeiten, sozialen Wandel zu erreichen, da Einzelfälle keine Fernwirkungen entfalten. Zwar würde man einzelnen Personen zu ihrem Recht verhelfen. Notwendig seien aber gezielte Strategien, die auch der Öffentlichkeit deutlich machen, wie wichtig der Regierung faire Arbeitsbedingungen seien. Vosko (2013, S. 855) bemängelt aus ähnlichen Gründen, dass in Ontario die meisten Ressourcen in die Bearbeitung individueller Beschwerden investiert werden.

Auch Weil kritisiert, dass in den USA die Kontrolltätigkeiten vor allem von außen angetrieben werden. So wurden im Jahr 2007 75 % aller Untersuchungen der *Wage and Hour Division* des *Department of Labor* durch Beschwerden angestoßen (Weil 2010, S. 83). Er fragt, ob man hier nicht nur die Spitze des Eisbergs in den Blick nehme und dabei die verborgene Nicht-Compliance übersehe:

> „We also look at complaint rates in a counterintuitive way – we seek out industries where complaint rates are lowest – because we know that we find some of the worst violations in industries where people are least likely to complain. This should illustrate for you the fallacy of a complaint driven strategy: it relies on the voices of workers who often feel the most vulnerable, the most exposed, and are the least likely to pick up the phone. These are workers in industries with low union density and high immigrant populations." (Weil 2015, S. 18)

Weil spitzt die in der Literatur aufgekommene Kritik an diesem reaktiven Ansatz deutlich zu. Wenn gezielte Kontrollen immer nur am Ende der Wertschöpfungskette stattfänden, würde man sicherlich zahlreiche Missstände und Verstöße finden und vielen Beschäftigten zu ihrem Recht verhelfen, aber keine systematischen Verhaltensänderungen bewirken. Es genüge nicht, bei wachsenden Regelverletzungen immer nur mehr Personal und bessere Schulungen zu fordern. Angesichts der komplexeren Wertschöpfungsketten und Beschäftigungsverhältnisse müsse man sich viel kritischer die Frage stellen, wie man mit begrenzten Mitteln Verhaltensänderungen der Unternehmen bewirken könne – und zwar vor allem auch der Unternehmen, die man nicht kontrolliere (Weil 2010, S. 78 ff.).

Weil (2010, S. 93 f.) verwendet nicht mehr die klassische Unterscheidung zwischen reaktiven und proaktiven Strategien, da auch proaktive Strategien an der falschen Stelle ansetzen können. Er fordert eine strategische Herangehensweise nach folgenden Prinzipien:

- *Prioritätensetzung:* Jede Kontrollbehörde folgt einer Rangskala der Branchen und Arbeitsplätze mit den schlimmsten Arbeitsplätzen, die häufig auf Erfahrungen und Daumenregeln beruhen. Diese Rangskalen, die die Prioritäten strategischer Kontrollen bestimmen, müssten systematischer mit Hilfe von empirischen Untersuchungen erarbeitet werden. Zusätzlich müsse man sich fragen, wo Kontrollen die größten Auswirkungen auf Verhaltensänderungen der Unternehmen hätten. Diese Frage könne man am besten beantworten, wenn man sie mit den anderen Prinzipien wie Abschreckung und Nachhaltigkeit verknüpfe. Eine Schlussfolgerung könne sein, dass man mit Kontrollen nicht zwingend in Branchen mit der größten Zahl von Verstößen beginnen sollte, sondern bei den „Verursachern" ansetzt, die gegebenenfalls einer anderen Branche angehören.
- *Abschreckung:* Kontrollen erzielen die größte Wirkung durch Abschreckung, die andere Unternehmen veranlasst, freiwillig die geforderten Standards einzuhalten. Durch Abschreckung kann man sozusagen den Effekt von Einzelkontrollen multiplizieren. Abschreckende Effekte ergeben sich aus der Einschätzung der Wahrscheinlichkeiten von Kontrollen und den dabei zu erwartenden Sanktionen. Die Hebelwirkungen von Kontrollen sind größer, wenn man an der Spitze der Wertschöpfungskette ansetzt. „Fissuring means that enforcement policies must act on higher levels of industry structures in order to change behavior at lower levels, where violations are most likely to occur." (Weil 2010, S. 2)
- *Nachhaltigkeit:* Kontrolleure beklagen oft das Problem von Wiederholungstätern bei Einzelfallkontrollen. Diese wird gefördert, wenn man sich nur auf eine Lösung beanstandeter Einzelprobleme konzentriert. Nachhaltigkeit kann am ehesten erzielt werden, wenn die geforderten Veränderungsprozesse in den Unternehmen mit anderen wichtigen Unternehmenszielen verknüpft werden. Als Beispiel führt Weil den Gesundheitsschutz an, der wirkungsvoller ist, wenn er mit einer neuen Kultur der Arbeitssicherheit und Gesundheitsförderung in den Unternehmen verbunden ist.
- *Systemische Wirkungen:* Verletzungen von Arbeitsstandards sind häufig das Ergebnis von speziellen Organisations- und Wettbewerbsstrukturen in bestimmten Regionen, Branchen oder Produktmärkten. Man kann sie nur wirksam einschränken, wenn die Regeln innerhalb dieser Systeme nachhaltig

verändert werden. Das kann z. B. Ausschreibungsbedingungen oder die Verantwortung der Generalunternehmen für die Arbeitsbedingungen der abhängigen Subunternehmen betreffen.

Eine solche strategische Neuorientierung erfordert deutlich mehr Kapazitäten für Untersuchungen der Funktionsweise von Branchen und Wertschöpfungsketten und einen grundlegenden Wandel der internen Strukturen und Abstimmungsprozesse in den Kontrollbehörden.

Weil, der im April 2014 vom damaligen US-Präsident Obama zum Leiter der US-amerikanischen Kontrollbehörde (Wage and Hour Division of the United States Department of Labor) ernannt wurde, hatte die einmalige Chance, seine Ideen in der Praxis auch umzusetzen. Es gelang ihm, die Zahl der Inspektor_innen trotz einer republikanischen Mehrheit in beiden Häusern von 700 auf 1000 zu erhöhen, was angesichts der Größe des US-amerikanischen Arbeitsmarktes allerdings verschwindend gering ist. Der zu kontrollierende „Fair Labor Standards Act" deckt ungefähr 135 Mio. Beschäftigte ab. Die Zahl der eingehenden Beschwerden übertraf die Kapazitäten bei weitem, sodass unter diesen Bedingungen (ob man wollte oder nicht) Prioritäten gesetzt werden mussten.

Um zu einem eher strategischen Vorgehen zu gelangen, wurde erstens auf der Basis von zwei Indikatoren (Schwere und Häufigkeit der Verstöße) eine Prioritätenliste von Branchen erstellt, in denen Kontrollen vorrangig durchgeführt werden sollten. Die Regionen konnten je nach Bedeutung der Branchen dort ihre Schwerpunkte setzen. Zweitens wurden die Instrumente der Abschreckung auch genutzt. Seit 2014 wurden zunehmend „liquidated damages" eingetrieben, „which are payments directly to workers equal to double the amount of back wages owed to them. Liquidated damages compensate workers for those losses sustained several" (Weil 2018, S. 442). In den Clinton- und Bush-Präsidentenschaften war dies trotz vorhandener Rechtsinstrumente nicht üblich. Außerdem nutzte man die Möglichkeit, Kunden oder Zulieferer aufzufordern, keine Güter aus Unternehmen mit Beanstandungen anzunehmen oder zu liefern. Insbesondere in der Bekleidungsindustrie mit ihren hohen Quoten der Nichteinhaltung von Mindeststandards und ihren zeitkritischen Lieferbeziehungen wurde dies unter Präsident Obama praktiziert (Weil 2018, S. 442). Zu den neuen Instrumenten zählten Compliance-Vereinbarungen mit Unternehmen, die sich verpflichteten, in ihrer Wertschöpfungskette die Standards einzuhalten und dafür auch Personal zur Kontrolle der Compliance bei Zulieferern oder zur Bearbeitung anonymer Beschwerden von Beschäftigten einzusetzen.

Die neue strategische Ausrichtung erforderte einen weitreichenden Umbau der internen Organisation. Sie begann mit internen Schulungen, die nicht nur auf das

Verständnis der neuen Ausrichtung, sondern auch auf einen Kulturwandel in der Behörde zielten. Sie schloss die Entwicklung strategischer Kontrollpläne in den Regionen und neuen Leistungsindikatoren ein. Bei den Neueinstellungen wurde darauf geachtet, dass das Personal den Personen, die man schützen will, stärker ähnelt als in der Vergangenheit. Wichtig waren Sprachkenntnisse der unterschiedlichen Migrant_innengruppen. Schließlich ging es in der Kommunikation nach außen nicht mehr um die Selbstdarstellung mit möglichst hohen Kontrollzahlen, sondern vor allem um die abschreckende Auswirkung mit gezielten Mitteilungen, dass man sie im Auge habe, in bestimmte Branchen hinein. Die Zielgröße, dass selbst geplante Kontrollen 50 % aller Kontrollen ausmachen sollen, wurde im Jahr 2017 erstmals erreicht (Abb. 4.1). Das belegt einen beachtlichen Wandel in verhältnismäßig kurzer Zeit, der auch eine grundlegende Veränderung des traditionellen Habitus der Inspekteure aus der Zeit rein reaktiver Kontrollen erforderte (Snider 2009; Snider und Bittle 2010).

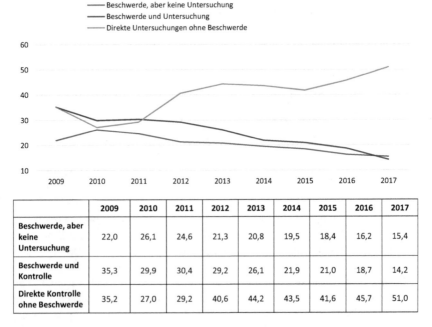

| | 2009 | 2010 | 2011 | 2012 | 2013 | 2014 | 2015 | 2016 | 2017 |
|---|---|---|---|---|---|---|---|---|---|
| Beschwerde, aber keine Untersuchung | 22,0 | 26,1 | 24,6 | 21,3 | 20,8 | 19,5 | 18,4 | 16,2 | 15,4 |
| Beschwerde und Kontrolle | 35,3 | 29,9 | 30,4 | 29,2 | 26,1 | 21,9 | 21,0 | 18,7 | 14,2 |
| Direkte Kontrolle ohne Beschwerde | 35,2 | 27,0 | 29,2 | 40,6 | 44,2 | 43,5 | 41,6 | 45,7 | 51,0 |

**Abb. 4.1**  Kontrollindikatoren des US Department of Labor's Wage and Hour Division in den USA, 2009–2017. (Quelle: Weil 2018, S. 449)

## 4.4 Schlussfolgerungen

Die Kontrolle von Mindeststandards in der Arbeitswelt hat in den letzten Jahren durch den Rückgang der Tarifbindung und der gewerkschaftlichen Vertretung in den Betrieben in den meisten entwickelten Ländern erheblich an Bedeutung gewonnen. Diese Entwicklung ist vielfach seitens der Politik durch die Deregulierung der Arbeits- und der Produktmärkte bewusst gefördert worden. Jetzt wendet sie sich gegen den Staat, der widerstrebend die Regulierungs- und Kontrolllücken wegen zu grober Missbräuche schließen muss. Man fühlt sich an die Vergangenheit ungezügelter Arbeitsmärkte erinnert, als Fabrikinspektoren die wichtigste Institution der Kontrolle gesetzlicher Mindeststandards waren. Allerdings wäre es vereinfacht, nur von einer Rückkehr der Vergangenheit zu sprechen. Durch die Fragmentierung der Unternehmen und das Entstehen komplexer Zulieferketten, die ohne die neuen Informationstechnologien nicht zu steuern wären, sind Kontrollen heute viel schwieriger als in der Vergangenheit geworden. Denn dort, wo die die größten Missbräuche auftauchen, sind die Verantwortlichen nicht zu finden. Die Intransparenz der Arbeitsbedingungen wird zudem durch die Zunahme unterschiedlicher Beschäftigungsformen mit ihren jeweils besonderen Regelungen erschwert. Allein die Kenntnis der Sonderregelungen für Minijobber_innen, Leiharbeitskräfte, entsandte Beschäftigte und (Schein-)Selbstständige erfordert heute eine umfassende Ausbildung, die in dieser Tiefe selbst für Arbeitsmarktforscher_innen nicht selbstverständlich ist.

Die Literatur hat gezeigt, dass die neoliberalen Vorstellungen, dass Beschäftigte ihren Arbeitsplatz nach ihren Präferenzen auswählen, mit den Unternehmen auf Augenhöhe verhandeln und bei ungünstigen Arbeitsbedingungen Verbesserungen einfordern oder den Arbeitsplatz wechseln, nichts mit der Realität zu tun haben. Man findet stattdessen massive Machtungleichgewichte und eingeschüchterte Beschäftigte, die Angst haben, ihre Rechte wahrzunehmen, wenn sie diese überhaupt kennen. Die Stärkung der individuellen Rechte, etwa die Bezahlung des Mindestlohns einzuklagen, wird kaum wahrgenommen und würde zudem zu einer Überlastung der Gerichte führen (Dickens 2009). Auch die Hoffnungen, dass die Unternehmen an der Spitze der Wertschöpfungsketten ihre Verantwortung für die nachgelagerten Arbeitsbedingungen freiwillig übernehmen und Missstände selbst abstellen, haben sich nicht erfüllt. Zu groß ist die Versuchung, solche Corporate-Responsibility-Programme bei nachlassender öffentlicher Kontrolle nur als Marketinginstrument zu nutzen und allenfalls halbherzig umzusetzen.

Der Bedeutungsverlust der autonomen Kontrolle durch die Sozialpartner und die veränderte Organisation der Arbeitsmärkte haben nicht nur zu neuen Forderungen nach gesetzlichen Mindeststandards, sondern auch zu ihrer effektiveren Kontrolle geführt. Natürlich muss der Staat weiter auf individuelle Beschwerden reagieren und diese auch z. B. durch Hotlines erleichtern. Die einschlägige Literatur ist sich aber inzwischen einig, dass man durch rein reaktives Handeln schnell alle Ressourcen verbrauchen kann, ohne die Verhaltensweisen in der Wirtschaft nachhaltig zu ändern. Um Mindeststandards wirkungsvoller durchzusetzen, kann man ähnlich wie im Umweltschutz nicht am Ende des Abflussrohres ansetzen, sondern muss die Standards in die Entscheidungs- und Produktionsprozesse einbauen. Dies wird zunehmend über die Verankerung sozialer Kriterien in öffentlichen Ausschreibungen und die Generalunternehmerhaftung für die Mindestbedingungen in ihren Wertschöpfungsketten für private Unternehmen angestrebt. Durch soziale Kriterien in den Ausschreibungen versucht der Staat sicher zu stellen, dass er nicht selbst Konkurrenzbedingungen schafft, die die Anbieter zum Unterlaufen gesetzlicher Standards zwingen. Zu den Kontrollstrategien kennzeichnen vor allem die Arbeiten von Weil (2010, 2014, 2015, 2018) einen Paradigmenwechsel in der Compliance-Forschung. Er verwendet nicht mehr den Begriff des „proaktiven Handelns", sondern setzt auf reflexive Strategien, die aufgrund von Analysen der Arbeitsbedingungen in unterschiedlichen Branchen, Regionen und Betriebstypen Prioritäten formulieren. Abschreckende Wirkungen und Nachhaltigkeit seien am ehesten zu erzielen, wenn man mit wirkungsvollen Sanktionen an der Spitze der Wertschöpfungskette ansetzt. Schließlich spricht er von der Notwendigkeit „systemischer Wirkungen" und es ist ihm offensichtlich auch gelungen, als Leiter der US-Kontrollbehörde seine eigenen Vorschläge in der Praxis umzusetzen. Die Neuausrichtung dieser Behörde erforderte eine veränderte Prioritätensetzung bei den Kontrollen, neue Leistungsindikatoren für das Personal und einen grundlegend anderen Habitus der Beschäftigten. Vor allem muss das gesamte Register der Instrumente wie die Nachforderung vorenthaltener Löhne oder die Aufforderung an andere Unternehmen, die Lieferbeziehungen mit gesetzesbrüchigen Unternehmen zu unterbrechen, in der Praxis auch angewendet werden.

Zukunftsweisend erscheinen auch Compliance-Vereinbarungen mit Generalunternehmen für ihre Wertschöpfungsketten, die dadurch einen verbindlicheren Charakter bekommen als die freiwilligen Selbstverpflichtungen. Wenn man in bestimmten Branchen ständig Wiederholungstäter_innen antrifft, da die Ursachen in den Wettbewerbsbedingungen der Branche liegen, muss man diese Bedingungen verändern. Hier sind die Grenzen von Kontrollen erreicht. Ob die Kontrollbehörden politisch jedoch in der Lage sind, Reformvorschläge zur

Änderung der Konkurrenzbedingungen in bestimmten Branchen zu formulieren, ist eine offene Frage, auf die auch Weil keine Antwort gibt. Zumindest sollten die Berichte der Kontrollbehörden so formuliert sein, dass diese Grenzen sichtbar werden und die Politik darauf reagieren kann. Davon sind die meisten Länder, in denen die Behörden eher unpolitisch agieren, aber noch weit entfernt.

## Literatur

Ahlberg, Kerstin, C. Johansson, und J. Malmberg. 2014. Monitoring compliance with labour standards: Restriction of economic freedoms or effective protection of rights? In *Regulating transnational labour in Europe: The quandaries of multilevel governance*, Hrsg. S. Evju, 187–216. Oslo: Privaträttsfondet.

Albiston, Catherine. 2005. Bargaining in the shadow of social institutions: Competing discourses and social change in workplace mobilization of civil rights. *Law & Society Review* 39 (11): 11–50.

Almeida, Rita, und P. Carneiro. 2009. Enforcement of labor regulation and firm size. *Journal of Comparative Economics* 37 (1): 28–46. http://discovery.ucl.ac.uk/16155/1/16155. pdf. Zugegriffen: 9. Mai 2019.

Amengual, Matthew. 2014. Pathways to enforcement: Labor inspectors. Leveraging linkages with society in Argentina. *ILRReview* 67 (1): 1–49.

Amengual, Matthew, und J. Fine. 2017. Co-enforcing labor standards: The unique contributions of state and worker organizations in Argentina and the United States. *Regulation and Governance* 11 (2): 129–142.

Artus, Ingrid. 2013. Precarious delegates: Irregular forms of employee representation in Germany. *Industrial Relations Journal* 44 (4): 409–424.

Azari-Rad, Hamid, P. Philips, und M.J. Prus. 2005. *The economics of prevailing wage laws*. Aldershot: Ashgate.

Bachmann, Ronald, W. Dürig, H. Frings, L.S. Höckel, und F. Martinez Flores. 2017. Minijobs nach Einführung des Mindestlohns – Eine Bestandsaufnahme. *RWI Materialien* 114.

Basu, Arneb K., N.H. Chau, und R. Kanbur. 2007. Turning a blind eye: Costly enforcement, credible commitment and minimum wage laws. *IZA Discussion Paper* 2998.

Benassi, Chiara. 2011. The implementation of minimum wage: Challenges and creative solutions. International Labour Office, Global Labour University Working Paper No. 12.

Berg, Janine, M. Furrer, E. Harmon, U. Rani, und M. Six Silberman. 2018. *Digital labour platforms and the future of work: Towards decent work in the online world*. Geneva: ILO.

Bernhardt, Annette, H. Boushey, L. Dresser, und C. Tilly. 2008. *The gloves off economy: Problems and possibilities at the bottom of America's labor market*. Ithaca: Cornell University Press.

Bernhardt, Annette, R. Milkman, N. Theodore, D. Heckathorn, M. Auer, J. DeFilippis, A. L. Gonzalez, V. Narro, J. Perelshteyn, D. Polson, und M. Spiller. 2009. *Broken *laws, unprotected workers: Violations of employment and labour laws in America's cities.* Center for Urban Economic Development, New York, and UCLA Institute for Research on Labour and Employment, Los Angeles.

Bignami, Renato, G. Casale, und M. Fasani. 2013. Labour inspection and employment relationship. *LAB/ADMIN Working Document* No. 28.

Bosch, Gerhard. 2017. Industrielle Beziehungen und soziale Ungleichheit in Deutschland. Duisburg: Inst. Arbeit und Qualifikation, IAQ-Forschung, Nr. 2017-06. Duisburg.

Bosch, Gerhard, K. Mayhew, und J. Gautié. 2010. Industrial relations, legal regulations, and wage setting. In *Low-wage work in the wealthy world*, Hrsg. J. Gautié und J. Schmitt, 147–182. New York: Russell Sage.

Bosch, Gerhard, und C. Weinkopf. 2007. *Arbeiten für wenig Geld: Niedriglohnbeschäftigung in Deutschland.* Frankfurt: Campus.

Bosch, Gerhard, und C. Weinkopf. 2017. *Gleichstellung marginaler Beschäftigung – Vorschlag zur Reform der Minijobs.* Expertise im Rahmen des Zweiten Gleichstellungsberichts der Bundesregierung, Berlin.

Bosch, Gerhard, und S. Lehndorff. 2017. Autonomous bargaining in the shadow of the law: From an enabling towards a disabling state? In *Making work more equal. A new labour market segmentation approach*, Hrsg. D. Grimshaw, C. Fagan, G. Hebson, und I. Tavora, 35–51. Manchester: Manchester University Press.

Bundesagentur für Arbeit. 2017. Aktuelle Entwicklungen der Zeitarbeit. *Blickpunkt Arbeitsmarkt* Juli 2017.

Cremers, Jan. 2011. *In search of cheap labour in Europe: Working and living conditions of posted workers. CLR studies 6.* Brussels: European Institute for Construction Labour Research.

Cremers, Jan, und M. Bulla. 2012. Collective redress and workers' rights in the EU. AIAS Working Paper 118, Amsterdam.

Croucher, Richard, und G. White. 2007. Enforcing a national minimum wage. *Policy Studies* 28 (2): 145–161.

Davidov, Guy. 2010. The enforcement crisis of labor law and the fallacy of voluntarist solutions. *International Journal of Comparative Labour Law and Industrial Relations* 26 (1): 61–82.

Davidov, Guy. 2015. Indirect employment: Should lead companies be liable? *Comparative Labor Law & Policy Journal* 37 (5): 5–36.

Dickens, Linda. 2009. Delivering fairer workplaces through statutory rights? Enforcing employment rights in Britain. Paper prepared in April 2009 and presented at the 15th World Congress of the International Industrial Relations Association held in Sydney, Australia, August 2009.

Duncan, Kevin, P. Philips, und M. Prus. 2014. Prevailing wage regulations and school construction costs: Cumulative evidence from British Columbia. *Industrial Relations* 53 (4): 593–616.

Dunlop, John T. 1957. The task of contemporary wage theory. In *New concepts in wage determination*, Hrsg. G.W. Taylor und F.G. Pierson, 117–139. New York: McGraw-Hill.

Estlund, Cynthia. 2005. Rebuilding the law of the workplace in an era of self-regulation. *Columbia Law Review* 105 (2): 319–404.

Fairman, R., und C. Yapp. 2005. Enforced self-regulation, prescription, and concepts of compliance within small business: The impact of enforcement. *Law and Policy* 27 (4): 491–519.

Feig, Johannes. (o. J.). Gewerbeaufsicht. Internetseite der Friedrich-Ebert-Stiftung. http://library.fes.de/cgi-bin/ihg2pdf.pl?vol=1&f=645&l=653. Zugegriffen: 30. Apr. 2019.

Fine, Janice, und J. Gordon. 2010. Strengthening labor standards enforcement through partnerships with workers' organizations. *Politics and Society* 38 (4): 552–585.

Fine, Janice, und G. Lyon. 2017. Segmentation and the role of labor standards enforcement in immigration reform. *Journal on Migration and Human Security* 5 (2): 431–451.

Fischer, Gabriele, S. Gundert, S. Kawalec, F. Sowa, J. Stegmaier, K. Tesching, und S. Theuer. 2015. *Situation atypisch Beschäftigter und Arbeitszeitwünsche von Teilzeitbeschäftigten – Quantitative und qualitative Erhebung sowie begleitende Forschung.* Forschungsprojekt im Auftrag des Bundesministeriums für Arbeit und Soziales. Nürnberg: IAB.

Friedman, Gerald. 2014. Workers without employers: Shadow corporations and the rise of the gig economy. Review of Keynesian Economics. https://doi.org/10.4337/roke.2014.02.03.

Gallina, Paul Leonard. 2005. New compliance strategies: ,Hard law' approach. Human Resources Development Canada. http://www.rhdcc.gc.ca/eng/labour/employment_standards/fls/research/research20/page01.shtml. Zugegriffen: 9. Mai 2019.

Grimshaw, Damian, M. Johnson, J. Rubery, und A. Keizer. 2016. *Reducing precarious work protective gaps and the role of social dialogue in Europe.* European Work and Employment Research Centre, Manchester.

Hampton, Peter. 2005. *Reducing administrative burdens: Effective inspection and enforcement.* HM Treasury, Her Majesty's Stationery Office, Norwich.

Hanau, Peter. 1997. Sozialdumping im Binnenmarkt. In *Recht und Wirtschaft der Europäischen Union* (R.I.Z.Schriften), Hrsg. J. F. Baur und C. Watrin, Bd. 6, 145–156. Berlin: de Gruyter.

Hardy, Tess. 2011. Enrolling non-state actors to improve compliance with minimum employment standards. *The Economic and Labour Relations Review* 22 (3): 117–140.

Hardy, Tess, und J. Howe. 2015. Chain reaction: A strategic approach to addressing employment non-compliance in complex supply chains. *Journal of Industrial Relations* 57 (4): 563–584.

Hartlapp, Miriam. 2007. On enforcement, management and persuasion: Different logics of implementation policy in the EU and the ILO. *Journal of Common Market Studies* 45 (3): 653–674.

Holst, Hajo, und I. Singe. 2013. Ungleiche Parallelwelten – Zur Organisation von Arbeit in der Paketzustellung. *Arbeits- und Industriesoziologische Studien* 6 (2): 41–60.

Hull, Andy. 2013. *Settle for nothing less: Enhancing National Minimum Wage compliance and enforcement.* London: Centre for London.

Jaehrling, Karen, I. Wagner, und C. Weinkopf. 2016. *Reducing precarious work in Europe through social dialogue. The case of Germany.* IAQ-Forschung 2016-03. Duisburg: Institut Arbeit und Qualifikation.

Jaehrling, Karen, M. Johnson, T.P. Larsen, B. Refslund, und D. Grimshaw. 2018. Tackling precarious work in public supply chains: A comparison of local government procurement policies in Denmark, Germany and the UK. *Work, Employment & Society* 32 (3): 546–563.

Jobelius, Marcel. 2015. *Zwischen Integration und Ausbeutung – Rumänen und Bulgaren in Deutschland: Bilanz nach einem Jahr Arbeitnehmerfreizügigkeit.* Friedrich-Ebert Stiftung. http://library.fes.de/pdf-files/id-moe/11176.pdf. Zugegriffen: 30. Apr. 2019.

Kocher, Eva. 2012. Barrieren der Mobilisierung von Arbeitsrecht – Oder: Lässt sich Fairness erzwingen? *Juridikum* 1:63–73.

Kovacheva, Vesela, und D. Vogel. 2012. *Weniger Rechtsverletzungen durch mehr Informationen? Arbeitsmarkterfahrungen und Informationsbedarf bulgarisch- und albanischsprachiger Zugewanderter in Berlin.* Hamburgisches WeltWirtschaftsInstitut (HWWI): Hamburg.

Lehndorff, Steffen, G. Bosch, T. Haipeter, und E. Latniak. 2009. From the ,Sick Man' to the ,Overhauled Engine' of Europe? Upheaval in the German model. In *European employment models in flux: A comparison of institutional change in nine European countries*, Hrsg. G. Bosch, S. Lehndorff, und J. Rubery, 105–131. Basingstoke: Palgrave Macmillan.

Locke, Richard M. 2013. *The promise and limits of private power: Promoting labor standards in the global economy.* Ithaca, NY: Cornell University Press.

Marchington, Mick, D. Grimshaw, J. Rubery, und H. Willmott. 2005. *Fragmenting work. Blurring organizational boundaries and disordering hierarchies.* Oxford: Oxford University Press.

National Minimum Wage Law: Enforcement. 2017. *Policy on HM revenue & customs enforcement, prosecutions and naming employers who break national minimum wage law.* UK Gov, Department for Business, Energy & Industrial Strategy, London.

Philips, Peter. 2003. A tale of two cities: The high and low road to the development of the US construction industry. In *Building chaos: An international comparison of the effects of deregulation on the construction*, Hrsg. G. Bosch und P. Philips, 161–187. London: Routledge.

Piore, Michael J., und A. Schrank. 2008. Toward managed flexibility: The revival of labour inspection in the Latin world. *International Labour Review* 147 (1): 1–47.

Rubery, Jill, und D. Grimshaw. 2016. Precarious work and the commodification of the employment relationship: The case of zero hours in the UK and mini jobs in Germany. In *Den Arbeitsmarkt verstehen, um ihn zu gestalten. Festschrift für Gerhard Bosch*, Hrsg. G. Bäcker, S. Lehndorff, und C. Weinkopf, 239–254. Wiesbaden: Springer VS.

Saunders, Ron, und P. A. Dutil. 2005. *New approaches in achieving compliance with statutory employment standards.* Canadian Policy Research Network & The Institute of Public Administration of Canada.

Snider, Laureen. 2009. Accomodating power: The ,common sense' of regulators. *Social and legal studies* 18 (2): 180–197.

Snider, Laureen, und S. Bittle. 2010. The challenges of regulating powerful economic actors. In *European developments in corporate criminal liability*, Hrsg. J. Gobert und A.-M. Pascal, 53–69. London: Routledge.

Streeck, Wolfgang. 1997. Beneficial constraints: On the economic limits of rational voluntarism. In *Contemporary capitalism: The embeddedness of institutions*, Hrsg. J. Rogers Hollingsworth und Robert Boyer, 197–219. Cambridge: Cambridge University Press.

Tallberg, Jonas. 2002. Paths to compliance: Enforcement, management, and the European union. *International Organization* 56 (3): 609–643.

Tallberg, Jonas. 2003. *European governance and supranational institutions: Making states comply.* London: Routledge.

Tombs, Steve, und D. Whyte. 2013. Transcending the deregulation debate? Regulation, risk, and the enforcement of health and safety Law in the UK. *Regulation and Governance* 7 (1): 61–79.

Visser, Jelle. 2016. *Institutional Characteristics of Trade Unions, Wage Setting, State Intervention and Social Pacts* (ICTWSS). An international database. Amsterdam Institute for Advanced Labour Studies (AIAS), Version 5.1, Amsterdam.

Vosko, Leah F. 2013. "Rights without remedies": Enforcing employment standards in Ontario by maximizing voice among workers in precarious jobs. *Osgoode Hall Law Journal* 50 (4): 845–873.

Vosko, Leah F., A.M. Noack, und E. Tucker. 2016. Employment standards enforcement: A scan of employment standards complaints and workplace inspections and their resolution under the employment standards act. Ontario. https://cirhr.library.utoronto.ca/sites/cirhr.library.utoronto.ca/files/research-projects/Vosko%20Noack%20Tucker-%206A%20-ESA%20Enforcement.pdf. Zugegriffen: 9. Mai 2019.

Vosko, Leah F., E. Tucker, M. Gellatly, und M.P. Thomas. 2011. New approaches to enforcement and compliance with labour regulatory standards: The case of Ontario, Canada. Research Report No. 31/2011, Osgoode Hall Law School of York University.

Vosko, Leah F., und M.P. Thomas. 2014. Confronting the employment standards enforcement gap: Exploring the potential for union engagement with employment law in Ontario, Canada. *Journal of Industrial Relations* 56 (5): 631–652.

Wagner, Ines. 2015a. Arbeitnehmerentsendung in der EU: Folgen für Arbeitsmarktintegration und soziale Sicherung. *WSI-Mitteilungen* 68 (3): 338–344.

Wagner, Ines. 2015b. EU posted work and transnational action in the German meat industry. *Transfer – European Review of Labour and Research* 21 (2): 201–213.

Waltermann, Raimund. 2010. Abschied vom Normalarbeitsverhältnis? – Welche arbeits- und sozialrechtlichen Regelungen empfehlen sich im Hinblick auf die Zunahme neuer Beschäftigungsformen und die wachsende Diskontinuität von Erwerbsbiographien? *Gutachten für den 68. Deutschen Juristentag*, Bonn.

Weil, David. 2010. Improving workplace conditions through strategic enforcement: A report to the wage and hour division. Boston University. https://www.dol.gov/whd/resources/strategicenforcement.pdf. Zugegriffen: 30. Apr. 2019.

Weil, David, 2014. *The fissured workplace. Why work became so bad for so many and what can be done to improve it.* Cambridge: Harvard University Press.

Weil, David. 2015. *Strategic Enforcement in the Fissured Workplace.* John T. Dunlop Memorial Forum, Harvard Trade Union Program, Harvard Law School.

Weil, David. 2018. Creating a strategic enforcement approach to address wage theft: One academic's journey in organizational change. *Journal of Industrial Relations* 60 (3): 437–460.

# Kontrolle von Mindestlöhnen in Deutschland

# 5

Die Kontrolle und Durchsetzung von Lohnuntergrenzen war in Deutschland lange Zeit ausschließlich die Aufgabe der Tarifpartner bzw. Betriebsräte (siehe Kap. 4). Der Staat hielt sich weitgehend heraus und trat höchstens moderierend als Schlichter in Tarifverhandlungen auf. Dagegen war die Kontrolle von Arbeitsbedingungen schon immer eine staatliche Aufgabe. Allerdings umfasste sie bis Mitte der 1990er Jahre nur den Unfall- und Gesundheitsschutz, die Gewerbeaufsicht sowie die Aufdeckung von Schwarzarbeit bzw. Sozialversicherungsbetrug. Im Bereich der Schwarzarbeitsbekämpfung gab es seit 1993 eine Parallelstruktur zwischen der Bundesanstalt für Arbeit und dem Zoll. Mit der Einführung des EU-Binnenmarktes und des Schengener Abkommens entfielen die Kontrollaufgaben an vielen Grenzübergängen und den betroffenen Zollbeamt_innen wurden neue Aufgaben zugewiesen. Ein Großteil wurde zur Bekämpfung von Schwarzarbeit eingesetzt. Während die Arbeitsämter damals federführend für die Aufdeckung von Schwarzarbeit zuständig waren, verfügte die Zollbehörde nur über wenige rechtliche Kontrollbefugnisse, die im Wesentlichen aus stichprobenartigen Überprüfungen von Beschäftigten bestanden, ob eine ordnungsgemäße Anmeldung bei der Sozialversicherung erfolgt war. Festgestellte Verstöße durfte die Behörde selbst noch nicht ahnden, sondern musste ihre Erkenntnisse an die Arbeitsämter weiterleiten. Daneben sind bis heute die ländergeführten Ämter für Arbeitsschutz für die Kontrolle der Gewerbeanmeldungen sowie für die Ahndung unerlaubter Handwerksausübung zuständig.

Erst mit der Einführung der EG-Entsende-Richtlinie 96/71/EG, die in Deutschland mit der Verabschiedung des Arbeitnehmer-Entsendegesetzes (AEntG) im Jahr 1996 umgesetzt wurde, veränderte sich auch die Rolle des Staates bei der

© Springer Fachmedien Wiesbaden GmbH, ein Teil von Springer Nature 2019
G. Bosch et al., *Kontrolle von Mindestlöhnen*,
https://doi.org/10.1007/978-3-658-26806-0_5

Kontrolle von Löhnen. Ziel dieses Gesetzes war es ursprünglich, zum Schutz der Beschäftigten und zur Herstellung von Wettbewerbsgleichheit im offenen europäischen Arbeitsmarkt Mindestarbeitsbedingungen für heimische und entsandte Beschäftigte im Baugewerbe zu ermöglichen. Die Kontrolle konnte nicht mehr allein den Tarifpartnern überlassen werden, da die ausländischen Unternehmen – wenn überhaupt – ganz anderen Verbänden angehörten und angesichts des Lohngefälles in der EU auch kein originäres Interesse an der Einhaltung der von deutschen Tarifpartnern ausgehandelten Mindestarbeitsbedingungen hatten.

Das ursprünglich zur Festlegung von Mindestlöhnen für im Rahmen der Dienstleistungsfreiheit entsandte Arbeitnehmer_innen in Europa entstandene AEntG wird mittlerweile überwiegend zur Festlegung von Branchenmindestlöhnen in Deutschland selbst verwendet. Das Gesetz wurde 2007 mangels einer eigenen deutschen Rechtstradition zur Einführung von Mindestlöhnen zweckentfremdet und diente damit als „Reformwerkstatt" (Däubler 2012, S. 508 ff.) zur Regulierung des innerdeutschen Lohnwettbewerbs in bestimmten Branchen. Im Jahr 2009 wurde schließlich die Festlegung von Branchenmindestlöhnen auch explizit als Gesetzesziel festgeschrieben. Zudem haben seit 2011 die Tarifvertragsparteien eine Lohnuntergrenze für Leiharbeitskräfte gemäß § 3a AÜG festgelegt. Der Funktionswandel des AEntG betrifft auch die Finanzkontrolle Schwarzarbeit, deren Aufgabenbereich sich mit der Kontrolle der zusätzlichen Branchenmindestlöhne erheblich erweitert hat. Schließlich wurde mit der Einführung eines allgemeinen gesetzlichen Mindestlohns im Jahr 2015 der Staat branchenübergreifend zu einem zentralen Akteur nicht nur bei der Festlegung, sondern auch bei der Durchsetzung und Kontrolle von Mindestlöhnen. Das von der Regierung beschlossene „Gesetz zur Stärkung der Tarifautonomie" beinhaltete zudem die Ausweitung des AEntG auf alle Branchen.

Um die Diskriminierung von Ausländer_innen zu vermeiden und auch, um die schwarzen Schafe bei den heimischen Unternehmen aufzuspüren, ging es von Anfang an um umfassende Kontrollen der Branchenmindestlöhne bei allen Unternehmen. So erhielt der Zoll im Jahr 1998 eigene strafrechtliche Ermittlungs- und Ahndungsbefugnisse. Zudem sind die Beamt_innen seitdem zum Tragen von Schusswaffen und zur Durchführung von Ermittlungen als offizielle Vertretung der Staatsanwaltschaft berechtigt. In dieser Funktion begann der Zoll, strafrechtliche Ermittlungen nach dem Strafgesetzbuch durchzuführen. Schließlich verabschiedete die Bundesregierung im Jahr 2003 das neue Schwarzarbeitsbekämpfungsgesetz, um die zuvor verstreuten Kontrollaufgaben ab 2004 bei der „Finanzkontrolle Schwarzarbeit" in der Zollverwaltung zu konzentrieren (Deutscher Bundestag 2008).

Die skizzierten Entwicklungen beschreiben den Übergang des deutschen Systems der Lohnfindung von einem autonomen zu einem gemischten System. Im alten autonomen System haben die Tarifparteien nicht nur ohne staatliche Eingriffe Lohnstandards festgelegt, sondern waren gleichzeitig auch für deren Einhaltung zuständig (Bosch und Lehndorff 2017). Im neuen gemischten System delegiert der Staat die Festlegung der Erhöhungen des allgemeinen Mindestlohns an eine Kommission der Sozialpartner, übernimmt aber die Aufgabe der Kontrolle und eröffnet den Tarifparteien gleichzeitig durch neue Möglichkeiten der AVE die Chance, die darüber liegenden tariflich vereinbarten Löhne zu stabilisieren. Bei der Durchsetzung und Kontrolle ist er jedoch weiterhin auf die vereinbarten Branchenmindestlöhne sowie des gesetzlichen Mindestlohns beschränkt, während für die Durchsetzung der darüber liegenden Tariflöhne die Tarifpartner verantwortlich bleiben.

Während in Deutschland die FKS für die Kontrolle und Einhaltung von Mindestlöhnen zuständig ist, übernehmen in anderen europäischen Ländern wie etwa Frankreich und Belgien die Arbeitsinspektionen die Aufgabe, die Einhaltung von gesetzlich regulierten Arbeitsbedingungen zu kontrollieren. Dagegen ist unter dem Begriff der Arbeitsinspektion in Deutschland nur der gesundheitliche Arbeitsschutz gemeint, für den zwei Behörden zuständig sind: die Träger der Unfallversicherung, d. h. die Berufsgenossenschaften und Unfallkassen sowie die ländergeführten Arbeitsschutzbehörden, die je nach Bundesland entweder Ämter für Arbeitsschutz oder Gewerbeaufsichtsämter heißen. Während die Berufsgenossenschaften in der Regel für bestimmte Branchen zuständig sind, kontrollieren die staatlichen Arbeitsschutzbehörden branchenübergreifend die Einhaltung der rechtlichen Vorschriften wie z. B. des Arbeitsschutzgesetzes.

Im Folgenden stehen zunächst die Aufgaben und Befugnisse der Zollbehörde im Mittelpunkt (Abschn. 5.1). Anschließend werden der organisatorische Aufbau sowie die personelle Ausstattung der FKS behandelt (Abschn. 5.2). Ein besonderer Fokus wird auf die strategische Vorgehensweise und die Kooperation mit anderen Behörden gelegt (Abschn. 5.3). In Abschn. 5.4 werden die Arbeitsergebnisse der FKS dargestellt und aufgezeigt, welche Hürden die Kontrolle und Durchsetzung der Mindestlohnansprüche erschweren. Anschließend werden besondere Kontrollmaßnahmen in verschiedenen europäischen Ländern beschrieben (Abschn. 5.5). Unter Berücksichtigung internationaler Erfahrungen werden als Schlussfolgerung Vorschläge zur Verbesserung der Kontrollen von Mindestarbeitsbedingungen in Deutschland entwickelt (Abschn. 5.6).

## 5.1 Die Finanzkontrolle Schwarzarbeit: Aufgaben und Befugnisse

Grundlage der Prüftätigkeit der Finanzkontrolle Schwarzarbeit ist das Gesetz zur Bekämpfung der Schwarzarbeit und illegalen Beschäftigung (Schwarzarbeits-bekämpfungsgesetz – SchwarzArbG) aus dem Jahr 2004. Geprüft werden u. a.,

- die Erfüllung der sozialversicherungspflichtigen Meldepflichten der Arbeitgeber;
- ob die Arbeitsbedingungen gemäß dem Mindestlohngesetz (MiLoG), Arbeitnehmer-Entsendegesetz (AEntG) und Arbeitnehmerüberlassungsgesetz (AÜG) eingehalten werden;
- die Richtigkeit von Arbeits- und Verdienstbescheinigungen;
- der unrechtmäßige Bezug von Sozialleistungen;
- die Arbeitsgenehmigungen und Aufenthaltstitel ausländischer Beschäftigter;
- die Einhaltung steuerlicher Pflichten;
- Angaben zur Selbstständigkeit.

Dabei beschränkt sich der Prüfauftrag bei der Lohnzahlung auf die dem Staat und den Sozialversicherungen zustehenden Beiträge und Steuern. Den Nettolohn durchzusetzen, bleibt individuelle Aufgabe der Beschäftigten, obwohl die FKS mithilfe der Rentenversicherung feststellen kann, ob Beschäftigte zu wenig Lohn erhalten haben. Die FKS konzentriert sich seit 2009 vor allem auf Branchen, die als besonders anfällig für Verstöße gelten und deshalb in § 2a SchwarzArbG benannt sind. Dazu zählen u. a. auch die von uns untersuchten Branchen. Beschäftigte in diesen Branchen sind verpflichtet, Personalausweis, Pass, Passersatz oder Ausweisersatz während der Ausübung der Tätigkeit mit sich zu führen. Als Zielvorgabe wird vom Finanzministerium vorgegeben, dass mindestens 70 % der Kontrollen in den besonders gefährdeten Branchen erfolgen sollen (Zoll 2018a), was laut unseren Interviews auch erreicht wird.

Zu den Kontrollbefugnissen der FKS zählen Befragungen des Personals und die Prüfung der Geschäftsunterlagen. Für die Personenbefragungen sind die Kontrollkräfte zum Betreten der Geschäftsräume des Arbeitgebers während der Arbeitszeit berechtigt. Außerdem dürfen sie alle Unterlagen sichten, die Auskunft über die Art, Dauer und Umfang der Tätigkeit geben. Außerhalb der Geschäftsräume dürfen Fahrzeuge zwecks Befragung und Prüfung der Ausweispapiere der Insassen angehalten werden. Für die Prüfung der Geschäftsunterlagen – wozu u. a. Lohnabrechnungen, Buchungs- und Kontobelege, Arbeitszeitnachweise, Arbeitsverträge sowie Werk- und Dienstleistungsverträge zählen – ist die FKS zur

Einsichtnahme in Lohn- und Meldeunterlagen sowie weitere Geschäftsunterlagen berechtigt, aus denen Art, Dauer und Umfang der Beschäftigungsverhältnisse hervorgehen. Für die Arbeitgeber und Beschäftigten besteht eine gesetzliche Duldungs- und Mitwirkungspflicht der Prüfungen. Ergibt sich während der Überprüfung ein Anfangsverdacht, müssen die Kontrollkräfte ein Ermittlungsverfahren einleiten. Ab diesem Zeitpunkt wird die Prüfung abgebrochen und die Duldungs- und Mitwirkungspflicht entfällt für die Betroffenen, weil sie nicht dazu verpflichtet werden dürfen, sich durch ihre Aussagen selbst zu belasten.

Die FKS gibt an, einen ganzheitlichen Prüfansatz zu verfolgen, was bedeutet, dass bei jeder Kontrolle alle relevanten Prüffelder bearbeitet werden, einschließlich einer Überprüfung der Einhaltung der Sozialbeiträge nach dem MiLoG, AEntG oder dem AÜG. Allerdings ist die Überprüfung der Einhaltung des Mindestlohns nur eine von vielen Aufgaben und hat keine erhöhte Priorität. Vor der Einführung des gesetzlichen Mindestlohns betonte das Bundesfinanzministerium, dass es keine Änderungen im Prüfansatz geben werde und auch keine gesonderten Kontrolleinheiten für den Mindestlohn abgestellt würden (BMF 2014a). Im Expertengespräch mit der FKS wurde diese Vorgehensweise bestätigt:

„Im Grunde ist jede Prüfung auch direkt eine Mindestlohnprüfung, egal ob Branchenmindestlohn oder gesetzlicher Mindestlohn. Denn die auffälligen Branchen bleiben die gleichen." (Interview FKS, 2/2016)

Bei den Verstößen wird zwischen Ordnungswidrigkeiten und Straftaten unterschieden (Zoll 2018b). Bei Ordnungswidrigkeiten, die im Gesetz über Ordnungswidrigkeiten (OWiG) definiert sind, hat die FKS dieselben Rechte und Pflichten wie die Staatsanwaltschaft bei der Verfolgung von Verstößen, die u. a. das Vorenthalten des fälligen Mindestlohns oder das Nichtführen der vorgeschriebenen Arbeitszeitaufzeichnungen betreffen. Ordnungswidrigkeiten werden in der Regel mit Bußgeldern bestraft, wobei es verschiedene Varianten gibt: Es kann eine Verwarnung mit oder ohne Verwarnungsgeld (§ 56 OWiG) ausgesprochen oder ein Bußgeld (§ 65 OWiG) bis zu 500.000 € verhängt werden. Die Höhe des Bußgeldrahmens richtet sich maßgeblich nach dem Grad der Ordnungswidrigkeit. Alternativ zum Bußgeldverfahren können auch mit Verfallbescheiden Vermögenswerte abgeschöpft werden, die dem Gegenwert des zu Unrecht erzielten Gewinns entsprechen. Gemäß § 21 MiLoG sowie § 23 AEntG liegt eine Ordnungswidrigkeit vor, wenn bei der Prüfung nicht mitgewirkt oder das Betreten der Geschäftsräume untersagt wird. Dies gilt auch, wenn die Anmeldungen der Beschäftigten zur Sozialversicherung nicht vorliegen, Arbeitszeitaufzeichnungen nicht rechtzeitig

vorgelegt und nicht mindestens zwei Jahre aufbewahrt werden sowie Nachunternehmen beschäftigt werden, die gegen die Zahlung des vorgeschriebenen Ent-
geltes verstoßen.

Bei Strafverfahren im Zusammenhang mit den Prüfaufgaben des Schwarz-
ArbG ist die FKS die Vertretung der Staatsanwaltschaft (Zoll 2018b). Das
bedeutet, dass die FKS offiziell im Auftrag der Staatsanwaltschaft handelt, um
Straftaten aufzuklären. Dazu zählen insbesondere Identitätsfeststellungen, erste
Vernehmungen, Beschlagnahmen von Beweismitteln und deren Auswertung,
Durchsuchungen sowie vorläufige Festnahmen. Der Schwerpunkt der von der
FKS geführten Strafverfahren liegt zum einen bei Straftaten nach § 266a Straf-
gesetzbuch, wozu das Vorenthalten und Veruntreuen von Arbeitsentgelt und
Sozialversicherungsbeiträgen (und damit auch der Tatbestand der Schein-
selbstständigkeit) zählen. Zum anderen geht es um Straftaten nach § 263 Straf-
gesetzbuch, insbesondere der Sozialleistungsbetrug bei gleichzeitig nicht oder
unvollständig angegebener Erwerbstätigkeit, wodurch unrechtmäßig zu hohe
Sozialleistungen bezogen wurden. Als Sanktion werden bei einer Verurteilung
Geld- und/oder Freiheitsstrafen verhängt.

## 5.2    Die organisatorische Struktur der FKS

Seit 2004 ist die Finanzkontrolle Schwarzarbeit (FKS) federführend für die
Aufdeckung von Sozialversicherungsbetrug und die Kontrolle der Einhaltung
von Mindestlöhnen zuständig. Die Verwaltungsstruktur der FKS ist mehrstufig
organisiert, wobei die zuständige Bundes- und Aufsichtsbehörde das Bundesministerium der Finanzen ist. Bis Ende 2015 waren die Organisation und Wahrnehmung der Aufgaben des Zolls dezentral auf fünf Bundesfinanzdirektionen
sowie das Zollkriminalamt verteilt und die Aufgabe der Bekämpfung von
Schwarzarbeit und illegaler Beschäftigung in der Bundesfinanzdirektion West
in Köln angesiedelt. Im Zuge einer Umstrukturierung der Zollverwaltung zum
1. Januar 2016 wurden Bundesfinanzdirektionen und das Zollkriminalamt organisatorisch zusammengeführt in der neu eingerichteten Generalzolldirektion.
Diese hat ihren Hauptsitz in Bonn und gliedert sich in zwei Zentraldirektionen
für interne Verwaltungsaufgaben, sieben thematische Fachdirektionen und acht
Zollfahndungsämter auf (Deutscher Bundestag 2015). Die Fachdirektionen bleiben auf verschiedene Dienstsitze verteilt. Die Finanzkontrolle Schwarzarbeit ist
in der Fachdirektion VII mit Sitz in Köln angesiedelt, die für Grundsatzfragen,
Aufgabensteuerung sowie die Ausübung der Rechts- und Fachaufsicht für 41
Hauptzollämter an 115 Standorten zuständig ist (Abb. 5.1).

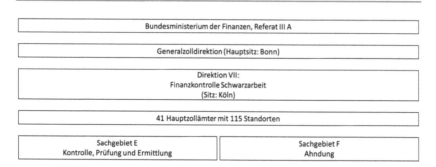

**Abb. 5.1**  Organisationsstruktur der FKS seit 1. Oktober 2014. (Quelle: Eigene Darstellung)

Bis zum Jahr 2014 war die Aufgabenwahrnehmung in die drei Arbeitsgebiete Prävention (Sachgebiet C), Prüfungen und Ermittlungen (Sachgebiet E) sowie Ahndung (Sachgebiet F) aufgeteilt. Die Aufgabe des Sachgebietes C bestand darin, die flächendeckende Präsenz der FKS sicherzustellen, Verdachtsfälle zu prüfen sowie verdachtsunabhängige Kontrollen durchzuführen. Umgangssprachlich wurde dieses Sachgebiet auch als „Streifendienst" bezeichnet. Im Arbeitsgebiet E wurden insbesondere Prüfaufträge und Ermittlungsverfahren durchgeführt, die nicht in die Zuständigkeit der Sachgebiete C und F fielen. Dies betraf Prüfungen von der Dienststelle aus ohne Außendienst. Das Sachgebiet F ist für die Ahndung von Ordnungswidrigkeiten zuständig, für die kein Außendienst erforderlich ist. Zusätzlich ist diese Abteilung ermächtigt, Bußgeldverfahren durchzuführen.

Im Mai 2014, also einen Monat, nachdem der erste Entwurf zum Tarifautonomiestärkungsgesetz von der Bundesregierung veröffentlicht worden war, wurde per Erlass durch das Bundesfinanzministerium die Finanzkontrolle Schwarzarbeit neu ausgerichtet. Das Sachgebiet C wurde im Oktober 2014 in ein neustrukturiertes Sachgebiet E „Kontrolle, Prüfungen und Ermittlung" eingegliedert (BMF 2014a). Das Sachgebiet F blieb in seiner bestehenden Struktur erhalten. Aufgabe des Sachgebietes E ist seitdem die anlassbezogene Überprüfung von Verdachtsfällen von Schwarzarbeit und illegaler Beschäftigung vor Ort aufgrund von Anzeigen und Hinweisen. Zusätzlich werden verdachtsunabhängige Prüfungen sowie mehrmals im Jahr Schwerpunktprüfungen vorgenommen, die sich bundesweit oder regional pro Prüfung auf einen bestimmten Wirtschaftsbereich konzentrieren. Außerdem führt die Abteilung alle Ermittlungsverfahren durch, die nicht in die Zuständigkeit des Arbeitsgebiets Ahndung fallen.

Auch nach den bisherigen Organisationsreformen verfügt der Zoll mit der FKS und der Zollfahndung weiterhin über zwei parallele Vollzugsdienste, die unterschiedlichen Zentraldirektion zugeordnet sind, obwohl sie vielfach ähnliche Aufgaben haben, eine ausreichende Ausrüstung (z. B. bei der Telefonüberwachung, der IT-Ausstattung und im Fuhrpark) benötigen und vergleichbare Kontrollmethoden anwenden. Diese Trennung der beiden Dienste zieht sich durch alle Hauptzollämter. Der Verzicht auf eine Bündelung von Ressourcen führt in der FKS zum Teil zu erheblichen Knappheiten vor Ort, vor allem in der IT-Ausstattung oder bei der Telefonüberwachung, obwohl diese Ausstattung für die geplante intensivere Kontrolle organisierter Kriminalität an Bedeutung gewonnen hat. Die Patchwork-Organisation des Zolls beeinträchtigt einen effizienten Mitteleinsatz. Hinzu kommen kaum nachvollziehbare Unterschiede in den gesetzlichen Regelungen. Die Nichtzahlung von Sozialversicherungsbeiträgen nach § 100a der Strafgesetzordnung berechtigte bis 2019 – im Unterschied zu Steuerhinterziehung oder Geldwäsche – nicht zu Telefonüberwachungen, obwohl auch hier sehr hohe Beträge hinterzogen werden können. Erst im Jahr 2019 wurde die Möglichkeit der Telefonüberwachung nach § 266a Strafgesetzbuch in das Schwarzarbeitsbekämpfungsgesetz aufgenommen.

Die Gewerkschaft der Polizei (GdP 2014) fordert, dass die Finanzkontrolle Schwarzarbeit organisatorisch enger an die Zollfahndungsämter angegliedert werden sollte. Denn aus ihrer Sicht handelt es bei den Hauptzollämtern mehr um eine Art Verwaltungsbehörde, die u. a. für die Erhebung von Zöllen, Steuern und Abgaben sowie für Betriebsprüfungen und die Verhängung von Straf- und Bußgeldern zuständig sind. Dagegen fahnden die FKS und die Zollfahndungsämter wie eine Kriminalpolizei mit entsprechenden polizeilichen Befugnissen zur direkten Bekämpfung von kriminellen Strukturen (GdP 2017, S. 20).

In einem Erlass von Mai 2014 wurde explizit festgelegt, dass Prüfungen weiterhin sowohl aufgrund von Hinweisen als auch verdachtsunabhängig erfolgen sollen. Zudem sollte eine „sichtbare, flächendeckende Präsenz" gewährleistet werden (BMF 2014a). Die Umsetzung des Erlasses wurde den jeweiligen Hauptzollämtern überlassen. In einer Mitgliederbefragung im Frühjahr 2016 stellte die GdP fest, dass die Neustrukturierung nicht nach den Vorgaben des Erlasses umgesetzt worden war: „Der Auftrag der Prävention, anlasslose – aber risikoorientierte – Kontrollen auf dem Arbeitsmarkt durchzuführen, ist klassischer Streifendienst. Dieser wurde weitgehend eingestellt." (GdP 2016a) Dies führe gleichzeitig dazu, dass Kontrollen überwiegend nur noch nach Hinweisen und nicht mehr anlasslos durchgeführt wurden. Von daher könne von einer flächendeckenden Präsenz nicht mehr die Rede sein.

In unseren Interviews wurde kritisiert, dass das Finanzministerium den Hauptzollämtern einen zu großen Spielraum bei der Umsetzung der Umstrukturierung gewähre, was zu erheblichen Unterschieden in der Struktur geführt habe:

„Es gab Leitungen, wo entschieden wurde, wir werden jetzt endlich diesen polizeilastigen Dienst los, weil als Hauptzollamt sind wir eine Verwaltungsbehörde, eine Einnahmebehörde. Es gab keinen Auftrag mehr, flächendeckende Kontrollen durchzuführen. Und man hat an manchen Standorten auch die Leute vergrätzt, so dass die freiwillig gegangen sind." (Interview GdP, 1/2019).

Für die Gewerkschaft der Polizei besteht ein klarer Zusammenhang zwischen der Einführung des gesetzlichen Mindestlohns und der Umgestaltung der FKS. Denn anstatt die Kontrollbehörde zu stärken, wurde die Organisation geschwächt:

„An dem Erlass von Mai 2014 kann man erkennen, die Regierung hat gerade die Arbeit aufgenommen, Andrea Nahles fängt an, ihr Mindestlohngesetz zu basteln, und Wolfgang Schäuble fängt an, die FKS umzubauen. Die Verwaltung sagt, wir konzentrieren uns jetzt auf die Großen. Die Strategie macht aber ohne eine Mindestbasis an Kontrollen gar keinen Sinn. Ich brauche einen anständigen Kontrollapparat, aber es gibt nicht synchronisierte Behördenstrukturen beim Zoll." (Interview GdP, 2/2019)

Im Zuge der Verhandlungen zum Tarifautonomiestärkungsgesetz war insbesondere von Gewerkschaftsseite eine deutliche Aufstockung des Personals der FKS gefordert worden, um den Mehraufwand durch die Kontrolle des Mindestlohns bewerkstelligen zu können. Die Deutsche Zoll- und Finanzgewerkschaft forderte in ihrer Stellungnahme zum Mindestlohngesetz eine personelle Aufstockung um mindestens 2000 Beschäftigte (Deutscher Bundestag 2014, S. 41). Letztlich wurde der Finanzkontrolle Schwarzarbeit vom Deutschen Bundestag eine zusätzliche Personalaufstockung von 1600 Stellen bewilligt, die überwiegend durch die eigene Ausbildung aufgebaut werden sollten (BMF 2014b), weshalb der Personalaufbau erst im Jahr 2022 abgeschlossen sein sollte. Von den zur Verfügung gestellten Planstellen entfielen 734 Stellen auf den gehobenen Dienst und 866 Stellen auf den mittleren Dienst (Tab. 5.1).

Um die Prüfungsdichte nach dem Mindestlohngesetz bereits ab Januar 2015 zu erhöhen, wurde für die Jahre 2015 und 2016 eine zollverwaltungsinterne Priorisierung zugunsten der FKS bei der Verteilung der fertig ausgebildeten Nachwuchskräfte vorgenommen (Deutscher Bundestag 2017). Gleichzeitig wurden jedoch im Jahr 2015 271 Beschäftigte und 2016 362 Beschäftigte zur Bearbeitung von Asylanträgen an das Bundesamt für Migration und Flüchtlinge

**Tab. 5.1** Zusätzliche Planstellen der Finanzkontrolle Schwarzarbeit zur Kontrolle der Mindestlöhne gemäß Haushaltsplan 2015

| Haushaltsjahr | Mittlerer Dienst | Gehobener Dienst |
|---|---|---|
| 2017 | 200 | 151 |
| 2018 | 200 | 151 |
| 2019 | 200 | 151 |
| 2020 | 200 | 151 |
| 2021 | 66 | 151 |
| 2022 | – | 130 |

Quelle: BMF (2014b)

abgeordnet, die aber nach drei bis zwölf Monaten wieder zur FKS zurückgekehrt sind (Deutscher Bundestag 2018a). Insgesamt wurde die FKS laut Angaben des Finanzministeriums zwischen 2015 und 2018 um 1297 zusätzliche Nachwuchskräfte aufgestockt. Im Jahr 2019 wurden weitere 320 Nachwuchskräfte eingestellt, sodass die geplante Besetzung von zusätzlichen 1600 Planstellen für die Mindestlohnkontrollen – abweichend vom ursprünglichen Haushaltsplan aus dem Jahr 2015 – bereits 2019 abgeschlossen sein soll (Deutscher Bundestag 2019a).

Bei der Betrachtung der Entwicklung des gesamten Personals der FKS zeigt sich, dass die Zahl der Planstellen von 6865 im Jahr 2015 auf 7913 Stellen im Jahr 2019 gestiegen ist (Tab. 5.2). Allerdings hat sich die Anzahl der tatsächlich besetzten Stellen in diesem Zeitraum gerade einmal um 654 Beschäftigte erhöht. Die Zahl der unbesetzten Stellen ist seit 2016 kontinuierlich angestiegen und lag im Jahr 2019 bei 1304 Stellen. Auch der Bundesrechnungshof (2018, S. 12) kritisierte in seiner Einschätzung zu den Beratungen zum Bundeshaushalt 2019, dass „bei der FKS Stellen in erheblichem Umfang unbesetzt" seien.

Aus Sicht der Gewerkschaft der Polizei liegt die Ursache der steigenden Zahl unbesetzter Stellen in einer hohen Personalfluktuation, deren Ursache in einer

**Tab. 5.2** Planstellen, besetzte und unbesetzte Stellen bei der FKS, 2015–2019

| Haushaltsjahr zum 1. Januar | Planstellen | Besetzte Stellen | Unbesetzte Stellen |
|---|---|---|---|
| 2015 | 6865 | 5955 | 910 |
| 2016 | 6865 | 6067 | 798 |
| 2017 | 7211 | 6268 | 943 |
| 2018 | 7562 | 6335 | 1227 |
| 2019 | 7913 | 6609 | 1304 |

Quelle: Deutscher Bundestag (2018a, 2019a)

zunehmenden Unzufriedenheit von langjährig Beschäftigten gesehen wird. In einer Mitgliederbefragung im Frühjahr 2016 stellte die Gewerkschaft fest, dass 63 % der befragten FKS-Beschäftigten unzufrieden waren mit der Neuausrichtung der FKS (GdP 2016a). In unseren Interviews wurde berichtet, dass sich vor diesem Hintergrund zahlreiche Kontrollkräfte in andere Bereiche versetzen ließen, wodurch viel Kompetenz bei der FKS verloren gegangen sei, die durch Einstellung von Nachwuchskräften nicht kompensiert werden konnte:

> „Da, wo man gesagt hat, wir müssen euch unterpflügen in andere Arbeitsbereiche, damit ihr wegkommt von diesem Streifendienstthema, da haben sich viele Leute innerhalb des Zolls wegbeworben. Da sind ganze Karawanen von der FKS an die Flughäfen gezogen, weil da kann man einen Kontrolldienst ausführen, so wie man sich das vorstellt." (Interview GdP, 1/2019).

Ergänzend zu den bestehenden Aufstockungsplänen der FKS kündigte Bundesfinanzminister Olaf Scholz im Herbst 2018 an, dass die Zahl der Kontrollkräfte bei der FKS bis zum Jahr 2022 auf 8600 steigen und bis zum Jahr 2026 auf 10.000 erhöht werden soll. Vom Bundesfinanzministerium wurde zudem in Aussicht gestellt, die FKS nach 2026 nochmals um 3500 Stellen aufzustocken (Hildebrand und Specht 2019).

Die GdP sieht eine alleinige Aufstockung des Personals jedoch weder als zielführend noch als sinnvoll an. Vielmehr müssten die Strukturen verbessert werden, um die Kontrollen effektiver zu gestalten:

> „Mehr Personal führt nicht zu besseren Kontrollen. Wir brauchen mehr Kontrollpersonal, aber ohne eine strukturelle Anpassung macht man den Laden nur teurer, aber nicht effektiver. Und solange wir keine anständige strategische Ausrichtung haben, solange wird nur das Pochen auf mehr Personal nichts bringen." (Interview GdP, 2/2019).

Die jüngsten Umstrukturierungen des Zolls und die Veränderungen der strategischen Vorgehensweise wurden in unseren Interviews im Baugewerbe von den Tarifpartnern unterschiedlich beurteilt. Die IG BAU sieht die Umstrukturierung kritisch, weil viele Entscheidungen mittlerweile dezentral von den Hauptzollämtern und nicht mehr zentral getroffen werden. Aus ihrer Sicht kann von der Generalzolldirektion aus eine bessere Koordinierung der Arbeit der Hauptzollämter erfolgen, als wenn die Kontrollstrategie von jedem Hauptzollamt selbst festgelegt wird:

> „Uns gefällt die ganze Zollreform überhaupt nicht. Es hat nicht zu einer Verbesserung geführt, sondern zu einer permanenten Verschlechterung." (Interview IG BAU, 10/2015)

Im Gegensatz zur Gewerkschaft lobten die beiden Arbeitgeberverbände des Bauhauptgewerbes (ZDB und HDB) die Strategieänderung der FKS, bei den Kontrollen eher auf Qualität statt Quantität zu achten und den Fokus der Kontrollen auf die organisierte Kriminalität zu lenken. Deshalb wurde auch der Rückgang der Zahl der Kontrollen nicht kritisiert (Interview ZDB, 11/2015).

## 5.3    Strategische Vorgehensweise und Kooperationen

In der internationalen Forschung zu Kontrollstrategien wird zwischen reaktiven und proaktiven Vorgehensweisen unterschieden. Die FKS nutzt bei ihrer Arbeit einen Mix aus beiden Ansätzen. Als proaktiv ist die risikoorientierte Auswahl der zu prüfenden Betriebe einzustufen: Berücksichtigt werden u. a. Hinweise und Mitteilungen, Erfahrungen und Erkenntnisse aus früheren Prüfungen sowie regionale Besonderheiten. Bei der Risikoeinschätzung arbeitet die FKS auch eng mit anderen Behörden, Sozialversicherungen und den Tarifpartnern zusammen. Im Rahmen der risikoorientierten Branchenauswahl stehen auch Beschäftigungsverhältnisse im Fokus, die besonders von Verstößen betroffen sind. Dazu zählen aus Sicht der FKS insbesondere Minijobs, für die gemäß Mindestlohngesetz besondere Vorgaben zur Arbeitszeitaufzeichnung gelten:

> „Bei den Prüfungen werden auch oft Minijobber angetroffen. Es gibt bestimmte Listen, mit denen man feststellen kann, welche Firmen wie viele Minijobber haben. Da können wir ganz gezielt eine Firma mit auffällig hohem Minijobberanteil prüfen. Denn in einem gesunden Unternehmen besteht normalerweise eine gemischte Struktur an Arbeitskräften und in der Regel eben nicht überwiegend aus Minijobbern oder Teilzeitbeschäftigten. Das ist schon ein starkes Indiz für Verstöße." (Interview FKS, 2/2016)

Zusätzlich wird jedem FKS-Standort ein sogenannter Zollzielkatalog vorgegeben, in dem festgelegt wird, wie viele Kontrollen und Prüfungen der Geschäftsunterlagen pro Jahr durchzuführen sind. Kontrollen können jedoch auch kurzfristig ohne vorherige Hinweise und anlasslos erfolgen. Ein weiterer wichtiger Bestandteil des proaktiven Ansatzes sind die sogenannten Schwerpunktprüfungen. Dabei wird pro Kontrolle eine bestimmte Branche bundesweit oder in einer Region an einem Tag gezielt kontrolliert. Diese Prüfungen finden bis zu acht Mal pro Jahr statt und werden häufig in den Risikobranchen durchgeführt. Als reaktives Handeln der FKS gilt vor allem das Reagieren auf eingehende Hinweise für Verstöße, die auch anonym schriftlich oder telefonisch direkt bei den Hauptzollämtern gemeldet werden können. Anders als in Großbritannien mit dem Online-Portal

ACAS besteht in Deutschland demgegenüber keine Möglichkeit, Hinweise auf Verstöße online zu melden (Department for Business, Energy & Industrial Strategy 2018).

Darüber hinaus gibt das Bundesfinanzministerium für alle FKS-Standorte vor, dass die Kontrollkräfte stets eine Waffe bei sich tragen müssen, was nach der Einführung des gesetzlichen Mindestlohns zu viel Kritik geführt hat. Hintergrund ist, dass die Beamt_innen nie wissen können, was sie vor Ort erwartet. Zudem werden oft mehrere Kontrollen hintereinander in unterschiedlichen Branchen durchgeführt, die ein mehr oder weniger hohes Gefährdungspotenzial für die Beamt_innen aufweisen können.

Zur Strategie der FKS zählt auch eine gezielte Pressearbeit, um die Ergebnisse und Erfolge von Kontrollen öffentlich sichtbar zu machen und ein abschreckendes Signal an andere Betriebe zu senden. Dies betrifft insbesondere Schwerpunktkontrollen, zu denen häufig auch regionale oder bundesweite Pressemitteilungen herausgegeben werden. Außerdem veröffentlicht der Zoll jedes Jahr eine Bilanz mit Angaben zur Zahl der Kontrollen sowie den festgelegten Strafen und Bußgeldern.

Abgesehen von diesen Rahmenvorgaben können die Hauptzollämter ihre Prüfungen und Kontrollen selbst planen und durchführen. An allen Standorten entscheidet die jeweilige Fachgebietsleitung, welchen Hinweisen nachgegangen wird und ob zusätzlich anlasslose Kontrollen durchgeführt werden. Eine koordinierte Gesamtstrategie ist nicht erkennbar. Lediglich die bundesweiten Schwerpunktkontrollen sind davon ausgenommen, die durch die Generalzolldirektion vorgegeben werden. Durch die hohe Dezentralisierung der Strategieentwicklung sind in der Praxis unterschiedliche Auffassungen entstanden, wie der gesetzliche Kontrollauftrag bei der FKS zu erfüllen ist. Ein Beispiel dafür ist die Auswahl der Betriebe. Nach Einschätzung mehrerer Interviewpartner_innen reagieren manche Hauptzollämter inzwischen ausschließlich auf Hinweise und führen keine anlasslosen Kontrollen mehr durch. Andere Hauptzollämter legen demgegenüber weiterhin großen Wert darauf, Präsenz in der Öffentlichkeit zu zeigen und einen Teil der Kontrollen anlasslos durchzuführen (siehe Abschn. 5.1 und 5.3).

Auch die Festlegung der Arbeitszeiten der Beschäftigten wird unterschiedlich gehandhabt. So wurde uns in Interviews berichtet, dass in manchen Hauptzollämtern starre Dienstzeiten von Montag bis Freitag jeweils von 8 Uhr bis 16 Uhr gelten, was damit einhergehe, dass Betriebe nicht am Wochenende oder abends kontrolliert werden:

„Ich weiß von einer Dienststelle, da hat der Dienststellenleiter eine Hausverfügung über das Zutrittskontrollsystem. Und er hat die so eingerichtet, dass die am Wochenende nicht in die Dienststelle kommen. Da ist ein Dienststellenleiter, der möchte gar nicht, dass die am Wochenende arbeiten oder nach 19 Uhr. Sowas entscheiden die jeweiligen Dienststellenleiter selber. Das entscheidet niemand weiter oben. Es gibt keine einheitliche Richtung." (Interview GdP, 2/2019).

Die GdP betont, dass flächendeckende Kontrollen rund um die Uhr notwendig seien, aber vielfach nicht gewährleistet werden könnten (Deutscher Bundestag 2018b). Es gibt jedoch auch FKS-Standorte, die eine flexible und bedarfsgerechte Arbeitszeit praktizieren:

> „Es kann sein, dass eine Einheit morgens um 10 Uhr anfängt und bis 18 Uhr Dienst hat. Die Arbeitszeiten werden so gelegt, wie sie nötig sind. Es kann auch sein, dass eine Schicht mal bis 2 oder 3 Uhr nachts am Wochenende arbeitet, wenn z.B. Türsteher bei Discotheken kontrolliert werden oder Ähnliches. Da sind die Kollegen recht flexibel." (Interview FKS, 2/2016)

Die unterschiedlichen Vorgehensweisen der Hauptzollämter wurden in unseren Interviews vor allem mit einer Trennlinie zwischen den operativen Einheiten auf lokaler Ebene und der Führungsebene bei der Generalzolldirektion bzw. dem Finanzministerium begründet:

> „Der Führung der FKS bei der Generalzolldirektion fehlt nach wie vor eine klare strategische Ausrichtung der FKS als „Arbeitsmarktpolizei". Und aus dem Finanzministerium gibt es auch keine klare Ansage, was ist eigentlich euer konkreter Auftrag. Und es gibt nichts Schlimmeres für einen Behördenapparat, als wenn die keine strategische Ausrichtung haben." (Interview GdP, 2/2019)

Wie wir in Abschn. 4.2.3 aufgezeigt haben, wird ein kooperatives oder partizipatorisches Enforcement, bei dem die Kontrollbehörden mit anderen öffentlichen, privaten oder zivilgesellschaftlichen Akteuren zusammenarbeiten, in der internationalen Forschung als effektiver angesehen als ein getrenntes Enforcement (Amengual und Fine 2017). Engere Kooperationen der Finanzkontrolle Schwarzarbeit bestehen bei ihrer Arbeit vor allem mit den so genannten „Zusammenarbeitsbehörden", mit denen formale Vereinbarungen über koordinierte Kontrollen sowie den Austausch von Daten und Informationen gemäß § 2 Absatz 2 SchwarzArbG bestehen (Abb. 5.2). Dazu zählen u. a. die Staatsanwaltschaften, die Finanzämter, die Rentenversicherung, die Ämter für Arbeitsschutz bzw. die Gewerbeämter sowie die SOKA-BAU (Abb. 6.2). Insbesondere auf regionaler Ebene wird durch regelmäßige Treffen und den damit verbundenen Erfahrungsaustausch die Zusammenarbeit institutionalisiert. Die Kontrollen vor Ort werden meist von der FKS alleine durchgeführt. Anders ist dies bei umfangreicheren Kontrollen, an denen häufig insbesondere die Steuerfahndung der Finanzbehörden

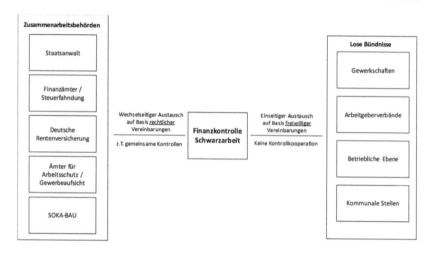

**Abb. 5.2** Kooperationen der FKS. (Quelle: Eigene Darstellung)

sowie die Deutsche Rentenversicherung beteiligt sind. Vor allem mit den Finanz-behörden werden häufiger auf regionaler Ebene gemeinsame Kontrollen, gegenseitige Schulungen, Datenauswertungen oder Ermittlungsverfahren durch-geführt. Die Zusammenarbeit kann in besonderen Fällen auch zur Bildung einer gemeinsamen Ermittlungsgruppe führen, um Doppelermittlungen in Fällen von Schwarzarbeit zu vermeiden (Deutscher Bundestag 2017).

Neben den Finanzbehörden ist die Deutsche Rentenversicherung ein zentraler Kooperationspartner des Zolls. Gemäß § 28 SGB IV überprüft die Rentenver-sicherung anhand der Lohnunterlagen jeden Betrieb alle vier Jahre, ob die Bei-träge zur Sozialversicherung ordnungsgemäß entrichtet wurden. Pro Jahr werden etwa 800.000 Betriebe geprüft. Anhand der Geschäftsunterlagen kann dabei ermittelt werden, ob den Beschäftigten die zustehenden Mindestlöhne gezahlt wurden. Werden Verstöße oder Auffälligkeiten festgestellt, erfolgt eine Meldung an die FKS. Umgekehrt führt die Rentenversicherung Sonderprüfungen von Betrieben durch, wenn dies von der FKS veranlasst wird. Bei Bedarf erfolgt ein automatischer Datenaustausch zwischen den beiden Behörden. Darüber hinaus übermittelt die FKS der Rentenversicherung bei festgestellten Verstößen die Prüf-berichte, damit diese die entstandenen Schadenssummen für das Strafverfahren berechnen kann. Die Rentenversicherung ist dabei auch für die Überprüfung und Aufdeckung von Scheinselbstständigkeit über das sogenannte Feststellungsver-fahren zuständig. Für gemeinsame Schulungen, Beratungen über Vorgehensweisen

sowie Hinweise über laufende Fälle findet vor allem auf regionaler Ebene meist
einmal pro Monat ein persönlicher Austausch zwischen der FKS und der Deutschen Rentenversicherung statt. In unseren Interviews wurde die Zusammenarbeit
positiv beurteilt:

> „Ich komme mit den Leuten da persönlich ganz gut klar auf dieser Ebene. Wo geht's
> hin, wo setzte ich meine Ressourcen ein? Wir telefonieren auch unter der Zeit mal.
> Das ist schon eine sehr vernünftige und sehr vertrauensvolle Zusammenarbeit dort."
> (Interview DRV, 2/2018)

Kritisiert wurde, dass die Deutsche Rentenversicherung lediglich alle vier Jahre
die Betriebsunterlagen prüft, obwohl die Arbeitszeitaufzeichnungen nur zwei
Jahre lang aufgehoben werden müssen. Wenn Aufzeichnungen nicht mehr vorliegen, ist die Aufdeckung von Mindestlohnverstößen kaum möglich.

> „Das nächste ist ja, dass das MiLoG da eine Frist von zwei Jahren vorsieht. Das ist
> für uns überhaupt nicht verständlich, weil für uns der betriebsprüfende Rahmen vier
> Jahre ist. Das heißt, selbst wenn wir feststellen, dass es in den letzten zwei Jahren
> nicht richtig gelaufen ist, können wir das für die zwei Jahre vorher nicht mehr nach-
> weisen und darauf auch keine Beitragsnacherhebung stützen. Da kann dann auch
> nichts von der Staatsanwaltschaft verfolgt werden." (Interview DRV, 2/2018)

Weitere Zusammenarbeitsbehörden sind die für den Arbeitsschutz zuständigen
Landesbehörden bzw. die Gewerbeämter. Die Arbeitsschutzbehörden führen
eigene Kontrollen bezogen auf Arbeitsplatzsicherheitsschutz und Einhaltung der
Arbeitszeitvorschriften durch und melden Auffälligkeiten hinsichtlich Schwarzarbeit, illegaler Beschäftigung und Arbeitszeitverstöße an die FKS. In diesem
Rahmen gibt es einen wechselseitigen Austausch der Behörden und es können
auch gemeinsame Kontrollen durchgeführt werden. Dabei sind die Gewerbeaufsichtsämter wichtige Kontrollinstanzen, die in Bezug auf Schwarzarbeit insbesondere die ordnungsgemäße Anmeldung zulassungspflichtiger Gewerbe wie
etwa Maurer, Zimmerer, Dachdecker, Stuckateure, Maler, Lackierer, Bäcker, Fleischer oder Friseure kontrollieren. Dafür haben die Kommunalstellen gemäß § 20
und § 139b GewO das Recht, die Geschäftsräume zu betreten sowie Arbeitgeber
und Beschäftigte zu befragen. Diese haben eine Mitwirkungs- und Auskunftspflicht, soweit sie sich dadurch nicht selbst belasten.

Die Gewerbeämter sind seit Anfang 2015 durch eine Änderung der Gewerbe-
anzeigenordnung (GewAnzV) dazu verpflichtet, alle Gewerbeanzeigen auf
Anhaltspunkte für Scheinselbstständigkeit zu prüfen und Verdachtsfälle der

FKS zu melden (§ 3 Absatz 3 GewAnzV). In den Expertengesprächen wurde bemängelt, dass es anfangs zunächst nur darum ging, verwaltungsrechtliche und datenschutztechnische Voraussetzungen zu schaffen, um den elektronischen Datenaustausch zwischen den lokalen Meldeämtern und dem Zoll abzusichern. Deshalb hätten manche Gewerbeämter Verdachtsfälle von Scheinselbstständigkeit erst gar nicht gemeldet, was aber auch stark von den jeweiligen Kommunen abhängig gewesen sei. Dabei sei Scheinselbstständigkeit laut Zoll oftmals nicht schwer aufzudecken:

> „Ein typischer Fall ist, dass bei der Gewerbeanmeldung mehrere ausländische Arbeitnehmer erscheinen, die kein Deutsch sprechen. Die haben meistens eine Begleitperson dabei, die die Anmeldung stellvertretend durchführt. Da wäre es z.B. interessant zu erfahren, wer das denn gemacht hat und warum. Aber diese Information bekommen wir nicht mitgeteilt. Und dann ist der Verdacht der Scheinselbstständigkeit relativ hoch, weil diese Leute keine eigene Auftragsakquise betreiben können, weil sie die Sprache nicht sprechen. Und manchmal kommt heraus, dass der Arbeitgeber im Ausland sitzt, seine Mitarbeiter nach Deutschland bringt und vor Ort eine Anmeldung zur Selbständigkeit unterschreiben lässt. Aber die Beschäftigten glauben, dass sie einen Arbeitsvertrag unterzeichnen." (Interview FKS, 2/2016)

Erst seit Anfang 2017 erfolgt die elektronische Übermittlung von Verdachtsfällen der Gewerbeämter an die FKS. Ob es dadurch tatsächlich zu einer besseren Aufdeckung von Scheinselbstständigkeit gekommen ist, konnte bislang noch nicht nachgewiesen werden.

Auch die SOKA-BAU ist eine offizielle Zusammenarbeitsbehörde der FKS und damit die einzige branchenbezogene Sozialbehörde, die formal mit der FKS kooperiert und auf der Basis des allgemeinverbindlichen Tarifvertrags zum Sozialkassenverfahren über Kontrollrechte verfügt. Dabei gibt es einen regelmäßigen Kontakt der beiden Behörden, der den Austausch von Daten und Beratungsgespräche für ein effektiveres Risikomanagement umfasst (siehe Abschn. 5.2).

Schließlich ist auch die Zusammenarbeit mit der Staatsanwaltschaft wichtig, wenn ein Fall vor Gericht verhandelt werden muss. Dafür muss die FKS jeden Fall gerichtsfest aufbereiten. In unseren Gesprächen mit Beschäftigten der FKS wurde es als problematisch bezeichnet, dass die Staatsanwaltschaft unter Umständen die Fälle „auseinander nimmt" und nur den sie betreffenden Standort behandelt, weil sie für die anderen Fälle aus anderen Bezirken nicht zuständig sei. Bei der Staatsanwaltschaft kann es dann im Strafverfahren passieren, dass nur die Fälle aus dem eigenen Bezirk behandelt werden. Zudem haben Verstöße gegen die Einhaltung von Arbeitsbedingungen nach Einschätzung mehrerer

Interviewpartner_innen nicht die höchste Priorität bei den Gerichten. Dagegen würden Schwerpunktstaatsanwaltschaften den Fällen oft mehr Aufmerksamkeit widmen:

„Die Schwerpunktstaatsanwaltschaften sind oft risikobereiter und folgen der FKS-Einschätzung. Die Schwerpunktstaatsanwaltschaften haben aber auch mehr personelle Kapazitäten als die örtlichen Staatsanwälte. Kleinere Staatsanwaltschaften sind oft mit mehreren Verfahren gleichzeitig befasst und müssen sich erst in die Sachlage einarbeiten, während Schwerpunktstaatsanwaltschaften für Wirtschaftskriminalität besser sensibilisiert sind." (Interview FKS 2/2016)

Keine formale Kooperation besteht zwischen der FKS und kommunalen Kontrollstellen wie etwa den öffentlichen Vergabestellen. Hier verläuft die Kommunikation meistens einseitig, indem die Vergabestellen Verdachtsfälle an den Zoll melden, ohne jedoch eine Rückmeldung zu den Fällen zu erhalten. Zudem sind Verstöße gegen das Vergabeverfahren oder gegen Mindestarbeitsbedingungen meist nur den einzelnen Vergabestellen bekannt, weil kein überregionaler Austausch dieser Informationen erfolgt. Deshalb bekommen Vergabestellen die Verfehlungen von einem Unternehmen oftmals nicht mit, wenn Verstöße in einer anderen Region festgestellt wurden.

Vor diesem Hintergrund hat die Bundesregierung im Juli 2017 das sogenannte „Gesetz zur Einrichtung und zum Betrieb eines Registers zum Schutz des Wettbewerbs um öffentliche Aufträge und Konzessionen" (Wettbewerbsregistergesetz – WRegG) beschlossen. Damit wird ein zentrales elektronisches Register eingerichtet, in dem alle Unternehmen und auch Einzelpersonen eingetragen werden, die nachweislich u. a. durch Vorenthalten der Sozialabgaben oder des fälligen Lohnes aufgefallen sind. Damit soll auch verhindert werden, dass verurteilte Geschäftsführer_innen einfach eine neue und unbelastete Firma gründen. Öffentliche Auftraggeber sind ab einem Auftragsvolumen von 30.000 € dazu verpflichtet, in dem Register abzufragen, ob gegen das sich bewerbende Unternehmen Verstöße vorliegen. Allerdings führt eine Eintragung in das Register nicht automatisch zum Ausschluss bei der Vergabe öffentlicher Aufträge. Dies liegt im Ermessen der Vergabestellen. Nach spätestens fünf Jahren erfolgt die Löschung aus dem Register, wenn keine weiteren Verstöße festgestellt worden sind. Ab wann das Wettbewerbsregister einsatzbereit sein wird, ist allerdings noch offen.

Zu einer effektiven Kontrollstrategie gehört auch die Einbindung von Brancheninsider_innen wie Beschäftigten, Interessenvertretungen und Verbänden. Im Gegensatz zu den Zusammenarbeitsbehörden bestehen allerdings keine gesetzlich normierten Kooperationen der FKS mit den Sozialpartnern. Als präventives Instrument wurden in neun Branchen Aktionsbündnisse gegen

Schwarzarbeit und illegale Beschäftigung geschlossen. Beteiligt sind u. a. das Bundesfinanzministerium, das Bundesarbeitsministerium, der Zoll, die Arbeitgeberverbände und die Gewerkschaften. Bundesweite Bündnisse existieren in der Bauwirtschaft, in der Fleischwirtschaft, in der Gebäudereinigung, im Speditions-, Transport- und Logistikgewerbe, im Maler- und Lackiererhandwerk, in der Textilreinigung, im Elektrohandwerk, im Gerüstbauer-Handwerk sowie im Friseurhandwerk. Für den Bereich des Gastgewerbes besteht kein formelles Bündnis, aber auch in dieser Branche gibt es einen formlosen Dialog zwischen den staatlichen Behörden und den Sozialpartnern. Ergänzend wurden 13 Bündnisse auf regionaler Ebene in den Bundesländern geschlossen, jedoch fast ausschließlich im Baugewerbe. Ziel der Bündnisgespräche ist, dass die Tarifvertragsparteien, Ermittlungsbehörden sowie das Finanz- und Arbeitsministerium gemeinsam die besonders anfälligen Schwarzarbeitsbereiche identifizieren, in denen Schwerpunktkontrollen durchgeführt werden sollen.

In den Expertengesprächen wurde insbesondere von den Sozialpartnern im Bauhauptgewerbe kritisiert, dass die Finanzkontrolle Schwarzarbeit den Verbänden keine Rückmeldungen zu gemeldeten Verstößen gebe und auch nicht über konkrete Ermittlungsergebnisse informiere:

„Ich bin zunehmend nicht nur enttäuscht, sondern auch frustriert von diesen Bündnisgesprächen, weil die uns immer schöne Zahlen präsentieren, wie viele Prüfungen sie durchgeführt haben, wie viele Bußgelder und wie viele Freiheitsstrafen sie verhängt haben. Und dann wird mir hier präsentiert: Im letzten Jahr haben wir 444 Jahre Freiheitsstrafen erwirkt. Da weiß ich nicht, ob ich lachen oder weinen soll. Dann frage ich mich, wie viel davon ist denn abgesessen worden? Wissen wir nicht." (Interview ZDB, 11/2015)

Als Hemmnis wurden insbesondere Vorgaben des Datenschutzes hervorgehoben, die einen besseren Informationsaustausch seitens der Zollbehörde verhinderten:

„Wir erfahren weniger als die Presse teilweise. Wir geben die Anzeige rein, wir sagen, uns ist das und das aufgefallen auf der Baustelle, da kann was nicht stimmen. Bitte kontrolliert mal die Firma. Dann erfahren wir aber nicht, ob kontrolliert wurde, und das ist frustrierend. Im Einzelfall kriegen wir schon ein bisschen Info, zumindest eine Rückmeldung, da war nichts dran oder war gut, dass ihr uns das gesagt habt. Aber in vielen Fällen erfahren wir gar nichts." (Interview IG BAU, 10/2015)

Gleichwohl wurden auch positive Aspekte der Bündnisgespräche hervorgehoben, etwa der regelmäßige Austausch untereinander sowie die Möglichkeit, Unklarheiten zu besprechen und zukünftige Vorgehensweisen zu erörtern.

Von den Sozialpartnern aus anderen Branchen wurden die Bündnisgespräche insbesondere von Gewerkschaftsseite eher kritisch und als wenig hilfreich beurteilt:

„Den sozialen Dialog gibt es meistens nur auf Ministeriumsebene. Da gibt es dann ein paar tolle Broschüren, die da gedruckt werden, wo alle erklären, dass sie dagegen sind. Und der Minister sagt, habt ihr prima gemacht. Das nützt aber nicht viel und alles läuft so weiter wie bisher. Also auf der oberen Ebene findet sowas statt, aber wenn es konkret wird, dann ist es schon sehr sehr schwierig." (Interview NGG, 6/2016)

Eine weitere wichtige Funktion bei der Kontrolle der Einhaltung von Mindestarbeitsbedingungen kommt auch den Betriebsräten zu. Gemäß § 80 Abs. 1 und 2 Betriebsverfassungsgesetz (BetrVG) haben sie u. a. die Aufgabe zu prüfen, ob alle relevanten Gesetze, Tarifverträge und Betriebsvereinbarungen für die Beschäftigten auch eingehalten werden. Dafür haben Betriebsräte weitreichende Informationsrechte z. B. zur Betriebszugehörigkeit und zu den Arbeitszeiten der Beschäftigten. Außerdem können Betriebsräte Einsicht in die Gehaltslisten nehmen. Diese Rechte haben betriebliche Interessenvertretungen auch für Beschäftigte, die nicht in einem unmittelbaren Arbeitsverhältnis zum Arbeitgeber stehen. Allerdings gilt dies nur für Leiharbeitskräfte, nicht jedoch für Beschäftigte von Werkvertragsfirmen. In unserer Untersuchung hat sich dies insbesondere in der Fleischwirtschaft als problematisch erwiesen (vgl. Kap. 7). Außerdem erhalten weder Betriebsräte noch Gewerkschaften eine Rückmeldung der FKS, wenn Auffälligkeiten festgestellt wurden, was von der FKS mit datenschutzrechtlichen Bestimmungen begründet wird.

## 5.4  Kontrolle, Aufdeckung von Verstößen, Sanktionen und Durchsetzung

Seit Bestehen der FKS schwankt die Zahl der Kontrollen erheblich. Im Jahr 2004 wurden über 100.000 Arbeitgeber kontrolliert. Mit einer hohen Zahl von Kontrollen in den Anfangsjahren der FKS sollte in der Öffentlichkeit ein Bewusstsein dafür geschaffen werden, dass der Zoll verstärkt gegen Schwarzarbeit vorgeht. Allerdings erkannte man schnell, dass allein eine hohe Zahl von Kontrollen nicht zu einem besseren Aufdecken von Verstößen führt und Schwarzarbeit nicht effektiver eingedämmt werden kann (Deutscher Bundestag 2008). Bis 2008 reduzierte sich die Zahl der Kontrollen um über 50 %, erhöhte sich im Zuge der Ausweitung des Arbeitnehmer-Entsendegesetzes aber wieder auf knapp 68.000 im Jahr 2011.

Seitdem ging die Zahl der Arbeitgeberkontrollen kontinuierlich zurück und verringerte sich ausgerechnet im Jahr 2015, als der gesetzliche Mindestlohn eingeführt wurde, sogar um rund ein Drittel. Auch im Jahr 2016 sank die Zahl der Kontrollen weiter. Erst im Jahr 2017 ist die Zahl der Kontrollen wieder deutlich gesteigert worden, ohne jedoch das Niveau zwischen 2010 und 2014 wieder zu erreichen (Abb. 5.3).

Für den deutlichen Rückgang der Zahl der Kontrollen im Jahr 2015 und die nur moderate Steigerung ab 2017 haben wir in unseren Interviews drei unterschiedliche Erklärungsansätze gehört. Als erster Grund wurde von der FKS angeführt, dass der Zoll sich stärker auf das Prinzip „Qualität vor Quantität" und damit auf ein stärker risikoorientiertes Vorgehen fokussiert habe. Ähnlich wie Weil (2010) für die USA konstatierte, wollte man sich auch in Deutschland nicht mit einer Vielzahl kleiner Fälle aufhalten, sondern die begrenzten Ressourcen gezielter zur Bekämpfung des Missbrauchs mit großen Schadenssummen einsetzen. Im Zuge dieser neuen Ausrichtung der Prüfungen sollte der Fokus also stärker auf organisierte Formen der Schwarzarbeit gelegt werden – u. a. durch intensivere Prüfung der Geschäftsunterlagen. Dies war nach Aussage des Leiters der FKS auch der Hintergrund dafür, dass die Zahl der Kontrollen in den Jahren

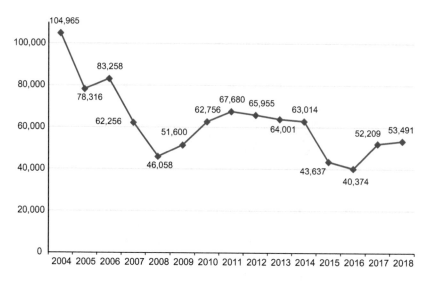

**Abb. 5.3** Arbeitgeberkontrollen der Finanzkontrolle Schwarzarbeit, 2004–2018. (Quelle: Zoll 2019)

2015 und 2016 deutlich rückläufig war. Für die FKS sei dabei nicht die bloße Anzahl der Prüfungen entscheidend, sondern durch gezieltere Prüfungen und vertiefende Ermittlungen illegale Beschäftigung und Schwarzarbeit besser aufzudecken (BMF 2017). Außerdem wurde betont, dass die Prüfungen der Mindestlohnpflichten zu einem hohen zeitlichen Mehraufwand geführt haben, sodass in der Summe weniger Prüfungen durchgeführt werden konnten (BMF 2017).

Die GdP sieht den Rückgang der Kontrollzahlen als unmittelbare Folge der Umstrukturierung der FKS im Jahr 2014. Die stellvertretende Vorsitzende der GdP, Karin Gerding, kritisierte im Nachhinein: „Dieser Einbruch des Kontrolldrucks gerade in der Bauwirtschaft ist überwiegend mit der Einstellung des regelmäßigen Streifendienstes der FKS im Herbst 2014 zurückzuführen." (GdP 2016b). Für die Polizeigewerkschaft ist ein ausgewogenes Verhältnis von Qualität und Quantität entscheidend, um einen effektiven Kontrolldruck zu gewährleisten. In unseren Expertengesprächen wurde betont, dass vor 2014 oftmals nur sehr oberflächlich kontrolliert worden ist, ohne die vorgelegten Unterlagen genauer zu prüfen. Dagegen sei dieses Prinzip 2015 umgekehrt worden, indem die Kontrolltiefe zugenommen habe, dafür aber die Zahl der Kontrollen zurückgegangen ist:

> „Ich brauche eine vernünftige Kombination aus Quantität und Qualität. Und ich würde das definieren als Kontrolltiefe und Kontrolldichte. Nur eine ausgewogene Kombination führt zu Kontrolldruck." (Interview GdP, 1/2019).

Prinzipiell begrüßt die GdP die intensivere Prüfung der Geschäftsunterlagen und auch die Weiterbildungsmaßnahmen zur besseren Schulung des Personals. Allerdings fehlt nach Einschätzung der Gewerkschaft der FKS nach wie vor an vielen Standorten die technische Ausstattung, um intensivere Prüfungen durchzuführen:

> „2014 fällt die Entscheidung, die Qualität zu steigern, aber bis 2019 haben wir immer noch keine flächendeckende Ausstattung der Prüfenden mit Lizenzen und der Hardware. Da sind immer nur an einzelnen Standorten vielleicht mal ein Laptop oder zwei vorhanden, auf denen das Programm läuft." (Interview GdP, 1/2019).

Neben der mangelhaften technischen Ausstattung des Zolls wurde in unseren Gesprächen auch kritisiert, dass der Zoll wie früher darauf bedacht sei, eine intensivere Kontrolltätigkeit zu suggerieren, als es tatsächlich der Fall sei. In diesem Kontext wurde auf die Schwerpunktkontrollen im September 2018 verwiesen:

> „Ein tolles Beispiel ist die Mindestlohnsonderprüfung im Herbst 2018. Zwei Tage, 6.000 Zollbeamte und 4.500 Arbeitgeberprüfungen. Und das, wo wir wissen, dass das Jahresergebnis jetzt aktuell jetzt so um die 40 bis 50 Tausend liegt, und früher

mal bei 60 Tausend lag. Da hat man innerhalb von zwei Tagen 10% des Jahres-
umsatzes gemacht. Also das war eine Aktion, die war jetzt nicht komplett sinnlos,
das hat schon auch Kontrolldruck erzeugt, aber hier habe ich wirklich nur Kontrolldichte erzeugt, ohne jede Kontrolltiefe." (Interview GdP, 1/2019).

Eine weitere Ursache des Rückgangs der Zahl der Kontrollen ist, dass mit Einführung des gesetzlichen Mindestlohns für die erste Jahreshälfte 2015 offiziell der Grundsatz „Aufklärung geht vor Ahndung" galt. Damit wollte die FKS
zunächst eine intensive Aufklärungsarbeit gegenüber Arbeitgebern leisten, die
durch Verstöße gegen das Mindestlohngesetz auffallen, anstatt direkt Bußgelder zu verhängen oder Strafverfahren einzuleiten (Zoll 2015). Den Arbeitgebern
sollte so die Chance eingeräumt werden, sich in der Einführungsphase des
Mindestlohns über die Mindestlohnregelungen zu informieren und notwendige
betriebliche Umstellungen vorzunehmen. Ganz im Sinne der internationalen
Forschung können solche Informationskampagnen dazu beitragen, dass die Ausgestaltung des Mindestlohns besser umgesetzt wird und das Self-Enforcement
gestärkt wird (Benassi 2011; Gallina 2005; siehe auch Abschn. 4.2.1).
    Bis 2015 veröffentlichte der Zoll in seiner Jahresbilanz – neben der Anzahl der
Arbeitgeberprüfungen – stets auch die Zahl der Personenbefragungen (Abb. 5.4).
Zwischen 2004 und 2012 war die Zahl der Befragungen fast durchgängig
gestiegen. Seit 2013 ist die Zahl jedoch rückläufig und im Jahr 2015 sogar um

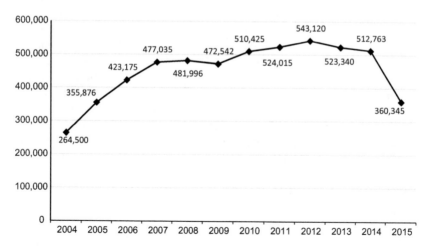

**Abb. 5.4** Personenbefragungen der Finanzkontrolle Schwarzarbeit, 2004–2015. (Quelle:
Zoll 2019)

30 % eingebrochen. Da der Zoll hierzu seit 2016 keine Angaben mehr veröffentlicht, ist nicht bekannt, wie sich die Zahl der Befragungen von Beschäftigten seitdem entwickelt hat.

Anhand der von der FKS veröffentlichten Arbeitsergebnisse lässt sich nicht beurteilen, ob die veränderte Prüfpraxis tatsächlich zu einer effektiveren Aufdeckung und Ahndung von Verstößen geführt hat. Während sich die verhängten Bußgelder und festgestellten Schadenssummen in den vergangenen Jahren leicht erhöht haben, ist die Zahl der erwirkten Freiheitsstrafen sowie der eingeleiteten und erledigten Ordnungswidrigkeitsverfahren rückläufig (Tab. 5.3). Außerdem ist dem Zoll nicht bekannt, ob die verhängten Strafen und Bußgelder tatsächlich vollstreckt wurden. Es handelt sich also um eine Soll- statt einer Ist-Statistik.

Bereits im Jahr 2008 hatte der Bundesrechnungshof kritisiert, dass die FKS keine Kenntnis darüber habe, in welcher Höhe die festgesetzten Bußgelder und Schadenssummen tatsächlich eingefordert werden konnten. Eine Berechnung des Bundesrechnungshofes auf Basis der Daten der Deutschen Rentenversicherung kam zu dem Schluss, dass lediglich 2,6 % der von der DRV nachgeforderten Beiträge auch tatsächlich gezahlt worden waren (Deutscher Bundestag 2008, S. 12). In den meisten Fällen konnten keine Nachzahlungen der Beiträge mehr eingetrieben werden, weil die betroffenen Arbeitgeber Insolvenz angemeldet hatten. Dem Zoll ist auch nicht bekannt, wie viele betrügerische Unternehmen erfolgreich vom Markt genommen wurden. Eine systematischere Auswertung der Kontrollergebnisse könnte jedoch dazu beitragen, die Prioritätensetzung der strategischen Kontrollen zu verbessern und systemische Veränderungen in bestimmten Branchen und Unternehmen zu bewirken (Weil 2010). Nicht zuletzt dämpft die fehlende öffentliche Wahrnehmbarkeit der vom Markt entfernten bzw. sanktionierten Betriebe erheblich die abschreckende Wirkung der Kontrollen.

Aus der Jahresbilanz des Zolls geht auch nicht hervor, wie viele Schwerpunktprüfungen die FKS pro Jahr durchgeführt hat. Lediglich Angaben der Bundesregierung zeigen, dass in den letzten Jahren immer mindestens vier bundesweite Schwerpunktkontrollen erfolgt sind (Tab. 5.4). Eine zentrale Auflistung von weiteren regionalen Schwerpunktprüfungen liegt dagegen nicht vor (Deutscher Bundestag 2019b, S. 5). Auffällig ist, dass in den vergangenen Jahren nicht nur Branchen in den Fokus genommen wurden, die im SchwarzArbG benannt sind, sondern auch weitere Branchen wie das Taxi- und Mietwagengewerbe, der Einzelhandel, Friseurbetriebe und das Elektrohandwerk.

Bei der Durchführung der Kontrollen stößt die FKS immer wieder auf Probleme, die eine Aufdeckung von Verstößen erschweren. Eine zentrale Hürde ist die Einsicht in die Unterlagen zur Arbeitszeit, weil diese häufig nicht vor Ort gelagert werden, sondern in einem Steuerberatungsbüro liegen. Die Kontrollen

**Tab. 5.3** Arbeitsergebnisse der Finanzkontrolle Schwarzarbeit

| | 2013 | 2014 | 2015 | 2016 | 2017 | 2018 |
|---|---|---|---|---|---|---|
| Eingeleitete Ermittlungsverfahren wegen Straftaten | 95.020 | 102.974 | 106.366 | 104.494 | 107.903 | 111.004 |
| Abgeschlossene Ermittlungsverfahren wegen Straftaten | 94.962 | 100.763 | 104.778 | 107.080 | 107.941 | 108.807 |
| Summe der Geldstrafen aus Urteilen und Strafbefehlen (in Mio. €) | 26,1 | 28,2 | 28,8 | 34,1 | 31,6 | 33,4 |
| Summe der erwirkten Freiheitsstrafen (in Jahren) | 1927 | 1917 | 1789 | 1731 | 1648 | 1715 |
| Eingeleitete Ordnungswidrigkeitsverfahren insgesamt | 39.996 | 34.318 | 22.066 | 21.821 | 26.142 | 28.466 |
| Abgeschlossene Ermittlungsverfahren wegen Ordnungswidrigkeiten | 53.993 | 53.007 | 47.280 | 45.783 | 48.828 | 52.579 |
| Summe Bußgelder, Verwarnungsgelder, Verfallbeträge (in Mio. €) | 44,7 | 46,7 | 43,4 | 48,7 | 64,4 | 49,3 |
| Summe der vereinnahmten Geldbußen, Verwarnungsgelder und Verfall[a] (in Mio. €) | 17,8 | 20,0 | 16,2 | 18,8 | 26,5 | 20,4 |
| Schadenssummen im Rahmen der straf- und bußgeldrechtlichen Ermittlungen (in Mio. €) | 777,1 | 795 | 818,5 | 812,7 | 967,3 | 834,8 |
| Steuerschäden aus Ermittlungsverfahren der Länderfinanzverwaltungen, die aufgrund von Prüfungs- und Ermittlungskenntnissen des Zolls veranlasst wurden[b] (in Mio. €) | 22,0 | 29,1 | 36,8 | 62,9 | 56,2 | 32,4 |

[a]Bei diesen Einnahmen handelt es sich ausschließlich um die des Bundes (ohne Ländereinnahmen)
[b]Angaben der Länderfinanzverwaltungen
Quelle: Zoll (2019)

**Tab. 5.4**  Bundesweite Schwerpunktprüfungen der FKS

| Branchen | Arbeitgeberprüfungen | Ordnungswidrigkeiten-verfahren | Strafverfahren |
|---|---|---|---|
| **2014** | | | |
| Hotel- und Gaststätten-gewerbe | 2039 | 292 | 103 |
| Gerüstbaugewerbe, Steinmetz- und Stein-bildhauerhandwerk | 1288 | 105 | 22 |
| Elektrohandwerk | 959 | 118 | 16 |
| Fleischverarbeitung | 625 | 6 | 75 |
| **2015** | | | |
| Bauhauptgewerbe | 686 | 9 | 124 |
| Hotel- und Gaststätten-gewerbe | 1306 | 163 | 362 |
| Speditions-, Transport-und Logistikgewerbe | 574 | 7 | 39 |
| Taxigewerbe | 516 | 3 | 6 |
| **2016** | | | |
| Gerüstbau | 672 | 6 | 146 |
| Speditions-, Transport-und Logistikgewerbe | 635 | 26 | 81 |
| Einzelhandel | 1493 | 39 | 58 |
| Friseurbetriebe | 2011 | 52 | 60 |
| **2017** | | | |
| Wach- und Sicherheits-dienstleistungen | 1044 | 15 | 95 |
| Gebäudereinigung | 1439 | 10 | 108 |
| Trocken- und Montage-bauarbeiten | 181 | 3 | 64 |
| Hotel- und Gaststätten-gewerbe | 1421 | 221 | 277 |
| Speditions-, Transport-und Logistikgewerbe | 1898 | 38 | 53 |
| **2018** | | | |
| Taxi- und Mietwagen-gewerbe | 1867 | 215 | 101 |

(Fortsetzung)

**Tab. 5.4** (Fortsetzung)

| Branchen | Arbeitgeberprüfungen | Ordnungswidrigkeiten-verfahren | Strafverfahren |
|---|---|---|---|
| Trocken- und Montage-bau | 1598 | 251 | 267 |
| Hotel- und Gaststätten-gewerbe | 1527 | 915 | 373 |
| Gebäudereinigung | 1174 | 205 | 90 |
| Mindestlohnsonder-prüfung | 7317 | 664 | 306 |
| Arbeitnehmerüber-lassung | 1398 | 53 | 22 |

Quelle: Deutscher Bundestag (2019b)

könnten erheblich erleichtert werden, wenn die Unterlagen im Betrieb aufbewahrt werden müssten. Nach Aussagen des Leiters der Finanzkontrolle Schwarzarbeit auf einer Tagung im Februar 2018 taucht bei Kontrollen auch immer wieder das Problem auf festzustellen, ob es sich um ein normales Beschäftigungsverhältnis handelt oder um ein Praktikum oder Ehrenamt. Außerdem werde die Arbeit der Prüfer_innen auch dadurch erschwert, dass es neben dem gesetzlichen Mindestlohn noch diverse höhere Mindestlöhne nach dem AEntG für eine ganze Reihe von Branchen gebe.

Nicht zuletzt fallen von Mindestlohnverstößen betroffene Beschäftigte häufig als Zeug_innen aus, weil sie von ihrem Arbeitgeber eingeschüchtert werden oder aus Angst um ihren Arbeitsplatz keine Auskunft geben. Über die Arbeitszeitaufzeichnungen lassen sich in der Regel keine Verstöße feststellen:

„Das Problem ist, wenn Sie in der Firma die Geschäftsunterlagen prüfen, finden sie superordentliche Stundenaufzeichnungen und auch vom Lohn her sind das genau 8,50 €. Weil von den Arbeitnehmerinnen oder Arbeitnehmern keiner bereit ist, dazu zu stehen, dass sie eigentlich viel weniger kriegen. Aber letztlich muss der Arbeitnehmer uns mitteilen, dass er entweder mehr Stunden gearbeitet hat oder weniger Geld bekommt, als offiziell angeben wird. Und er muss es nachweisbar machen, indem er seine Arbeitszeit und den gezahlten Lohn dokumentiert." (Interview FKS, 2/2016)

In den vergangenen Jahren fand ein Großteil der Kontrollen der Finanzkontrolle Schwarzarbeit im Baugewerbe statt. Allerdings hat sich die Zahl der kontrollierten Betriebe in dieser Branche zwischen 2014 und 2018 halbiert. In unseren

Interviews wurde angemerkt, dass die Fokussierung der Kontrollen auf das Baugewerbe zulasten anderer Branchen gehe:

> „Die Zahl der Kontrollen und der Kontrollierenden muss angehoben werden. Die
> Tendenz, die wir ja von der Finanzkontrolle Schwarzarbeit mitbekommen haben, ist,
> dass der Schwerpunkt nicht so sehr der Dienstleistungsbereich ist, sondern dass die
> Politik die Vorgabe gemacht hat, in anderen Bereichen stärker zu kontrollieren wie
> im Baubereich. Kann man auch nachvollziehen, das ist eine ganz andere Größenord-
> nung und organisierte Kriminalität und so. Aber auf der anderen Seite bedeutet das
> natürlich für die schwarzen Schafe im Dienstleistungsbereich, die brauchen keine
> Sorge darum zu haben, dass bei denen jemand auftaucht." (Interview NGG, 12/2016)

Darüber hinaus wurde auch kritisiert, dass betroffene Unternehmen, die gegen
Bußgeldbescheide vor Gericht gehen, oftmals eine Absenkung des Bußgeldes
erreichen, weil die Gerichte die Höhe nicht nachvollziehen könnten:

> „Wir halten uns schon an den gesetzlichen Bußgeldrahmen, den der Gesetzgeber
> festgelegt hat, aber die Richter sagen, das ist unverhältnismäßig hoch. Das ist eine
> ständige Kritik, die wir vor Gericht kassieren. Und damit sind die Kläger meistens
> erfolgreich." (Interview FKS, 2/2016)

Die Gewerkschaften und Teile der Arbeitgeberverbände sehen als Grund für
abgesenkte Bußgelder ein mangelndes juristisches Interesse an solchen Fällen.
Bemängelt wurde auch, dass für die meisten Staatsanwaltschaften in Deutschland
der Mindestlohn keinen Aufgabenschwerpunkt darstellt. Zudem fehle den Tarifparteien eine transparente Erfolgsstatistik:

> „Der Zoll beschränkt sich darauf zu sagen, wie viele Arbeitgeber geprüft wurden,
> wie viele Arbeitnehmer befragt wurden und wie viele Millionen Euro an Bußgeld-
> ern verhängt wurden. Das hat aber keine abschreckende Wirkung." (Interview ZDB,
> 11/2015)

Hinzu kommt, dass komplexere Ermittlungsverfahren mehrere Jahre andauern
und Strafen entweder nur teilweise oder aufgrund von Insolvenz gar nicht mehr
vollstreckt werden können. Aus Sicht der FKS lohnt sich dieser Aufwand jedoch
trotzdem, um die Firmen zumindest vom Markt zu nehmen und Betrüger_innen
Grenzen aufzuzeigen:

> „Das ist auch zumindest aus meiner Sicht nicht der richtige Ansatz, jetzt Kosten und
> Nutzen miteinander zu vergleichen. Entweder man will, dass solche Straftaten ver-
> folgt werden oder man will das nicht. Und wenn man das will, muss jedem klar
> sein, das kostet Geld. Für umsonst ist das nicht." (Interview FKS, 2/2016)

Im Rahmen von Ermittlungen stellt die FKS zwar häufiger fest, dass Betriebe, gegen die ermittelt wird, oft schnell vom Markt verschwinden. Allerdings gründen die verantwortlichen Personen problemlos neue Betriebe und machen weiter wie bisher. Als besonders schwierig erweist sich die Vollstreckung von Strafen im Ausland, da in Deutschland zunächst ein Titel gegen den ausländischen Betrieb eingeklagt werden muss, um anschließend im Ausland ein Gerichtsverfahren zu führen, das sich über mehrere Jahre hinziehen kann und oftmals nicht erfolgreich ist. Vor allem von den Arbeitgeberverbänden im Bauhauptgewerbe wurde betont, dass aus ihrer Sicht genügend Kontrollvorschriften vorliegen, diese aber nicht effizient um- und durchgesetzt würden. Das Bundesministerium der Finanzen hat zwar in den vergangenen Jahren mehrere zwischenstaatliche Vereinbarungen abgeschlossen, damit sich die Staaten gegenseitig bei der Vollstreckung unterstützen:

„In der Praxis funktioniert das nicht, weil jeder Staat die eigenen Leute schützt." (Interview ZDB, 11/2015)

Auch der Ausschluss von sanktionierten Betrieben bei der Vergabe von öffentlichen Aufträgen funktioniert in der Regel nicht. Das liegt unter anderem an dem mangelnden Informationsaustausch zwischen den Behörden in unterschiedlichen Regionen.

Wenn gegen den Mindestlohn verstoßen wurde, müssen Beschäftigte in Deutschland vorenthaltene Lohnbestandteile individuell einklagen, wobei die Beweispflicht seitens der Beschäftigten nur schwer zu erfüllen ist. Hinzu kommt, dass das Risiko, den Arbeitsplatz zu verlieren, und die Prozesskosten viele Beschäftigte abschreckt, eine Klage einzureichen. Ebenso wie in anderen Ländern (Dickens 2009) wird auch in Deutschland, wenn überhaupt, erst nach Beendigung des Arbeitsverhältnisses geklagt:

„Unsere Einschätzung ist, die Leute wehren sich erst, wenn das Arbeitsverhältnis beendet ist, und werden dann erst bestimmte Missstände aufzeigen. Es hat nicht dazu geführt, dass die Klagen exorbitant zugenommen haben." (Interview NGG, 12/2016)

Im Unterschied zu einigen anderen Ländern werden Beschäftigte in Deutschland nicht von staatlichen Stellen bei der Durchsetzung ihrer Ansprüche unterstützt. Die Finanzkontrolle Schwarzarbeit setzt bei Verstößen gegen den Mindestlohnanspruch nur die Nachzahlung der ausstehenden Sozialversicherungsbeiträge und Steuern auf Arbeitgeberseite durch. Erfahrungsgemäß erhalten Betroffene zudem selbst bei erfolgreicher Klage oft nur einen Teil des ausstehenden Lohnes nachgezahlt. Vor diesem Hintergrund fordern die Gewerkschaften und Rechtsexpert_innen bereits seit langem die Einführung eines Verbandsklagerechts (Fechner und Kocher 2018).

Erschwerend kommt hinzu, dass die Beschäftigten vor Gericht immer einen Nachweis über die gearbeiteten Stunden vorweisen müssen, was jedoch gerade, aber nicht nur von entsandten Beschäftigten oft nicht geleistet werden kann. Denn die Arbeitszeiten müssen nicht nur notiert, sondern auch durch einen Zeugen oder eine Zeugin bestätigt werden:

> „Das sind die praktischen Probleme. Das haben die Leute auch noch nicht so verinnerlicht, dass man selber dafür sorgen muss, weil sie darauf vertrauen, dass die Arbeitgeber das tun. Vor allem die Leute aus Osteuropa. Die haben noch so ein Vertrauen dazu. Die sagen, der hat mir das versprochen, der gibt mir das und das geht alles klar. Und irgendwann geht denen auf, da geht gar nichts klar. Und die sind immer sehr enttäuscht, wenn sie feststellen, dass sie in Deutschland eigentlich gar keine Rechte haben." (Interview NGG, 6/2016)

Vonseiten der Kontrollbehörden wird argumentiert, dass sie rechtlich gar nicht in der Lage seien, die Löhne für die Beschäftigten vor Gericht geltend zu machen. Denn bei den Beiträgen zur Sozialversicherung handele es sich um öffentliches Recht, sodass der Zoll hier tätig werden kann, während es bei den Löhnen bzw. dem Arbeitsrecht im Allgemeinen um Zivilrecht gehe, bei dem das Recht in Deutschland individuell eingeklagt werden muss:

> „Es ist ein zivilrechtlicher Vertrag. Da muss der Vertragsnehmer, also der Arbeitnehmer, selbst sehen, dass er zu seinem Recht kommt. Das kann der Staat für ihn nicht erledigen." (Interview Deutsche Rentenversicherung, 2/2018)

Lediglich die Gewerkschaften versuchen, ihre Mitglieder – in Ausnahmefällen auch Nichtmitglieder – bei der Durchsetzung von vorenthaltenen Mindestlohnansprüchen zu unterstützen. Dies ist jedoch insbesondere im Gastgewerbe und der Fleischwirtschaft schwierig, weil die Gewerkschaft NGG in diesen Branchen schwach vertreten ist und nur wenig finanzielle und personelle Ressourcen zur Verfügung hat. Im Baugewerbe ist es offenbar etwas einfacher, ausstehende Lohnzahlungen einzufordern:

> „Wenn sich jetzt z.B. Migrantengruppen an uns wenden und uns sagen, wir haben seit Monaten da gearbeitet und haben kein Geld bekommen, dann organisieren wir die und machen es kollektiv für die geltend. Und ersparen uns und ihnen damit Gerichtsverfahren und kriegen auch relativ häufig dann das Geld." (Interview IG BAU, 10/2015)

Da bei entsandten Beschäftigten oftmals die Nachweise für die geleisteten Arbeitsstunden fehlen, müssen bei den Forderungen häufig Kompromisse eingegangen werden, sodass die Beschäftigten letztlich nur einen Teil des Lohns gezahlt bekommen und auf den Rest verzichten müssen. Darüber hinaus sind die Lohnunterschiede zwischen den Herkunftsländern und Deutschland teilweise sehr hoch, sodass entsandte Beschäftigte einen Teil des fälligen Lohns akzeptieren und den Verstoß gar nicht erst melden.

Die Gewerkschaften bieten Beratungsgespräche an und haben Informationsbroschüren und Flyer in verschiedenen Sprachen über die rechtlichen Rahmenbedingungen zum Mindestlohn erstellt. Unterstützt werden Migrant_innen, denen Mindestlöhne vorenthalten werden, auch von den Beratungsstellen „Faire Mobilität" sowie „Arbeit und Leben". Darüber hinaus stellt auch das Bundesministerium für Arbeit und Soziales Informationsbroschüren zum Mindestlohn auf seiner Homepage bereit und bietet zusätzlich eine Smartphone-App zur Arbeitszeiterfassung sowie einen Mindestlohnrechner an. Außerdem hat das Ministerium eine Mindestlohn-Hotline eingerichtet, bei der im Jahr 2017 rund 14.000 Anrufe eingingen – davon 39 % der Anrufe von Arbeitgebern, 32 % von Beschäftigten und 14 % von Steuerberatungsbüros (Mindestlohnkommission 2018, S. 60).

Die Hotline selbst nimmt allerdings keine Hinweise auf Mindestlohnverstöße auf, sondern verweist die Anrufenden an die zuständigen Zollbehörden und nennt ihnen die entsprechende Telefonnummer (Mindestlohnkommission 2018, S. 61). Die Einrichtung eines Online-Portals wie ACAS in Großbritannien, auf dem Hinweise auf Mindestlohnverstöße zu jeder Zeit und ggf. auch anonym gemeldet werden könnten, könnte den Zugang vermutlich erleichtern. Dies gilt umso mehr, als bei der Einforderung vorenthaltener Mindestlohnansprüche Verjährungsfristen zu beachten sind.

Während bei vorenthaltenen Ansprüchen auf den gesetzlichen Mindestlohn Nachforderungen im Zeitraum von drei Jahren möglich sind, sind die Fristen bei der Einforderung von Ansprüchen auf branchenbezogene Mindestlöhne nach AEntG tarifvertraglich teils deutlich kürzer. Der Mindestlohntarifvertrag für die Fleischindustrie sieht z. B. eine Verfallsfrist von nur sechs Monaten vor (Fechner und Kocher 2018, S. 11).

## 5.5 Kontrollen und Rechtsdurchsetzung in Europa

Ein Vergleich der Strategien der Kontrollbehörden in anderen europäischen Ländern zeigt unterschiedliche Kombinationen von reaktiven und proaktiven Strategien. Bei den Kontrollen scheinen vor allem sektorale Ansätze zu überwiegen,

da sie die Konzentration auf branchentypische Regelverletzungen ermöglichen
(ILO 2013, S. 28). So wird etwa in Frankreich die zuständige Arbeitsinspektion
(inspection du travail) vor allem aufgrund von Hinweisen tätig (Vincent 2014).
Allerdings sind deren Befugnisse weitreichender als die der FKS. Die rechtlichen
Grundlagen der Arbeitsinspektion sind im französischen Arbeitsgesetzbuch verankert. Demnach dürfen die Inspekteur_innen alle Arbeitsräume betreten, sämtliche Beschäftigte befragen und die relevanten Unterlagen zur Entlohnung und
zur tatsächlichen Arbeitszeit einsehen. Verweigert ein Betrieb die Einsicht in die
Unterlagen, wird dies als Straftat geahndet (Vincent 2014). Denn im Unterschied
zu Deutschland müssen alle relevanten Unterlagen immer in den Geschäfts-
räumen bereitliegen (Steiger-Sackmann et al. 2013). Dazu zählen auch die Aufzeichnungen zur Arbeitszeit. Zudem sind Verstöße gegen den Mindestlohn in
Frankreich eine Straftat, während sie Deutschland lediglich als eine Ordnungswidrigkeit eingestuft werden.

Andere Länder wie etwa Belgien oder Großbritannien setzen verstärkt auf
eine risikoorientierte Auswahl der Branchen und Betriebe. Die belgische Arbeitsinspektion arbeitet dabei eng mit der Polizei, Strafverfolgungsbehörden, Sozialbehörden und mit Beratungsstellen für Betroffene zusammen (Willems 2016).
Einmal pro Monat führt die Arbeitsinspektion eine Schwerpunktkontrolle in einer
Branche durch. Ein besonderer Fokus liegt u. a. auf der Fleischindustrie, dem
Reinigungsgewerbe und dem Transportgewerbe. Die Vorenthaltung von Lohnzahlungen wird in Belgien als Straftat angesehen. Auch in Großbritannien arbeitet
die zuständige Steuer- und Zollbehörde (Her Majesty's Revenue and Customs –
HMRC) eng mit verschiedenen Behörden zusammen, um besondere Risikobereiche
und -branchen zu identifizieren (Burgess 2014; Department for Business, Energy &
Industrial Strategy 2018).

Neben der Durchführung von Kontrollen wird in mehreren Ländern auch auf
eine hohe öffentliche Sichtbarkeit von Kontrollen zur Abschreckung gesetzt.
Dabei werden die Medien genutzt und auch „blame and shame"-Kampagnen
mit direkter Namensnennung einzelner Firmen praktiziert wie z. B. seit einigen Jahren im Vereinigten Königreich. Die Kontrollen können darüber hinaus
durch branchenspezifische Auflagen wie Ausweispflicht und Registrierung aller
Beschäftigten auf Baustellen (Spanien, Italien, Norwegen, Polen) oder auch bei
Frisören und in Gaststätten (z. B. in Schweden) oder durch elektronische Zeitmessung (in Griechenland durch eine Auflage der Troika) verstärkt werden (ILO
2013, S. 30 ff.). Die abschreckende Wirkung von Sanktionen kann auch dadurch
deutlich erhöht werden, dass die Strafe mit der Zahl der Beschäftigten und der
Arbeitstage multipliziert wird (wie etwa in Italien) (ILO 2013, S. 41 ff.).

Präventive Ansätze sind dagegen seltener zu finden. Sie umfassen Anreize zur Regeltreue (z. B. Dienstleistungsschecks für die Inanspruchnahme haushaltsbezogener Tätigkeiten in Belgien), bürokratische Erleichterungen (wie Amnestie-Regelungen bei der Formalisierung illegaler Beschäftigung in Italien), die Erleichterung der Legalisierung der Beschäftigung von Migrant_innen sowie Informationskampagnen und Kooperationsvereinbarungen mit den Sozialpartnern, die ihre Mitglieder über die Risiken von Regelverletzungen informieren (ILO 2013, S. 39 f. und S. 52 ff.).

In einigen europäischen Ländern werden die Beschäftigten – anders als in Deutschland – von den Kontrollbehörden bei der Durchsetzung von fälligen Lohnzahlungen unterstützt. In Belgien und Großbritannien können sich Arbeitnehmer_innen direkt an die Arbeitsinspektion bzw. den HMRC wenden, die stellvertretend Klage vor Gericht einreichen (Burgess 2014; Willems 2016). In anderen Ländern wie in den Niederlanden und Frankreich haben die Gewerkschaften das Recht zur Verbandsklage.

## 5.6   Zusammenfassung und Schlussfolgerungen

Bis Mitte der 1990er Jahre waren ausschließlich die Sozialpartner für die Kontrolle und Einhaltung von Löhnen zuständig, während der Staat den Fokus auf Aufdeckung von Schwarzarbeit bzw. Sozialleistungsbetrug legte. Mit der Einführung des ersten Branchenmindestlohns 1997 nach dem AEntG im Bauhauptgewerbe wurden die staatlichen Kontrollbehörden erstmals zuständig für die Kontrolle von Mindestlöhnen im Baugewerbe. Seit 2004 ist die FKS federführend für die Kontrolle von allgemeinverbindlichen Branchenmindestlöhnen zuständig und durch die Öffnung des Arbeitnehmer-Entsendegesetzes und mit der Einführung des gesetzlichen Mindestlohns hat sich der Aufgabenbereich der FKS sukzessive deutlich erweitert.

Die FKS verfügt durch das Schwarzarbeitsbekämpfungsgesetz über weitreichende Befugnisse, aber die Effektivität und Intensität der Mindestlohnkontrollen wird unterschiedlich eingeschätzt. Vor allem von den Gewerkschaften wird immer wieder auf eine unzureichende Zahl von Kontrollen verwiesen und eine deutliche Aufstockung des Personals bei der FKS verlangt (DGB 2017). Weniger kritisch hinterfragt wird die strategische Ausrichtung der FKS, die nach deren Angaben auf einen Mix aus proaktiven und reaktiven Strategien setzt. Der proaktive Ansatz umfasst vor allem ein gezieltes Risikomanagement mit der Fokussierung auf besonders von Schwarzarbeit betroffenen Branchen und Arbeitsverhältnissen, die überdurchschnittlich häufig von Verstößen betroffen sind wie Minijobs. Als reaktiv gilt dagegen insbesondere, eingegangenen Hinweisen nachzugehen. Auch in den meisten anderen europäischen Ländern sind reaktive und proaktive Strategien mit unterschiedlicher Schwerpunktsetzung verbreitet. Während etwa in Frankreich vor allem hinweisbezogene Kontrollen dominieren (Vincent 2014), wird in Großbritannien und Belgien eine risikoorientierte Branchenauswahl getroffen (Willems 2016).

Zur Strategie der FKS zählt auch eine Pressearbeit, in deren Rahmen erfolgreiche Kontrollen publik gemacht werden und eine jährliche Kontrollbilanz veröffentlicht wird. Allerdings fehlt dem Zoll eine Erfolgsstatistik, wie viele der Strafen tatsächlich vollstreckt und wie viele betrügerische Unternehmen erfolgreich vom Markt genommen wurden. Auch internationale Untersuchungen wie etwa von Weil (2010) am Beispiel der USA kommen zu dem Schluss, dass überwiegend durch Hinweise getriebene Kontrollen alleine wenig effektiv sind. Empfohlen werden proaktive Strategien, die in Branchen mit den größten Problemen ansetzen. Zudem müssten verstärkt Daten bzw. Evaluationen zur Überprüfung und Verbesserung dieser Vorgehensweise genutzt werden (Reflexive Handlungsweisen) (siehe Abschn. 4.2).

Der deutliche Rückgang der Zahl der Kontrollen in den Jahren 2015 und 2016 ausgerechnet zum Zeitpunkt der Einführung des gesetzlichen Mindestlohns wurde mit dem neuen Grundsatz „Qualität vor Quantität" gerechtfertigt, wonach die FKS sich stärker auf die Bekämpfung organisierter Kriminalität in den Risikobranchen konzentrieren soll. Außerdem wollte man den Betrieben eine Eingewöhnungsphase einräumen. Diese Begründungen können aber nicht überzeugen.

In unseren Interviews haben wir eher den Eindruck gewonnen, dass die Umstrukturierung der FKS sei Oktober 2014 zu einer deutlichen Verschlechterung der Kontrollsituation geführt hat. Durch die Eingliederung der Präventionseinheit in das Sachgebiet E wurde an vielen Dienststellen der Streifendienst faktisch eingestellt. Dieser ist nach Einschätzung von Expert_innen aber notwendig, um eine breite Präsenz in der Fläche, und damit anlasslose sowie zu jeder Zeit durchführbare Kontrollen zu gewährleisten. Nur so lässt sich ein notwendiger Kontrolldruck und abschreckende Wirkung erzielen (Deutscher Bundestag 2018b). Allerdings ist es nach Einschätzung der Gewerkschaft der Polizei im Zuge dieser Umstrukturierung zu einer hohen Personalfluktuation gekommen. Obwohl nach Angaben des Bundesfinanzministeriums zwischen 2015 und 2019 eine Aufstockung der Planstellen um 1600 Beschäftigte erreicht werden konnte, hat sich die Anzahl der tatsächlich besetzten Stellen im selben Zeitraum gerade einmal um 654 Beschäftigte erhöht. Dagegen ist die Zahl der unbesetzten Stellen seit 2016 kontinuierlich angestiegen und lag im Jahr 2019 bei 1304

Stellen. Die Gewerkschaft der Polizei führt die steigende Zahl unbesetzter Stellen ei auch auf die zunehmende Unzufriedenheit von langjährig Beschäftigter zurück. Viele erfahrene Kontrollkräfte hätten sich in andere Bereiche versetzen lassen, was zu einem großen Verlust an Kompetenzen und wertvollen Erfahrungen geführt habe.

Hinzu kommt, dass eine dezentrale Strategieentwicklung, die nicht durch die Generalzolldirektion koordiniert wird, letztlich zu einer unkoordinierten Strategie auf regionaler Ebene führt, da ein bestimmtes strategisches Vorgehen für die Hauptzollämter nicht vorgegeben wird. Dadurch entsteht auch eine unterschiedliche Auffassung der Arbeitserfüllung, die sich u. a. im Ausmaß anlassloser Kontrollen oder der Schichtgestaltung widerspiegelt. So wird von manchen Dienststellen auch am Wochenende oder spät abends kontrolliert, während andere Dienststellen nur die üblichen Bürozeiten bedienen und Verstöße außerhalb dieser Dienstzeiten nicht mehr aufdecken können. Aufgrund der zahlreichen strukturellen Probleme der FKS erscheint fraglich, dass die geplante Aufstockung des Personals auf 13.500 Kontrollkräfte zu einer nachhaltigen Verbesserung der Kontrollen führen wird.

Auch die Doppelstruktur der Zollfahndungsdienste und der FKS mit zu geringem Informationsaustausch und fehlender Ressourcenbündelung erschwert einen effizienten Ressourceneinsatz. Die vorgesehene genauere Kontrolle der Geschäftsunterlagen kann aufgrund fehlender Hard- und Software an vielen Standorten gar nicht realisiert werden. In Tab. 5.5 werden die grundlegenden strukturellen Probleme der FKS kurz zusammengefasst.

Als effektiv wird demgegenüber die Zusammenarbeit der FKS mit den normierten Zusammenarbeitsbehörden eingeschätzt, zu denen u. a. die Deutsche

**Tab. 5.5** Strukturelle Probleme der FKS

| Struktur | Probleme |
| --- | --- |
| Organisation | Doppelstruktur der Fahndungsdienste |
| Vorgaben | Zu stark autonome Entscheidungsgewalt der Hauptzollämter, kaum koordinierte Vorgaben der Generalzolldirektion |
| Kontrolldichte | Verringerung durch Reduzierung der Streifendienste |
| Personal | Hohe Fluktuation, Kompetenzverlust, viele offene Stellen |
| Schichtgestaltung | Je nach HZA z. T. nur Dienst von Montag bis Freitag |
| Technik | Mangelhafte Ausstattung der IT-Hardware und -Software, Datenzugangsprobleme |

Quelle: Eigene Darstellung

Rentenversicherung, die Staatsanwaltschaften, die Finanzbehörden, die SOKA-BAU und die Gewerbeämter gehören. Mit diesen Behörden besteht eine wechselseitige Kooperation mit zum Teil automatisierten Datenaustausch, gemeinsamen Kontrollen sowie Workshops und Beratungen über das Risikomanagement. Mit den Sozialpartnern findet hingegen lediglich ein freiwilliger Austausch der FKS im Rahmen der Bündnisse gegen Schwarzarbeit statt. Teile der Gewerkschaften und Arbeitgeberverbände, insbesondere aus dem Baugewerbe, befürworten eine intensivere Zusammenarbeit mit der FKS, die über den Austausch der Bündnisse hinausgeht, da die Sozialpartner aus den Gesprächen bislang nur wenige Erkenntnisse gewinnen konnten.

Auch wenn es rechtlich eindeutig geregelt ist, ist schwer verständlich, dass in Deutschland von der FKS bzw. den Sozialbehörden bei festgestellten Mindestlohnverstößen nur die Sozialversicherungsbeiträge nachgefordert werden, nicht aber die den Beschäftigten vorenthaltenen Lohnanteile und Sozialversicherungsbeiträge. Die Beschäftigten werden noch nicht einmal darüber informiert, wenn die FKS bei Kontrollen Verstöße festgestellt hat. Durch die individuelle Verantwortung schrecken viele Arbeitskräfte davor zurück, rechtliche Schritte gegen ihren Arbeitgeber einzuleiten, da sie Nachteile für sich befürchten. Daher müssen Betriebe meist nicht mit ernsthaften Konsequenzen rechnen, wenn sie gegen Mindestlohnansprüche ihrer Beschäftigten verstoßen. Das Verhalten von Betrieben gegenüber ihren Belegschaften wird sich aber nur verändern, wenn die Unternehmen stets davon ausgehen müssen, dass Verstöße gegen Arbeitsbedingungen ernsthafte Konsequenzen nach sich ziehen.

Einige Nachbarstaaten sind hier wesentlich weiter. In Frankreich und Spanien können die Arbeitsinspektionen auch direkte Anordnungen gegenüber Betrieben zur Erfüllung solcher Arbeitgeberpflichten treffen, ohne die Beschäftigten auf den privaten Rechtsweg verweisen zu müssen. Zudem werden die Beschäftigten auch stärker bei der Durchsetzung ihrer Ansprüche unterstützt. In Polen etwa berät die staatliche Arbeitsinspektion Beschäftigte über ihre Rechte und nimmt Beschwerden entgegen, denen sie selbst nachgeht (Deutscher Gewerkschaftsbund 2017 und Justitia et Pax 2017, S. 10). In Belgien und Großbritannien werden die Beschäftigten bei Klagen vor Gericht von den Arbeitsinspektionen unterstützt und in Ländern wie den Niederlanden und Frankreich haben die Gewerkschaften das Recht zur Verbandsklage. Zudem zeigen internationale Studien, dass sich durch die Kooperation der staatlichen Kontrollbehörden mit den Sozialpartnern die Effektivität der Kontrollen verbessern lässt (siehe Abschn. 4.2.3).

Für eine bessere Aufdeckung von Verstößen und als Unterstützung der Beschäftigten müssen die tatsächlich geleisteten Arbeitszeiten manipulationssicher dokumentiert werden. Grundvoraussetzung dafür ist eine elektronische

Erfassung der Arbeitszeit, auf die die Beschäftigten das Recht zur Einsicht und auch zur Korrektur von unzutreffenden Angaben haben. Gerade in Branchen wie der Fleischwirtschaft ist dies oftmals nicht möglich und muss mühsam über Betriebsräte durchgesetzt werden. Daneben sollte es zwingend vorgeschrieben sein, dass die Arbeitszeitaufzeichnungen wie in Frankreich für Kontrollen im Betrieb bereit liegen müssen und nicht bei Steuerberatungsbüros deponiert werden können, wo sie einfach manipulierbar sind (Steiger-Sackmann et al. 2013).

Für eine Verbesserung der strategischen Kontrolle, der manipulationssicheren Erfassung von Arbeitszeiten und Arbeitsverhältnissen sowie der Unterstützung der Beschäftigten ist letztlich der politische Wille entscheidend. Dabei scheinen die vielfältigen Probleme bei der Einhaltung der Mindestlöhne im politischen Betrieb entweder noch nicht angekommen zu sein oder sie werden bewusst ignoriert. Neben einer effektiveren staatlichen Regulierung müssen für eine Verbesserung der Situation auch die selbstregulierenden Mechanismen der Branchen gestärkt werden. Dazu gehört vor allem die Stärkung der Tarifautonomie. Länder wie die Niederlande, Belgien, Frankreich, Österreich und die skandinavischen Staaten zeigen, dass sich eine höhere Tarifbindung und die Verbreitung allgemeinverbindlicher Tarifverträge positiv auf die Einhaltung und Durchsetzung von Mindestlöhnen auswirken.

## Literatur

Amengual, Matthew, und J. Fine. 2017. Co-enforcing labor standards: The unique contributions of state and worker organizations in Argentina and the United States. *Regulation and Governance* 11 (2): 129–142.

BDZ Deutsche Zoll- und Finanzgewerkschaft. 2014. Klarheit bei der Neuausrichtung der FKS geschaffen! Pressemitteilung vom 9. Mai 2014. http://www.bdz.eu/medien/nachrichten/detail/news/klarheit-bei-der-neuausrichtung-der-fks-geschaffen.html. Zugegriffen: 30. Apr. 2019.

Benassi, Chiara. 2011. The implementation of minimum wage: Challenges and creative solutions. International Labour Office. Global Labour University Working Paper No. 12.

Bosch, Gerhard, und S. Lehndorff. 2017. Autonomous bargaining in the shadow of the law: From an enabling towards a disabling state. In *Making work more equal. A new labour market segmentation approach*, Hrsg. D. Grimshaw, C. Fagan, G. Hebson, und I. Tavora, 35–51. Manchester: Manchester University Press.

Bundesministerium der Finanzen. 2014a. Neuausrichtung der Aufgabenwahrnehmung im Bereich der Finanzkontrolle Schwarzarbeit. Mitteilung vom 4. September, Berlin.

Bundesministerium der Finanzen. 2014b. Gesetz über die Feststellung des Bundeshaushaltsplans für das Haushaltsjahr 2015 (Haushaltsgesetz 2015). Vom 23. Dezember, Berlin. https://www.bundeshaushalt-info.de/fileadmin/de.bundeshaushalt/content_de/dokumente/2015/soll/Haushaltsplan-2015.pdf. Zugegriffen: 30. Apr. 2019.

Bundesministerium der Finanzen. 2017. Dreizehnter Bericht der Bundesregierung über die Auswirkungen des Gesetzes zur Bekämpfung der illegalen Beschäftigung. Die Bekämpfung von Schwarzarbeit und illegaler Beschäftigung in den Jahren 2013 bis 2016. http://www.bundesfinanzministerium.de/Content/DE/Pressemitteilungen/Finanzpolitik/2017/06/2017-06-07-pm-schwarzarbeit-anlage.pdf?__blob=publicationFile&v=2. Zugegriffen: 30. Apr. 2019.

Bundesrechnungshof. 2018. *Bericht an den Haushaltsausschuss des Deutschen Bundestages nach § 88 Abs. 2 BHO.* Informationen über die Entwicklung des Einzelplans 08 (Bundesministerium der Finanzen) für die Beratungen zum Bundeshaushalt 2019, Potsdam.

Burgess, Pete. 2014. Die Umsetzung des National Minimum Wage in Großbritannien. *G.I.B. – Gesellschaft für innovative Beschäftigungsförderung Arbeitspapier* 49:12–23.

Däubler, Wolfgang. 2012. Reform der Allgemeinverbindlicherklärung – Tarifrecht in Bewegung? *WSI-Mitteilungen* 65 (7): 508–516.

Department for Business, Energy & Industrial Strategy. 2018. National Living Wage and National Minimum Wage. Government evidence on compliance and enforcement 2017/2018, London.

Deutscher Bundestag. 2008. Bericht nach § 99 der Bundeshaushaltsordnung über die Organisation und Arbeitsweise der Finanzkontrolle Schwarzarbeit. Unterrichtung durch den Präsidenten des Bundesrechnungshofes. Drucksache 16/7727 vom 11. Januar 2008, Berlin. dipbt.bundestag.de/dip21/btd/16/077/1607727.pdf. Zugegriffen: 30. Apr. 2019.

Deutscher Bundestag. 2015. Entwurf eines Gesetzes zur Neuorganisation der Zollverwaltung. Gesetzentwurf der Bundesregierung. Drucksache 18/5294 vom 22. Juni 2015, Berlin. dipbt.bundestag.de/dip21/btd/18/052/1805294.pdf. Zugegriffen: 30. Apr. 2019.

Deutscher Bundestag. 2017. Finanzkontrolle Schwarzarbeit: Kontrolle von Mindestlöhnen 2016. Antwort der Bundesregierung auf die Kleine Anfrage der (…) Fraktion BÜNDNIS 90/DIE GRÜNEN – Drucksache 18/11304. Drucksache 18/11475 vom 10. März 2017, Berlin. http://dip21.bundestag.de/dip21/btd/18/114/1811475.pdf. Zugegriffen: 30. Apr. 2019.

Deutscher Bundestag. 2018a. Finanzkontrolle Schwarzarbeit – Kontrolle von Mindestlöhnen 2017. Antwort der Bundesregierung auf die Kleine Anfrage der (…) Fraktion BÜNDNIS 90/DIE GRÜNEN – Drucksache 19/660. Drucksache 19/875 vom 22. Februar 2018, Berlin. http://dipbt.bundestag.de/doc/btd/19/008/1900875.pdf. Zugegriffen: 9. Mai 2019.

Deutscher Bundestag. 2018b. Arbeits- und Entlohnungsbedingungen in der Fleischwirtschaft. Antwort der Bundesregierung auf die Kleine Anfrage der (…) Fraktion BÜNDNIS 90/DIE GRÜNEN – Drucksache 19/5834. Drucksache 19/6323 vom 4. Dezember 2018, Berlin. dip21.bundestag.de/dip21/btd/19/063/1906323.pdf. Zugegriffen: 7. Mai 2019.

Deutscher Bundestag. 2019a. Mindestlöhne – Kontrollen der Finanzkontrolle Schwarzarbeit im Jahr 2018. Antwort der Bundesregierung auf die Kleine Anfrage (…) der Fraktion BÜNDNIS 90/DIE GRÜNEN – Drucksache 19/7744. Drucksache 19/8830 vom 29. März 2019, Berlin. dip21.bundestag.de/dip21/btd/19/088/1908830.pdf. Zugegriffen: 2. Mai 2019.

Deutscher Bundestag. 2019b. Mindestlohnkontrollen in den Bundesländern. Antwort der Bundesregierung auf die Kleine Anfrage (…) der Fraktion DIE LINKE – Drucksache 19/8315. Drucksache 19/9573 vom 18. April 2019. dipbt.bundestag.de/dip21/btd/19/095/1909573.pdf. Zugegriffen: 7. Mai 2019.

Deutscher Gewerkschaftsbund. 2017. Körzell: Mindestlohnbetrügern endlich das Handwerk legen! Pressemitteilung vom 6. Dezember 2017, Berlin. http://www.dgb.de/presse/++co++89c2e1b8-d9d8-11e7-a8a6-52540088cada. Zugegriffen: 30. Apr. 2019.

Deutscher Gewerkschaftsbund und Justitia et Pax. 2017. Arbeitsinspektion in einer globalisierten Welt. Ein Positionspapier der Deutschen Kommission Justitia et Pax und des Deutschen Gewerkschaftsbundes (DGB), Bonn.

Dickens, Linda. 2009. Delivering fairer workplaces through statutory rights? Enforcing employment rights in Britain. Paper prepared in April 2009 and presented at the 15th World Congress of the International Industrial Relations Association held in Sydney, Australia, August 2009.

Fechner, Heiner, und E. Kocher. 2018. Rechtspraxis und Anpassungsbedarf beim gesetzlichen Mindestlohn. *Stellungnahme zur schriftlichen Anhörung der Mindestlohnkommission* 2018.

Gallina, Paul Leonard. 2005. New Compliance Strategies: ‚Hard Law' Approach. *Human Resources Development Canada*. http://www.rhdcc.gc.ca/eng/labour/employment_standards/fls/research/research20/page01.shtml. Zugegriffen: 9. Mai 2019.

Gewerkschaft der Polizei. 2014. GdP zur Neuordnung der Finanzkontrolle Schwarzarbeit. Newsletter vom 31.03. Hilden.

Gewerkschaft der Polizei. 2016a. Unzufriedenheit in der Finanzkontrolle Schwarzarbeit (FKS). GdP legt Ergebnisse der Mitgliederbefragung zur Neuausrichtung der FKS vor. Pressemitteilung vom 5. März. Hilden.

Gewerkschaft der Polizei. 2016b. Zollbilanz 2015 – 30 Prozent weniger Kontrollen durch die FKS. Pressemitteilung vom 26. April, Hilden.

Gewerkschaft der Polizei. 2017. *Zoll 2017*. Hilden: Broschüre.

Hildebrand, Jan, und F. Specht. 2019. Scholz geht gegen "Arbeiterstrich" und Kindergeldmissbrauch vor. In: Handelsblatt vom 20. Februar. https://www.handelsblatt.com/politik/deutschland/gesetzentwurf-scholz-geht-gegen-arbeiterstrich-und-kindergeldmissbrauch-vor/24017238.html?ticket=ST-1411658-hN3kxIJl3cePUEMdfDxh-ap5. Zugegriffen: 30. Apr. 2019.

ILO. 2013. *Labour inspection and undeclared work in the EU*. LAB/ADMIN Working Document No. 29. Genf.

Mindestlohnkommission. 2018. *Zweiter Bericht zu den Auswirkungen des gesetzlichen Mindestlohns. Bericht der Mindestlohnkommission an die Bundesregierung nach § 9 Abs. 4 Mindestlohngesetz*. Berlin.

Steiger-Sackmann, Sabine, N. Wantz, und S. Kuratli. 2013. Arbeitszeiterfassung. Rechtslage und Praxis der Arbeitszeiterfassung in Deutschland, Frankreich, Italien und Österreich. Züricher Hochschule für Angewandte Wissenschaft. Zentrum für Sozialrecht ZSR. Reihe „Sozialrecht"; Band 1–2013. Winterthur.

Vincent, Catherine. 2014. *Die Umsetzung des SMIC in Frankreich. In Umsetzung und Kontrolle von Mindestlöhnen. Europäische Erfahrungen und was Deutschland von ihnen lernen kann. Materialien zu Faire Arbeit – Fairer Wettbewerb*. Hrsg. G.I.B. – Gesellschaft für innovative Beschäftigungsförderung Arbeitspapier 49: 6–11.

Weil, David. 2010. Improving workplace conditions through strategic enforcement: A report to the wage and hour division. Boston: Boston University.

Willems, Hilaire. 2016. *Heterogener Status Quo – Arbeitsinspektionen in Deutschland und Europa.* Vortrag auf der Tagung „Arbeitsinspektionen in einer globalisierten Welt" am 19. Oktober 2016 in Frankfurt a. M.

Zoll. 2015. *Der Zoll gegen Schwarzarbeit.* Stand März 2015. http://www.bundesfinanz-ministerium.de/Content/DE/Downloads/Abt_3/2015-03-12-zoll-gegen-schwarzarbeit. pdf?__blob=publicationFile&v=2. Zugegriffen: 30. Apr. 2019.

Zoll. 2018a. Bekämpfung der Schwarzarbeit und illegalen Beschäftigung. Aufgaben und Befugnisse. http://www.zoll.de/DE/Fachthemen/Arbeit/Bekaempfung-der-Schwarzarbeit-und-illegalen-Beschaeftigung/Aufgaben-und-Befugnisse/aufgaben-und-befugnisse_node. html. Zugegriffen: 7. Mai 2019.

Zoll. 2018b. Bekämpfung der Schwarzarbeit und illegalen Beschäftigung. Ahndung von Ordnungswidrigkeiten und Verfolgung von Straftaten. http://www.zoll.de/DE/ Fachthemen/Arbeit/Bekaempfung-der-Schwarzarbeit-und-illegalen-Beschaeftigung/ Ahndung-von-Ordnungswidrigkeiten-und-Verfolgung-von-Straftaten/ahndung-von-ordnungswidrigkeiten-und-verfolgung-von-straftaten_node.html. Zugegriffen: 30. Apr. 2019.

Zoll. 2019. Der Zoll – Jahresstatistiken. Verschiedene Jahrgänge. http://www.zoll.de/DE/ Service/Publikationen/Broschueren/statistiken.html?nn=19350. Zugegriffen: 2. Mai 2019.

# Das Bauhauptgewerbe

**6**

Das Bauhauptgewerbe[1] zählt zu den größten und wichtigsten Branchen in Deutschland. Insbesondere nach der Wiedervereinigung kam es in Deutschland zu einem Boom mit hoher Baunachfrage. Dies führte zu einer deutlichen Zunahme der Zahl der Beschäftigten auf über 1,4 Mio. im Jahr 1995. Gleichzeitig wuchs die Zahl entsandter Beschäftigter vor allem aus Südeuropa. Da die ausländischen Firmen nicht an die deutsche Tarifstruktur gebunden waren und ihre Mitarbeiter_innen zu heimischen Löhnen in Deutschland arbeiten lassen konnten, wuchs der Druck auf die Lohnstruktur. Bereits seit den 1980er Jahren waren Kontingentvereinbarungen mit anderen europäischen Ländern geschlossen worden – offiziell, um die Beschäftigten an deutsche Arbeits- und Produktionsstandards heranzuführen sowie die Länder stärker an Westeuropa anzubinden. Eigentlich ging es aber vor allem um die Rekrutierung billiger Arbeitskräfte sowie um die Erhöhung des Exports für die Entsendeländer bei gleichzeitiger Erleichterung von Handelshemmnissen. Mit der Öffnung Osteuropas stieg die Zahl der Entsendungen insbesondere in die deutsche Bauwirtschaft rasch an. Den rechtlichen Rahmen für die Entsendung von Beschäftigten bildet auf europäischer Ebene die sogenannte „Dienstleistungsfreiheit", die bereits 1957 eingeführt wurde und freie grenzüberschreitende Dienstleistungen im EU-Binnenmarkt

---

[1]Zum Bauhauptgewerbe zählen laut aktueller Klassifikation der Wirtschaftszweige der Bau von Gebäuden im Hochbau, der Tiefbau, Abbrucharbeiten und vorbereitende Baustellenarbeiten sowie die sonstigen spezialisierten Bautätigkeiten (Statistisches Bundesamt 2019b, S. 5). Zu beachten ist, dass die Abgrenzungen der Branchen in der amtlichen Statistik nicht exakt die Abgrenzungen der Tarifverträge widerspiegeln. So erfasst der Geltungsbereich der Bautarifverträge nicht das Dachdeckerhandwerk, dafür jedoch die Fliesenleger (HdB 2018, S. 23).

© Springer Fachmedien Wiesbaden GmbH, ein Teil von Springer Nature 2019
G. Bosch et al., *Kontrolle von Mindestlöhnen*,
https://doi.org/10.1007/978-3-658-26806-0_6

gewährleisten sollte. Die Dienstleistungsfreiheit wurde allerdings erst ab Mitte der 1980er Jahre, nach dem Beitritt Spaniens und Portugals zur Europäischen Wirtschaftsgemeinschaft, verstärkt genutzt. Durch die steigende Anzahl grenz-überschreitender Entsendungen wurden die damit verbundenen sozialen Probleme wie die Zahlung von Dumpinglöhnen und die Aushöhlung nationaler Tarif-standards massiv sichtbar – vor allem, weil sich die Entsendungen auf bestimmte Zielbranchen wie insbesondere die Bauwirtschaft konzentrierten.

Mit der Entsenderichtlinie von 1996 sollte den Mitgliedsstaaten für diese grenz-überschreitenden Tätigkeiten die Festsetzung von Mindestarbeitsbedingungen sowohl zum Schutz nationaler Tarifverträge als auch zum Schutz entsandter Arbeitskräfte vor Ausbeutung ermöglicht werden. Dazu gehörte u. a. – falls vor-handen – die Einhaltung von gesetzlichen bzw. allgemeinverbindlichen Mindest-löhnen. In Deutschland wurde die Richtlinie im Jahr 1996 mit der Verabschiedung des Arbeitnehmer-Entsendegesetzes (AEntG) umgesetzt, um vor allem im Bau-hauptgewerbe einen Unterbietungswettbewerb durch ausländische Betriebe zu verhindern. Dafür vereinbarten die Tarifpartner im Jahr 1996 den ersten deutschen Branchenmindestlohn, der auf Basis des Arbeitnehmer-Entsendegesetzes für all-gemeinverbindlich erklärt worden ist.[2] Obwohl das AEntG im Jahr 2007 für wei-tere Branchen geöffnet wurde, ist das Bauhauptgewerbe bis heute eine der größten Branchen mit einem tariflichen Mindestlohn in Deutschland.

Das Bauhauptgewerbe weist spezifische Merkmale auf, die es als Bran-che für Untersuchungen zur Einhaltung und zur Kontrolle von Mindestarbeits-bedingungen besonders interessant machen. So wird die Arbeit nicht – wie in vielen anderen Branchen – an festen Produktionsstätten verrichtet, sondern in der Regel an wechselnden Einsatzorten. Diese ständig „wandernden Produktions-stätten" erschweren die Kontrolle der Einhaltung von Mindestarbeitsbedingungen, da dem Zoll nicht alle Baustellen bekannt sind, und die Belegschaften auf den Baustellen ständig wechseln. Da das Baugewerbe stark von Schwarzarbeit betroffen ist, führt die Finanzkontrolle Schwarzarbeit regelmäßig Kontrollen in dieser Branche durch. Zur Bekämpfung der Schwarzarbeit hat die Branche auch verschiedene Maßnahmen ergriffen, wie etwa besondere Meldepflichten der Betriebe an die Sozialkassen und die Einrichtung von Bündnissen gegen Schwarzarbeit in Zusammenarbeit mit dem Zoll.

Die Branche ist stark fragmentiert, da die Zahl der kleinen und mittel-ständischen Unternehmen sowie der Schein- und Solo-Selbstständigen, die nicht

---

[2]Neben dem Bauhauptgewerbe wurde in der Ursprungsfassung des AEntG von 1996 ledig-lich die Seeschifffahrtsassistenz erwähnt.

an den Mindestlohn gebunden sind, in den letzten Jahrzehnten stark zugenommen haben. Hintergrund dieser Fragmentierung ist ein zunehmend kostengetriebenes Outsourcing (siehe Kap. 4). Größere Unternehmen treten zunehmend nur noch als Generalunternehmer auf, die Kernarbeiten an andere Firmen weitergeben, die wiederum weitere Subunternehmen beauftragen. Als Folge entstehen unübersichtliche Strukturen von Subunternehmen. Dazu trägt auch die Vergabe an Werkvertragsfirmen aus dem europäischen Ausland vor aus Mittel- und Osteuropa mit deutlich niedrigeren Lohnniveaus bei, die Arbeitskräfte nach Deutschland entsenden. Deren Zahl ist seit der Finanzkrise von 2009, als sie kurzfristig einbrach, stetig gestiegen, was als Haupteinfallstor für Mindestlohnverstöße und illegale Beschäftigung gilt. Ein besonderer Kontrollbedarf resultiert auch aus den branchenspezifischen Abgaben für die gemeinsamen Einrichtungen zur besseren sozialen Absicherung der Beschäftigten im Bauhauptgewerbe und dem Aufbau und der Sicherung des gemeinsamen Fachkräftepools der Branche. Rund 20 % der Lohnsumme fließen in die von den Sozialpartnern vereinbarten Sozialkassen, die über unterschiedliche Instrumente die Folgen der durch saisonale und konjunkturelle Schwankungen hohen Arbeitsplatzrisiken ausgleichen und die Kosten der Berufsausbildung über die Branche verteilen. Ein solches System der kollektiven Finanzierung eines gemeinsamen Risikoausgleichs kann nicht funktionieren, wenn sich eine wachsende Zahl von Außenseitern finanziell nicht mehr daran beteiligt. Deshalb fördert das Sozialkassensystem, dessen Grundlage allgemeinverbindliche Tarifverträge sind, auch ein gemeinsames Interesse der Unternehmen an einer lückenlosen Kontrolle und Ahndung der Verstöße.

Ziel des Kapitels ist, die zentralen Entwicklungen der vergangenen Jahre sowie die sich aus den Besonderheiten der Branche ergebenden Kontrollprobleme anhand verfügbarer statistischer Daten und branchenbezogener Analysen und Informationen aus Experteninterviews aufzuzeigen. Dafür wird im Folgenden zunächst die strukturelle Entwicklung des Bauhauptgewerbes der letzten 20 Jahre skizziert (Abschn. 6.1). In Abschn. 6.2 stehen die industriellen Beziehungen und die Tarifpolitik, die Branchenmindestlöhne, die Sozialkassen sowie der Einfluss des Tarifautonomiestärkungsgesetzes auf die Baubranche im Mittelpunkt. Abschn. 6.3 befasst sich mit der Kontrolle und Einhaltung von Mindestarbeitsbedingungen und Mindestlöhnen und beschreibt typische Verstöße und Umgehungsstrategien sowie die brancheneigenen Maßnahmen zur besseren Kontrolle der Entlohnung. In Abschn. 6.4 wird anhand internationaler Erfahrungen – insbesondere aus der Schweiz und Österreich – aufgezeigt, wie Kontrollen effektiver ausgestaltet werden können. In Abschn. 6.5 wird ein kurzes Fazit gezogen.

## 6.1  Strukturelle Entwicklungen des Bauhauptgewerbes

Das Bauhauptgewerbe ist eine der wirtschaftlich wichtigsten Branchen in Deutschland. Im Jahr 2017 trug die Bauwirtschaft 4,1 % zur gesamtwirtschaftlichen Bruttowertschöpfung bei. Der Anteil des Bruttoinlandsproduktes, der für Bauinvestitionen verwendet wurde (Bauinvestitionsquote), war aufgrund vielfältiger Vorleistungen anderer Branchen mit 9,9 % sogar mehr als doppelt so hoch (Abb. 6.1). Damit liegt die Wertschöpfungskette Bau vor wichtigen Industriebereichen wie dem Maschinenbau und der Chemischen Industrie und nur leicht hinter dem gesamten Fahrzeugbau (Statistisches Bundesamt 2019c).

Als jedoch der Bauboom nach der Wiedervereinigung auslief, ist der Anteil der Branche an der Bruttowertschöpfung seit Mitte der 1990er Jahre durch rückläufige Investitionen und Umsätze gesunken (Rein und Schmidt 2017). Die Bauinvestitionsquote verringerte sich im Zeitraum von 1995 bis 2008 um 34,3 %. Insbesondere durch die Konjunkturprogramme im Jahr 2009 und die einsetzende Erholung der Wirtschaft nach der Finanzkrise wuchs die Branche wieder leicht. Allerdings liegen sowohl die Bauinvestitionsquote als auch die Bruttowertschöpfung weiterhin unter den Höchstwerten aus den 1990er Jahren.

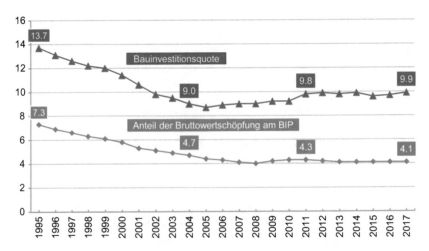

**Abb. 6.1** Anteil der Bruttowertschöpfung des Baugewerbes und der Bauinvestitionen am BIP, 1995–2017 (in %). (Quelle: Statistisches Bundesamt 2019c)

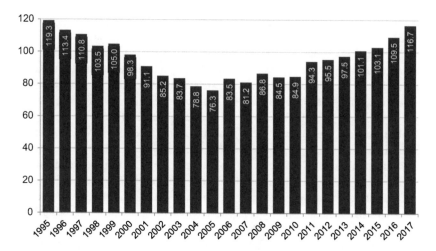

**Abb. 6.2**  Gesamtumsatz im Bauhauptgewerbe (in Mrd. €), 1995–2017. (Quelle: Statistisches Bundesamt 2004, 2009, 2019a, b)

Zu der seit 2010 durchweg positiven Umsatzentwicklung (Abb. 6.2) hat überwiegend der Wohnungsbau beigetragen, der mit einem Umsatzanteil von rund 37 % die bedeutendste Bausparte darstellt, gefolgt vom Wirtschaftsbau mit rund 35 %, zu dem auch die Aufträge der Deutschen Bahn und Deutschen Telekom sowie von kommunalen Ver- und Entsorger (Stadtwerke) zählen, wenn sie als rechtlich eigenständige Unternehmen am Markt auftreten. Der öffentliche Bau hat einen Umsatzanteil von 28 %. Insbesondere die Bauunternehmen mit über 100 Beschäftigten erwirtschaften mit ca. 30 % einen Großteil des Umsatzes (Statistisches Bundesamt 2018). Nimmt man die Unternehmen mit einer Betriebsgröße von 50 bis 99 Beschäftigten hinzu, ist es knapp die Hälfte (46 %) des Umsatzes.

Allerdings erbringen die Bauunternehmen mit ansteigender Betriebsgröße einen geringeren Teil der Bauproduktion selbst und treten verstärkt als Generalunternehmer auf, die einen großen Teil der Bauleistung an Nachunternehmer weitervergeben und teilweise keine eigenen gewerblichen Beschäftigten mehr haben. Dabei ist es nicht unüblich, dass die beauftragten Nachunternehmen einzelne Arbeitsaufgaben an weitere Subunternehmen vergeben. Dadurch entsteht eine Nachunternehmerkette, die der Generalunternehmer nicht immer überblickt oder nachvollziehen will (Bosch et al. 2011, S. 30 ff.). Seit 2004 haben Nachunternehmerleistungen einen Anteil am Bruttoproduktionswert der Branche von knapp 30 % (Statistisches Bundesamt 2018). Bei den größeren Unternehmen ist der Anteil noch deutlich höher, während die kleineren eher die Auftragnehmer sind.

Mit dem Ende des Booms der Wiedervereinigung, gepaart mit einer verschärften Sparpolitik des Staates, der die Bauinvestitionen reduzierte, und geringen privaten Bauinvestitionen halbierte sich nahezu die Zahl der Beschäftigten von Mitte der 1990er Jahre bis zur Wirtschafts- und Finanzkrise (Abb. 6.3). Erst seit 2009 ist die Zahl der Beschäftigten wieder leicht gestiegen, ohne jedoch das Niveau von 1995 annähernd wieder zu erreichen. Zudem konzentriert sich die Zunahme der Beschäftigung auf Westdeutschland, während die Erwerbstätigenzahl in Ostdeutschland seit 2009 bei unter 200.000 stagniert. Die meisten Beschäftigten sind gewerbliche Arbeitnehmer_innen auf den Baustellen. Die planenden Berufe wie Architekten und Bauingenieure zählen zu anderen Branchen – es sei denn, diese Beschäftigten sind bei Bauunternehmen angestellt, weshalb das Bauhauptgewerbe weiterhin eine klassische Arbeiterbranche ist. Hierzu zählen u. a. die Facharbeiter, Fachwerker, Baumaschinenführer, Poliere und Meister. Ihr Anteil liegt bei rund 73 % an allen Beschäftigten im Bauhauptgewerbe (Statistisches Bundesamt 2019a, b). Mit dem Rückgang der Beschäftigten ging auch die Zahl der Auszubildenden kontinuierlich zurück. Während deren Zahl im Jahr 1996 noch bei knapp 85.000 gelegen hatte, ist sie bis 2018 auf nur noch 33.000 Auszubildende geschrumpft. Ähnliches gilt auch für die Ausbildungsquote, die im Jahr 1997 noch bei 8,6 % gelegen hatte. Bis 2018 hat sie sich auf nur noch 5,1 % reduziert, was

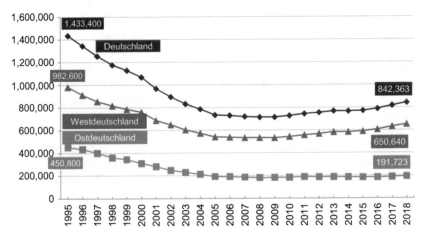

**Abb. 6.3** Zahl der Beschäftigten im Bauhauptgewerbe, 1995–2018, jeweils 30. Juni. (Quelle: Statistisches Bundesamt 2004, 2009, 2019a, b)

einem Rückgang um 40,7 % entspricht, und dass obwohl ein Großteil der Ausbildungskosten gemeinschaftlich über die Sozialkassen finanziert wird.

Das Bauhauptgewerbe ist insbesondere bei den gewerblichen Tätigkeiten
ein männlich dominierter Wirtschaftssektor. In den vergangenen Jahren waren
stets über 90 % aller Beschäftigten Männer. Die überwiegende Mehrheit der
Beschäftigten übt eine sozialversicherungspflichtige Vollzeittätigkeit aus (2017:
90 %). Teilzeitarbeit ist im Vergleich zu anderen Branchen die Ausnahme, allerdings ist sie in den zurückliegenden Jahren kontinuierlich angestiegen (Bundesagentur für Arbeit 2019). Waren 1999 noch knapp 35.000 Beschäftigte in Teilzeit
tätig, hatte sich deren Zahl bis 2018 auf über 80.000 mehr als verdoppelt, wovon
56 % Männer sind. Seit dem Jahr 2003 schwankt die Zahl der Minijobber_innen
zwischen 90.000 und 100.000. Rund 65 % davon sind Männer. Diese überraschend hohen Männeranteile an Teilzeit- und Minijobs sind starke Hinweise
auf Schwarzarbeit, weil gewerbliche Bautätigkeiten üblicherweise von Vollzeit-
arbeit und Überstunden geprägt sind. Die Sozialkasse des Berliner Baugewerbes
hat wegen der hohen Zahl der Minijobs in Berlin besondere Kontrollmaßnahmen
eingeführt (siehe Abschn. 6.3.2).

Der Rückgang der Beschäftigung geht einher mit einer zunehmenden Fragmentierung der Branche. Obwohl die Branche inzwischen deutlich weniger
Arbeitskräfte beschäftigt, blieb die Zahl der Betriebe in den vergangenen 20
Jahren fast konstant (Abb. 6.4), da sich die durchschnittliche Beschäftigtenzahl pro Betrieb halbierte. Rund zwei Drittel der Beschäftigten sind mittlerweile in Betrieben mit bis zu 50 Mitarbeiter_innen und knapp ein Viertel sogar
in Betrieben mit weniger als 10 Beschäftigten tätig (Statistisches Bundesamt
2019a). Dagegen sind größere Betriebe mit mehr als 50 Beschäftigten eher
die Ausnahme und stellen gerade einmal 3 % aller Baubetriebe (Statistisches
Bundesamt 2019a, b).

Auch der Anstieg der Zahl der selbstständig Tätigen hat zur weiteren Zersplitterung des Bausektors beigetragen. Von 2003 bis 2016 stieg die Zahl der
Selbstständigen im gesamten Baugewerbe von 388.000 auf rund 442.000 Personen an, was einem Zuwachs um gut 14 % entspricht (Statistisches Bundesamt
2017).[3] Die Zunahme geht vor allem auf einen Anstieg der Selbstständigen ohne
Beschäftigte (Solo-Selbstständige) zurück, die mittlerweile fast die Hälfte (46,9 %)
aller Selbstständigen stellen. Fraglich ist jedoch, inwieweit es sich tatsächlich um

---

[3]Angaben zur Zahl der Selbstständigen liegen nur für das gesamte Baugewerbe vor.

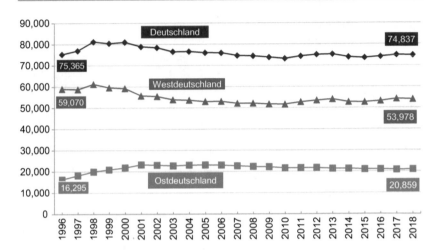

**Abb. 6.4**  Anzahl der Betriebe im Bauhauptgewerbe, 1996–2018, jeweils 30. Juni. (Quelle: Statistisches Bundesamt 2004, 2009, 2019a, b)

Einpersonen-Unternehmen handelt, da die Scheinselbstständigkeit eines der größten Einfallstore für die Umgehung des Mindestlohns ist (siehe Abschn. 6.3.1). Unbestritten ist, dass die Abschaffung der Meisterpflicht in bestimmten Handwerksberufen wie z. B. im Fliesenlegerhandwerk zur Ausweitung der Solo-Selbstständigkeit beigetragen hat.

Bei der Auftragsvergabe im Bauhauptgewerbe spielen Entsendungen schon seit den 1990er Jahren eine zentrale Rolle. Dabei ist erkennbar, dass sie nicht nur zur Kostensenkung, sondern auch als Konjunkturpuffer eingesetzt werden. Von 2000 bis 2009 – also bis zur Finanzkrise – hatte sich die Zahl der entsandten Beschäftigten von 126.000 auf knapp 51.000 mehr als halbiert. Im starken Aufschwung der letzten Jahre stieg sie dann wieder spürbar an. Während die Gesamtbeschäftigung seit 2009 nur um knapp 8 % gewachsen ist, hat sich die Zahl der entsandten Beschäftigten bis 2018 nahezu verdoppelt (Abb. 6.5). Zu den Hauptentsendeländern zählten in den letzten Jahren Polen, Rumänien, Ungarn und Slowenien (SOKA-BAU 2019). Insgesamt ist Deutschland branchenübergreifend das Land, in das mit Abstand die meisten Entsendungen erfolgen. 2016 waren es knapp 440.000, gefolgt von Frankreich (203.000), Belgien (178.00) und Österreich (120.000) (European Commission 2017). Auffällig ist dabei, dass etwa 80 % der entsandten Arbeitskräfte aus Mittel- und Osteuropa stammen, was deutlich höher liegt als in anderen westeuropäischen Ländern. Zudem scheinen

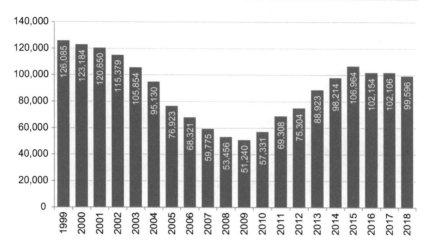

**Abb. 6.5** Nach Deutschland entsandte Beschäftigte im Bauhauptgewerbe, 1999–2018. (Quelle: SOKA-BAU 2019)

immer mehr deutsche Unternehmen Arbeitskräfteengpässe durch Anwerbung von Fachkräften aus dem europäischen Ausland zu schließen. Darauf deutet der seit 2010 anhaltend starke Anstieg der Zahl der sozialversicherungspflichtig Beschäftigten mit ausländischem Pass hin. Deren Anteil an den Belegschaften im Bauhauptgewerbe hat sich von knapp 8 % (2010) auf über 16 % (2018) verdoppelt (Bundesagentur für Arbeit 2019). In den Jahren zuvor ist der Anteil der ausländischen sozialversicherungspflichtig Beschäftigten hingegen stark zurückgegangen, da sie durch entsandte Kräfte substituiert wurden.

## 6.2 Industrielle Beziehungen und Tarifpolitik

Die industriellen Beziehungen im Bauhauptgewerbe können seit der Gründung der Bundesrepublik als vertrauensvolle und dauerhafte Kooperation bezeichnet werden. Wichtige Bestandteile dieser engen Kooperation sind die tariflich vereinbarten Sozialkassen, die zentral verhandelten Tarifverträge mit bundesweiter Gültigkeit, die gemeinsam mit dem Staat verhandelte bauspezifische Arbeitsmarktpolitik sowie gesetzliche Schutzbestimmungen wie etwa das Verbot der Leiharbeit im Bauhauptgewerbe (Bosch und Zühlke-Robinet 2000, S. 109). Die intensive Kooperation der Tarifpartner im Bauhauptgewerbe ist eine wesentliche Voraussetzung für gemeinsame Anträge auf die Allgemeinverbindlichkeit der Sozialkassen- und der Mindestlohntarifverträge (Bosch und Zühlke-Robinet 2000, S. 110). Gleichzeitig besteht ein gemeinsames Interesse der Tarifpartner am Fortbestand und lückenlosen Kontrolle der allgemeinverbindlichen Tarifverträge, da sie die Grundlage des Sozialkassensystems sind.

## 6.2.1   Arbeitgeberverbände und Gewerkschaften

Die Beschäftigten im Bauhauptgewerbe werden von der Industriegewerkschaft Bauen-Agrar-Umwelt (IG BAU) vertreten, die Ende 1995 durch eine Fusion zwischen der damaligen Industriegewerkschaft Bau-Steine-Erden mit der Gewerkschaft Gartenbau, Land- und Forstwirtschaft entstanden ist (Bosch und Zühlke-Robinet 2000, S. 111). Die zentrale Bundesorganisation mit Sitz in Frankfurt am Main gliedert sich in 12 Bezirksverbände und nachfolgende Orts-, Stadt- und Kreisverbände auf. Bedingt durch rückläufige Mitgliederzahlen war die IG BAU im Jahr 2018 mit etwa 247.000 Gewerkschaftsmitgliedern nur noch fünftgrößte DGB-Einzelgewerkschaft. 1996 waren es noch etwa 700.000 Mitglieder (Deutscher Gewerkschaftsbund 2019). Aufgrund der zentral für das gesamte Bundesgebiet verhandelten Tarifverträge ist der Bundesvorstand für die Tarifverhandlungen auf der Arbeitnehmerseite zuständig.

Im Unterschied zur Gewerkschaft sind die Arbeitgeber auf regionaler Ebene zersplittert. Für die Interessenvertretung und Tarifverhandlungen der Arbeitgeber haben sich zwei Dachverbände auf Bundesebene herausgebildet, die sich in ihrer Organisationsstruktur und den zu vertretenden Unternehmen unterscheiden. Der Zentralverband des Deutschen Baugewerbes (ZDB) vertritt die Interessen der zumeist kleinen und mittelständischen Handwerksbetriebe im Baugewerbe.[4] Der ZDB umfasst 35 Mitgliedsverbände, die sich in Landes- und Regionalverbände sowie regionale Handwerksinnungen unterteilen. Insgesamt vertritt der ZDB etwa 35.000 Mitgliedsbetriebe mit ca. 250.000 gewerblichen Arbeitnehmer_innen, 50.000 Angestellten und 20.000 Auszubildenden.

Der Hauptverband der Deutschen Bauindustrie (HDB) ist der Dachverband von 15 Landesverbänden von Arbeitgebern der Bauindustrie und repräsentiert

---

[4]Darüber hinaus gibt es noch die „Bundesvereinigung Mittelständischer Bauunternehmen e. V." (BVMB) mit Sitz in Bonn, die für rund 700 Mitgliedsbetriebe verschiedene Beratungsdienstleistungen anbietet sowie die Interessen ihrer Mitglieder gegenüber Politik, Verwaltung sowie öffentliche und private Auftraggeber vertritt. Die BVMB ist jedoch nicht an den Tarifverhandlungen beteiligt.

die zumeist größeren Baubetriebe mit mindestens 20 Beschäftigten. Nach eigenen Angaben sind etwa 2000 Betriebe Mitglied des HDB, die zusammen etwa
100.000 gewerbliche Arbeitnehmer_innen, 50.000 Angestellte und 5000 Auszubildende beschäftigen.

Die Struktur beider Arbeitgeberverbände kann als „Verband der Verbände"
(Bosch et al. 2011, S. 34) bezeichnet werden. Die Landes- und Regionalverbände
agieren weitestgehend autonom, können zu jeder Zeit die Dachverbände verlassen und treten das Recht der Tarifpolitik an die Dachverbände ab (Bosch und
Zühlke-Robinet 2000, S. 113). Einzige Ausnahme bilden die Lohn- und Gehaltstarifverträge der Bauindustrie, die von den Landesverbänden verhandelt werden.
Der ZDB und der HDB arbeiten bei der Tarifpolitik eng zusammen und treten
gemeinsam als ein Akteur bei Verhandlungen auf (Worthmann 2003, S. 63). Eine
zentrale Herausforderung für die Dachverbände besteht in der Koordinierung der
heterogenen Mitgliederinteressen, um in den Tarifverhandlungen einen Konsens
für einen Abschluss zu erreichen.

Die Ansichten über die „richtige" Ausrichtung der Tarifpolitik sind innerhalb
der Arbeitgeberverbände seit der Wiedervereinigung insbesondere in Ostdeutschland unterschiedlicher geworden. Als Folge zunehmender tarifpolitischer Span-
nungen trat die Fachgemeinschaft Bau Berlin und Brandenburg (FG Bau) 1997
aus dem ZDB und HDB aus. Begründet wurde dies mit dem Vorwurf, die Dachverbände hätten die ostdeutschen Betriebsinteressen zu wenig berücksichtigt
(Bosch et al. 2011, S. 34). Als Reaktion wurde im Jahr 2002 der Zweckver-
band ostdeutscher Bauverbände (ZVOB) von der FG Bau und mehreren ostdeutschen Landesverbänden und -innungen gegründet, um ostdeutsche Interessen
gezielter vertreten zu können. Mittlerweile hat sich der ZVOB dem ZDB wieder
angenähert. Ob es zu einer neuerlichen Eingliederung in den ZDB kommt, ist
noch offen.

## 6.2.2  Tarifbindung

Die Ergebnisse des IAB-Betriebspanels, das die Tarifbindung für Lohn- und
Gehaltstarifverträge erhebt, zeigen eine durchgehend höhere Tarifbindung der
Beschäftigten und Betriebe im Baugewerbe als im Durchschnitt aller Branchen.
Zu berücksichtigen ist allerdings, dass sich diese Daten auf das gesamte Bau-
gewerbe und nicht nur auf das Bauhauptgewerbe beziehen. Bosch et al. (2011,
S. 37) führen die relativ hohe Tarifbindung der Baubetriebe trotz des großen
Anteils an Kleinbetrieben unter anderem auf die Allgemeinverbindlichkeit der
Bundesrahmentarifverträge und Mindestlohntarifverträge im Bauhauptgewerbe

zurück (siehe Abschn. 3.4). Dies könne manche Baubetriebe möglicherweise zu der Annahme verleiten, tarifgebunden zu sein, obwohl sie sich tatsächlich nur an die Mindestlöhne halten. Allerdings variiert die Bedeutung von Tarifverträgen deutlich zwischen West- und Ostdeutschland (Tab. 6.1). Im Vergleich zu 2010 ist die Tarifbindung im Westen rückläufig, während sie in Ostdeutschland leicht gestiegen ist. Haus- und Firmentarifverträge spielen im Baugewerbe nur eine untergeordnete Rolle.

In den westdeutschen Bundesländern ist der Anteil der tarifgebundenen Beschäftigten im Baugewerbe seit 2010 um immerhin 11 Prozentpunkte zurückgegangen. Parallel dazu hat sich die Orientierung an Tarifverträgen erhöht. In Ostdeutschland ist der Anteil der nicht tarifgebundenen Beschäftigten mit 46 % im Jahr 2017 hingegen relativ konstant geblieben, ebenso wie die Orientierung an den Tarifverträgen.

Auch der Anteil der tarifgebundenen Betriebe ist in den vergangenen Jahren sowohl in Westdeutschland als auch im Osten rückläufig (Tab. 6.2). Haus- oder Firmentarifverträge sind in Baubetrieben die Ausnahme und spielen nur eine untergeordnete Rolle.

### 6.2.3  Die Sozialkassen im Bauhauptgewerbe

Durch vielfach kurze Beschäftigungszeiten, häufige Betriebswechsel und regelmäßige Arbeitsausfälle in den Wintermonaten waren die Arbeitsbedingungen in der Bauwirtschaft gegenüber der stationären Industrie schon seit langem unattraktiv. Um die Beschäftigten an die Branche zu binden und sozialverträglichere Arbeitsbedingungen zu bieten, hatten sich die Sozialpartner schon kurz

**Tab. 6.1**  Tarifbindung der **Beschäftigten** im Baugewerbe und insgesamt, 2010 und 2017 (in %)

|  |  | Branchentarifvertrag | | Haus-/Firmen- tarifvertrag | | Kein Tarifvertrag (davon Orientierung an TV) | |
|---|---|---|---|---|---|---|---|
|  |  | West | Ost | West | Ost | West | Ost |
| Baugewerbe | 2010 | 72 | 52 | 2 | 3 | 26 (56) | 45 (61) |
|  | 2017 | 60 | 52 | 3 | 2 | 37 (70) | 46 (64) |
| Gesamt | 2010 | 56 | 37 | 7 | 13 | 37 (50) | 51 (47) |
|  | 2017 | 49 | 34 | 8 | 10 | 43 (50) | 56 (45) |

Quelle: Ellguth und Kohaut (2011) und (2018)

**Tab. 6.2** Tarifbindung der <u>Betriebe</u> im Baugewerbe und insgesamt, 2010 und 2017 (in %)

|           |      | Branchentarifvertrag | | Haus-/Firmen-tarifvertrag | | Kein Tarifvertrag (davon Orientierung an TV) | |
|-----------|------|------|------|------|------|---------|---------|
|           |      | West | Ost  | West | Ost  | West    | Ost     |
| Baugewerbe | 2010 | 57  | 40   | 1    | 1    | 42 (48) | 59 (50) |
|           | 2017 | 48   | 35   | 1    | 2    | 52 (55) | 64 (56) |
| Gesamt    | 2010 | 34   | 17   | 2    | 3    | 64 (40) | 80 (39) |
|           | 2017 | 29   | 16   | 2    | 2    | 71 (40) | 81 (35) |

Quelle: Ellguth und Kohaut (2011) und (2018)

nach Ende des Zweiten Weltkrieges darauf geeinigt, diese Nachteile aus eigener Kraft und ohne staatliche Unterstützungsmaßnahmen auszugleichen. Im Jahr 1948 wurden per Tarifvertrag die gemeinsamen Sozialkassen des Baugewerbes gegründet, zu denen zunächst die Urlaubs- und Lohnausgleichskassen der Bauwirtschaft (ULAK) zählten. Im Jahr 1957 kam die Zusatzversorgungskasse des Baugewerbes (ZVK) hinzu (Worthmann 2003, S. 84). Vor dem Hintergrund der sinkenden Anzahl an Auszubildenden, einem weiterhin hohen Bedarf an Fachkräften sowie der hohen Abwanderungsgefahr vorhandener Fachkräfte sollen die unterschiedlichen Instrumente der Sozialkassen die Attraktivität der Baubranche für die Beschäftigten verbessern.

Rechtlich gesehen handelt es sich bei den Sozialkassen um selbstständige Institutionen, die seit 2001 unter dem gemeinsamen Namen SOKA-BAU auftreten. Die SOKA-BAU ist vom Standort Wiesbaden aus für fast das gesamte Bundesgebiet zuständig. Einzige Ausnahmen sind die eigenständigen Sozialkassen in Berlin und Brandenburg sowie die Sozialkasse Bayern (Worthmann 2003, S. 85). Verwaltet werden die Sozialkassen gemeinsam von den Tarifvertragsparteien. Zur Finanzierung der überbetrieblichen Leistungen werden von allen Bauunternehmen Beiträge für die Beschäftigten abgeführt (Tab. 6.3). Die Beiträge sind in den ostdeutschen Bundesländern niedriger, weil dort erst seit 2016 ein Beitrag für die Zusatzversorgung im Alter eingeführt wurde, der mit 0,6 % zudem deutlich unter dem westdeutschen Niveau liegt (3,8 %). Die Beitragssätze in Berlin sind höher, da hier eine Sozialaufwandserstattung in Höhe von 6,6 % enthalten ist, die in den anderen Bundesländern über die gesetzlichen Sozialversicherungsträger abgewickelt wird.

Die branchenspezifischen Regelungen zur SOKA-BAU sind im Tarifvertrag über das Sozialkassenverfahren im Baugewerbe (VTV) festgelegt. Bis September 2016 wurde dieser Tarifvertrag immer für allgemeinverbindlich erklärt,

**Tab. 6.3** Gesamter Sozialkassenbeitrag für gewerbliche Beschäftigte im Baugewerbe (in % der Bruttolohnsumme)

| Jahr | Westdeutschland | Berlin-West | Ostdeutschland | Berlin-Ost |
|------|-----------------|-------------|----------------|------------|
| 2006–2007 | 19,2 | 25,4 | 17,2 | 23,4 |
| 2008 | 19,8 | 25,8 | 17,2 | 23,2 |
| 2009–2011 | 19,8 | 25,8 | 16,6 | 22,6 |
| 2012 | 20,1 | 26,1 | 16,6 | 22,6 |
| 2013 | 19,8 | 25,8 | 16,6 | 22,6 |
| 2014–2018 | 20,4 | 26,55 | 17,2 | 23,35 |
| 2019 | 20,8 | 25,75 | 18,8 | 23,75 |

Quelle: Hauptverband der deutschen Bauindustrie (2018, S. 167 ff.); SOKA-BAU (2018)

wodurch alle Betriebe des Bauhauptgewerbes beitragspflichtig waren. Durch zwei Urteile des Bundesarbeitsgerichts (BAG) vom 21. September 2016 wurde die Allgemeinverbindlichkeit erstmals für die Jahre 2008, 2010 und 2014 aufgehoben (Esslinger 2016), was den Weiterbestand der Sozialkassen gefährdete. Um dies zu verhindern, leitete die Bundesregierung unter Federführung des Bundesministeriums für Arbeit und Soziales ein Gesetzgebungsverfahren ein, durch das alle seit 2006 geschlossenen Tarifverträge über das Sozialkassenverfahren unabhängig von der Allgemeinverbindlichkeit auch weiterhin für alle Betriebe und Beschäftigten im Bauhauptgewerbe rechtlich gültig sein sollen (Deutscher Bundestag 2016b). Das Gesetz konnte im Februar 2017 mit den Stimmen aller im Bundestag vertretenen Fraktionen verabschiedet werden.

Die Aufgaben der Urlaubs- und Lohnausgleichskasse der Bauwirtschaft (ULAK) bestehen im Wesentlichen in der Sicherung von Urlaubsansprüchen und der Mitfinanzierung der Berufsausbildung. Gemäß dem Bundesurlaubsgesetz (BurlG) haben alle Arbeitnehmer_innen nach 6 Monaten Betriebszugehörigkeit Anspruch auf bezahlten Urlaub. Allerdings dauern über ein Drittel aller Beschäftigungsverhältnisse im Bauhauptgewerbe weniger als 6 Monate. Um einen vollen Erholungsurlaub auch bei hoher Fluktuation zu gewährleisten, wird der Anspruch aus mehreren Beschäftigungsverhältnissen auf den vollen Urlaub zusammengerechnet und die SOKA-BAU erstattet die tarifvertraglich ausgezahlte Urlaubsvergütung an die Arbeitgeber. Dafür entrichten alle Baubetriebe einen tariflich festgelegten Prozentsatz ihrer Bruttolohnsumme an die Urlaubskasse (SOKA-BAU 2014, S. 26 f.).

Zur Sicherung des Fachkräftenachwuchses haben die Tarifpartner im Jahr 1976 das System der umlagefinanzierten Berufsausbildung eingeführt. Damals war wegen der hohen Kosten der Berufsausbildung die Ausbildungsquote auf 1,9 % zurückgegangen, was den Fachkräftebestand der Branche gefährdete (Streeck et al. 1987). Seitdem führen alle Bauunternehmen, egal ob sie Auszubildende haben oder nicht, eine tariflich festgelegte Umlage an die SOKA-BAU ab. Damit werden die Kosten der überbetrieblichen Ausbildung in den Ausbildungszentren und ein großer Teil der betrieblichen Ausbildungskosten finanziert. Betrieben mit gewerblichen Auszubildenden erstattet die SOKA-BAU bei einer Ausbildungszeit von drei Jahren die Ausbildungsvergütung für insgesamt 17 Monate. Bei kaufmännischen und technischen Auszubildenden besteht ein Erstattungsanspruch für 14 Monate. Darüber hinaus wird den Ausbildungsbetrieben eine Pauschale für die Beiträge zu den Sozialversicherungen in Höhe von 20 % der Bruttoausbildungsvergütung überwiesen (SOKA-BAU 2014, S. 34 f.). Die SOKA-BAU hatte zusätzlich seit 1. April 2015 die Gruppe der Solo-Selbstständigen dazu verpflichtet, eine Ausbildungsabgabe von mindestens 900 € pro Jahr an die Sozialkasse zu zahlen. Mit dieser Maßnahme sollte dem „Trittbrettfahrerproblem" begegnet werden, denn schließlich haben auch Selbstständige in den geregelten Berufen von der in der Branche gemeinsam finanzierten Ausbildung profitiert und sollten daher auch einen eigenen Beitrag leisten. Allerdings musste der Beitrag der Solo-Selbstständigen nach einem Urteil des Bundesarbeitsgerichtes vom 1. August 2017, wonach ein Solo-Selbstständiger nicht als Arbeitgeber zu werten ist, wieder abgeschafft werden.

Eine dritte wesentliche Leistung der ULAK ist die Verwaltung von Arbeitszeitkonten. Die Beschäftigten können in arbeitsintensiven Phasen bis zu 150 Überstunden auf ihrem betrieblichen Zeitkonto ansammeln, die dann in auftragsschwachen Phasen abgebaut werden, was auch darauf abzielt, Arbeitslosigkeit zu vermeiden. Damit soll im Jahresverlauf unabhängig von saisonalen Schwankungen ein möglichst gleichbleibender Monatslohn sichergestellt werden. Außerdem werden die Arbeitszeitkonten für die Altersteilzeit genutzt. Die Beschäftigten arbeiten während der aktiven Arbeitsphase die volle Arbeitszeit, verzichten aber während dieser Zeit auf die Auszahlung eines Teils ihres Einkommens. Mit dem so erwirtschafteten Wertguthaben wird eine Freistellungsphase vor Rentenbeginn finanziert (SOKA-BAU 2014, S. 48 ff.).

Die wesentliche Aufgabe der ZVK besteht in der Verbesserung der Altersversorgung. Durch schlechte Witterung und häufige Phasen der Arbeitslosigkeit kann es immer wieder zu Erwerbsunterbrechungen kommen, die sich ungünstig auf die Altersvorsorge auswirken. Um diese Versorgungslücke zu schließen, wurde im Jahr 1957 von den Tarifparteien eine überbetriebliche Zusatzversorgungskasse gegründet. Da der Geltungsbereich aufgrund ihres Entstehungstermins nur die westdeutschen Bundesländer inklusive West-Berlin umfasste, wurde ab Januar 2016 die erweiterte Tarifrente Bau eingeführt, die das bisherige System ersetzt hat. Damit wurden erstmals auch die Beschäftigten in den ostdeutschen Bundesländern erfasst, wenn sie bis Ende 2015 noch keine 50 Jahre alt waren. Weiterhin sind die Auszubildenden in die überbetriebliche Altersversorgung einbezogen worden. Daneben bietet die ZVK für Beschäftigte und Betriebsinhaber seit 2001 eine betriebliche Altersvorsorge an (SOKA-BAU 2014).

Die Sozialkasse übernimmt zudem wichtige Kontrollfunktionen, da sie anhand der arbeitnehmerbezogenen monatlichen Meldungen der Löhne und lohnzahlungspflichtigen Arbeitsstunden der Baubetriebe prüfen kann, ob den Beschäftigten der tarifliche Mindestlohn 1 gezahlt wurde. Dabei werden sowohl die inländischen Baubetrieben als auch die ausländischen Entsendebetrieben automatisch kontrolliert und Verfehlungen an den Zoll gemeldet (siehe Abschn. 5.2).

### 6.2.4  Tarifliche Regelungen zur Entlohnung

Der Bundesrahmentarifvertrag für das Baugewerbe (BRTV) definiert die allgemeinen Arbeitsbedingungen und Grundlagen des Tarifsystems für die gewerblichen Beschäftigten. Der BRTV gilt räumlich für ganz Deutschland und durch die üblicherweise erfolgte Erklärung der Allgemeinverbindlichkeit für alle Arbeitgeber im Bauhauptgewerbe mit Ausnahme des Dachdeckerhandwerks und der Gerüstbauer, die eigene Tarifverträge abschließen. Der BRTV sieht keine Öffnungsklauseln vor, sodass die AVE nicht unterlaufen werden kann (Bosch et al. 2011, S. 46).

Gemäß § 3 des BRTV liegt die durchschnittliche wöchentliche Arbeitszeit bei 40 h, wobei zwischen Winterarbeitszeit (38 h zwischen Dezember und März) und Sommerarbeitszeit (41 h zwischen April und November) unterschieden wird. Zusätzlich wird die Nutzung von Arbeitszeitkonten und Sonderarbeitszeiten wie Nacht-, Sonn- und Feiertagsarbeit geregelt.

Zentraler Bestandteil des BRTV ist nach § 5 die Festlegung von Lohngruppen anhand der Definition und Abgrenzung von Qualifikations- und Tätigkeitsmerkmalen. Der Tarifvertrag für das Bauhauptgewerbe beinhaltet sechs Lohngruppen, die von einfachen Bau- und Montagearbeiten ohne besondere Qualifikationsanforderungen (Lohngruppe 1) bis hin zu Führungstätigkeiten als Werkpolier bzw. Baumaschinen-Fachmeister (Lohngruppe 6) reichen. Dabei wird der Tariflohn in der Lohngruppe 4 (Spezialfacharbeiter/Baumaschinenführer) als

Ecklohn bezeichnet, der die Grundlage bei Tarifverhandlungen bildet. Auf seiner Basis werden mit prozentualen Auf- und Abschlägen die Tariflöhne der anderen Lohngruppen errechnet.

In § 5 Absatz 5 ist festgelegt, dass die Beschäftigten aller Lohngruppen bei auswärtiger Tätigkeit grundsätzlich einen Anspruch auf den Lohn nach dem Firmensitz haben. Ist jedoch der Lohn auf der auswärtigen Baustelle höher, gilt der höhere Lohn für die dortige Zeit der Tätigkeit. Diese Regelung wurde nach der Wiedervereinigung eingeführt. Ostdeutsche Beschäftigte sollten wegen ihrer zunächst deutlich niedrigeren Löhne nicht als Ersatz für westdeutsche Kräfte eingesetzt werden können. Weitere wichtige Regelungen im BRTV betreffen Erschwerniszuschläge, Fahrtkostengeld, Urlaubsansprüche und Kündigungsfristen.

Die Entgelttarifverträge regeln die Höhe der Löhne, Gehälter und Ausbildungsvergütungen für die gewerblichen Beschäftigten in den Tarifgruppen 2a bis 6 im Bauhauptgewerbe (Tab. 6.4). Diese sind allerdings nicht für allgemeinverbindlich erklärt worden und gelten deshalb nur für Mitgliedsbetriebe der beiden Arbeitgeberverbände.

**Tab. 6.4** Höhe der tariflichen Stundenlöhne im Bauhauptgewerbe nach Lohngruppen, Stand 1. Juni 2019 (Gesamttarifstundenlohn inklusive Bauzuschläge), in €

| Lohngruppe | Bezeichnung | West | Berlin | Ost |
|---|---|---|---|---|
| Lohngruppe 1/ Mindestlohn 1 | Werker, Maschinenwerker | 12,20 | 12,20 | 12,20 |
| Lohngruppe 2 | Fachwerker | 15,20 | 15,05 | 13,77 |
| Lohngruppe 2a | bis 2002 Berufsgruppe V für Baufachwerker | 18,39 | 18,20 | 17,41 |
| Lohngruppe 2b | Beschäftigte der Lohngruppe 2 nach dreimonatiger Beschäftigung | 16,54 | 16,36 | – |
| Lohngruppe 3 | Facharbeiter, Baugeräteführer, Berufskraftfahrer | 18,88 | 18,69 | 17,90 |
| Lohngruppe 4 | Spezialfacharbeiter (Ecklohn) | 20,63 | 20,37 | 19,50 |
| | Fliesen-, Platten- und Mosaikleger | 21,29 | 21,08 | 20,14 |
| | Baumaschinenführer | 20,95 | 20,78 | 19,83 |
| Lohngruppe 5 | Vorarbeiter | 21,65 | 21,47 | 20,51 |
| Lohngruppe 6 | Werkpolier, Baumaschinen-Fachmeister | 23,70 | 23,41 | 22,41 |

Quelle: Hauptverband der deutschen Bauindustrie (2018, S. 59 ff.)

Der Bruttolohn der gewerblichen Arbeitnehmer_innen im Baugewerbe setzt sich aus dem Tarifstundenlohn (TL), der dem tariflich festgelegten reinen Zeitlohnansatz je Stunde und je Lohngruppe entspricht, und dem Bauzuschlag (BZ), der den gewerblichen Beschäftigten zusätzlich zum jeweiligen Tarifstundenlohn zum Ausgleich für besondere Belastungen gewährt wird, zusammen. Im Jahr 2019 beträgt dieser Zuschlag 5,9 % vom Tarifstundenlohn. Arbeitnehmer_innen, die überwiegend nicht auf Baustellen, sondern in Bauhöfen und Werkstätten eingesetzt werden oder überwiegend Fahrdienste leisten, erhalten, wenn sie nach dem 31. März 1998 eingestellt wurden, den Bauzuschlag nicht mehr.

Weitere Zahlungsansprüche ergeben sich aus den Tarifverträgen zur Gewährung eines 13. Monatsgehaltes und zur Gewährung vermögenswirksamer Leistungen, die allerdings nur für einige westdeutsche Bundesländer gelten (HDB 2015, S. 86 f.).

### 6.2.5  Tarifliche Mindestlöhne und Lohnverteilung

Eine wichtige lohnpolitische Entscheidung war die Einführung des ersten Branchenmindestlohns in Deutschland für das Bauhauptgewerbe nach dem Arbeitnehmer-Entsendegesetz im Jahr 1996 (Bosch et al. 2011, S. 49). Dabei wurde zwischen Ost- und Westdeutschland sowie ganz Berlin unterschieden. Mit dem Branchenmindestlohn sollte ein Unterbietungswettbewerb durch entsandte Arbeitnehmer_innen von ausländischen Betrieben verhindert werden. Zum 1. September 2003 wurde von den Tarifparteien die Einführung einer zweiten, höher angesetzten Lohnuntergrenze (Mindestlohn 2) für Fachkräfte beschlossen, ebenfalls unterschieden zwischen West- und Ostdeutschland sowie ganz Berlin.

Die von den Tarifvertragsparteien ausgehandelten Stundenlöhne der Lohngruppen 1 und 2 im BRTV fungieren als Mindestlohn 1 bzw. Mindestlohn 2, wurden bislang immer für allgemeinverbindlich erklärt und gelten auch für ausländische Betriebe, die Beschäftigte nach Deutschland entsenden. Dabei dürfen die Mindestlöhne nicht durch Abzüge für Werkzeuge, Arbeitsmittel, Sicherheitskleidung oder für den Transport zur Baustelle unterschritten werden (IG BAU 2016).

In Ostdeutschland wurde der Mindestlohn 2 zum 1. September 2009 auf Betreiben der ostdeutschen Arbeitgeberverbände wieder abgeschafft, die u. a. darauf verwiesen, dass der Mindestlohn 2 in Ostdeutschland kaum Bedeutung habe (Bosch et al. 2011, S. 56).

Eine wichtige tarifpolitische Entscheidung war die Angleichung der Höhe des Mindestlohns 1 in West- und Ostdeutschland, die vor allem von der Gewerkschaft

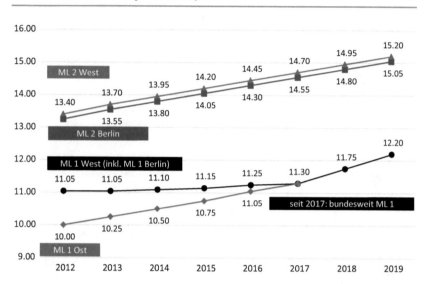

**Abb. 6.6** Entwicklung der tariflichen Mindestlöhne im Bauhauptgewerbe 2014 bis 2019 (Gesamttarifstundenlöhne inklusive Bauzuschläge). (Quelle: Hauptverband der deutschen Bauindustrie 2018, S. 81 f.)

gefordert worden war. Um diese Angleichung zu erreichen, wurde in den Tarifverhandlungen im Jahr 2013 vereinbart, dass der Mindestlohn 1 ab Anfang 2017 in Ost- und Westdeutschland bundeseinheitlich bei 11,30 € pro Stunde liegen sollte (Abb. 6.6). Seitdem gilt ein einheitlicher Mindestlohn 1 für das gesamte Bundesgebiet.

In unseren Expertengesprächen wurde die Wichtigkeit der Branchenmindestlöhne im Bauhauptgewerbe betont. Um die Allgemeinverbindlichkeit auch im Tarifausschuss mit den Stimmen der BDA durchzusetzen, mussten die beiden Arbeitgeberverbände der Bauwirtschaft anfangs sehr kontroverse Diskussionen mit der BDA durchstehen (Interview ZDB, 11/2015). Mehrere Mitgliedsverbände der BDA befürchteten, dass Mindestlöhne im Baugewerbe, die zum Teil deutlich über den unteren Löhnen in vielen Dienstleistungsbranchen lagen, eine Signalwirkung eben für die Beschäftigten in diesen Branchen haben könnten. Um diesen Konflikt im Arbeitgeberlager zu entschärfen wurde 1999 ein gesondertes Verfahren der Allgemeinverbindlichkeitserklärung von Branchenmindestlöhnen geschaffen, indem das Bundesarbeitsministerium durch Rechtsverordnung die Allgemeinverbindlichkeit erklärt. Damit hatte die BDA bei den Branchenmindestlöhnen ihr Vetorecht verloren (Bosch und Zühlke-Robinet 2000, S. 229 f.).

Die bundesweite Vereinheitlichung des Mindestlohns 1 wird von den beiden
Arbeitgeberverbänden unterschiedlich beurteilt. Während der ZDB die Ost-West-
Angleichung als einen wichtigen Schritt bezeichnete, war die Entscheidung bei
den ostdeutschen Mitgliedsbetrieben des HDB umstritten, weil es aus ihrer Sicht
keine Notwendigkeit einer Angleichung gab und der Mindestlohn stärker anstieg,
als von den Arbeitgebern gewünscht. In unseren Interviews mit Vertretern der
Arbeitgeberverbände wurde die Abschaffung des Mindestlohns 2 in Ostdeutschland als wichtige Voraussetzung dafür bezeichnet, dass die Angleichung des
Mindestlohns 1 letztlich vollzogen werden konnte. Zudem musste die Gewerkschaft akzeptieren, dass der Mindestlohn 1 in Westdeutschland während des
Angleichungszeitraums nur geringfügig angehoben wurde:

> „Die Schwierigkeit bestand darin, dass der Mindestlohn 1 in seiner Entwicklung
> stark eingebremst werden musste, damit man diesen Aufholprozess überhaupt
> gestalten konnte. Das war natürlich für die Gewerkschaft nicht einfach. Von der
> Methodik her hätten wir es nicht anders hinbekommen. Das ergab dann natürlich für
> den Osten höhere Prozentzuwächse als für den Westen." (Interview HDB, 1/2016)

Auch die Bewertung des Mindestlohns 2 in Westdeutschland fällt unterschiedlich aus. Bei den Arbeitgeberverbänden vertritt der ZDB vertritt die Auffassung,
dass sich der Mindestlohn 2 nicht bewährt habe, weil Facharbeiter höhere Tariflöhne erhalten und der Zoll die Einhaltung nicht kontrollieren könne (Interview
ZDB, 11/2015). Diese Argumentation ist erstaunlich, wenn man bedenkt, dass
der Mindestlohn 2 für Fachkräfte gezahlt wird, die eine berufliche Ausbildung
absolviert haben, und die Tätigkeitsfelder für alle Lohngruppen im BRTV klar
umrissen werden. Dagegen beurteilt der HDB den Mindestlohn 2 deutlich positiver, da er für Facharbeiter_innen in Westdeutschland einen Schutzmechanismus
gegen nicht-verbandsgebundene Betriebe in ganz Deutschland und verbandsgebundene Betriebe aus den ostdeutschen Bundesländern darstellt. Zudem sei der
Mindestlohn 2 für entsandte Facharbeiter wichtig, die damit näher am Tarifgitter
liegen als mit dem Mindestlohn 1 (Interview HDB, 1/2016). Hinter den unterschiedlichen Bewertungen des Mindestlohns 2 dürften verbandsgebundene Interessen stehen, da die kleineren Handwerksbetriebe durch den Mindestlohn 2 mit
höheren Kosten konfrontiert sind, die sie vor wirtschaftliche Herausforderungen
stellen, während die größeren westdeutschen Industrieunternehmen in einem ver-
stärkten Wettbewerb mit ostdeutschen Baubetrieben stehen.

Eine umfassende Untersuchung der Umsetzung der tariflichen Entgeltstandards
und Mindestlöhne im Bauhauptgewerbe hat ergeben, dass die Bedeutung der
Mindestlöhne in Ost- und Westdeutschland sehr unterschiedlich ausfällt (Bosch

et al. 2011, S. 67). Die Löhne in Ostdeutschland orientieren sich überwiegend und sogar noch zunehmend am jeweiligen Mindestlohnniveau, während in Westdeutschland die höheren tariflichen Lohngruppen eine deutlich größere Rolle spielen. Durch die Einführung der Branchenmindestlöhne lassen sich seit 1997 positive Effekte auf das Lohnwachstum insbesondere in Ostdeutschland nachweisen, ohne dass negative Beschäftigungswirkungen in den deutschen Betrieben aufgetreten sind (Apel et al. 2012, S. 7). Auch die Meldedaten der SOKA-BAU, aus denen sich die Durchschnittslöhne der einzelnen Lohngruppen berechnen lassen, zeigen, dass über zwei Drittel der Beschäftigten in Westdeutschland mehr als den Mindestlohn 2 verdienten. Knapp 25 % der westdeutschen Beschäftigten erhielten den Mindestlohn 1 und circa 10 % den Mindestlohn 2. Hier lässt sich also eine breitere Differenzierung der tariflichen Entlohnung feststellen. In den ostdeutschen Bundesländern sind demgegenüber etwa 80 % der Beschäftigten in die unteren beiden Lohngruppen eingruppiert, was eine Lohnkompression um den Mindestlohn verdeutlicht. Deshalb hat jede Erhöhung des Mindestlohns für Ostdeutschland eine besonders hohe Relevanz, was die Skepsis der ostdeutschen Betriebe gegenüber dem starken Anstieg des Mindestlohns 1 in den vergangenen Jahren erklärt (Interview HDB 1/2016).

Die Branchenmindestlöhne im Bauhauptgewerbe liegen deutlich über dem gesetzlichen Mindestlohn. Die Branche setzt damit ein Zeichen, dass sie „gut" bezahlt und damit attraktiv für Arbeitskräfte sein will. Durch die enge Zusammenarbeit der Tarifparteien liegen die Tariflöhne deutlich oberhalb der Branchenmindestlöhne und Tariferhöhungen hängen nicht unmittelbar von der Erhöhung der Mindestlöhne ab, sondern werden getrennt voneinander verhandelt. Gleichzeitig wird in Westdeutschland und Berlin durch den Mindestlohn 2 für Fachkräfte eine bessere Entlohnung gegenüber An- und Ungelernten sichergestellt und das ganze Tarifgitter stabilisiert. In Anlehnung an die Typologie von Lohnsystemen von Bosch und Weinkopf (2013; Kap. 3) lässt sich im Bauhauptgewerbe ein gemischtes Mindestlohnsystem identifizieren. In Westdeutschland und Berlin handelt es sich um eine Kombination des „extensiven Mindestlohns" und der „distanzierten Koexistenz". In Ostdeutschland zeigt sich dagegen eine starke Konzentration der Löhne beim Mindestlohn. Von daher lässt sich schlussfolgern, dass der Branchenmindestlohn in den ostdeutschen Bundesländern gleichzeitig der Standardlohn ist (Möller et al. 2011, S. 174). Hierbei handelt es sich gemäß der Branchen- und Ländertypologie in Ostdeutschland eher um einen „isolierten extensiven Mindestlohn".

Durch die Branchenmindestlöhne und die verhältnismäßig hohe Tarifbindung spielen Niedriglöhne im legalen Segment des Bauhauptgewerbes eine untergeordnete Rolle. Im Jahr 2014 verdienten 8,3 % der Beschäftigten im gesamten Baugewerbe weniger als 8,50 € pro Stunde, gemessen an den tatsächlich geleisteten Arbeitsstunden (Amlinger et al. 2016, S. 7). Aufgrund des verhältnismäßig hohen Branchenmindestlohns, der deutlich über dem gesetzlichen Mindestlohn liegt, werden in keiner anderen Branche so viele Verstöße gegen den Mindestlohn begangen, weshalb Finanzkontrolle Schwarzarbeit im Baugewerbe besonders häufig Kontrollen durchführt (siehe Kap. 5).

### 6.2.6  Einfluss des gesetzlichen Mindestlohns auf das Bauhauptgewerbe

Die IG Bau war lange sehr skeptisch bis ablehnend gegenüber der Einführung eines gesetzlichen Mindestlohns. Sie sah die Festlegung einer Lohnuntergrenze als Aufgabe der Tarifpartner, wozu man ja – im Unterschied zu vielen anderen Branchen – auch erfolgreich war, und befürchtete zudem eine Sogwirkung nach unten. Nach einer kontroversen innergewerkschaftlichen Diskussion Anfang der 2000er Jahre änderte die IG BAU ihre Haltung und stimmte 2006 mit den anderen DGB-Mitgliedsgewerkschaften der Forderung nach einem gesetzlichen Mindestlohn zu. Die Arbeitgeberverbände sahen in einem gesetzlichen Mindestlohn einen Eingriff in die Tarifautonomie und teilten mit der Gewerkschaft die Auffassung, dass man branchenspezifische Lösungen finden müsse. Entgegen allen Befürchtungen stellte die Einführung des gesetzlichen Mindestlohns von 8,50 € im Jahr 2015 für die Tarifpartner kein Problem dar. Die Arbeitgeberverbände betonten in unseren Gesprächen, dass der gesetzliche Mindestlohn keinen Druck auf die tariflichen Löhne ausübt (Interview ZDB, 11/2015). Vielmehr sei der Abstand zwischen dem eigenen Branchenmindestlohn und den weiteren Tarifgruppen wichtig und zusätzlich das Verhältnis zwischen dem eigenen Branchenmindestlohn und den weiteren Branchenmindestlöhnen in den Ausbaugewerken.

Gleichwohl berichteten Vertreter_innen der beiden Arbeitgeberverbände in unseren Interviews, dass die Einführung des gesetzlichen Mindestlohns unerwartete Auswirkungen auf die Baubranche hatte. So waren die Verbände unzufrieden mit der Festlegung der Aufzeichnungspflicht der Arbeitszeit bis zu einer Verdienstgrenze von 2958 € für Angestellte. Der Schwellenwert wurde als viel zu hoch erachtet. In der Bauwirtschaft bestehe kaum die Gefahr von Unterschreitungen des gesetzlichen Mindestlohns, da die untersten Tariflöhne deutlich höher lägen. In erster Linie wurde ein erhöhter bürokratischer Aufwand befürchtet:

„Ein solches Unverständnis und eine solche Wut bei unseren Mitgliedsbetrieben über diese Aufzeichnungspflicht habe ich noch nicht erlebt. Selbst die niedrigsten Tariflöhne liegen weit über der gesetzlichen Mindestlohngrenze und in der untersten Gehaltsgruppe ist kaum einer eingruppiert. Also wofür braucht man dann Aufzeichnungspflichten? Also da habe ich nicht das geringste Verständnis für." (Interview ZDB, 11/2015)

Vor diesem Hintergrund wurde insbesondere von den beiden Arbeitgeberverbänden die Absenkung des Schwellenwerts auf 2000 € begrüßt (Interview HDB, 1/2016).

Zudem entstand für die Arbeitgeberverbände Anfang 2015 ein hoher Informationsaufwand durch Unsicherheiten der Betriebe bei der Generalunternehmerhaftung. Es wurde die Frage aufgeworfen, ob ein Auftraggeber, der kein Bauunternehmer ist, für einen Baubetrieb haften muss (Interview ZDB, 11/2015). Als problematisch wurde angesehen, dass es noch keine Rechtsprechung über die Generalunternehmerhaftung im Mindestlohngesetz gibt, die Rechtssicherheit schaffen könnte. Im Mindestlohngesetz wird bei der Haftung zwar auf das AEntG verwiesen, zu dem bereits eine eindeutige Rechtsprechung existiert, aber die Rechtmäßigkeit dieses Verweises wurde von den Gerichten noch nicht bestätigt.

„Weil es noch keine explizite Rechtsprechung zum Mindestlohngesetz gibt und ein Gericht noch nicht auch so entschieden hat, ist das nicht abschließend geklärt. Man muss schon sehr ängstlich sein, um da Sorgen zu haben, aber theoretisch kann ein Gericht sagen, dass der Sachverhalt laut Mindestlohngesetz anders ist als nach Arbeitnehmer-Entsendegesetz." (Interview ZDB, 11/2015)

Eine weitere Unsicherheit wurde beim Thema Ausbildung gesehen. Für die Verbände war wichtig, dass für Maßnahmen der von der Bundesagentur für Arbeit subventionierten Einstiegsqualifizierung nicht der gesetzliche Mindestlohn gilt, sondern weiterhin eine pauschale Vergütung gezahlt wird. Dies gilt auch für Flüchtlinge, die vor allem der ZDB verstärkt in Regionen auf eine Ausbildung vorbereiten will, in denen viele Ausbildungsplätze unbesetzt sind. Zur Unterstützung wurden vom ZDB und HDB Informationsbroschüren angefertigt, mit deren Hilfe die Mitgliedsbetriebe feststellen konnten, in welchen Fällen Beschäftigte unter den gesetzlichen Mindestlohn fallen und welche Ausnahmen gelten.

Bezüglich der Erfüllung des 50 %-Quorums für Erklärung der Allgemeinverbindlichkeit der untersten beiden Tarifgruppen wurden einige Änderungen durch das Tarifautonomiestärkungsgesetz in allen Interviews positiv beurteilt. Die Tarifpartner mussten bislang nachweisen, dass die Mehrheit der Beschäftigten im

Bauhauptgewerbe unter die Bau-Tarifverträge fällt. Für den Nachweis haben die Arbeitgeberverbände in der Vergangenheit Verbandsumfragen mit den Ausgangsdaten der SOKA-BAU durchgeführt, die das 50 %-Quorum bestätigt haben und von den Gerichten anerkannt wurden. Allerdings hatten Kritiker_innen in der Vergangenheit immer wieder die Aussagekraft der Verbandsumfragen bezweifelt, weil die SOKA-BAU aus ihrer Sicht nicht alle Betriebe auf dem deutschen Markt erfasst. Wegen dieses Vorwurfs haben sich die Tarifvertragsparteien neben ihren eigenen Mitgliedserhebungen auf allgemeine Untersuchungen zur Tarifbindung gestützt, etwa auf Daten des IAB-Betriebspanels, die die Erfüllung des 50 %-Quorums bestätigen.

> „Das Problem besteht darin, dass die AVE-Kritiker den Tarifvertragsparteien schon immer eine Art Zirkelschlussargumentation vorgeworfen haben, weil sie sagen, ihr denkt euch euer Konstrukt aus, dieses Konstrukt wird mithilfe des Gesetzgebers für allgemeinverbindlich erklärt und ihr stützt euch aus diesem Konstrukt heraus dann auf Daten, die von euch selbst stammen, nämlich von der gemeinsamen Einrichtung, die allein getragen wird von ZDB, HDB und IG BAU. Und damit habt ihr keine objektive Begründung und deswegen hinterfragen wir die Richtigkeit dieser Daten." (Interview HDB, 1/2016)

Mit Inkrafttreten des Tarifautonomiestärkungsgesetzes, das als Gesetzespaket auch das Mindestlohngesetz enthält, wurde die vorherige Definition zur Erfüllung des 50 %-Quorums abgeschwächt. Tarifverträgen können auch für allgemeinverbindlich erklärt werden, wenn daran öffentliches Interesse besteht, das in folgenden zwei Fällen angenommen wird. Entweder müssen die Tarifverträge eine überwiegende Bedeutung für die Branche haben, oder es handelt sich um einen Tarifvertrag über eine gemeinsame Einrichtung. Für ein Verfahren bei gemeinsamen Einrichtungen wird dabei das öffentliche Interesse automatisch unterstellt. Eine gemeinsame Einrichtung stellen tarifvertragliche Regelungen über Berufsbildung, Urlaubsverfahren oder Rentenverfahren für eine gesamte Branche dar, was das öffentliche Interesse begründet. Sowohl die Arbeitgeberverbände als auch die SOKA-BAU bekräftigten in den Interviews, dass aus ihrer Sicht die Bedingungen für eine gemeinsame Einrichtung im Bundesrahmentarifvertrag der Baubranche erfüllt sind, weil dort etwa das Urlaubskassenverfahren geregelt ist. Aber im selben Tarifvertrag werden auch Erschwerniszuschläge, Arbeitszeiten und Urlaubsentgelte geregelt, die nicht unter die Definition der gemeinsamen Einrichtung fallen. Dies wird in unseren Interviews als Grund angeführt, warum das BMAS die Tarifverträge bislang nicht als gemeinsame Einrichtung anerkannt hat.

„Der Beitrag an die gemeinsame Einrichtung errechnet sich aus dem Verdienst und wenn der Verdienst durch Erschwerniszuschläge höher ist, ist natürlich am Ende auch der Beitrag höher. Deswegen ist das BMAS sehr kritisch bei der Anerkennung einer gemeinsamen Einrichtung. Denn die lassen sich nicht gerne vor Gericht zerren und haben die Sorge, dass eine AVE, die von Andrea Nahles unterzeichnet wurde, später als rechtswidrig ausgeurteilt wird." (Interview HDB, 1/2016)

Die Tarifpartner und die SOKA-BAU kritisierten in den Gesprächen das Vorgehen des Ministeriums für Arbeit und Soziales, weil trotz der neuen Regelungen die Allgemeinverbindlichkeit weiterhin über das 50 %-Quorum mit den Verbandsumfragen festgestellt werden muss.

„Die wollen weiterhin Mitgliederzahlen haben, obwohl im Gesetz drin steht, der Tarifvertrag muss eine überwiegende Bedeutung für die Branche haben." (Interview SOKA-BAU, 1/2016)

Die Feststellung der 50 % ist allerdings schwierig, weil es bislang noch keine verlässlichen Zahlen gibt. Das hat sich erst Anfang 2016 mit der neuen Tarifrente geändert. Bis dahin mussten die Angestellten in Ostdeutschland nicht an die SOKA-BAU gemeldet werden.

„Und dann muss ich ermitteln, dann muss ich möglicherweise Umfragen starten unter den Unternehmen und den Personalverantwortlichen fragen, wendet ihr diesen Tarifvertrag an oder nicht? Und egal wie sie ihn anwenden, weil sie es müssen, weil sie es wollen, weil sie es im Arbeitsvertrag als Bezugsgröße reingeschrieben haben, weil sie es schon immer so machten, ist völlig egal. Das müssen Sie aber ermitteln. Wollen sie nicht, haben sie kein Geld für. Die wollen von uns weiter Zahlen haben und die kriegen sie nicht und deshalb gibt's Zoff seit einem Jahr." (Interview SOKA-BAU, 1/2016)

### 6.2.7  Bauspezifische Arbeitsmarktpolitik

Das Baugewerbe ist der einzige Wirtschaftszweig in Deutschland, für den eine branchenspezifische Arbeitsmarktpolitik entwickelt wurde – vor allem, um die Branchenbindung der Beschäftigten zu erhöhen. Schon seit den 1950er Jahren arbeiten hier die beiden Sozialpartner eng mit den Arbeitsministerien der jeweiligen Regierungen zusammen, um Lösungen für die besonderen Probleme der Branche zu finden.

Zur Begrenzung der hohen Winterarbeitslosigkeit und witterungsbedingten Ausfällen im Baugewerbe galt bis 1995 ein gesetzliches Schlechtwettergeld, das

Arbeits- und Entgeltausfälle im Winter abfedern sollte. Nach dessen Abschaffung wurde 1996 das Winterausfallgeld eingeführt, das eine stärke finanzielle Beteiligung der Arbeitgeber und Arbeitnehmer vorsah, allerdings den Anstieg der Winterarbeitslosigkeit in der Baubranche nicht verhindern konnte. Mit dem Gesetz zur Förderung der ganzjährigen Beschäftigung wurde im Jahr 2006 das Winterausfallgeld durch das Saison-Kurzarbeitergeld ersetzt (Bosch et al. 2011, S. 43). Damit haben Beschäftigte bei einem Arbeitsausfall in den Monaten zwischen Dezember bis März – egal, ob aus wirtschaftlichen Gründen oder witterungsbedingt – Ansprüche auf das Saison-Kurzarbeitergeld in Höhe des entsprechenden Arbeitslosengeldes. Der Anspruch gilt allerdings nur, wenn dieser Arbeitsausfall nicht durch das Arbeitszeitguthaben ausgeglichen werden kann. Finanziert werden diese Leistungen durch die Beschäftigten über die Arbeitszeitkonten und aus Beiträgen zur Arbeitslosenversicherung, wobei die Erstattungsfähigkeit für Arbeitgeberbeiträge bestehen bleibt. Evaluationen des Saison-Kurzarbeitergeldes haben belegt, dass hiermit Beschäftigung über die Wintermonate stabilisiert werden konnte (Kümmerling et al. 2009; Kümmerling und Worthmann 2011).

Die zweite wichtige Maßnahme war das Verbot der gewerblichen Arbeitnehmerüberlassung im Baugewerbe im Jahr 1982. Mittlerweile ist jedoch die Arbeitnehmerüberlassung zwischen Betrieben des Baugewerbes gestattet. Der verleihende Betrieb muss jedoch seit mindestens drei Jahren von denselben Rahmen- und Sozialkassentarifverträgen oder von deren Allgemeinverbindlichkeit erfasst sein. Damit soll sichergestellt werden, dass Verleihbetriebe auch Beiträge an die Sozialkassen zahlen und die Sozialkassenvereinbarung nicht durch Verleih aus anderen Branchen unterlaufen wird. Diese Regelung gilt auch für ausländische Baubetriebe.

## 6.3   Einhaltung der Mindestlöhne sowie Aufdeckung und Sanktionierung von Verstößen

Inwieweit die Mindestlöhne im Bauhauptgewerbe eingehalten werden, ist schwierig zu beurteilen. Die Daten der SOKA-BAU und frühere Untersuchungen der Tariflöhne (Bosch et al. 2011) legen nahe, dass keine oder kaum Unterschreitungen des Mindestlohns vorkommen. Auf der Basis von Expertengesprächen haben Möller et al. (2011, S. 160 f.) in ihrer Evaluation der Mindestlohnregelungen im Bauhauptgewerbe jedoch festgestellt, dass die Einhaltung vor allem in den ostdeutschen Bundesländern eine Herausforderung ist. Die Tarifpartner erhalten nur dann Kenntnis von Verfehlungen, wenn ihnen das durch Mitglieder zugetragen wird.

## 6.3.1 Verstöße und Umgehungsstrategien

Die Kontrollergebnisse des Zolls lassen nur eine vage Vermutung über den Grad der Einhaltung zu. In den vergangenen Jahren fand der Großteil der durchgeführten Kontrollen der Finanzkontrolle Schwarzarbeit im Baugewerbe statt. Seit 2014 ist die Zahl der kontrollierten Betriebe im Baugewerbe jedoch drastisch zurückgegangen und im Jahr 2018 wurden nicht einmal halb so viele Betriebe kontrolliert wie vor der Einführung des gesetzlichen Mindestlohns (Tab. 6.5). Dabei variiert die Zahl der jährlich eingeleiteten Ermittlungsverfahren ebenso wie die Summe der festgesetzten Geldbußen und verhängten Strafen, weshalb sich kaum Schlüsse daraus ziehen lassen. Außerdem ist nicht bekannt, wie viele der festgesetzten Geldbußen tatsächlich gezahlt wurden und welche Ergebnisse die Ermittlungsverfahren erbracht haben. Eine Erfolgsbilanz der Finanzkontrolle Schwarzarbeit ist nicht vorhanden, weshalb auch nicht feststellbar ist, wie viele betrügerische Unternehmen tatsächlich vom Markt verschwunden sind und wie viele Sanktionen vollstreckt wurden.

**Tab. 6.5** Kontrolle, Ermittlungen und Strafen im Baugewerbe

|  | 2014 | 2015 | 2016 | 2017 | 2018 |
|---|---|---|---|---|---|
| Prüfung von Arbeitgebern | 30.729 | 16.681 | 13.473 | 14.005 | 12.943 |
| Eingeleitete Ermittlungsverfahren wegen Nichtgewährung des Mindestlohns | 1756 | 1484 | 1332 | 1401 | 1298 |
| Festgesetzte Geldbußen wegen Nichtgewährung des Mindestlohns (in €) | 10.014.401 | 18.394.589 | 20.493.168 | 30.668.240 | 19.509.981 |
| Abgeschlossene Ermittlungsverfahren nach § 266a des Strafgesetzbuches | 4257 | 4731 | 4492 | 4558 | 4235 |
| Geldstrafen nach § 266a (in €) | 1.979.880 | 3.058.190 | 2.463.075 | 2.814.335 | 3.072.802 |
| Freiheitsstrafen nach § 266a (in Jahren) | 315,3 | 397,2 | 345,0 | 343,0 | 334,3 |

Quelle: Deutscher Bundestag (2016a, 2018, 2019)

Das IAB schätzt den Anteil des im Baugewerbe schwarz erbrachten Bau-
volumens auf 30 bis 40 % (Möller et al. 2011, S. 163). In unseren Gesprächen
mit Vertreter_innen der IG BAU, der beiden Arbeitgeberverbände ZDB und
HDB sowie der SOKA-BAU wurden zahlreiche mögliche Umgehungsstrategien
beschrieben, mit denen die Branchenmindestlöhne oder die Umlagen für die
Sozialkassen umgangen werden können. Vor allem die Angaben zur tatsächlich geleisteten Arbeitszeit bieten verschiedene Möglichkeiten zum Betrug.
Eine häufige Umgehungsstrategie ist offenbar die Manipulation der Arbeitszeit durch falsch ausgefüllte Stundenzettel. Die Beschäftigten werden zum Teil
auch genötigt, Arbeitszeitlisten im Vorfeld blanko zu unterschreiben, und im
Nachhinein werden acht Stunden pro Tag eingetragen. Alternativ müssen die
Beschäftigten unterschreiben, dass sie angeblich einen Vorschuss bekommen
haben, der mit den Lohnzahlungen verrechnet wird. Im umgekehrten Fall werden
die Lohnabrechnungen korrekt angegeben, aber der tatsächlich ausgezahlte Lohn
ist niedriger als angegeben.

> „Das ist die größte Schwachstelle, dass die Leute 12 Stunden auf der Baustelle sind
> und für 8 Stunden kriegen sie den Mindestlohn. Und die Schwachstelle kriegen wir
> auch nicht so richtig weg." (Interview IG BAU, 10/2015)

In anderen Fällen machen die Betriebe bewusst falsche Angaben zur tatsächlich
geleisteten Arbeitszeit für bestimmte Tätigkeiten, die mithilfe von sogenannten
Arbeitszeit-Richtwerten teilweise widerlegt werden können:

> „Die Betriebe behaupten, sie hätten eine Tonne Betonstahl in zwei bis fünf Stunden
> verlegt. Dann wurde dementsprechend nur für diese Zeit der Mindestlohn gezahlt.
> Aus Arbeitszeituntersuchungen ist aber bekannt, dass für die Verlegung von einer
> Tonne Betonstahl mindestens 10 Stunden benötigt werden. Das sind Fälle, die stän-
> dig vorkommen." (Interview ZDB, 11/2015)

Verbreitet ist zudem die Praxis, dass Betriebe mit den Beschäftigten eine
sogenannte aufgabenorientierte Arbeitszeit vereinbaren, bei der die Arbeitnehmer
nur für z. B. 6 h pro Tag bezahlt werden, obwohl sie deutlich länger auf der
Baustelle tätig waren. Ähnlich verhält es sich mit offiziell vereinbarten Teilzeitbeschäftigungsverhältnissen, obwohl tatsächlich in Vollzeit gearbeitet wird, wie
es häufig in Berlin der Fall ist.

Ein wachsendes Problem stellt die Scheinselbstständigkeit dar, insbesondere
in Bereichen, in denen die Meisterpflicht entfallen ist, wie etwa bei den Fliesen-
legern. Einzelne Beschäftigte melden ein eigenes Gewerk an, dessen Adresse

identisch mit der Firmenanschrift des Generalunternehmers ist. Die Schein-selbstständigen erhalten lediglich einen Werklohn für erbrachte Werkleistungen, bekommen jedoch keine Urlaubs- und Krankheitsvergütung, obwohl es sich de facto um eine abhängige Beschäftigung handelt. Vor allem bei osteuropäischen Beschäftigten gilt diese Variante als weit verbreitet.

> „Bei den Scheinselbständigen aus Osteuropa gibt es einen permanenten Dreh-türeffekt. Es sind immer die gleichen Organisatoren, die solche Beschäftigungs-formen ansetzen, die betroffenen Personen aber wechseln nach paar Monaten. Viele von denen haben auch schlechte Erfahrungen gemacht und kommen nicht wieder. Das reicht aber nicht aus, dass sich das richtig herumspricht." (Interview IG BAU, 10/2015)

Eine organisierte Variante der Scheinselbstständigkeit ist die Gründung von Arbeitsgemeinschaften (ARGE) zwischen einem deutschen Baubetrieb und einzelnen ausländischen Bauarbeitern. Der Bauunternehmer tritt als Sub-unternehmer auf und behauptet, polnische oder rumänische Selbstständige zu vermitteln. Diese bilden dann eine ARGE aus 40 bis 50 Leuten mit einem Ansprechpartner. Dieser Ansprechpartner ist häufig identisch mit dem Anwerber im Herkunftsland der Scheinselbstständigen. Die Agentur sitzt in Deutschland, weil dort in der Regel die Registrierung erfolgt. Oftmals hat die Anstellung bei einer ARGE zur Folge, dass die Beschäftigten bis zu fünf, sechs Monate arbei-ten, aber höchstens zwei ausgezahlt bekommen. Die Agentur selbst, die eigentlich der Bauunternehmer ist, tritt als Dienstleister auf und berechnet den Scheinselbst-ständigen 150 bis 300 € pro Monat Agenturdienstleistungen etwa für Formalitäten mit Behörden. Sie übernimmt bspw. die Anmeldung der Scheinselbstständigen beim örtlichen Gewerbeamt. In der Regel geht das ohne das persönliche Erscheinen der Betroffenen. Zusätzlich können ungerechtfertigte Abzüge für Unterkunft, Verpflegung und Transportmittel in Rechnung gestellt werden. Seit Anfang 2015 sind die Gewerbeämter dazu verpflichtet, Verdachtsfällen auf Scheinselbstständigkeit nachzugehen und gleichzeitig der FKS zu melden. In unseren Gesprächen wurde jedoch kritisiert, dass die Gewerbeämter Verdachts-fällen häufig weder nachgehen noch dem Zoll melden (Interview ZDB, 11/2015).

Eine verbreitete Betrugsvariante ist die Generierung von Schwarzgeld über Scheinfirmen. Dafür wird von einem Bauunternehmen zunächst eine Stroh-mannfirma gegründet. Diese erstellt Scheinrechnungen für nicht erbrachte Bau-leistungen und fordert den Betrag von dem Bauunternehmen ein. Ein Teil des Rechnungsbeleges fließt, nach Abzug von Gebühren, an die Baufirma zurück. Die Baufirma verfügt damit über nicht nachweisbares Geld und kann damit

Bauarbeiter bar bezahlen und deshalb Bauleistungen billiger anbieten. Teilweise werden die Beschäftigten ordnungsgemäß bei der SOKA-BAU meist aber nur für eine Teilzeitbeschäftigung angemeldet, um dort eine sogenannte Unbedenklichkeitsbescheinigung zu erhalten, womit der Eindruck der Legalität erreicht werden soll.

In unseren Interviews wurde auch kritisiert, dass das Ausschließen von sanktionierten Betrieben bei der Vergabe von öffentlichen Aufträgen in der Praxis nicht funktioniert. Betrügerische Unternehmen könnten unbehelligt weiter an öffentlichen Ausschreibungen teilnehmen, selbst, wenn die FKS bei ihnen Verstöße festgestellt hat. Nach Einschätzung von Expert_innen liegt dies u. a. daran, dass den Behörden die Verstöße nicht bekannt sind, insbesondere, wenn die Betriebe zuvor in anderen Regionen tätig waren (Interview ZDB, 11/2015).

Eine weitere häufige Umgehungsstrategie ist auch die falsche Lohneinstufung. So wird der Mindestlohn 1 z. B. auch für Beschäftigte gezahlt, die aufgrund der Qualifikation und der Tätigkeitsmerkmale eigentlich den Mindestlohn 2 bekommen müssten.

Vor allem für die Sozialkassen stellen ausländische Briefkastenfirmen ein zunehmendes Problem dar. Die Einforderung von Beitragsrückständen ist schwierig, weil die Firmen keine klassischen Baubetriebe sind, sondern lediglich Beschäftigte anwerben. Diese Firmen lassen sich nur dann in Regress nehmen, wenn der Auftrag bzw. die Entsendung noch andauert:

„Es gibt dann immer schon Erfahrungswerte, wenn dann immer derselbe Name des Geschäftsführers auftaucht. Oder wenn wir was zustellen wollen und dem Bearbeiter auffällt, dass 10 Firmen aus Bulgarien unter derselben Adresse gemeldet sind. Dann guckt man sich das bei Google Maps an und ist mitten in einem Wohngebiet. Und so fällt das halt auf." (Interview SOKA-BAU, 5/2016)

Bei entsandten Beschäftigten wird das so genannte „van der Elst-Visum" kritisch bewertet. Ein solches Visum muss von Drittstaatsangehörigen eingeholt werden, um eine Arbeitsberechtigung innerhalb der EU zu erhalten. Diese Arbeitserlaubnis kann in jedem EU-Mitgliedsstaat ausgestellt werden und gilt gleichzeitig im gesamten EU-Raum. Häufige Konstellationen sind bosnische Beschäftigte mit einer slowenischen Arbeitserlaubnis oder Mazedonier mit einer bulgarischen Erlaubnis. Dadurch entsteht ein starkes Abhängigkeitsverhältnis zum Arbeitgeber, was dazu führt, dass die Beschäftigten oftmals niedrige Stundenlöhne weit unterhalb des Mindestlohns hinnehmen.

Weitere Probleme bestehen, wenn die Arbeitgeber in der Monatsmeldung Urlaub angeben, obwohl die Beschäftigten tatsächlich gearbeitet haben. Dadurch können Arbeitgebern widerrechtlich Urlaubsbeiträge erstattet werden. In ihrer Evaluation der Mindestlohnregelungen im Bauhauptgewerbe konnten Möller u. a. (2011, S. 162) zwei weitere Umgehungsstrategien identifizieren: Zum einen vergeben tarifgebundene Betriebe Aufträge für umlagepflichtige Bauleistungen des Bauhauptgewerbes an Subunternehmen aus Gewerken des Baunebengewerbes oder diese Subunternehmen täuschen anderweitige Arbeitsleistungen vor, um einen überwiegenden Teil ihrer wirtschaftlichen Aktivität dem Baunebengewerbe zuordnen zu können, sodass sie offiziell nicht unter die Mindestlohnregelung und die Sozialkassenabgabe fallen. Zum anderen werden den Beschäftigten Kosten für Schlechtarbeit oder für beschädigtes Arbeitsmaterial in Rechnung gestellt und vom Lohn abgezogen.

## 6.3.2   Besondere Kontrollmaßnahmen der Sozialpartner

Während sich die meisten Branchen darauf verlassen müssen, dass die FKS durch ihre Kontrollen Verstöße gegen Mindestarbeitsbedingungen aufdeckt, verfügt das Bauhauptgewerbe mit den Sozialkassen des Baugewerbes (SOKA-BAU) über eigene Kontrollmöglichkeiten. So kann die SOKA-BAU anhand der arbeitnehmerbezogenen Meldungen der Löhne und lohnzahlungspflichtigen Arbeitsstunden der Baubetriebe prüfen, ob den Beschäftigten der tarifliche Mindestlohn 1 gezahlt wurde. In den Expertengesprächen wurde das Kontrollverfahren der SOKA-BAU von beiden Sozialpartnern ausdrücklich gelobt und als wichtige Ordnungsfunktion im Baugewerbe bezeichnet. Dabei werden sowohl die eingehenden Meldungen der inländischen Baubetriebe als auch der ausländischen Entsendebetriebe kontrolliert und Verfehlungen an den Zoll gemeldet. Im Unterschied zum inländischen Verfahren beteiligen sich die entsandten Beschäftigten gemäß der Entsenderichtlinie jedoch lediglich am Urlaubskassenverfahren, müssen also nur einen Teil der Beiträge an die SOKA-BAU leisten. Zudem kontaktiert die SOKA-BAU die betroffenen Unternehmen und fordert bei Mindestlohnunterschreitungen die entsprechenden Sozialkassenbeiträge und die Winterbeschäftigungs-Umlage nach. Allerdings wurde von Vertreter_innen der Sozialkasse in Wiesbaden betont, dass nicht überprüft werden kann, ob auch der Mindestlohn 2 eingehalten wird, sondern nur, ob das angegebene Verhältnis des Mindestlohns 1 zum Mindestlohn 2 realistisch ist:

„Wenn zum Beispiel alle 20 von 20 Arbeitnehmern Lohngruppe 1 erhalten, alle
Hilfsarbeiter sind, fragen wir kritisch beim Arbeitgeber nach und akzeptieren das in
der Regel auch nicht." (Interview SOKA-BAU, 5/2016)

Die SOKA-BAU akzeptiert bei Firmen, die aus Ländern ohne Werkvertragsabkommen stammen, ein Verhältnis von 50 % Facharbeiter_innen zu 50 % Hilfskräften. Wenn sich das Verhältnis zu mehr Hilfskräften verschiebt, erfolgt eine
automatisierte Nachfrage beim betreffenden Betrieb. Bei Betrieben aus Staaten
mit Werkvertragsabkommen gilt als Orientierungsmarke ein Anteil von 85 %
Fachkräften zu 15 % Hilfskräften.

In Berlin wurde im Jahr 2007 der „Tarifvertrag über zusätzliche Angaben im
arbeitnehmer-bezogenen Meldeverfahren im Berliner Baugewerbe" (TV ZABB)
abgeschlossen, um genauere Prüfungen zur Einhaltung der Mindestlöhne durchführen zu können. Demnach müssen in Berlin nicht nur die Anzahl der geleisteten
Arbeitsstunden und Löhne an die Sozialkasse gemeldet werden, sondern zusätzlich auch die Lohngruppe gemäß dem Bundesrahmentarifvertrag, wodurch auch
die Einhaltung des Mindestlohns 2 überprüft werden kann.

Die SOKA-BAU ist dazu befugt, die Stundenzettel, Gehaltsabrechnungen
und die Arbeitsverträge von den Betrieben anzufordern. Zur Einschätzung der
Arbeitsverhältnisse sind die festgelegten Tätigkeitsbereiche im Tarifvertrag wichtig, mit deren Hilfe die Angaben des Arbeitgebers zu den Tätigkeiten geprüft
werden können. Falls die Betriebe auf die Anschreiben der SOKA-BAU nicht
reagieren oder Hinweise für Verstöße vorliegen, werden die entsprechenden Fälle
an den Zoll weitergeleitet.

In unseren Gesprächen bei der SOKA-BAU wurde die Zusammenarbeit mit
dem Zoll positiv bewertet. Das liegt insbesondere daran, dass der Zoll viel enger
mit der SOKA-BAU kooperiert als mit den Verbänden der Tarifpartner und Rückmeldungen über festgestellte Verstöße weiterleitet. Die Finanzkontrolle Schwarzarbeit sendet der SOKA-BAU alle Prüfberichte mit festgestellten Verstößen und
den genauen Betriebsangaben zu. Dafür ist jeweils ein Mitarbeiter ausschließlich für die Betreuung eines FKS-Standortes zuständig. Zudem nehmen die Mit-
arbeiter_innen direkt an gemeinsamen Konferenzen beim Zoll teil und beraten
gemeinsam, wie die Prüfverfahren weiterentwickelt und verbessert werden können:

„Da findet ein sehr intensiver Austausch statt, der letztlich auch in dieses Thema
Zusammenarbeit mit dem Risikomanagement gemündet ist, weil der Zoll dafür auch
seine Arbeit verändert, um stärker die wichtigen und prüfrelevanten Bereiche besser
festzustellen, als eine flächendeckende Prüfung zu organisieren." (Interview SOKA-
BAU, 1/2016)

Dagegen stimmen die SOKA-BAU und der Zoll ihre jeweiligen Prüfstrategien nicht untereinander ab und nehmen somit wechselseitig keinen Einfluss auf die Auswahl der zu prüfenden Betriebe. Allerdings nimmt der Zoll alle Hinweise auf und lässt Datenauswertungen der SOKA-BAU in die Risikoanalyse mit einfließen, um Prüfschwerpunkte zu ermitteln (SOKA-BAU 2017). Dass die SOKA-BAU konkrete Rückmeldungen vom Zoll erhält, liegt am offiziellen Status als Zusammenarbeitsbehörde der FKS, wodurch die datenschutzrechtliche Zusammenarbeit mit den Sozialversicherungsträgern gesetzlich geregelt ist.

Die Rechtsgrundlage zur Nachforderung von SOKA-Beiträgen sind die Prüfberichte des Zolls. Darin sind detaillierte Angaben zum Betrieb und zu den festgestellten Verstößen enthalten. Pro Jahr werden etwa 5000 inländische Prüfberichte und zusätzlich 1500 Prüfberichte zu entsandten Beschäftigten vom Zoll an die SOKA-BAU übermittelt:

„Das typische Beispiel für einen Prüfbericht ist die Mindestlohnunterschreitung. Der Prüfer geht hin und stellt fest, hier wurde der Mindestlohn nicht eingehalten. Oder der Mindestlohn 1 wurde bezahlt, aber der Mindestlohn 2 wäre die Anspruchsgrundlage gewesen. Der Prüfer geht dann hin und fordert bei der deutschen Rentenversicherung alle gemeldeten Arbeitnehmer zu diesem Arbeitgeber an, lässt sich von der deutschen Rentenversicherung den Bruttolohn hochrechnen, der aufgrund der Mindestlohn 2-Forderung besteht, und leitet entweder ein Bußgeldverfahren oder Strafverfahren ein. Und schickt uns diese Ermittlungsergebnisse mit der Aufforderung, ihm den Urlaubskassenbeitrag zu nennen, damit er die Höhe des Bußgeldes festsetzen oder es an die Staatsanwaltschaft weitergeben kann, damit dort das Verfahren eröffnet wird." (Interview SOKA-BAU, 1/2016)

Kritik äußerte die SOKA-BAU an der Vorgehensweise der FKS bei der Bewertung der sogenannten A1-Bescheinigungen, die für entsandte Beschäftigte belegen, dass sie in ihrem Heimatland sozialversichert sind, und deshalb mitgeführt werden müssen. Aus Sicht der SOKA-BAU akzeptiert der Zoll die Angaben der Bescheinigungen zu schnell, selbst wenn der Verdacht auf Scheinselbstständigkeit besteht:

„Grundsätzlich gibt es das Verfahren, dass der Zoll anregen kann zu überprüfen, ob die Angaben in der A1-Bescheinigung tatsächlich den Gegebenheiten entsprechen. Aber dieses Verfahren ist nicht erfolgreich, weil der Zoll diese Prüfanregungen nicht für nötig erachtet und schnell die Angaben akzeptiert. Es gibt eine Rechtsprechung dazu, dass die A1-Bescheinigung eine Bindungswirkung hat, das heißt, die Angaben aus den Herkunftsländern müssen in Deutschland anerkannt werden. Und es ist schwierig, juristisch dagegen vorzugehen." (Interview SOKA-BAU, 5/2016)

Darüber hinaus haben die Sozialpartner im Bauhauptgewerbe weitere Maßnahmen ergriffen, die zu einer besseren Einhaltung der Arbeitsbedingungen führen
sollen. So wurde etwa in Berlin das Pilotprojekt „Weißbuch Bau" von den regionalen Sozialpartnern im Herbst 2015 eingeführt, das bei der Sozialkasse des Berliner Baugewerbes angesiedelt ist und auf eine Initiative der Fachgemeinschaft
Bau zurückgeht. Dabei werden diejenigen Betriebe in ein öffentlich einsehbares
Weißbuch aufgenommen, die keine Verstöße aufweisen. Auftraggeber erhalten so
eine transparente Möglichkeit der Auswahl von „ehrlichen" Bauunternehmen. Die
Berechtigung zur Eintragung in das Weißbuch ergibt sich aus den Plausibilitätsprüfungen der SOKA-BAU, wenn keine Verfehlungen festgestellt werden. In den
Expertengesprächen wurde betont, dass das Pilotprojekt zwar klare Vorteile, aber
auch Nachteile hat. Da es das Weißbuch bislang nur in Berlin gebe, könnten auch
nur Berliner Bauunternehmen aufgenommen werden. Wenn bei der Auftragsvergabe nur Betriebe aus dem Weißbuch berücksichtigt werden, habe ein Betrieb aus
einem anderen Bundesland keine Chance, an den Auftrag zu kommen. Ob das
Weißbuch für ganz Deutschland eingeführt werden kann, wird sich zeigen, wenn
erste Erfahrungen aus Berlin vorliegen.

Eine weitere Besonderheit in Berlin sind die sogenannten Baustellenläufer_
innen, die jeweils von der Berliner Sozialkasse, der IG BAU sowie von der Fachgemeinschaft Bau getrennt voneinander eingeführt wurden, allerdings bei der
Vorgehensweise miteinander kooperieren. Die Baustellenläufer_innen – es handelt sich pro Einrichtung um zwischen zwei und sechs Personen – überprüfen
die Baustellen dahin gehend, ob Verstöße beobachtet werden, die eventuell vor
Gericht verwertbar sind. Dafür führen sie auch Gespräche mit den Beschäftigten
auf der Baustelle.

Diese Maßnahme wurde in den Expertengesprächen unterschiedlich eingeschätzt. Während sich die beiden Arbeitgeberverbände eher zurückhaltend dazu
äußerten, wird das Modell von der IG BAU unterstützt und finanziell gefördert.
Aus Sicht der Gewerkschaft ist der Ansatz erfolgreich, da die Baustellenläufer
bereits zahlreiche Verstöße aufdecken konnten. Allerdings wurde bemängelt,
dass dieses Vorgehen bislang nicht institutionalisiert worden ist und lediglich mit
ehrenamtlichen Personen betrieben wird.

Als präventives Instrument besteht im Bauhauptgewerbe seit 2004 ein nationales Aktionsbündnis gegen Schwarzarbeit und illegale Beschäftigung. Beteiligt
sind u. a. das Bundesfinanzministerium, das Bundesarbeitsministerium, der Zoll,
die Arbeitgeberverbände und die Gewerkschaften. Ergänzend wurden mehrere Bündnisse auf regionaler Ebene in den Bundesländern geschlossen. Ziel
der Bündnisgespräche ist, dass die Tarifvertragsparteien, Ermittlungsbehörden
sowie das Finanz- und Arbeitsministerium gemeinsam die besonders anfälligen

Schwarzarbeitsbereiche identifizieren, in denen Schwerpunktkontrollen durchgeführt werden sollen.

In den Expertengesprächen wurde vonseiten der Arbeitgeberverbände wie auch der Gewerkschaft kritisiert, dass die Finanzkontrolle Schwarzarbeit den Verbänden keine Rückmeldungen zu gemeldeten Verstößen gibt und sie auch nicht über konkrete Ermittlungsergebnisse informiert:

> „Ich bin zunehmend nicht nur enttäuscht, sondern auch frustriert von diesen Bündnisgesprächen, weil die uns immer schöne Zahlen präsentieren, wie viele Prüfungen sie durchgeführt haben, wie viele Bußgelder und wie viele Freiheitsstrafen sie verhängt haben. Und dann wird mir hier präsentiert: Im letzten Jahr haben wir 444 Jahre Freiheitsstrafen erwirkt. Da weiß ich nicht, ob ich lachen oder weinen soll. Dann frage ich mich, wie viel davon ist denn abgesessen worden? Wissen wir nicht." (Interview ZDB, 11/2015)

Als Hindernis wurde insbesondere auf Vorgaben des Datenschutzes verwiesen, die einen besseren Informationsaustausch mit der Zollbehörde verhindern:

> „Wir erfahren weniger als die Presse teilweise. Wir geben die Anzeige rein, wir sagen, uns ist das und das aufgefallen auf der Baustelle, da kann was nicht stimmen. Bitte kontrolliert mal die Firma. Dann erfahren wir nicht, ob kontrolliert wurde, und das ist frustrierend. Im Einzelfall kriegen wir schon ein bisschen Info, zumindest eine Rückmeldung, da war nichts dran oder war gut, dass ihr uns das gesagt habt. Aber in vielen Fällen erfahren wir gar nichts." (Interview IG BAU, 10/2015)

Als positive Aspekte der Bündnisgespräche wurde hervorgehoben, dass diese die Möglichkeit bieten, sich regelmäßig auszutauschen, Unklarheiten zu besprechen und zukünftige Kontrollstrategien zu erörtern.

Aufgrund der teils bestehenden Unzufriedenheit mit den Bündnisgesprächen wurde in mehreren Interviews darüber diskutiert, ob die Sozialpartner eine stärkere Rolle bei den Kontrollen einnehmen sollen. Eine Möglichkeit bestünde darin, dass die Tarifpartner eine stärkere beratende Funktion bei den Kontrollen auf Baustellen übernehmen, um Missstände und Verstöße besser aufzudecken. Allerdings stehen vor allem die Arbeitgeberverbände in einem Spannungsverhältnis bei der Bekämpfung von Schwarzarbeit, da sie aufpassen müssen, nicht gegen die Interessen der eigenen Mitgliedsunternehmen zu handeln. Deswegen wird eine intensivere Kooperation mit der FKS kritisch beurteilt:

> „Der HDB muss sich auch immer fragen, wie man gegenüber den eigenen Mitgliedern agieren will, denn man käme in einen Interessenkonflikt. Denn die Betriebe werden beim Arbeitgeberverband nicht Mitglied, um sich von ihm kontrollieren zu lassen." (Interview HDB, 1/2016)

Der Interessenkonflikt wird auch bei der Kontrolle und Einhaltung des Mindestlohns 2 in Westdeutschland deutlich. In Berlin zeigen die tariflichen Regelungen mit der Meldepflicht zur tariflichen Eingruppierung, wie sinnvolle Kontrollregelungen für den Mindestlohn 2 in den Tarifverträgen verankert werden könnten. Die Weigerung der Arbeitgeber, dieses Verfahren auch auf die westdeutschen Bundesländer auszuweiten, lässt sich nur damit erklären, dass die Mitgliedsbetriebe eine stärkere Kontrolle ablehnen.

Auch ein Vertreter der FKS äußerte sich im Interview skeptisch bezüglich einer stärkeren Zusammenarbeit mit den Tarifparteien, insbesondere mit den Gewerkschaften:

„Die IG BAU hat ja auch ihre eigenen Interessen in Bezug auf ihre Mitglieder und die sind nicht immer identisch mit der Schwarzarbeitsbekämpfung. Die wollen natürlich schon, dass man den Arbeitgebern auf die Füße tritt, aber nicht unbedingt den Arbeitnehmern. Das kann aber passieren. Und bei einer Kontrolle greife ich ja massiv in die Grundrechte ein. Das heißt, wenn ich einem Arbeitgeber sage, ich darf jetzt deine Betriebsstätte betreten, dann ist das Grundrechtseingriff. Wenn ich jetzt sage, ich habe noch ein paar Kumpels von der Gewerkschaft dabei, dann muss man sagen, rechtfertigt das jetzt noch den Grundrechtseingriff, dass ich die mitnehme." (Interview FKS, 1/2019)

### 6.3.3   Die Generalunternehmerhaftung in Deutschland

Ein wichtiges Instrument zur Durchsetzung von Strafen und zur Nachzahlung von fälligen Beitragszahlungen ist die Generalunternehmerhaftung in Deutschland. Dabei muss zwischen der Zahlung des Mindestlohns und den Sozialversicherungsbeiträgen unterschieden werden. Gemäß § 28e Absatz 3a bis 3e SGB IV haftet ein Generalunternehmer im Baugewerbe für die Beitragszahlungen zur Sozialversicherung des Nachunternehmers, wenn dieser die Zahlungsverpflichtungen nicht erfüllt. Die Haftung für die gesamten Sozialversicherungsbeiträge und die Beiträge zur Unfallversicherung sind verschuldensabhängig. Das bedeutet, dass es bei der Haftung der Sozialversicherungsbeiträge keine Kettenhaftung gibt, sondern unmittelbar zwischen dem jeweiligen Auftraggeber und dem Nachunternehmer gehaftet wird. Bezüglich der Entgeltansprüche haftet der Generalunternehmer verschuldensunabhängig nach § 14 AEntG auch für die Lohnansprüche und Beiträge zur Urlaubskasse. Dadurch ist jeder Beschäftigte eines Nachunternehmers berechtigt, vor Gericht ausstehende Lohnzahlungen direkt vom Generalunternehmer einzufordern.

In einem Evaluationsbericht aus dem Jahr 2012 stellte die Bundesregierung fest, dass sich die Generalunternehmerhaftung für Sozialversicherungsbeiträge im Baugewerbe für ein besseres Nachunternehmermanagement insgesamt bewährt habe (Deutscher Bundestag 2012). Besonders hervorgehoben wurde die präventive Wirkung der Regelung. Allerdings müsse die Haftungsdurchsetzung noch verbessert werden. Eine Untersuchung von Bosch (2017) am Beispiel der Thyssen Krupp Steel AG Europe hat gezeigt, dass auch in anderen Branchen Haftungsrisiken für Auftraggeber zu einem verantwortungsvolleren Nachunternehmermanagement in Großbetrieben mit vielen Unterauftragnehmern führen können. Voraussetzung dafür ist, dass das Unternehmen dafür entsprechende Kontrollstrukturen aufbaut.

Während die Arbeitgeberverbände die Generalunternehmerhaftung als wirkungsvolles Instrument zur Bekämpfung von Schwarzarbeit in Deutschland ansehen, hält die SOKA-BAU die Regelung für ausbaufähig:

„Ich glaube schon, dass es der Branche geholfen hat, bei den schwarzen Schafen etwas zu erreichen. Wenn alle Hauptunternehmer genauer hinschauen und dann Abstand nehmen von den ganz Schlimmen, dann ist vielleicht nicht jeder Missbrauch verhindert worden, aber zumindest die ganz Schlimmen, die am untersten Rand stehen, die kriegt man damit aus dem Markt, weil niemand mehr bereit ist, so große Risiken einzugehen." (Interview HDB, 1/2016)

„Gerade das Instrument der Auftraggeberhaftung wäre ja ein Instrument, das nach meiner Einschätzung Veränderungen im Markt bewirken könnte. Nämlich die Veränderung, dass der Auftraggeber eine größere Sensibilität entwickelt für die Frage, wen beschäftige ich denn hier als Nachunternehmer auf meiner Baustelle. Und neben dem Prüfinstrument ist das aus meiner Sicht ein zentraler Hebel." (Interview SOKA-BAU, 1/2016)

In mehreren Gesprächen wurde erwähnt, dass die Berufsgenossenschaft Bau das Instrument der Generalunternehmerhaftung am intensivsten zur Durchsetzung von Beitragsnachforderungen nutzt.

Für den Generalunternehmer sind allerdings mehrere Möglichkeiten zur Enthaftung von Verfehlungen des Nachunternehmers geschaffen worden. So kann der Hauptunternehmer darauf achten, dass er einen präqualifizierten Nachunternehmer beauftragt. Dafür gibt es eine sogenannte PQ-Liste, die im Internet immer tagesaktuell einsehbar ist. Die PQ-Stelle übernimmt die Kontrolle, ob der Unternehmer seine Sozialabgaben zahlt, den Mindestlohn einhält und ob er SOKA-BAU-pflichtig ist. Dabei prüft die PQ-Stelle in erster Linie die Unterlagen und nur in Ausnahmefällen die Betriebe vor Ort. Im Normalfall werden die Unterlagen einer Plausibilitätskontrolle unterzogen. Die Einreichung der Unterlagen ist zwar nicht verpflichtend, wird aber trotzdem von einer Vielzahl an Unternehmen genutzt, um eine Zertifizierung zu erhalten.

Die SOKA-BAU hat zusätzlich ein eigenes Verfahren zur Enthaftung eingeführt. Das Grundprinzip ist, dass man bei einem Nachunternehmen, das sich über einen Zeitraum von 12 Monaten als zuverlässiger Beitragszahler erwiesen hat, davon ausgehen kann, dass es auch weiterhin die Beiträge zahlt. Solchen Unternehmen werden von der SOKA-BAU entsprechende Bescheinigungen ausgestellt und diese haben eine enthaftende Wirkung, allerdings nicht im rechtlichen, sondern im tatsächlichen Sinne. Die SOKA-Bau verzichtet dann im Ernstfall auf einen Teil ihres Anspruchs, weil sie selbst diese Bescheinigung ausgestellt hat und damit den Vertrauenstatbestand geschaffen hat.

Darüber hinaus gibt es weitere Unbedenklichkeitsbescheinigungen, etwa der Krankenkassen oder der BG Bau, die bestätigen, dass für eine bestimmte Anzahl an Beschäftigten die Beiträge korrekt abgeführt wurden. Allerdings führen die unterschiedlichen Bescheinigungen manchmal zu Konflikten, da die Unbedenklichkeitsbescheinigungen nur bei der eigenen Behörde anerkannt werden. So kann es vorkommen, dass etwa die BG Bau einen Betrieb in Haftung nimmt für einen Nachunternehmer, der aus verschiedenen Gründen seine Beiträge an die BG Bau nicht gezahlt hat. Wenn der betroffene Unternehmer nur eine Unbedenklichkeitsbescheinigung einer anderen Behörde vorweisen kann, aber nicht die von der BG Bau, wird er trotzdem von der Berufsgenossenschaft in Regress genommen:

> „Die meisten legen Wert auf die Bescheinigung der Unfallversicherung, weil die Unfallversicherung hinsichtlich möglicher Haftungen der Hauptunternehmer am schärfsten vorgegangen ist." (Interview HDB, 1/2016)

Lediglich beim Mindestlohn besteht keine Enthaftungsmöglichkeit. Für den Generalunternehmer besteht damit immer das Risiko, dass die Beschäftigten des Nachunternehmers ihn auf Zahlung des Mindestlohns verklagen.

## 6.4  Kontrollinstrumente im europäischen Baugewerbe

Auch in anderen europäischen Ländern finden sich im Baugewerbe besondere Kontrollmaßnahmen zur Sicherung von Lohnansprüchen und eines faireren Wettbewerbs. In *Schweden* sind z. B. obligatorische Zugangskontrollen für Baustellen eingeführt worden. Der Zugang zur Baustelle ist nur noch mit einem elektronischen Ausweis durch ein Drehkreuz möglich. Durch diese Erfassung findet eine

Identitätskontrolle statt und die Daten können direkt vom Finanzamt eingesehen werden. Darüber hinaus werden die Daten durch externe Dienstleister erfasst und verwaltet, sodass die Betriebe keine Möglichkeit zur Datenmanipulation haben. Durch die Datenerfassung ergibt sich ein vollständiger Überblick über die Firmen und Beschäftigten, die auf der Baustelle tätig sind. Da in Schweden die Pausen in der Regel nicht auf den Baustellen, sondern in Sozialräumen außerhalb der Baustellen verbracht werden, werden durch die Zugangskontrollen auch die Pausenzeiten erfasst. Außerdem kontrollieren die Bauleitungen auch, ob die Zahl der Beschäftigten, die die Subunternehmen auf der Baustelle einsetzen, der Zahl der ausgestellten Karten entspricht.

Auch in *Belgien* müssen Beschäftigte bei Tätigkeiten auf Baustellen einen sogenannten „ConstruBadge" mit sich führen. Dies gilt auch für entsandte Beschäftigte von ausländischen Unternehmen. Auf diesem Baustellenausweis stehen die Namen des Arbeitgebers und des Arbeitnehmers, die Identifikationsnummer von beiden, eine Kartennummer, ein Foto und die Gültigkeitsdauer des Ausweises. Im Registrierungsprozess muss eine belgische Versandadresse festgelegt werden.

Im Baugewerbe in *Spanien* sind ebenfalls Maßnahmen gegen illegale Beschäftigung getroffen worden. So regelt das spanische Nachunternehmergesetz („LEY 32/2006, reguladora de la subcontractación en le Sector de la Construcción"), dass eine Kettenvergabe im Baugewerbe auf höchstens drei Nachunternehmer begrenzt ist. Ein viertes Subunternehmen darf nur in Ausnahmefällen (etwa, wenn spezielle Fachkenntnisse notwendig sind) zusätzlich beauftragt werden. Darüber hinaus ist der Generalunternehmer zur Führung eines Subunternehmerbuches („Libro de subcontractatión") verpflichtet, das jederzeit u. a. dem Bauträger, der Bauleitung, den beteiligten Unternehmen sowie der Arbeitsinspektion zugänglich sein muss.

## 6.4.1 Delegation der Kontrollen an die Sozialpartner im Schweizer Bauhauptgewerbe

Das Schweizer Bauhauptgewerbe ist ein Beispiel dafür, dass die Kontrolle der Löhne auch durch die Tarifpartner erfolgen kann. Hier werden Löhne und Arbeitsbedingungen für das Baugewerbe im Landesmanteltarifvertrag (LMV) geregelt. Dazu zählen u. a. Arbeitszeiten, Urlaubsanspruch, Mindestlöhne und Lohnzuschläge. Der Tarifvertrag wird zwischen drei Vertragsparteien geschlossen und ist bisher immer für allgemeinverbindlich erklärt worden. Tarifpartner sind

die beiden Gewerkschaften UNIA und SYNA sowie der Schweizerische Bau-
meisterverband (SBV). Durch die AVE erhalten die Löhne des gesamten Tarifgitters im LMV den Charakter branchenspezifischer Mindestlöhne. In den
Lohngruppen wird zwischen Bauarbeitern ohne Fachkenntnisse, Bauarbeitern
mit Fachkenntnissen, Bau-Facharbeitern, gelernten Bau-Facharbeitern sowie Vor-
arbeitern unterschieden.

In Art. 8 LMV ist festgelegt, dass die Einhaltung, Kontrolle und Durchsetzung
des LMV durch die Tarifpartner selbst erfolgen soll, wofür der sogenannte
„Parifonds Bau" eingerichtet worden ist, der gemeinsam von den Tarifpartnern
verwaltet wird. Durch die Erteilung der AVE delegiert der Staat die Kontrollaufgaben unmittelbar an die Tarifpartner. Die wichtigsten Ziele des Fonds sind die
Finanzierung der Kontrollen und der beruflichen Aus- und Weiterbildung in der
Branche sowie die Unterstützung von Maßnahmen zur Vermeidung von Unfällen
und Berufskrankheiten. Zur Durchführung der Kontrollen wurden 26 lokale
paritätische Kommissionen eingerichtet, die jeweils für einen Kanton zuständig
sind, und jeweils gleichermaßen mit drei bis fünf regionalen Vertreter_innen der
Gewerkschaften und der Arbeitgeber besetzt sind (Lutz 2017).

Die Kosten für das Kontrollsystem, in das auch die Finanzierung der Aus-
und Weiterbildung im Baugewerbe integriert ist, tragen überwiegend die Sozialpartner, aber das System wird zusätzlich auch vom Staat bezuschusst. Die
Beiträge der Sozialpartner werden über eine Umlage in Höhe von 1,2 % der
Lohnsumme erhoben, wovon die Arbeitgeber 0,5 % zahlen und die Beschäftigten
0,7 %. Gewerkschaftsmitgliedern wird der Beitrag von der Gewerkschaft
erstattet. Die jährlichen Einnahmen belaufen sich auf etwa 60 Mio. CHF, wovon
etwa ein Drittel für die Kontrollen und zwei Drittel für die berufliche Aus- und
Weiterbildung in der Branche verwendet werden (Lutz 2017).

Zu den Aufgaben der paritätischen Kommissionen gehören gemäß Art. 76
Abs. 3 LMV u. a.

- die Durchführung von gemeinsamen Lohnkontrollen und Untersuchungen
  über die Arbeitsverhältnisse im Betrieb;
- die Prüfungen der betrieblichen Arbeitszeitkalender;
- die Vermittlung zwischen Betrieben und Arbeitnehmer_innen bei Konflikten
  bezüglich der Lohnklasseneinteilung.

Für ihre Aufgabenwahrnehmung haben die paritätischen Kommissionen das
Recht, jede Baufirma und Baustelle zu betreten und die Einhaltung des LMV zu
kontrollieren. Für die Kontrollen können alle Beschäftigten vor Ort befragt und

alle relevanten Lohnbuchunterlagen eingesehen werden. Sollte sich der Arbeitgeber der Kontrolle verweigern, kann er von der öffentlichen Auftragsvergabe ausgeschlossen werden. Zur Unterstützung der paritätischen Kommissionen wurden in den letzten Jahren in mehreren Kantonen Baustellenkontrollvereine gegründet, die den paritätischen Kommissionen unterstellt sind und vor allem Routinekontrollen durchführen, sodass sich die Kommissionen gezielter auf die Kontrolle von konkreten Problemfällen konzentrieren können (SVK 2018). In der gesamten Schweiz sind rund 150 Kontrollkräfte über einen der Kontrollvereine beschäftigt und pro Kanton sind bis zu acht Prüfer_innen tätig (Lutz 2017, 2018).

Die paritätischen Kommissionen werden bei ihrer Aufgabenwahrnehmung von der Schweizerischen paritätischen Vollzugskommission (SVK) unterstützt, die sich aus jeweils sieben Vertreter_innen der Gewerkschafts- und Arbeitgeberseite zusammensetzt. Gemäß Art. 13 LMV ist diese für Auslegungsfragen des LMV für die gesamte Schweiz zuständig und koordiniert die Tätigkeiten der paritätischen Berufskommission. Zudem entscheidet die Vollzugskommission über Zuständigkeitsfragen zwischen den Berufskommissionen. Darüber hinaus berät sie die paritätischen Berufskommissionen bei Fragen der Kontrolltätigkeit und bei der Umsetzung des LMV und bietet auch Weiterbildungsveranstaltungen an.

Wenn bei den Kontrollen Verstöße festgestellt werden, ist die paritätische Berufskommission zunächst berechtigt, eine Strafe in Höhe bis zu 50.000 CHF zu verhängen. In Fällen vorenthaltener geldwerter Ansprüche darf die Strafe bis zur Höhe der geschuldeten Leistungen gehen. Außerdem müssen die Betriebe die Kosten der Kontrolle übernehmen und können für bis zu einem Jahr von der öffentlichen Auftragsvergabe ausgeschlossen werden. Bei besonders schweren Verstößen kann auch die Baustelle gesperrt werden. Für Entsendebetriebe kann bei Verstößen eine Dienstleistungssperre verhängt werden, die in eine öffentlich einsehbare Liste eingetragen wird.

Allerdings müssen die Beschäftigten in der Schweiz bei Verstößen gegen tarifliche Regelungen wie auch in Deutschland bei Verstößen gegen Mindestlöhne den vorenthaltenen Lohn selbst einklagen. Die Kommission ist nicht für die Durchsetzung der Ansprüche zuständig. In der Praxis werden häufig Vereinbarungen mit den Betrieben geschlossen, dass die Strafen reduziert werden, wenn die ausstehenden Lohnforderungen bezahlt werden (Lutz 2017).

Im Jahr 2016 wurden etwa 12,5 % der Arbeitsstätten und etwa die Hälfte aller Entsendebetriebe (42.000) kontrolliert (Lutz 2018). In etwa der Hälfte der Fälle wurden Unregelmäßigkeiten festgestellt. Daraus ergibt sich eine weitaus höhere Kontrolldichte, als dies in Deutschland der Fall ist.

Eine weitere Aufgabe jeder paritätischen Kommission ist die Festlegung von Kriterien zur öffentlichen Auftragsvergabe. Die Bestimmungen sind dabei regional sehr unterschiedlich und es kann vereinzelt schon ausreichen, wenn der Betrieb bisher nicht durch Verstöße aufgefallen ist. Die Gewerkschaft UNIA kritisiert, dass lokale Betriebe aus der eigenen Kommune oft nicht gesperrt werden, nachdem Verstöße festgestellt worden sind (Lutz 2017). Ein wesentliches Problem bei der öffentlichen Auftragsvergabe sieht die Gewerkschaft darin, dass man sich auf die Aussagen der lokalen paritätischen Kommission verlassen muss, dass der Betrieb tatsächlich sauber arbeitet. Das Ziel der UNIA ist es deshalb, ein nationales Kriterien-Register für die gesamte Schweiz einzuführen.

## 6.4.2  Die Kontrolle des Kollektivvertrags im österreichischen Baugewerbe

In Österreich werden für fast alle Branchen bzw. Berufsgruppen sogenannte Kollektivverträge zwischen den Gewerkschaften und der Arbeitgeberseite (zumeist den Wirtschaftskammern) geschlossen. In den Kollektivverträgen werden u. a. Entgelt, Lohngruppen und Sonderzahlungen wie Urlaubsgeld, Weihnachtsgeld, Zulagen und Zuschläge geregelt. Hinzu kommen auch Vereinbarungen zur Arbeitszeit. In Österreich werden die Kollektivverträge gemäß § 14 des Arbeitsverfassungsgesetzes (ArbVG) nach Abschluss unverzüglich dem Bundesministerium für Wirtschaft und Arbeit vorgelegt, das den Vertrag innerhalb einer Woche im „Amtsblatt zur Wiener Zeitung" veröffentlicht. Anschließend ist jeder Betrieb verpflichtet, den Kollektivvertrag den Beschäftigten zugänglich zu machen. Durch § 11 und § 12 ArbVG entfaltet der Kollektivvertrag eine Normwirkung, sodass dessen Regelungen für eine Branche oder Berufsgruppe wie ein Gesetz gelten. Außerdem gilt der Vertrag auch für Arbeitgeber und Arbeitnehmer_innen, die nicht im Verband bzw. der Gewerkschaft organisiert sind, wodurch ein Kollektivvertrag in Österreich mit der Allgemeinverbindlicherklärung in Deutschland vergleichbar ist. Im österreichischen Baugewerbe wird bei den Kollektivverträgen nach gewerblichen Beschäftigten und Angestellten unterschieden. Die Mindestentlohnung für gewerbliche Beschäftigte liegt seit Mai 2019 bei 11,46 € pro Stunde bzw. monatlich 1942,47 € gemäß der vertraglichen Arbeitszeit von 169,5 h pro Monat (siehe Tab. 6.6).

Die Kontrolle der Löhne und Arbeitsbedingungen ist in Österreich arbeitsteilig organisiert. Zuständig sind die Finanzpolizei, die Gebietskrankenkassen (GKK), die Arbeitsinspektion sowie für das Baugewerbe die Bauarbeiter-, Urlaubs- und Abfertigungskasse (BUAK). Die Finanzpolizei ist dem Bundesfinanzministerium unterstellt und überprüft vor Ort, ob die Entgelt- und Lohngruppenvereinbarungen gemäß Kollektivvertrag eingehalten werden, ob Verstöße

**Tab. 6.6**  Grundlohn für gewerblich Beschäftigte im österreichischen Baugewerbe gültig ab 1. Mai 2019, in €

| Lohngruppe | Bezeichnung | Stundenlohn | Monatslohn (bei 169,5 Std.) |
|---|---|---|---|
| I | Vizepolier | 16,57 | 2808,62 |
| IIa | Vorarbeiter | 16,12 | 2732,34 |
| IIb | Facharbeiter | 14,68 | 2488,26 |
| IIIa | Kran-, Baggerführer | 14,67 | 2486,57 |
| IIIb | Maschinist | 14,33 | 2428,94 |
| IIIc | Asphaltierer, Eisenbieger, Gerüstbauer | 14,01 | 2374,70 |
| IIId | Betonierer, Fahrer, Gleiswerker | 13,65 | 2313,68 |
| IIIe | Gleisbauer, Wärter | 13,16 | 2230,62 |
| IV | Bauhilfsarbeiter | 12,50 | 2118,75 |
| V | Hilfspersonal (Bote, Küchenpersonal, Portiere, Wächter) | 11,46 | 1942,47 |

Quelle: Eigene Darstellung nach dem Kollektivvertrag Bauindustrie und Baugewerbe 2019

gegen fällige Sozialabgaben oder Fälle von Scheinselbstständigkeit und Scheinentsendungen vorliegen. Zudem kontrolliert sie das Personal hinsichtlich illegaler Beschäftigung und ermittelt gegen Sozialbetrug. Obwohl der Finanzpolizei mit ca. 600 Beschäftigten deutlich weniger Personal zur Verfügung steht als der FKS in Deutschland, war die Kontrolldichte in den vergangenen Jahren deutlich höher als in Deutschland (Tab. 6.7).

**Tab. 6.7**  Zahlen zu Kontrollen der Finanzpolizei in Österreich insgesamt

|  | 2013 | 2014 | 2015 | 2016 | 2017 |
|---|---|---|---|---|---|
| Kontrollierte Betriebe | 36.467 | 33.610 | 29.513 | 30.439 | 27.738 |
| Kontrollierte Beschäftigte | 73.599 | 70.428 | 58.047 | 54.579 | 47.118 |
| Illegal beschäftigte Personen | 11.310 | 13.143 | 11.961 | 12.962 | 10.798 |

Quelle: Bundesministerium für Finanzen (2018)

Nach Angaben der Gewerkschaft Bau-Holz liegt ein besonderer Fokus der Kontrollen in Österreich auf dem Baugewerbe, auf das etwa ein Viertel aller Kontrollen entfallen (Aufner 2017).

Betriebe in Österreich sind verpflichtet, die Lohnsummen der Beschäftigten mit der jeweiligen Berufsbezeichnung, der tariflichen Eingruppierung sowie Arbeitszeitaufzeichnungen an die zuständige Gebietskrankenkasse (GKK) zu melden. Die GKK prüft, ob die Sozialabgaben ordnungsgemäß gezahlt wurden, der Grundlohn (ohne Zulagen) eingehalten wurde, eine zutreffende tarifliche Eingruppierung erfolgt ist, der richtige Kollektivvertrag angewendet wird und ob die geleisteten Stunden mit der Lohnsumme übereinstimmen (Wiener Gebietskrankenkasse 2018). Werden Verstöße gegen die Grundentlohnung festgestellt, erfolgt eine Meldung an die zuständige Bezirksverwaltungsbehörde. Eine Sonderrolle nehmen aus dem Ausland entsandte und überlassene Arbeitskräfte ein. Bei ihnen erfolgt die Kontrolle der Meldedaten zentral durch das bei der Wiener Gebietskrankenkasse eingerichtete „Kompetenzzentrum Lohn- und Sozialdumping Bekämpfung" (Kompetenzzentrum LSDB). Betriebe, die gegen Meldevorgaben verstoßen, können von der öffentlichen Auftragsvergabe ausgeschlossen werden. Betriebe, die noch keine drei Jahre am Markt tätig sind, werden bevorzugt überprüft. Die Krankenkassen führen eine öffentlich einsehbare Liste, in die ein Betrieb erst eingetragen wird, wenn er mehr als drei Jahre am Markt tätig ist und immer alle Abgaben korrekt geleistet hat.

Im Baugewerbe werden die fälligen Meldedaten auch von der „Bauarbeiter-Urlaubs- und Abfertigungskasse" (BUAK) überprüft. Die BUAK wurde ähnlich wie die SOKA-BAU von den Sozialpartnern in Österreich gegründet. Zu den wesentlichen Aufgaben zählen die Auszahlung der Urlaubsansprüche, der Schlechtwetterentschädigung, der Ansprüche auf Winterfeiertagsvergütung, des Überbrückungsgeldes bis zum Pensionsantritt, Vorsorgeregelungen bei Arbeitslosigkeit sowie die Erhebung einer Ausbildungsumlage (BUAK 2018a). Insgesamt sind rund 230 Mitarbeiter_innen bei der BUAK beschäftigt.

Im Gegensatz zur SOKA-BAU ist die BUAK dazu berechtigt, direkt Kontrollen auf der Baustelle und im Lohnbüro der Betriebe durchzuführen (BUAK 2018b). Dafür wurde eine eigene Kontrolleinheit mit 45 Beschäftigten eingerichtet. Die in- und ausländischen Betriebe sind verpflichtet, Arbeitsverträge, Lohnzettel, Lohnzahlungsnachweise, Arbeitszeitaufzeichnungen, die entsprechenden Lohneinstufungen sowie die geleisteten Zuschläge zu melden. Zudem muss auch eine Meldung der Arbeitgeber bzw. Auftraggeber erfolgen, wenn eine Baustelle voraussichtlich länger als fünf Arbeitstage besteht. Verstöße werden ebenfalls an die Bezirksverwaltungsbehörden weitergeleitet.

Im Jahr 2017 wurden durch die BUAK insgesamt 7458 Baustellen, 11.496 Betriebe und 41.510 Beschäftigte kontrolliert, davon 1795 ausländische Firmen und 7628 ausländische Arbeitskräfte. Insgesamt wurden bei 93 inländischen und 799 ausländischen Betrieben sowie 230 inländischen und 3021 ausländischen Beschäftigten Verstöße festgestellt (Aufner 2018).

Bei Lohnverstößen können sich die Beschäftigten an die Arbeitnehmerkammern (AK) wenden, die Unterstützung bei Klagen leisten. Ausländische Beschäftigte haben diesen Anspruch nicht, werden in der Regel aber von der Gewerkschaft bei der Durchsetzung ihrer Ansprüche unterstützt (Aufner 2017).

Nicht zuletzt ist die öffentliche Auftragsvergabe in Österreich ein wichtiges Handlungsfeld für die Festlegung von Mindestarbeitsbedingungen. Denn private Unternehmen sind unabhängig vom Auftragsvolumen gemäß § 123 Abs. 2 Z 2 Bundesvergabegesetz bei Bauprojekten im Auftrag öffentlicher Stellen dazu verpflichtet, bereits bei der Abgabe ihrer Angebote alle zur Durchführung der Baumaßnahme vorgesehenen Subunternehmen mit den von ihnen zu erbringenden Leistungen namentlich zu benennen. So hat die Auftragsvergabestelle immer Kenntnis davon, welche Unternehmen auf den Baustellen tätig sind. Zudem muss die Vergabestelle über einen Wechsel der Nachunternehmen während der Bauphase zeitnah informiert werden.

## 6.5 Zusammenfassung und Schlussfolgerungen

Das Bauhauptgewerbe, das bevorzugtes Ziel von grenzüberschreitenden Entsendungen ist, weist in Deutschland die längste Erfahrung mit tariflichen Mindestlöhnen auf. Begünstigt durch eine verhältnismäßig hohe Kooperationsbereitschaft der beiden Arbeitgeberverbände mit der Gewerkschaft, gelang die Einführung eines Branchenmindestlohns bereits im Jahr 1997. Zudem haben die Tarifpartner schon frühzeitig tarifliche Sozialkassen zur besseren sozialen Absicherung der Beschäftigten im Bauhauptgewerbe eingerichtet, um Arbeitsplatzrisiken durch saisonale und konjunkturelle Schwankungen abzufedern sowie Finanzierung der Berufsausbildung, der Urlaubsansprüche und einer Zusatzversorgung zu sichern.

Das Bauhauptgewerbe hat sich seit der Wiedervereinigung deutlich verändert. Die Branche ist mittlerweile stark fragmentiert, da die Zahl der kleinen und mittelständischen Unternehmen sowie der Solo-Selbstständigen in den letzten Jahrzehnten stark zugenommen haben. Hintergrund dieser Entwicklung ist ein zunehmend kostengetriebenes Outsourcing. Größere Unternehmen treten zunehmend nur noch als Generalunternehmer auf, die Kernarbeiten an andere Firmen weitergeben mit dem Ergebnis, dass unübersichtliche Strukturen von Subunternehmen entstehen. Dazu trägt auch die Vergabe an Werkvertragsfirmen aus dem europäischen Ausland bei, die Arbeitskräfte nach Deutschland entsenden. Deren Zahl ist seit der Wirtschafts- und Finanzkrise stetig gestiegen und gilt als Haupteinfallstor für Mindestlohnverstöße und illegale Beschäftigung.

Durch die Allgemeinverbindlichkeit zentraler Tarifverträge ist die Tarifbindung im Baugewerbe im Vergleich zu anderen Branchen verhältnismäßig hoch. Das liegt auch am bundesweit gültigen Mindestlohn 1 sowie den in Westdeutschland und Berlin gültigen Mindestlohn 2. Analysen zeigen jedoch, dass die Lohnstrukturen sich in Ost- und Westdeutschland unterscheiden. Im Osten hat in den vergangenen 20 Jahren eine Lohnkompression rund um den Mindestlohn 1 stattgefunden. Rund 80 % der Beschäftigten sind in den untersten beiden Lohngruppen eingruppiert. Dagegen haben die höheren tariflichen Lohngruppen in Westdeutschland eine deutlich höhere Bedeutung, wo rund zwei Drittel der Beschäftigten einen tariflichen Stundenlohn oberhalb der beiden branchenspezifischen Mindestlöhne erhalten.

Die Tarifpartner haben frühzeitig verschiedene Maßnahmen ergriffen, um die Einhaltung der Branchenmindestlöhne und die Zahlung der Sozialbeiträge sicher zu stellen. Für die Kontrolle sind neben der Finanzkontrolle Schwarzarbeit die Sozialkassen des Bauhauptgewerbes wichtige Instanzen, die auf Basis der Meldedaten der Betriebe die Einhaltung des Mindestlohns 1 kontrollieren und bei der Verfolgung von Verstößen eng mit der Finanzkontrolle Schwarzarbeit zusammenarbeiten. In Berlin kann über das Meldeverfahren der Sozialkassen auch die Einhaltung des Mindestlohns 2 kontrolliert werden, wofür extra ein eigener Tarifvertrag geschlossen wurde (TV ZAPP). Zudem sind die Sozialkassen auch offizielle Zusammenarbeitsbehörden mit der FKS und stehen in einem regelmäßigen Austausch mit der Zollbehörde, der auch den Austausch von Daten beinhaltet. In Berlin wurden zur besseren Durchsetzung der Einhaltung der Mindestlöhne weitere Maßnahmen ergriffen, wie das Weißbuch Bau oder die Baustellenläufer. Daneben kann die Generalunternehmerhaftung eine wirkungsvolle Maßnahme sein, um Sanktionen und Lohnansprüche durchzusetzen.

Trotz dieser zahlreichen branchenspezifischen Regelungen ist nach Einschätzung der Sozialpartner und der FKS kaum eine andere Branche so stark von Verstößen gegen Mindestarbeitsbedingungen betroffen, auch wenn dies statistisch kaum messbar ist. Vor allem falsche Angaben zur tatsächlich geleisteten Arbeitszeit sind ein häufig genutztes Einfallstor, um die Mindestlöhne zu umgehen. Auch die Strukturen des Baugewerbes begünstigen Verstöße gegen die Mindestarbeitsbedingungen. So sind etwa die Nachunternehmerketten nicht transparent gestaltet, sodass aus den Abrechnungen der Generalunternehmer nicht hervorgeht, wie viele Nachunternehmer an der Auftragserfüllung beteiligt waren. Hinzu kommt, dass die ständig wechselnden Produktionsorte die Kontrolle der Arbeitsbedingungen erschweren. Auch die zunehmende kostenorientierte Fragmentierung der Branche stellt für die FKS eine Herausforderung dar. Dazu zählen insbesondere die Zunahme kleiner und mittelständischer Unternehmen, die hohe Zahl von entsandten Beschäftigten sowie der Wegfall der Meisterpflicht in verschiedenen Gewerken und einer damit einhergehenden Ausweitung der Solo-Selbstständigkeit, bei denen es sich häufig um illegal entsandte Beschäftige handelt. Deshalb wird von den Tarifpartnern eine intensivere Überprüfung der Meldedaten von Selbstständigen bei den Gewerbemeldeämtern gefordert. Auch im Vergabeverfahren von öffentlichen Aufträgen funktioniert der Ausschluss von betrügerischen Unternehmen zu selten. Eine Onlinedatenbank zur Erfassung aufgefallener Betriebe befindet sich zwar im Aufbau, allerdings werden Verstöße gegen Löhne und Sozialversicherungsbeiträge in Zukunft nicht automatisch zum Ausschluss von öffentlichen Aufträgen führen.

Zur besseren Bekämpfung von Schwarzarbeit sind Bündnisse gegen Schwarzarbeit und illegale Beschäftigung geschlossen worden, die einen engen Austausch der Tarifpartner mit der Finanzkontrolle Schwarzarbeit ermöglichen sollen. Von den Tarifpartnern wird jedoch kritisiert, dass sie von der FKS selbst bei konkreten Hinweisen schwarze Schafe keine Rückmeldungen über die Kontrollen erhält, was mit Datenschutz begründet wird. Insbesondere die IG BAU wünscht sich eine stärkere Einbindung in die Kontrolltätigkeiten, ähnlich wie es auch bereits in der Bauwirtschaft in der Schweiz und Österreich praktiziert wird, indem z. B. eine stärkere Beratung der FKS vor Ort erfolgt. Von den Arbeitgeberverbänden und der FKS wird ein solches Vorgehen jedoch abgelehnt.

Neben der schwierigen Aufdeckung von Verstößen besteht eine weitere Herausforderung für die Branche darin, dass in den vergangenen Jahren immer wieder die Allgemeinverbindlichkeit der Tarifverträge juristisch angefochten wurde. Dies gilt sowohl für den Nachweis des 50 %-Quorums für die Mindestlohntarifverträge als auch für den Erhalt der SOKA-BAU, der nur mit politischer Unterstützung gesichert werden konnte.

## Literatur

Amlinger, M., R. Bispinck, und T. Schulten. 2016. Ein Jahr Mindestlohn in Deutschland – Erfahrungen und Perspektiven. WSI-Report 28. http://www.boeckler.de/pdf/p_wsi_report_28_2016.pdf.

Apel, Helmut, R. Bachmann, P. vom Berge, M. König, H. Kröger, A. Paloyo, S. Schaffner, M. Umkehrer, und S. Wolter. 2012. Mindestlohn im Bauhauptgewerbe: Folgen für die Beschäftigung blieben aus. *IAB-Kurzbericht 4.* http://doku.iab.de/kurzber/2012/kb0412.pdf. Zugegriffen: 30. Apr. 2019.

Aufner, Herbert. 2017. Auftraggeberhaftung (Bauherrenhaftung) und Mindestlohnkontrollen sowie Vergabeverfahren in Österreich. Vortrag am 29. Juni 2017 in Vitznau.

Aufner, Herbert. 2018. Mindestlohn und Tarifpolitik: Kontrolle von Tariflöhnen – Erfahrungen aus Österreich. Vortrag auf der Tagung „Mindestlohn und Tarifpolitik – Bilanz, Interaktion und Probleme der Umsetzung" am 23. Februar 2018 in Berlin.

Bauarbeiter-Urlaubs- und Abfertigungskasse. (BUAK). 2018a. Leistungen. Stand September 2018. https://www.buak.at/cms/BUAK/BUAK_2.1/fuer-arbeitgeberinnen/leistungen?d=Touch. Zugegriffen: 30. Apr. 2019.

Bauarbeiter-Urlaubs- und Abfertigungskasse. (BUAK). 2018b. Kontrollen. Stand September 2018. https://www.buak.at/cms/BUAK/BUAK_2.8/fuer-arbeitgeberinnen/kontrollen?d=Touch. Zugegriffen: 30. Apr. 2019.

Bosch, Gerhard. 2017. Industrielle Beziehungen und soziale Ungleichheit in Deutschland. *IAQ-Forschung* 2017-06. Duisburg.

Bosch, Gerhard, C. Weinkopf und G. Worthmann. 2011. *Die Fragilität des Tarifsystems. Einhaltung von Entgeltstandards und Mindestlöhnen am Beispiel des Bauhauptgewerbes.* Berlin: Edition sigma.

Bosch, Gerhard, und C. Weinkopf. 2013. Wechselwirkungen zwischen Mindest- und Tariflöhnen. *WSI-Mitteilungen* 66 (6): 393–404.

Bosch, Gerhard, und K. Zühlke-Robinet. 2000. *Der Bauarbeitsmarkt. Soziologie und Ökonomie einer Branche.* Frankfurt a. M.: Campus.

Bundesagentur für Arbeit. 2019. Arbeitsmarkt in Zahlen, Sozialversicherungspflichtig und geringfügig Beschäftigte nach Wirtschaftszweigen der WZ 2008 und ausgewählten Merkmalen, Nürnberg.

Bundesministerium für Finanzen. 2018. Die österreichische Steuer- und Zollverwaltung. Geschäftsbericht 2016. Wien. https://www.bmf.gv.at/services/publikationen/berichte-bilanzen.html. Zugegriffen: 9. Mai 2019.

Deutscher Bundestag. 2012. Bericht der Bundesregierung über die Wirksamkeit und Reichweite der Generalunternehmerhaftung für Sozialversicherungsbeiträge im Baugewerbe. Unterrichtung durch die Bundesregierung. Drucksache 17/11920 vom 17. Dezember 2012. Berlin. dipbt.bundestag.de/dip21/btd/17/119/1711920.pdf. Zugegriffen: 30. Apr. 2019.

Deutscher Bundestag. 2016a. Finanzkontrolle Schwarzarbeit – Kontrolle von Mindestlöhnen 2015. Antwort der Bundesregierung auf die Kleine Anfrage der (…) der Fraktion BÜNDNIS 90/DIE GRÜNEN. Drucksache 18/7525 vom 15. Februar 2016. http://dip21.bundestag.de/dip21/btd/18/075/1807525.pdf. Zugegriffen: 30. Apr. 2019.

Deutscher Bundestag. 2016b. Entwurf eines Gesetzes zur Sicherung der Sozialkassenverfahren im Baugewerbe (Sozialkassensicherungsgesetz – SokaSiG). Gesetzentwurf der Fraktionen der CDU/CSU und SPD. Drucksache 18/10631 vom 13. Dezember 2016. http://dipbt.bundestag.de/dip21/btd/18/106/1810631.pdf. Zugegriffen: 30. Apr. 2019.

Deutscher Bundestag. 2018. Finanzkontrolle Schwarzarbeit – Kontrolle von Mindestlöhnen 2017. Antwort der Bundesregierung auf die Kleine Anfrage der (…) Fraktion BÜNDNIS 90/DIE GRÜNEN – Drucksache 19/660. Drucksache 19/875 vom 22. Februar

2018. Berlin. http://dipbt.bundestag.de/doc/btd/19/008/1900875.pdf. Zugegriffen: 30. Apr. 2019.

Deutscher Bundestag. 2019. Mindestlöhne – Kontrollen der Finanzkontrolle Schwarzarbeit im Jahr 2018. Antwort der Bundesregierung auf die Kleine Anfrage (…) der Fraktion BÜNDNIS 90/DIE GRÜNEN – Drucksache 19/7744. Drucksache 19/8830 vom 29. März 2019. Berlin. dip21.bundestag.de/dip21/btd/19/088/1908830.pdf. Zugegriffen: 2. Mai 2019.

Deutscher Gewerkschaftsbund. 2019. DGB-Mitgliederzahlen 1994–2018. Berlin. https://www.dgb.de/uber-uns/dgb-heute/mitgliederzahlen/2010. Zugegriffen: 30. Apr. 2019.

Ellguth, Peter, und S. Kohaut. 2011. Tarifbindung und betriebliche Interessenvertretung: Ergebnisse aus dem IAB-Betriebspanel 2010. *WSI-Mitteilungen* 64 (5): 242–247.

Ellguth, Peter, und S. Kohaut. 2018. Tarifbindung und betriebliche Interessenvertretung: Ergebnisse aus dem IAB-Betriebspanel 2017. *WSI-Mitteilungen* 71 (4): 299–306.

Esslinger, Detlef. 2016. Tarifrecht im Baugewerbe: Nahles hilft und will es nicht gewesen sein. Süddeutsche Zeitung vom 27. Dezember 2016. http://www.sueddeutsche.de/politik/tarifrecht-im-baugewerbe-nahles-hilft-und-will-es-nicht-gewesen-sein-1.3311245. Zugegriffen: 30. Apr. 2019.

European Commission. 2017. Posting of workers. Report on A1 Portable Documents issued in 2016. Brüssel.

Hauptverband der deutschen Bauindustrie (HDB). 2015. Bauwirtschaft im Zahlenbild. Stand: Mai 2015. Berlin. http://www.bauindustrie.de/media/documents/BW_Zahlenbild_2015_final.pdf. Zugegriffen: 30. Apr. 2019.

Hauptverband der deutschen Bauindustrie (HDB). 2018. Tarifsammlung für die Bauwirtschaft 2018/2019. Stand: Juni 2018. Berlin.

IG Bauen-Agrar-Umwelt (IG BAU). 2016. Fakten zum Thema Bau-Mindestlohn. https://www.igbau.de/Binaries/Binary10960/Bau-Mindestlohn_Fakten_01_16.pdf. Zugegriffen: 30. Apr. 2019.

Kümmerling, Angelika, M. Schietinger und G. Worthmann. 2009. Das Saison-Kurzarbeitergeld: Ein erfolgreiches Instrument zur Vermeidung von Entlassungen. Internet-Dokument. Gelsenkirchen: Institut Arbeit und Qualifikation. IAQ-Report, Nr. 2009-02.

Kümmerling, Angelika, und G. Worthmann. 2011. *Fortführung und Vertiefung der Evaluation des Saison-Kurzarbeitergeldes.* Schlussbericht. Forschungsauftrag des Bundesministeriums für Arbeit und Soziales. Institut Arbeit und Qualifikation, Duisburg.

Lutz, Nico. 2017. *Vergabeverfahren und Mindestlohnkontrollen in der Schweiz sowie der Parifonds für das Baugewerbe.* Vortrag am 29. Juni 2017 in Vitznau.

Lutz, Nico. 2018. Kontrolle von Mindestlöhnen: Erfahrungen aus der Schweiz. Präsentation auf der Tagung des WSI, IAW und IAQ „Mindestlohn und Tarifpolitik" am 23. Februar 2018 in Berlin.

Möller, Joachim, S. Bender, M. König, P. vom Berge, M. Umkehrer, S. Wolter, S. Schaffner, R. Bachmann, H. Kröger, R. Janßen-Timmen, A. Paloyo, M. Tamm, M. Fertig, und H. Apel. 2011. *Evaluation bestehender gesetzlicher Mindestlohnregelungen – Branche: Bauhauptgewerbe. Forschungsauftrag des Bundesministeriums für Arbeit und Soziales (BMAS).* Endbericht, Nürnberg/Essen/Köln.

Rein, Stefan, und C. Schmidt. 2017. *Die Bauwirtschaft im europäischen Vergleich. Deutschlands Sonderrolle im Bausektor.* BBSR-Analysen KOMPAKT 5/2017. Bundesinstitut für Bau-, Stadt- und Raumforschung. Bonn.

Schweizerische Paritätische Vollzugskommission Bauhauptgewerbe (SVK). 2018. Baustellenkontrollvereine. Stand September 2018. https://www.svk-bau.ch/lmv-vollzugsorgane/baustellenkontrollvereine. Zugegriffen: 30. Apr. 2019.

SOKA-BAU. 2014. *Geschäftsbericht 2013.* Wiesbaden. http://www.soka-bau.de/sokabau_2011/desktop/de/download/geschaeftsbericht_soka-bau_2013.pdf. Letzter Zugriff: 30. April 2019.

SOKA-BAU. 2017. SOKA-BAU verstärkt Zusammenarbeit mit dem Zoll im Kampf gegen illegale Beschäftigung und Schwarzarbeit. Pressemitteilung vom 12. Oktober 2017. Wiesbaden. https://www.presseportal.de/pm/54461/3758855. Zugegriffen: 30. Apr. 2019.

SOKA-BAU. 2018. Sozialkassenbeitrag für gewerbliche Arbeitnehmer seit 01.01.2016 (unverändert 2017 und zum 01.01.2018). Wiesbaden. https://www.soka-bau.de/arbeitgeber/teilnahme-beitraege/beitraege/gewerbliche-arbeitnehmer/ (Stand: 10. Oktober 2018). Zugegriffen: 30. Apr. 2019.

SOKA-BAU. 2019. *Stand der Erfassungen in der Europaabteilung der Urlaubs- und Lohnausgleichskasse der Bauwirtschaft. Zahlungspflichtige und gesperrte Arbeitgeber und Arbeitnehmer.* Wiesbaden.

Statistisches Bundesamt. 2004. *Bauhauptgewerbe/Ausbaugewerbe. Lange Reihen der jährlichen Betriebserhebungen 2003.* Wiesbaden.

Statistisches Bundesamt. 2009. *Bauhauptgewerbe/Ausbaugewerbe. Lange Reihen der jährlichen Betriebserhebungen 2008.* Wiesbaden.

Statistisches Bundesamt. 2017. *Bevölkerung und Erwerbstätigkeit.* Fachserie 1 Reihe 4.1. Wiesbaden.

Statistisches Bundesamt. 2018. *Produzierendes Gewerbe. Kostenstruktur der Unternehmen im Baugewerbe 2016.* Fachserie 4, Reihe 5.3, Wiesbaden.

Statistisches Bundesamt. 2019a. *Bauhauptgewerbe/Ausbaugewerbe/Bauträger. Lange Reihen der jährlichen Betriebserhebungen 2018.* Wiesbaden.

Statistisches Bundesamt. 2019b. *Produzierendes Gewerbe. Tätige Personen und Umsatz der Betriebe im Baugewerbe 2018.* Fachserie 4, Reihe 5.1, Wiesbaden.

Statistisches Bundesamt. 2019c. *Volkswirtschaftliche Gesamtrechnung. Inlandsproduktberechnung. Detaillierte Jahresergebnisse.* Fachserie 18, Reihe 1.4, Wiesbaden.

Streeck, Wolfgang, J. Hilbert, K.-H. van Kevelaer, F. Maier, und H. Weber. 1987. *Steuerung und Regulierung der beruflichen Bildung: Die Rolle der Sozialpartner in der Ausbildung und beruflichen Weiterbildung in der Bundesrepublik Deutschland.* Berlin: Edition Sigma.

Wiener Gebietskrankenkasse. 2018. *Lohn- und Sozialdumping Bekämpfung LSDB.* Stand September 2018. http://dienstgeber.wgkk.at/cdscontent/?contentid=10007.724482&portal=wgkkdgportal&viewmode=content. Zugegriffen: 30. Apr. 2019.

Worthmann, Georg. 2003. *Nationale Autonomie trotz Europäisierung: Probleme der Arbeitsmarktregulierung und Veränderungen der industriellen Beziehungen in der deutschen Bauwirtschaft.* München: Hampp.

# Fleischwirtschaft

**7**

Die Arbeitsbedingungen und Löhne in der deutschen Fleischwirtschaft stehen seit langem in der Kritik. In zahlreichen Medienberichten und sonstigen Veröffentlichungen wurden insbesondere die Bedingungen für nach Deutschland entsandte Beschäftigte von Werkvertragsunternehmen aus Mittel- und Osteuropa, die seit 2004 immer größere Teile der Arbeit in den deutschen Schlachtunternehmen übernommen haben, angeprangert (vgl. z. B. Peter 2006; Beugré Diama et al. 2014). Kritisiert wurden extrem niedrige Stundenlöhne von 2 bis 5 €, Arbeitszeiten von bis zu 15 h pro Tag sowie auch die mangelnde Qualität und hohen Kosten für die von den Fleischunternehmen zur Verfügung gestellten Unterkünfte der entsandten Beschäftigten. In diesem Zusammenhang wurden „kriminelle Praktiken moderner Sklaverei" (Doelfs 2012) beklagt. Belgien, Frankreich und Österreich beschwerten sich bei der EU-Kommission darüber, dass Deutschland sich durch den weit verbreiteten Einsatz von entsandten Arbeitskräften aus Mittel- und Osteuropa zu Dumpinglöhnen Wettbewerbsvorteile verschaffe (EFFAT 2013).

In den vergangenen Jahren sind nicht nur zahlreiche Presseberichte zu den schlechten Arbeitsbedingungen und Löhnen in der deutschen Fleischwirtschaft sowie deren Hintergründen und Auswirkungen veröffentlicht worden, sondern auch eine Reihe von wissenschaftlichen Beiträgen (z. B. Brinkmann und Nachtwey 2014; Hertwig et al. 2015a, b sowie 2016; Wagner 2015a, b; Wagner und Hassel 2016; Weinkopf und Hüttenhoff 2017). Diese haben sich mit unterschiedlicher Akzentuierung den Ursachen und Folgen der Verlagerung großer Teile der Schlachtung, Zerlegung und Fleischverarbeitung auf Werkvertragsunternehmen aus Mittel- und Osteuropa, die mit gering bezahlten entsandten Beschäftigten aus ihren Heimatländern auf den Firmengeländen der deutschen Fleischunternehmen tätig sind, befasst. Wir gehen im Folgenden nicht nur auf die Arbeitsbedingungen in der Fleischwirtschaft ein, sondern analysieren insbesondere auch, ob und

© Springer Fachmedien Wiesbaden GmbH, ein Teil von Springer Nature 2019
G. Bosch et al., *Kontrolle von Mindestlöhnen*,
https://doi.org/10.1007/978-3-658-26806-0_7

inwieweit die in den vergangenen Jahren ergriffenen Maßnahmen – insbesondere
die Einführung des Mindestlohns sowie die freiwilligen Selbstverpflichtungen,
denen sich zumindest manche Unternehmen angeschlossen haben – zur Verbesserung der Beschäftigungsbedingungen in der Fleischwirtschaft beigetragen
haben.

Bereits in den Jahren 2003 bis 2005 war auf Bundes- und Länderebene über
Maßnahmen zur Verbesserung der Arbeitsbedingungen in der Fleischindustrie
beraten und dabei auch die Einführung eines branchenbezogenen Mindestlohns
in Erwägung gezogen worden (Niedersächsischer Landtag 2005). Im Jahr 2007
hatte die damalige Bundesregierung versucht, die Branche dazu zu bewegen,
einen Antrag zur Aufnahme in das Arbeitnehmer-Entsendegesetz zu stellen und
auf dieser Grundlage einen Mindestlohn für die Fleischwirtschaft auszuhandeln.
Diese Initiativen liefen aber ins Leere, weil es aufseiten der Unternehmen kein
Interesse und keine Bereitschaft zur Verankerung von verbindlichen Mindeststandards gab. Da die Tarifbindung und der Organisationsgrad von Unternehmen
und Beschäftigten seit den 1970er Jahren deutlich zurückgegangen waren, hatten
die regionalen Arbeitgeberverbände der Ernährungswirtschaft schon lange nicht
mehr das Mandat, für die Branche über Mindestbedingungen zu verhandeln.
Zwar hätten die großen Unternehmen der Fleischwirtschaft den Verbänden das
Mandat geben können, aber es fehlte der Wille hierzu. Man wollte billig auch für
den Export produzieren und dadurch die Marktanteile steigern.

Die Verlagerung großer Teile der Produktion auf Werkvertragsunternehmen
und deren entsandte Beschäftigte aus Mittel- und Osteuropa hatte zu einem
drastischen Verfall der Löhne und deutlichen Verschlechterungen der Arbeitsbedingungen in der Fleischwirtschaft geführt, über die auch vielfach in der
Presse berichtet wurde. Die Politik setzte zunächst auf freiwillige Lösungen
auf der Branchenebene. Diese kamen aber nicht zustande, weil die Fleischwirtschaft nicht nur unter einem massiven Preisdruck steht, sondern auch, weil die
industriellen Beziehungen in der Branche fast zum Erliegen gekommen waren.
Die Fleischwirtschaft ist demnach ein Paradebeispiel für die Zunahme „weißer
Flecken" in der deutschen Sozialpartnerschaft. Es hat mehrere Jahre gebraucht,
um trotz dieser ungünstigen Bedingungen Verbesserungen der Löhne und Arbeitsbedingungen anzustoßen und durchzusetzen.

Angesichts der Zersplitterung der Branche konnte erst im Sommer 2013
ein hinreichender politischer Druck aufgebaut werden, um die Arbeitgeberseite zu Verhandlungen mit der Gewerkschaft NGG über einen Mindestlohn für die Fleischwirtschaft zu bewegen. Dass sich dies so lange hingezögert
hat, hat sicherlich auch damit zu tun, dass staatliche Eingriffe in die Lohnsetzung in Deutschland lange Zeit sowohl von den Gewerkschaften als auch von

Arbeitgeberverbänden sehr kritisch gesehen wurden. Erst nach der Öffnung des Arbeitnehmer-Entsendegesetzes für alle Branchen im Jahr 2009 und insbesondere dem Beschluss, ab Anfang 2015 einen gesetzlichen Mindestlohn in Deutschland einzuführen, haben sich die Gestaltungsspielräume erweitert, um auch in fragmentierten Branchen wie der Fleischwirtschaft verbindliche Mindeststandards zu verankern.

Das Kapitel ist wie folgt gegliedert: In Abschn. 7.1 stehen die Entwicklungen der Branche und der Beschäftigung im Mittelpunkt. Anschließend gehen wir in Abschn. 7.2 auf die industriellen Beziehungen ein. In Abschn. 7.3 wird die Praxis, große Teile der Produktion von Werkvertragsunternehmen und deren Beschäftigten aus Mittel- und Osteuropa durchführen zu lassen, beschrieben. Es hat mehrere Jahre gedauert, um unter diesen ungünstigen Bedingungen Verbesserungen der Löhne und Arbeitsbedingungen anzustoßen und durchzusetzen (Abschn. 7.4). In Abschn. 7.5 werden typische Verstöße und Umgehungsstrategien thematisiert und Vorschläge von Praktiker_innen aufgegriffen, wie die Durchsetzung und Einhaltung des Branchenmindestlohns verbessert werden könnte. In Abschn. 7.6 gehen wir auf die Kontrollen in der Fleischwirtschaft ein und in Abschn. 7.7 fassen wir unsere Ergebnisse zusammen.

## 7.1 Strukturwandel der Branche und Beschäftigungsentwicklung

Das fleischverarbeitende Gewerbe hat sich aus dem traditionellen Fleischerhandwerk entwickelt, das in Teilen bis heute noch mehrere Verarbeitungsstufen von der Schlachtung über die Herstellung von Fleischwaren und deren Verkauf abdeckt. Aus dem handwerklichen Bereich heraus sind seit den 1960er Jahren immer mehr spezialisierte Fleischverarbeitungsbetriebe, Schlachthöfe und Zerlegungsbetriebe entstanden. Wesentlicher Treiber für diese Entwicklung war die im Zuge des Bevölkerungswachstums und des zunehmenden Wohlstands großer Teile der Bevölkerung deutlich steigende Nachfrage nach Fleischprodukten (HSH Nordbank 2017, S. 6).

Der weitaus größte Teil der Betriebe und Beschäftigten in der Fleischwirtschaft sind im Bereich der Fleischverarbeitung tätig. Hier arbeiteten Mitte 2017 mehr als 78 % der knapp 162.000 sozialversicherungspflichtig Beschäftigten in der Branche (Tab. 7.1).

Im Jahr 2018 hat sich die Zahl der sozialversicherungspflichtig Beschäftigten in der Fleischwirtschaft nochmals auf 164.444 erhöht. Hinzu kamen 24.873 geringfügig Beschäftigte (Bundesagentur für Arbeit 2019).

**Tab. 7.1**  Zahl der sozialversicherungspflichtig Beschäftigte im Bereich „Schlachten und Fleischverarbeitung", Ende Juni 2015 und 2017

|  | Insgesamt | Schlachten ohne Geflügel | Schlachten von Geflügel | Fleischverarbeitung |
|---|---|---|---|---|
| 2015 | 153.349[a] | 21.247 | 8666 | 124.127 |
| 2017 | 161.763 | 25.885 | 9055 | 126.823 |
| Veränderung |  |  |  |  |
| Absolut | +8414 | +4638 | +389 | +2696 |
| in % | +5,5 % | +21,8 % | +4,5 % | +2,2 % |

[a]Im Jahr 2015 kamen 37.070 und 2017 36.149 geringfügig Beschäftigte hinzu (Bundesagentur für Arbeit 2018a)
Quelle: Eigene Darstellung nach Deutscher Bundestag (2017b) und (2018b)

In den letzten 15 Jahren ist die Industrialisierung der Schlacht- und Zerlegungsprozesse weiter forciert worden. Vorreiter waren die Tönnies-Gruppe bei der Schweinefleischerzeugung und die PHW-Gruppe bei der Geflügelfleischproduktion. Auch andere große Fleischunternehmen wie z. B. VION und Westfleisch verfolgen ähnliche Strategien. In der Folge sind viele Schlachthöfe, die die im Zuge der Industrialisierung anfallenden hohen Investitionen in Anlagen und Gebäude nicht tätigen konnten oder wollten, aus dem Markt verdrängt worden. Inzwischen dominieren Großschlachtereien mit angeschlossenen Fleischwerken die Fleischproduktion in Deutschland und nach Einschätzung der HSH Nordbank (2017, S. 14) „haben sich oligopolistische Marktstrukturen mit nur noch wenigen großen [..] Unternehmensgruppen herausgebildet".

Die großen Fleischkonzerne konzentrieren sich zudem nicht mehr nur auf die reinen Schlachtvorgänge, sondern sie sind auch in die Fleischverarbeitung eingestiegen, um vor allem für die großen Handelsketten und Discounter fertig verpackte Fleisch- und Wurstwaren liefern zu können. Durch die steigende Nachfrage nach solchen Produkten hat sich der Anteil SB-verpackter Fleischerzeugnisse am gesamten Fleischkonsum seit 1990 von 30,4 % auf 67,2 % im Jahr 2016 mehr als verdoppelt (HSH Nordbank 2017, S. 11). Die Fleischwarenhersteller stehen unter erheblichem Preis- und Kostendruck. Der deutsche Fleischmarkt ist gesättigt und der Verzehr von Fleischwaren seit Jahren leicht rückläufig. Mengenzuwächse in der Branche gehen daher vorrangig auf eine Steigerung der Exporte zurück.

Vor allem die kleineren und mittleren fleischverarbeitenden Unternehmen stecken „in einer Sandwichposition zwischen marktmächtigen Fleischproduzenten, von denen sie Fleisch zu Tages- oder Wochenpreisen kaufen, und noch markt-mächtigeren Playern im Lebensmitteleinzelhandel" (HSH Nordbank 2017, S. 6). Die Handelsketten verlangen meist mehrmonatige Festpreisvereinbarungen von ihren Fleischlieferanten. Bei steigenden Rohstoffpreisen Preiserhöhungen gegen die Einzelhandelsunternehmen durchzusetzen, gelingt den Fleischunternehmen nur selten, während die Handelsketten bei sinkenden Fleischpreisen häufig Nach-verhandlungen fordern und auch durchsetzen.

Strategische Nachteile der Fleischwarenhersteller gegenüber dem Lebens-mitteleinzelhandel resultieren auch daraus, dass es noch immer viele kleine und mittlere Hersteller gibt, die als Lieferanten für den Einzelhandel austausch-bar sind. Beim Direktverkauf von Fleischwaren an die Gastronomie und andere Großverbraucher verfügen die Fleisch verarbeitenden Betriebe hingegen über größere Spielräume in der Preispolitik, weil sie hier auch kurzfristig Anpassungen an veränderte Fleischpreise vornehmen können (HSH Nordbank 2017, S. 18). Die zunehmende Marktmacht der Einzelhandelsketten und Discounter hat zu einer deutlichen Konzentration in der Fleischwirtschaft geführt. Die Zahl der Betriebe hat sich zwischen 1999 und 2017 fast halbiert (Abb. 7.1).

Trotz eines weiterhin hohen Anteils von Kleinbetrieben mit bis zu 10 Beschäftigten (65,7 %) entfielen auf diese im Jahr 2017 nur noch 13,7 % aller sozialversicherungspflichtigen Arbeitsverhältnisse in der Branche (1999: 25,9 %).

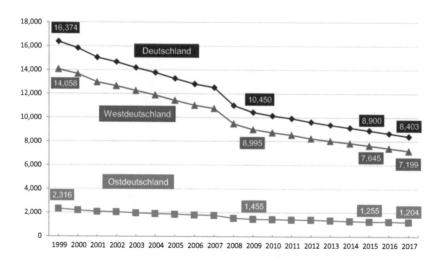

**Abb. 7.1** Zahl der Betriebe im Bereich Schlachten und Fleischverarbeitung, 1999–2017 (jeweils Ende Juni). (Quelle: Bundesagentur für Arbeit (2018b): Beschäftigungsstatistik)

Die meisten sozialversicherungspflichtig Beschäftigten (58,3 %) in der Fleischwirtschaft waren 2017 in den mittleren Betrieben mit 10 bis 249 Beschäftigten
tätig (1999: 51,5 %). Nur 94 Betriebe, davon 78 mit Sitz in Westdeutschland,
hatten im Jahr 2017 mehr als 250 sozialversicherungspflichtig Beschäftigte. Der
Anteil dieser größeren Betriebe an den sozialversicherungspflichtig Beschäftigten
in der Gesamtbranche ist allerdings von 15,1 % im Jahr 1999 auf 28 % im Jahr
2017 deutlich gestiegen. Besonders im Bereich der Schweineschlachtung ist der
Konzentrationsprozess noch erheblich weiter fortgeschritten: Hier entfielen im
Jahr 2017 fast zwei Drittel des gesamten Umsatzes auf die Top vier Unternehmen
der Branche (Tönnies: 28,7 %, Vion: 14,7 %, Westfleisch: 14,3 % und Danish
Crown: 6,3 %) (Interessengemeinschaft der Schweinehalter Deutschlands 2018).

Der Strukturwandel der Fleischwirtschaft hat zu einem deutlichen Rückgang
der Zahl der sozialversicherungspflichtig Beschäftigten in der Branche geführt:
Von 1999 bis 2014 ist diese um knapp 44.000 Beschäftigte bzw. 23,3 % zurückgegangen (Abb. 7.2), obwohl der Umsatz im selben Zeitraum von 19,9 Mrd.
€ (1999) auf 35,2 Mrd. € (2014) und damit um 77 % gesteigert werden konnte
(Statistisches Bundesamt 2016a). Die starke Zunahme der Umsätze trotz des
deutlichen Rückgangs der Beschäftigtenzahlen bis 2014 ist nicht nur Folge einer

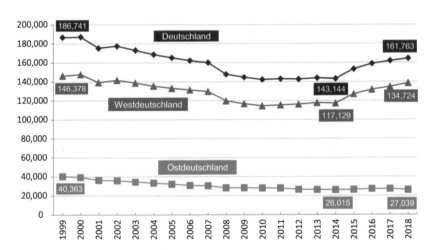

**Abb. 7.2** Zahl der sozialversicherungspflichtig Beschäftigten im Bereich Schlachten
und Fleischverarbeitung (Entsandte Beschäftigte sind hierin nicht enthalten.), 1999–2018
(Stichtag jeweils 30. Juni). (Quelle: Bundesagentur für Arbeit (2019): Beschäftigungsstatistik)

gestiegenen Produktivität, sondern hängt vor allem auch damit zusammen, dass in der Fleischwirtschaft in zunehmendem Maße einheimische Beschäftigte durch billigere entsandte Arbeitskräfte von Werkvertragsunternehmen aus Mittel- und Osteuropa ersetzt worden sind, die in der deutschen Beschäftigungsstatistik nicht auftauchen.

Begründet wurde der zunehmende Einsatz von entsandten Arbeitskräften aus Mittel- und Osteuropa von den Unternehmen der Fleischwirtschaft u. a. mit Problemen, auf dem heimischen Arbeitsmarkt geeignetes Personal zu finden. Der Personalleiter eines großen Fleischunternehmens sagte dazu im Interview, dass die Rekrutierung des zunehmend benötigten osteuropäischen Personals wegen der Übergangsregelungen zur Freizügigkeit bei der Osterweiterung nur über Werkverträge möglich war, weil es zunächst keine anderen rechtlichen Möglichkeiten gegeben habe, diese legal in Deutschland einzusetzen (Interview Management 9/2015). Aufgrund des großen Lohngefälles boten Einsätze in der deutschen Fleischwirtschaft Arbeitskräften aus Mittel- und Osteuropa zudem attraktive Verdienstchancen (Beile et al. 2007, S. 81), weswegen viele bereit gewesen seien, die nach deutschen Standards geringen Löhne und ungünstigen Arbeitsbedingungen zu akzeptieren.

Der Einsatz entsandter Arbeitskräfte aus Mittel- und Osteuropa, die meist keine deutschen Sprachkenntnisse haben, wurde auch dadurch erleichtert, dass die Arbeitsabläufe in den Unternehmen zunehmend standardisiert und teils auch automatisiert worden sind. Verständigungsprobleme innerhalb der Randbelegschaften wurden dadurch vermieden, dass die Beschäftigten wie auch die Anleitungskräfte für die Schlachttrupps aus bestimmten Ländern rekrutiert wurden. Teilweise wurde und wird in diesem Zusammenhang von mafiösen Strukturen berichtet.

Auch Mense-Petermann (2018) sieht die zunehmende Arbeitsteilung bei gleichzeitiger Konzentration der Schlachtvorgänge seit den 1970er Jahren als Voraussetzung dafür, dass in der Fleischwirtschaft ein tayloristisches Modell der Massenproduktion umgesetzt werden konnte, das mit einem hohen Anteil un- und angelernter Arbeitskräfte auskam. Jeder Beschäftigte habe nur noch einen bestimmten Schnitt oder Handgriff auszuführen. Um eine ausreichende Zahl von gering bezahlten Arbeitskräften rekrutieren zu können, war es notwendig, diese aus dem Ausland anzuwerben. Sie beschreibt dies als „pressing labour shortage that could only be resolved by tapping into foreign labour forces. Hence, a transnational labour market was made" (Mense-Petermann 2018, S. 25).

Die beiden Jahre mit dem stärksten Abbau von sozialversicherungspflichtigen Arbeitsplätzen in der Fleischbranche waren 2001, als 11.836 Stellen wegfielen[1], und insbesondere das Jahr 2008, in dem die Zahl der sozialversicherungspflichtig Beschäftigten in der Fleischwirtschaft bundesweit um 12.326 Arbeitskräfte zurück ging. Auch in den Jahren 2009 und 2010 reduzierte sich die Zahl der sozialversicherungspflichtig Beschäftigten nochmals um insgesamt mehr als 5000. In den folgenden Jahren 2011 bis 2014 stabilisierte sich die Beschäftigtenzahl jedoch wieder auf einem Niveau von gut 143.000 Arbeitskräften. Nach der erstmaligen Einführung eines Branchenmindestlohns im August 2014 (vgl. ausführlicher Abschn. 7.4) ist die Zahl der sozialversicherungspflichtig Beschäftigten in der Fleischwirtschaft um fast 19.000 bzw. gut 13 % gestiegen (Abb. 7.2). Dies hängt vor allem damit zusammen, dass die Kostenvorteile des Einsatzes von entsandten Arbeitskräften in Folge der Einführung des branchenbezogenen Mindestlohns im August 2014 deutlich geschrumpft sind, und viele der zuvor entsandten Beschäftigten Arbeitsverträge nach deutschem Recht erhalten haben.

Ein weiterer Treiber der zuletzt positiven Beschäftigungsentwicklung in der deutschen Fleischwirtschaft war auch deren zunehmende Exportorientierung. Wurden im Jahr 2000 noch 1,2 Mio. Tonnen Fleischerzeugnisse in andere Länder ausgeführt, waren es im Jahr 2016 bereits 4,1 Mio. Tonnen. Dabei gehen knapp 80 % der Exporte nach Europa, während China der wichtigste Abnehmer aller Drittstaaten ist. Durch die gestiegenen Exporte hat sich auch die am Umsatz gemessene Exportquote von unter 10 % (2004) auf 17 % (2017) deutlich erhöht (Stracke 2018, S. 6).

Nach Angaben des Sozialpolitischen Ausschusses der Fleischwirtschaft (2018) sind seit 2014 über 15.000 Werk- und Leiharbeitsverträge in ein in Deutschland gemeldetes, sozialversicherungspflichtiges Beschäftigungsverhältnis überführt worden. Allerdings wurden im Zuge dieser Umstellung nur wenige Beschäftigte[2] tatsächlich in die Stammbelegschaften der Fleischunternehmen übernommen; viele sind weiterhin bei Werkvertragsunternehmen beschäftigt. Es ist unklar, in welchem Umfang diese in der Statistik der Bundesagentur für Arbeit als Beschäftigte in der Fleischwirtschaft erfasst sind. Nicht auszuschließen ist (vor allem, wenn es sich um Werkvertragsunternehmen handelt, die in mehreren Branchen tätig sind) auch, dass zumindest ein Teil dieser Beschäftigten als Arbeitskräfte im Bereich der „Sonstigen Dienstleistungen" oder in anderen Kategorien erfasst werden.

---

[1]Beile et al. (2007, S. 71) führen für den Rückgang im Jahr 2001 u. a. die BSE-Krise an.

[2]Nach Angaben von Sieler (2018) wurden im Jahr 2017 von den Unternehmen, die die Selbstverpflichtung unterzeichnet hatten, nur 563 Beschäftigte in die Stammbelegschaften übernommen.

## 7.2   Industrielle Beziehungen und Tarifpolitik

Die Gewerkschaft Nahrung-Genuss-Gaststätten (NGG) ist für das gesamte Gastgewerbe und die Ernährungsindustrie einschließlich der Fleischwirtschaft mit insgesamt etwa 1,3 Mio. sozialversicherungspflichtig Beschäftigten zuständig. Die Zahl der Gewerkschaftsmitglieder in der NGG lag 2015 nach Angaben des Deutschen Gewerkschaftsbundes (2019) knapp unter 200.000, was bezogen auf die Gesamtzahl der Beschäftigten (einschließlich geringfügig Beschäftigte) im gesamten Organisationsbereich der Gewerkschaft einem Anteil von deutlich unter 10 % entsprechen dürfte. Speziell für die Fleischwirtschaft sind keine Angaben zum gewerkschaftlichen Organisationsgrad der Beschäftigten verfügbar.

Aufseiten der Arbeitgeber sind mehrere Unternehmensverbände auf der Bundesebene in Teilen (auch) für die Fleischwirtschaft zuständig. Die Arbeitgebervereinigung Nahrung und Genuss (ANG) ist der sozialpolitische Spitzenverband der Deutschen Ernährungsindustrie und als Verbändeverband deren Dachverband. Mitglieder der ANG sind neun Landesverbände und vier Bundesfachverbände. Die ANG ist im Bereich der Fleischwirtschaft aber nicht Tarifpartner der Gewerkschaft NGG, sondern die Tarifhoheit liegt bei den Landes- und Fachverbänden der Ernährungswirtschaft.

Die industriellen Beziehungen in der Fleischwirtschaft in Deutschland waren noch nie besonders ausgeprägt, aber sie sind in den letzten Jahrzehnten nochmals deutlich fragiler und fragmentierter geworden.[3] Während es in den 1970er Jahren zumindest in wenigen Bundesländern (Bayern, Hessen, Nordrhein-Westfalen) noch Flächentarifverträge gab, wurden diese in der Folgezeit nicht mehr erneuert (Czommer 2007, S. 87). Die Arbeitgebervereinigung Nahrung und Genuss beschrieb die Ausgangslage in der Fleischwirtschaft vor der Einführung des Branchenmindestlohns und der Selbstverpflichtungen im Rückblick selbstkritisch so:

„Die Fleischindustrie hatte nie einen eigenen sozialpolitischen Spitzenverband auf Bundesebene. Die Unternehmen der Fleischindustrie waren nur sehr vereinzelt Mitglied in ANG-Landesverbänden. Tarifbindung gab es in der Fleischwirtschaft kaum. Die Fleischindustrie wirtschaftet seit Jahren sehr arbeitsteilig über den

---

[3]Ähnliches gilt auch für das Vereinigte Königreich, während der Druck auf die Löhne in Frankreich und den Niederlanden durch für allgemeinverbindlich erklärte Tarifverträge und gesetzliche Mindestlöhne begrenzt werden konnte (Grunert et al. 2010, S. 384).

Einsatz von Subunternehmern. Ein erheblicher Anteil der Beschäftigten kommt aus
dem osteuropäischen Ausland. Viele (Sub-)Unternehmer arbeiteten über sog. Entsendungen." (ANG 2016b)

Nach Angaben der Gewerkschaft NGG scheitert die Aushandlung von Flächentarifen in der Fleischwirtschaft vor allem daran, dass aufseiten der Arbeitgeber
entweder keine Verbände gebildet wurden oder diese nicht zu Tarifverhandlungen
bereit waren (Beile et al. 2007, S. 83). Wenn überhaupt, werden in der Branche
nur Haustarifverträge abgeschlossen. Der regionale Arbeitgeberverband VdEW
(Verband der Ernährungswirtschaft in Niedersachsen, Bremen und Sachsen-Anhalt) bezifferte die Zahl der tarifgebundenen Beschäftigten in der Fleischwarenindustrie im Jahr 2015 auf ca. 28.000 und verwies darauf, dass es auch in der
Schlacht- und Zerlegeindustrie sowie in der Geflügelwirtschaft für einzelne Unternehmen Haustarifverträge mit der Gewerkschaft NGG gebe (Sozialpolitischer
Ausschuss der Fleischwirtschaft 2016, S. 5).

Im Organisationsbereich der NGG (einschließlich Gastgewerbe) gelten etwa
4000 Tarifverträge, von denen rund 70 % Haustarifverträge sind (Güster 2015).
Angesichts der vergleichsweise geringen personellen Ausstattung der Gewerkschaft NGG dürfte der Aufwand für den Abschluss und die Neuverhandlung der
zahlreichen Haustarifverträge erheblich sein, was auch die personellen Kapazitäten der Gewerkschaft für andere Aufgaben beschränkt. Die ANG (2016a)
bezifferte die Zahl der Tarifverträge in ihrem Zuständigkeitsbereich (also der
gesamten Ernährungsindustrie) auf etwa 2000, was einer Tarifbindung von 62 %
entspreche (52 % Branchen- und 10 % Haustarifverträge). Angaben zur Tarifbindung in der Fleischwirtschaft werden vom Statistischen Bundesamt auf Basis
der Verdienststrukturerhebung (VSE) nicht separat ausgewiesen. Im Wirtschaftszweig „Nahrungs- und Futtermittel" insgesamt lag der Anteil der tarifgebundenen
Beschäftigten im Jahr 2014 bei 31 % und der tarifgebundenen Betriebe nur bei
15 % (Statistisches Bundesamt 2016b).

In unseren Interviews bestätigten auch Vertreter_innen der Gewerkschaft
NGG, dass in der Fleischwirtschaft – wenn überhaupt – nur Haustarifverträge
abgeschlossen würden:

„Man kann nicht sagen, wie viele Haustarifverträge es gibt. Dazu müsste man ins
Tarifarchiv gehen und das nachprüfen. Aber man kann sagen, dass es in der verarbeitenden Industrie mehr gibt. In der Schlachtung gibt es bei Westfleisch grundsätzlich Tarifverträge, bei VION teilweise. Bei Tönnies gibt es tarifliche Strukturen,
wo Tönnies hinzugekauft hat. [...] Es gibt keine tarifliche Regelung bei Danish
Crown. Die Haustarifverträge werden meistens auf regionaler Ebene verhandelt."
(Interview NGG, 9/2015)

Diese Schilderung wirft ein Schlaglicht darauf, wie „zerfasert" bzw. fragmentiert (vgl. die Arbeiten von Weil, auf die wir in Kap. 4 ausführlich eingegangen sind) und schwach die industriellen Beziehungen selbst in den vier größten Schlachtunternehmen in Deutschland sind, auf die fast zwei Drittel des gesamten Umsatzes in der Schweineschlachtung entfallen: Lediglich ein Unternehmen ist seit langem durchgängig tarifgebunden, während bei einem weiteren nur an einigen Standorten tarifliche Regelungen gelten. Der Marktführer Tönnies verweigert sich dem Abschluss von Tarifverträgen gänzlich und nur bei einigen zugekauften Betrieben, die zuvor bereits tarifgebunden waren, existieren tarifliche Regelungen zumindest noch für einen Teil der Beschäftigten.

Danish Crown scheint ein Beispiel für ein besonders ausgeprägtes „regime shopping" (Traxler und Woitech 2000) zu sein: Das Unternehmen verhält sich gegenüber den Beschäftigten an seinen Standorten in Dänemark „vorbildlich", indem dort gänzlich auf die Beschäftigung von entsandten Arbeitskräften verzichtet wird. Alle Beschäftigten (auch diejenigen aus Mittel- und Osteuropa) sind direkt beim Unternehmen angestellt, werden tariflich bezahlt und erhalten umfangreiche Zulagen (Refslund und Wagner 2018). An den deutschen Standorten schließt Danish Crown demgegenüber überhaupt keine Tarifverträge ab, was von der Unternehmensleitung damit begründet wird, dass der Abschluss von Tarifverträgen in Deutschland nicht obligatorisch sei (Refslund 2012, S. 124): „Danish Crown is taking the advantage of the subcontracted workers in Germany because it is possible for them to do that there." (Refslund und Wagner 2018, S. 80).

Die Erosion der Tarifbindung hatte deutlich negative Auswirkungen auf das Lohnniveau in der Fleischwirtschaft, wie eine Auswertung auf Basis der Verdienststrukturerhebung 2014 gezeigt hat: Demnach lag der mittlere Monatslohn von Vollzeitbeschäftigten in der Fleischwirtschaft im Jahr 2014 bei 1977 €, was nur 64,1 % des Medians in der Gesamtwirtschaft (3084 €) entsprach (Deutscher Bundestag 2016c, S. 3). Der Anteil der Beschäftigten mit Niedriglöhnen (2014: unter 10,05 € pro Stunde) im Bereich Schlachten und Fleischverarbeitung wurde auf 41 % beziffert, in der Fleischverarbeitung sogar auf 44 %. Damit lag der Anteil von Niedriglohnbeschäftigten in der Fleischbranche fast doppelt so hoch wie in der Gesamtwirtschaft (22 %) (Deutscher Bundestag 2016c, S. 4).

Die mittleren Stundenlöhne in der Fleischwirtschaft lagen im Jahr 2014 bei 11,41 €, wobei Männer im Durchschnitt mit 12,59 € einen deutlich höheren Stundenlohn erhielten als Frauen (10,02 €), obwohl sich die Verteilung der Beschäftigten nach dem Anforderungsniveau der Tätigkeit und Geschlecht kaum unterschied. Unklar ist, ob und inwieweit dies durch unterschiedliche Tätigkeiten von männlichen und weiblichen Beschäftigten erklärt werden kann, oder ob dies auf eine systematisch geringere Bewertung von Tätigkeiten, die überwiegend von weiblichen Beschäftigten geleistet werden, hindeutet.

Die monatlichen Medianentgelte in der Fleischwirtschaft lagen im Jahr 2014 – differenziert nach Anforderungsniveau der Tätigkeit – bei 1842 € für Hilfskräfte, 1958 € für Fachkräfte, 2874 € für Spezialist_innen und 4312 € für qualifizierte Expert_innen (Deutscher Bundestag 2016c, S. 33). Auffällig ist dabei vor allem die geringe Differenz der durchschnittlichen Monatslöhne zwischen Hilfs- und Fachkräften. Bei einer Wochenarbeitszeit von 40 h lag der durchschnittliche Stundenlohn der Fachkräfte mit rechnerisch 11,30 € nur um 0,67 € höher als bei den Hilfskräften. Entsprechend gering ist der Anreiz für Beschäftigte, eine Berufsausbildung in der Branche zu absolvieren. Da der Anteil der Spezialist_innen und Expert_innen bei weniger als einem Zehntel der Beschäftigten liegt, ist davon auszugehen, dass die große Mehrheit der Belegschaften im Jahr 2014 noch für Stundenlöhne von unter 12 € arbeitete.

Ein niedriges Lohnniveau und eine geringe Differenzierung der Löhne nach Qualifikationsniveau sind typisch für Branchen mit schwachen Gewerkschaften und fragmentierten Tarifstrukturen. Die Arbeitgeber können die Löhne setzen und eine höhere Qualifikation von Beschäftigten wird nicht entsprechend honoriert, was zu einer Abwanderung von Beschäftigten in Bereiche mit besseren Löhnen führen kann. Die Folge sind Probleme bei der Personalrekrutierung – insbesondere bei Fachkräften.

## 7.3    Werkverträge als Geschäftsmodell

Die großen Fleischkonzerne in Deutschland haben schon früh nach Wegen gesucht, ihre Arbeitskosten zu senken, und haben bereits in den späten 1980er Jahren begonnen, Teile ihrer Produktion auf Werkvertragsunternehmen aus Mittel- und Osteuropa zu verlagern, die mit gering bezahlten entsandten Arbeitskräften auf dem Firmengelände der Fleischunternehmen tätig sind.

Die Nutzung von Werkverträgen ist also kein neues Phänomen, aber die Motive für ihren Einsatz und die Nutzungsintensität haben sich verändert. Werkverträge wurden traditionell vor allem dann eingesetzt, wenn ein Unternehmen ein Produkt oder eine Dienstleistung benötigt, aber nicht über entsprechend qualifiziertes Personal verfügte – z. B., weil die Aufgabe nicht zu den Kernkompetenzen des eigenen Unternehmens gehört und von einem anderen Unternehmen besser oder effizienter erbracht werden konnte. „Neue" Formen von

Werkverträgen unterscheiden sich hiervon in dreierlei Hinsicht (Klein-Schneider und Beutler 2013, S. 144): Diese Werkverträge werden erstens zunehmend auf Dauer und nicht nur anlassbezogen abgeschlossen. Es werden zweitens Leistungen über Werkverträge zugekauft, die zum Kerngeschäft des Unternehmens gehören. Die Produkte oder Leistungen werden drittens von dem beauftragten Fremdunternehmen auf dem Betriebsgelände und mit Maschinen des Auftraggebers erstellt („Onsite"-Werkverträge – vgl. auch Hertwig et al. 2015a, b). Genau dies ist in der Fleischwirtschaft der Fall.

Anders als beim klassischen Outsourcing steht hierbei nicht die Verbesserung der Effizienz oder Qualität der Produkte und Leistungen im Vordergrund; „treibendes Motiv scheint vielmehr zu sein, dass die Lohnkosten stark abgesenkt werden können" (Klein-Schneider und Beutler 2013, S. 144). Ebenso wie Leiharbeitskräfte wird das Personal von Werkvertragsunternehmen in der ortsgebundenen Fleischwirtschaft auf dem Betriebsgelände des auftraggebenden Unternehmens eingesetzt. Im Unterschied zu Leiharbeitskräften haben die Beschäftigten von Werkvertragsunternehmen aber keinen Anspruch auf Equal Pay nach einer bestimmten Frist und auch keinen Zugang zum Betriebsrat oder zu sonstigen Leistungen der beauftragenden Unternehmen. Nach Erfahrungsberichten von betrieblichen Interessenvertretungen zielen Onsite-Werkverträge vor allem darauf ab, tarifvertraglich geregelte Standards und Arbeitsbedingungen der Stammbelegschaften zu unterlaufen (Klein-Schneider und Beutler 2013, S. 144).

In der deutschen Fleischwirtschaft sind bereits seit über 20 Jahren zunehmend größere Teile der Schlachtung und Fleischverarbeitung über Werkverträge abgewickelt worden. Die Werkvertragsunternehmen stammen überwiegend aus Mittel- und Osteuropa und führen die Aufträge der Fleischunternehmen mit aus ihren Heimatländern entsandten Arbeitskräften aus. Teilweise wurden diese Firmen erst zum Zweck der Entsendung gegründet, obwohl eigentlich nur bereits existierende und in der betreffenden Branche im Heimatland am Markt tätige Unternehmen mit entsandten Arbeitskräften legal in Deutschland Arbeiten ausführen dürfen. Gegen diese Vorschrift wird aber häufig verstoßen, weil das von den Herkunftsländern nicht hinreichend kontrolliert wird. Für die entsandten Beschäftigten galten bis 2014 während ihres zeitlich befristeten Aufenthaltes in Deutschland die meist deutlich niedrigeren Löhne, Steuern und Sozialabgaben ihrer Herkunftsländer. Lohnuntergrenzen für diese Beschäftigtengruppe greifen nur, wenn diese im Zielland der Entsendungen für allgemeinverbindlich erklärt worden sind. In der Fleischwirtschaft erfolgte dies erst im August 2014 mit der Einführung des branchenbezogenen Mindestlohns.

Vorläufer von Entsendungen gab es bereits seit Ende der 1980er Jahre, als mit Unterstützung der Bundesregierung so genannte „Kontingentverträge" mit einzelnen Ländern abgeschlossen wurden, in deren Rahmen Arbeitskräfte aus Mittel- und Osteuropa auf der Basis von Werkverträgen zeitweilig in der Fleischwirtschaft (oder auch in anderen Branchen) eingesetzt werden konnten (Menz 2001; Deutscher Bundestag 2005). Ziel dieser Abkommen war angeblich u. a. „die Heranführung der osteuropäischen Unternehmen an westeuropäische Produktionsstandards und die Weiterqualifizierung ihrer Facharbeiter durch Nutzung moderner deutscher Fertigungsanlagen sowie die Stärkung der Kaufkraft osteuropäischer Werkvertrags-Arbeitnehmer" (Niedersächsischer Landtag 2004). Vermutlich ging es jedoch eher um eine Kompensation für die Öffnung dieser Länder für deutsche Exporte.

Schon damals wurde kritisiert, dass diese Ziele in der Praxis massiv unterlaufen würden und Arbeitsschutzgesetze häufig unbeachtet blieben.

> „Genutzt wird fast ausschließlich die Arbeitskraft der entsandten Arbeitnehmer. [...] Insgesamt basiert die Entsendung von Werkvertragsarbeitnehmern auf einem System der Einschüchterung und des Zwangs. Kontaktaufnahme mit Gewerkschaften, Betriebsräten etc. wird unterbunden. Im Falle einer Kontaktaufnahme, werden sie in ihre Heimatländer zurückgeschickt. Durch eine Kündigung (i. d. R. fristlos und ohne schriftliche Begründung) verliert der Werkvertragsarbeitnehmer seinen Aufenthaltsstatus. Das ist ein willkommenes System, um unbequeme Mitarbeiter loszuwerden. Arbeitsunfähigkeit oder Arbeitsunfall führt auch sehr häufig zu Kündigungen und dann zur Ausreise. Klagen vor deutschen Arbeitsgerichten scheitern i. d. R. wegen Unzuständigkeit und Verweis auf die Klagemöglichkeit im Heimatland." (Heiligenstadt 2004).

Geändert hat sich hieran, wie wir heute wissen, auch in den Folgejahren kaum etwas: Da es bis August 2014 keine verbindlichen Lohnuntergrenzen in der Fleischwirtschaft gab, waren sehr geringe Stundenlöhne sowie überlange Arbeitszeiten weit verbreitet. Die aus Mittel- und Osteuropa entsandten Beschäftigten wurden teilweise mit falschen Versprechungen nach Deutschland geholt, hatten aber kaum Möglichkeiten, eine Verbesserung ihrer Löhne und Arbeitsbedingungen einzufordern, weil sie in diesem Fall – ebenso wie auch bei Arbeitsunfällen oder Erkrankungen – von den Werkvertragsunternehmen schnell in ihr Heimatland zurückgeschickt und durch andere Arbeitskräfte ersetzt wurden.

Verlässliche Angaben über die aktuelle Zahl der auf den Firmengeländen der Fleischunternehmen eingesetzten Beschäftigten von Werkvertragsunternehmen liegen nicht vor. Bekannt ist lediglich, dass bereits seit über 15 Jahren große Teile der Produktion in den Fleischkonzernen von externen Dienstleistungsunternehmen erbracht werden (Hertwig et al. 2016, S. 126). Im Jahr 2003 wurde die Zahl von entsandten Beschäftigten aus Mittel- und Osteuropa, die in deutschen Unternehmen der Fleischwirtschaft eingesetzt wurden, auf etwa 5000 geschätzt. Bis 2014 hatte sich deren Zahl nach Angaben der Gewerkschaft NGG auf etwa 25.000 erhöht und damit verfünffacht (Brümmer 2014, S. 148).[4] Bei den vier größten Schlachtkonzernen lag der Anteil der Beschäftigten, die bei Werkvertragsunternehmen tätig waren, Anfang 2016 im Durchschnitt bei rund zwei Dritteln der Gesamtbelegschaften (Wyputta 2016). In einzelnen Unternehmen wurde deren Anteil sogar auf bis zu 90 % beziffert (Brümmer 2016). Die Gewerkschaft NGG beklagte, dass der Einsatz von Werkverträgen in der Fleischwirtschaft massive Ausmaße angenommen habe und es zudem erhebliche Zweifel an der Rechtmäßigkeit dieser Praxis gebe:

„Kein Werkvertragsnehmer entscheidet, wann, wie, wo und mit wem er seine Arbeitsleistung erfüllt. Es wird ein routinierter, komplexer betrieblicher Prozess in alle Einzelteile zerlegt und jedes von ihnen als Werk deklariert. Man muss nicht Experte sein, um zu verstehen, dass es sich hier nicht um Werke handelt, allenfalls um Halbprodukte und um Tätigkeiten, die völlig im Betriebsablauf integriert sind." (Brümmer 2016)

In unseren Interviews kritisierten auch die Betriebsräte zweier großer Unternehmen, dass Werkverträge in der Fleischwirtschaft in starkem Maße das „Kerngeschäft" beträfen:

„Werkverträge gibt es mittlerweile überall, aber ob dann wie bei uns das Kerngeschäft ausgegliedert wurde, wage ich zu bezweifeln. Bei den Brauereien ist es zum Beispiel nur das Sortieren von Leergut. Das ist nicht das Kerngeschäft, bei uns jedoch ist es von Anfang an das Kerngeschäft gewesen. Es war immer schon der Zerlege- und Schlachtbereich und das ist eigentlich das, worum es geht. Wäre es nur das Verpacken oder das Reinigen von Kisten, […] dann würde ich sagen, das gehört dazu, man braucht solche Sachen, das kann man abgeben. Aber es geht um das Kerngeschäft." (Interview Betriebsrat, 10/2015)

---

[4]Wagner und Hassel (2016, S. 173) nennen noch deutlich höhere Zahlen für 2012 (40.000) und 2013 (89.608 entsandte Beschäftigte) und geben als Quelle die Deutsche Rentenversicherung an. Da dies allerdings deutlich von anderen Angaben abweicht, erscheint fraglich, ob es sich hierbei tatsächlich um die *Zahl der entsandten Beschäftigten* oder nicht eher um die *Zahl der Entsendungen* handelt. Da Beschäftigte pro Jahr mehrfach entsendet werden können, ist die Zahl der Entsendungen höher.

Für die Unternehmen der Fleischwirtschaft sind die bei Werkvertragsfirmen unter Vertrag stehenden Beschäftigten Fremdpersonal, für das sie sozial- und arbeitsrechtlich nicht zuständig sind und denen sie weder Anweisungen zur Erfüllung ihrer Arbeitsleistung noch Vorgaben zur Durchführung ihrer Arbeit geben dürfen. Die Unternehmen sind dadurch faktisch fast vollständig von ihren Kontrollaufgaben und Arbeitgeberpflichten entbunden. Obwohl die Fleischunternehmen in der Praxis die Arbeitsprozesse bis ins Detail steuern, ziehen sie sich auf die formale Position zurück, dass sie keine Einsicht in Aufzeichnungen zu den Löhnen und Arbeitszeiten nehmen dürfen, weil sonst die Werkvertragskonstellation rechtlich angezweifelt werden könnte. Auch die Betriebsräte in den deutschen Fleischunternehmen beklagten in unseren Interviews, dass sie keine rechtlichen Befugnisse hätten, Arbeitsbedingungen und Löhne der bei den Werkvertragsfirmen Beschäftigten zu kontrollieren oder sie ggf. sogar bei der Einforderung vorenthaltener Löhne zu unterstützen.

Über die Jahre haben die Unternehmen der Fleischwirtschaft ihren Umgang mit Entsendungen und Werkverträgen zunehmend professionalisiert:

> „Die Schlachtbetriebe haben gelernt, sich juristisch abzusichern. Sie verweisen auf einen Werkvertrag mit einer anderen Firma, einer deutschen oder ausländischen, die es übernommen habe, eine Dienstleistung zu erbringen. Oft haben diese Firmen dann einen Unterwerkvertrag mit einem ‚Unternehmer‘ in Polen oder Ungarn abgeschlossen, der dann mit seinen Arbeitern anrückt. Formal haben die deutschen Schlachtbetriebe dann mit den Papieren der ausländischen Beschäftigten nichts zu tun." (Thielbeer 2005).

Festzuhalten bleibt, dass das Instrument der Werkverträge in der Fleischwirtschaft bereits deutlich früher und intensiver als in anderen Branchen (mit Ausnahme der Bauwirtschaft) genutzt wurde, um tarifliche oder ortsübliche Standards zu unterlaufen und die Produktionskosten deutlich zu verringern. Ermöglicht wurde dies dadurch, dass Werkverträge mit Firmen aus Mittel- und Osteuropa abgeschlossen wurden, deren entsandte Arbeitskräfte zu den Bedingungen und Löhnen in ihren Herkunftsländern tätig waren. Begünstigt wurde dies auch dadurch, dass es in der Fleischwirtschaft in Deutschland – anders als z. B. in der Bauwirtschaft – bis August 2014 keinen branchenbezogenen Mindestlohn gab.

## 7.4  Maßnahmen zur Verbesserung der Löhne und Arbeitsbedingungen

Angesichts der massiven Kritik aus dem In- und Ausland an den geringen Löhnen und katastrophalen Arbeits- und Lebensbedingungen von entsandten Arbeitskräften in der deutschen Fleischindustrie wurde die Branche bereits im Jahr 2007 von der damaligen Bundesregierung gedrängt, eine verbindliche Lohnuntergrenze in der Branche einzuführen und die Arbeitsbedingungen zu verbessern. Dies wurde damals jedoch von der Arbeitgeberseite noch erfolgreich abgewehrt. Erst im Januar 2014 ist es unter der Drohkulisse der absehbaren Einführung des gesetzlichen Mindestlohns gelungen, für die Fleischwirtschaft einen Branchenmindestlohn zu vereinbaren, der im August 2014 in Kraft getreten ist. Darüber hinaus wurden zwei Selbstverpflichtungen von Teilen der Branche unterzeichnet – ein Verhaltenskodex im Sommer 2014 sowie eine freiwillige Selbstverpflichtung im September 2015. Im Juni 2017 wurde schließlich völlig überraschend das „Gesetz zur Sicherung von Arbeitnehmerrechten in der Fleischwirtschaft" (GSA) vom Bundestag verabschiedet, weil auf politischer Ebene offenbar bezweifelt wurde, dass bestehende Missstände ohne verschärfte Kontrollen und weitere Regelungen unterbunden werden könnten.

### *Die Vereinbarung des branchenbezogenen Mindestlohns*

Ob ein gesetzlicher Mindestlohn in Deutschland eingeführt werden sollte oder nicht, war lange Zeit nicht nur in der Politik, sondern auch innerhalb der Gewerkschaften und Arbeitgeberverbände sehr umstritten. Im Jahr 2009 favorisierte die damalige Bundesregierung die Einführung branchenbezogener Mindestlöhne und öffnete hierfür das Arbeitnehmer-Entsendegesetz. Im Grundsatz wäre es seitdem allen Branchen möglich gewesen, tarifliche Mindestentgelte zu vereinbaren und sie für ihren jeweiligen Geltungsbereich für allgemeinverbindlich erklären zu lassen. Tatsächlich stellten aber nur wenige Branchen einen solchen Antrag und auch die Inkraftsetzung der beantragten Mindestlöhne verzögerte sich teilweise deutlich. Ursache der geringen Zahl von Anträgen war, dass viele Branchen die Voraussetzungen nicht erfüllten, weil es keine flächendeckenden Tarifverträge gab oder die Arbeitgeberverbände nicht bereit waren, einen branchenbezogenen Mindestlohn auszuhandeln (Bosch et al. 2011, S. 148 ff.). Die Fleischwirtschaft war von der SPD-Bundestagsfraktion und dem damaligen Arbeitsminister Franz Müntefering sogar bereits im Mai 2007 gedrängt worden, für die Branche einen Mindestlohn auszuhandeln:

„Die nach wie vor hohe Zahl osteuropäischer Arbeiter, die zu niedrigsten Löhnen in der deutschen Fleischbranche beschäftigt werden, hat das Bundesarbeitsministerium zu einer Androhung von Mindestlöhnen für die Unternehmen bewogen. [...] Dem Ministerium wäre es lieber, wenn die Branche selbst tätig würde. Hintergrund des Streits [...] ist die dauerhafte Weigerung der Unternehmen, einen bundesweit gültigen Tarifvertrag auszuhandeln und damit die Aufnahme ins Entsendegesetz zu bewirken. Nur dieser Schritt kann zu Mindestlöhnen in dem Gewerbe führen, die dann auch Mitarbeiter aus Osteuropa erhalten müssten." (Sirlechtov 2007)

Damals ist dies jedoch nicht gelungen, weil die großen Player auf der Arbeitgeberseite dies nicht wollten. In den folgenden Jahren verlor das Thema politische und mediale Aufmerksamkeit. Dies änderte sich erst im Jahr 2012 wieder, als es der Gewerkschaft NGG – auch im Zuge der Wahlkämpfe in Niedersachsen und auf Bundesebene – gelang, die katastrophalen Arbeitsbedingungen in der Fleischwirtschaft erneut in das Blickfeld der Öffentlichkeit zu rücken. Im Juni 2012 hatten sich der damalige NGG-Vorsitzende Franz-Josef Möllenberg, der Vorsitzende der dänischen Lebensmittelgewerkschaft NNF Ole Wehlast und der Generalsekretär der European Federation of Food, Agriculture and Tourism Trade Unions (EFFAT) Harald Wiedenhofer mit der damaligen Arbeitsministerin Ursula von der Leyen getroffen, um sie über das Sozialdumping in der europäischen Fleischindustrie und seine Ursachen zu informieren. Die Ministerin regte die Einrichtung eines runden Tisches an (EFFAT 2012) und kritisierte in der Folgezeit mehrfach öffentlich die Arbeitsbedingungen in der Fleischindustrie. So berichtete die Süddeutsche Zeitung im August 2013, dass die Ministerin im Wahlkampf in ihrer niedersächsischen Heimat neuerdings für die Situation auf deutschen Schlachthöfen starke Worte [finde]: „Die Zustände in Teilen der Fleisch- und Schlachtwirtschaft sind besorgniserregend" [...]. Sie verstehe gut, wenn „rechtschaffene Arbeitgeber nicht länger mit ansehen wollen, dass schwarze Schafe systematisch das deutsche Arbeitsrecht unterlaufen und eine ganze Branche in eine Kostenspirale nach unten zwingen, indem sie ausländische Werkvertragsarbeitnehmer unter unwürdigen Bedingungen beschäftigen" (Brüggemann 2013). Dies ist ein deutliches Anzeichen dafür, dass die Fleischbranche selbst im konservativen Lager zunehmend an Reputation verloren hatte.

Nachdem die SPD und die GRÜNEN Anfang 2013 in Niedersachsen die Landtagswahl gewonnen hatten, veröffentlichte die neue Landesregierung Zahlen, die offenlegten, dass die Fleischkonzerne jahrelang erheblich von EU-Agrarsubventionen profitiert hatten (Leubecher 2013). Da die EU den Mitgliedsstaaten im Jahr 2013 die Möglichkeit eröffnet hatte, künftig eine Negativliste mit Unternehmen einzureichen, die von EU-Subventionen ausgeschlossen werden sollten, wurde dies als Druckmittel für die Zustimmung zur Einführung eines branchenbezogenen

Mindestlohns in der Fleischwirtschaft genutzt. Der niedersächsische Landwirt-schaftsminister Christian Meyer drohte damit, dass alle Fleischkonzerne, die ihren Beschäftigten weniger als 8,50 € pro Stunde zahlten, auf diese Liste gesetzt würden (Leubecher 2013). Mit diesem Schachzug erreichte die niedersächsische Landes-regierung, dass sich die Unternehmen Tönnies, Danish Crown und PHW bereit erklärten, die Einführung eines branchenbezogenen Mindestlohns zu unterstützen und auch den Anteil sozialversicherungspflichtiger Beschäftigungsverhältnisse in ihren Unternehmen zu erhöhen (Brümmer 2014, S. 149).[5]

Im Mai 2013 fand auf Initiative der Gewerkschaft NGG ein Treffen auf der Arbeitsebene mit Vertreter_innen der großen Schlachtunternehmen Tönnies, VION, Westfleisch, Danish Crown, den Sozialpartnern der Branche (ANG und NGG) sowie des Bundesministeriums für Arbeit und Soziales statt. Ergebnis war, dass die Gewerkschaft NGG Mitte Juli 2013 über 100 Betriebe aus dem Bereich der Fleischwirtschaft anschrieb und sie zum Abschluss eines Mindestlohntarif-vertrags für die Fleischwirtschaft aufforderte. Dabei betonte die Gewerkschaft, dass ein solcher Tarifvertrag aus ihrer Sicht mindestens zwei Bedingungen erfüllen sollte: Er müsse einen Mindestlohn von 8,50 € vorsehen und Entgelt-abzüge für Unterbringung und Transport ausschließen. Unterstützt wurde diese Initiative nicht nur von den großen Unternehmen, sondern auch von der Arbeit-gebervereinigung ANG. Vor diesem Hintergrund erklärte auch der regionale Arbeitgeberverband VdEW wenig später, dass er zum Abschluss eines Mindest-lohntarifvertrags, der Eingang in das Arbeitnehmer-Entsendegesetz finde, bereit sei, wenn dies von der Fleischwirtschaft gewünscht würde.

Am 10. September 2013 gab der Verband der Fleischwirtschaft (2013) in einer Pressemitteilung bekannt, dass die vier größten Fleischunternehmen in Deutsch-land ihren Beratungsprozess über branchenbezogenen Mindestlohn erfolgreich zum Abschluss gebracht hätten und anstrebten, möglichst schnell eine Aufnahme der Branche in das Arbeitnehmer-Entsendegesetz zu erreichen. Eigentlich sollte die Einigung der vier großen Schlachtkonzerne auf einen tariflichen Mindestlohn bereits am 30. August 2013 verkündet werden. Doch das Bündnis drohte kurz-zeitig zu platzen, weil Clemens Tönnies ausscherte. Er begründete dies damit, „dass er sich nicht mit der Gewerkschaft NGG an einen Tisch setzen wollte, weil die Gewerkschaft falsche Medienberichte über ihn und sein Unternehmen lanciert habe" (SPIEGEL 2013, S. 83). Wenige Tage zuvor hatte Tönnies erklärt, dass er

---

[5]Das vierte große Unternehmen Westfleisch ist bereits seit langem tarifgebunden und hatte sich daher bereits deutlich früher für einen Branchenmindestlohn ausgesprochen.

für den Mindestlohn eine brancheninterne Lösung ohne Beteiligung der Gewerkschaft NGG anstrebe. Die anderen Unternehmen lehnten dies aber ab (SPIEGEL 2013, S. 83).[6]

Hintergrund der zunehmenden Unterstützung für einen branchenbezogenen Mindestlohn in der Fleischwirtschaft war sicherlich auch die nach der Bundestagswahl im September 2013 absehbare Einführung des gesetzlichen Mindestlohns ab Januar 2015. Um dessen Einführung in Niedriglohnbranchen und insbesondere in Ostdeutschland zu erleichtern, hatte die Bundesregierung allen betroffenen Branchen angeboten, für eine Übergangszeit bis maximal Ende 2017 tarifliche Mindestentgelte zu vereinbaren, die unter dem vorgesehenen gesetzlichen Mindestlohn von 8,50 € pro Stunde liegen konnten. Voraussetzung für solche tariflichen Abweichungen war allerdings, dass die vereinbarten Mindestentgelte für allgemeinverbindlich erklärt wurden.

Diese Möglichkeit wurde auch von der Fleischwirtschaft genutzt. Nach Angaben der Arbeitgeberseite war es zwischenzeitlich gelungen, einen hinreichend großen Tarifverbund seitens der Arbeitgeber zu bilden, auf den mehr als 50 % der Beschäftigten entfielen, wodurch die Voraussetzung für die Aufnahme der Branche in das Arbeitnehmer-Entsendegesetz erfüllt wurde. Ein Vertreter der Arbeitgeberseite sagte hierzu im Interview:

„Das war auch der Unterschied zu 2006, 2007. Die Mitgliedschaft in den Arbeitgeberverbänden der Fleischwirtschaft hatte sich vergrößert. Wir hatten 2013 eben schon mehr Unternehmen bei uns versammelt. […] Wir hatten dann eine Basis, um daraus eine Tarifgemeinschaft zu formen, und dann den Mindestlohntarifvertrag abzuschließen. Daran ist vieles vorher auch gescheitert. Man kann nicht sagen, das eine war das Ausschlaggebende, nein, alle Facetten gehörten zusammen." (Interview Arbeitgeberverband, 12/2016)

Förderlich für diesen Schritt war nach Angaben der damaligen ANG-Hauptgeschäftsführerin Valerie Holsboer auch, dass die anhaltende Negativberichterstattung viele „ehrliche" Unternehmen in Mitleidenschaft gezogen habe (Allgemeine Fleischer Zeitung 2013).

Zur Einführung des branchenbezogenen Mindestlohns mussten allerdings noch einige weitere Hemmnisse aus dem Weg geräumt werden: Die Arbeitgeberverbände

---

[6]Der Geschäftsführer des regionalen Arbeitgeberverbands VdEW warb bei den Fleischunternehmen für die Einführung des branchenbezogenen Mindestlohns u. a. mit dem Argument, dass damit die Motivation der Beschäftigten zur gewerkschaftlichen Organisation gesenkt werden könnte (SPIEGEL 2013, S. 83).

in der Fleischwirtschaft sind regional organisiert und dürfen laut Satzung nur für die eigene Region verhandeln. Ein Gewerkschaftssekretär sagte hierzu im Interview:

> „Das musste erst einmal verbandsintern geklärt werden. Die großen Schlachtunternehmen sind dann alle Mitglieder in den regionalen Arbeitgeberverbänden geworden. Vielleicht waren sie das früher schon mal, aber sehr lange nicht." (Interview NGG 9/2015)

Nachdem der regionale Arbeitgeberverband VdEW (Verband der Ernährungswirtschaft Niedersachsen, Bremen, Sachsen-Anhalt) die Vollmacht von den anderen acht regionalen Verbänden für die Verhandlungen über einen branchenbezogenen Mindestlohn mit der Gewerkschaft NGG erhalten hatte, wurden im Oktober 2013 die Tarifverhandlungen aufgenommen. Am 17. Dezember 2013 brach der VdEW die Verhandlungen jedoch abrupt und ohne Nennung eines neuen Verhandlungstermins ab. Die Arbeitgeberseite wollte die von der Gewerkschaft geforderte rasche Annäherung des branchenbezogenen Mindestlohns an 8,50 € nicht akzeptieren und bestand überdies darauf, für Ost- und Westdeutschland zunächst unterschiedlich hohe Mindestlöhne zu vereinbaren (NGG 2013; Hensche Rechtsanwälte 2013).

Nach dem Abbruch der Verhandlungen stieg jedoch der Druck auch von Arbeitgebervertreter_innen außerhalb der Fleischwirtschaft, möglichst schnell eine Einigung mit der Gewerkschaft NGG zu erzielen, und so die Branche endlich aus den Negativschlagzeilen heraus zu holen. Selbst die Bundesvereinigung der Deutschen Arbeitgeberverbände (BDA), die Allgemeinverbindlicherklärungen sonst häufig blockiert, sprach sich dafür aus (Doelfs 2014). Nach einem kurzfristigen Wechsel der Verhandlungsführung auf Arbeitgeberseite wurde der Mindestlohntarifvertrag für die Fleischwirtschaft letztlich am 13. Januar 2014 abgeschlossen:

> „Zum nun doch erreichten Abschluss trug offenbar eine Initiative von Arbeitgeberpräsident Ingo Kramer bei, die Federführung für die Fleischbranche auf die tarifpolitisch erfahrenere Arbeitgebervereinigung ANG zu übertragen. Deren Hauptgeschäftsführerin Valerie Holsboer und die NGG-Vorsitzende Michaela Rosenberger hätten dann maßgeblich für den Durchbruch gesorgt, hieß es." (Creutzburg 2014)

Ein Gewerkschaftssekretär hob im Interview hervor, dass der Druck und strategische Überlegungen letztlich entscheidend für die Verhandlungsbereitschaft der Arbeitgeber waren:

„Die Verhandlungen über den Mindestlohn waren politische Verhandlungen und keine tariflichen Verhandlungen. Es gab sowohl einen öffentlichen Druck als auch einen Druck von staatlichen Stellen. […] An der NGG-Kampfkraft kann es nicht liegen. Ich kann mich nicht dran erinnern, dass wir mal in der Fleischwirtschaft gestreikt hätten." (Interview NGG 9/2015)

Allerdings konnte die Gewerkschaft NGG ihr erklärtes Ziel, ab August 2014 einen bundeseinheitlichen Mindestlohn von mindestens 8,50 € für die Fleischwirtschaft zu vereinbaren, in den Tarifverhandlungen nicht durchsetzen. Die Arbeitgeber hatten angeboten, ab Juli 2014 einen bundesweit einheitlichen Mindestlohn von 8,00 € einzuführen, der ab Juli 2015 auf 8,50 € ansteigen sollte, verlangten dafür jedoch eine Vertragslaufzeit bis Ende 2018 ohne weitere Erhöhungen (Allgemeine Fleischer Zeitung 2014). Die NGG forderte bei dieser Vertragslänge eine weitere Erhöhung über 8,50 € hinaus. Regelungen über weitere Mindestbedingungen für Kosten der Unterbringung, für Berufskleidung sowie für Werkzeuge waren nach Angaben der Gewerkschaft demgegenüber mit der Arbeitgeberseite nicht verhandelbar (Allgemeine Fleischer Zeitung 2014). Vereinbart wurde letztlich, Anfang August 2014 einen tariflichen Mindestlohn von zunächst 7,75 € einzuführen und diesen dann in mehreren Schritten anzuheben (vgl. Tab. 7.2). Erst nach 14 Monaten wurde die von der Gewerkschaft geforderte Zielmarke von 8,50 € überschritten.

Für die Arbeitgeberseite war besonders wichtig, dass der Branchenmindestlohn zunächst unter dem gesetzlichen Mindestlohn von 8,50 € lag. Zentrales Anliegen der Gewerkschaft war in den Mindestlohnverhandlungen demgegenüber, keine unterschiedlichen Mindestlöhne in Ost und West zuzulassen (NGG 2014). Der Verhandlungsführer Claus-Harald Güster sagte dazu in der Presse:

„Wir wollten unbedingt Einheitlichkeit erreichen, auch wenn das intern in der NGG für Diskussionen gesorgt hat. In einem hohen solidarischen Akt stimmten unsere

**Tab. 7.2**  Höhe des Mindestlohns in der Fleischwirtschaft

| Gültig von | Bruttoverdienst pro Stunde |
|---|---|
| 1. August 2014 bis 30. November 2014 | 7,75 € |
| 1. Dezember 2014 bis 30. September 2015 | 8,00 € |
| 1. Oktober 2015 bis 30. November 2016 | 8,60 € |
| 1. Dezember 2016 bis 31. Dezember 2017 | 8,75 € |

Quelle: Mindestlohn-Tarifvertrag Fleischindustrie

Westkollegen jedoch zu, auch im Westen für kurze Zeit unter 8,50 Euro zu bleiben, wenn wir damit einen einheitlichen Mindestlohn hinbekommen." (Doelfs 2014).

Nach Angaben der ANG (2016b) wurde durch die Erstreckung des Mindestlohntarifvertrags über das Arbeitnehmer-Entsendegesetz eine Tarifbindung für über 80.000 Beschäftigte im Bereich der Schlachtung und Fleischverarbeitung erreicht.[7] In den Geltungsbereich des Branchenmindestlohns fallen auch „Betriebe und selbstständige Betriebsabteilungen, die ihre Arbeitnehmer in Betrieben oder Betriebsabteilungen der Fleischwirtschaft einsetzen (Dienstleister der Fleischwirtschaft)", während Beschäftigte im Fleischerhandwerk ausgenommen sind.

Der erste Mindestlohn-Tarifvertrag für die Fleischwirtschaft hatte eine Laufzeit bis Ende 2017 und enthielt eine Verpflichtungserklärung für weitere Verhandlungen über einen neuen tariflichen Mindestlohn im Jahr 2018, über den in der zweiten Jahreshälfte 2017 beraten werden sollte. Da der gesetzliche Mindestlohn Anfang 2017 auf 8,84 € erhöht wurde, lag der branchenbezogene Mindestlohn in der Fleischwirtschaft im Jahr 2017 um 0,09 € unter dem neuen gesetzlichen Mindestlohn. Im Februar 2018 wurde nach zähen Verhandlungen ein neuer Mindestlohn für die Fleischwirtschaft in Höhe von 9,00 € (NGG 2018a) und erstmals auch eine monatliche Pauschale von 30 € für die Vergütung der Umkleidezeiten vereinbart. Dieser Mindestlohntarifvertrag, der eine Laufzeit bis Ende 2018 haben sollte, wurde jedoch vom Bundesarbeitsministerium nicht für allgemeinverbindlich erklärt, weil in der Pauschale für Umkleidezeiten ein mögliches Einfallstor für Verstöße gegen den Mindestlohn gesehen wurde (Heitmann 2018; Knödl 2018; NDR 2018). Denn die Einhaltung des Mindestlohns sei nur gewährleistet, wenn die Umkleidezeiten nicht länger als 10 min pro Tag dauern würden, was aber nicht in jedem Betrieb der Fall sei. Die Verweigerung der AVE führte dazu, dass die Lohnuntergrenze in der Fleischwirtschaft seit 2018 allein durch den gesetzlichen Mindestlohn bestimmt wird.

Nach Einführung des branchenbezogenen Mindestlohns für die Fleischwirtschaft ab August 2014 sind die Löhne in der Branche deutlich gestiegen. Der durchschnittliche Stundenverdienst von Vollzeitbeschäftigten in der Branche lag im zweiten Quartal 2017 nach Angaben des Statistischen Bundesamtes (2018) um immerhin 9,3 % höher als drei Jahre zuvor. Die durchschnittlichen Stundenverdienste in Ostdeutschland sind um beachtliche 16,1 % gestiegen, während

---

[7]Diese Angabe bezieht sich auf die Beschäftigten in Unternehmen mit mindestens 20 Beschäftigten.

der Anstieg in Westdeutschland mit 8,8 % etwas moderater ausfiel. Gleichzeitig hatte sich die Zahl der sozialversicherungspflichtig Beschäftigten in der Fleischwirtschaft nach Angaben der Bundesagentur für Arbeit (2018a) von Juni 2014 bis Juni 2017 bundesweit um 13 % erhöht.

*Der freiwillige Verhaltenskodex in der Fleischwirtschaft*
Im Zuge der vorbereitenden Abstimmungen zur Einführung des Mindestlohns in der Fleischwirtschaft wurde von den vier großen Unternehmen mit Unterstützung des Bundesarbeitsministeriums auch vereinbart, einen freiwilligen Verhaltenskodex für die Fleischwirtschaft einzuführen. Dieser zielte vor allem darauf ab, die Qualität der Unterkünfte für die Arbeitskräfte aus Mittel- und Osteuropa zu verbessern. Der Kodex nahm auch die Werkvertragsunternehmen selbst in die Pflicht, unabhängig davon, in welchem Land sie ansässig sind. Im Juli 2014 verabschiedete die Fleischwirtschaft diesen Kodex, in dessen Präambel es heißt:

> „Die Verbände und Unternehmen dokumentieren mit der Unterzeichnung und nachprüfbaren Anwendung dieser Erklärung das grundlegende Interesse an der Einhaltung angemessener Sozialstandards für eigene Mitarbeiterinnen und Mitarbeiter und auch für die (Fremd-) Mitarbeiterinnen und Mitarbeiter der in der Fleischwirtschaft tätigen Werkvertragspartner."

Weitere Regelungen betreffen die Übernahme der Kosten des Transfers der Beschäftigten aus ihren Heimatländern nach Deutschland, die Angemessenheit der Kosten für den Transport der entsandten Beschäftigten von den Unterkünften zum Arbeitsort sowie die Bereitstellung von notwendigen Arbeitsmitteln. Darüber hinaus beinhaltet der Verhaltenskodex auch Rechte und Pflichten der deutschen Unternehmen zur Prüfung der Einhaltung von Mindeststandards bei den Werkvertragsunternehmen und deren Verpflichtung, sich prüfen zu lassen:

> „Die Unternehmen sind berechtigt, ihre Werkvertragspartner durch eine unabhängige Wirtschaftsprüfungsgesellschaft prüfen zu lassen, ob die Verpflichtungen zur Zahlung eines geltenden Mindestlohns eingehalten werden. Der Werkvertragspartner wird der Wirtschaftsprüfungsgesellschaft alle hierfür erforderlichen Unterlagen unverzüglich zur Verfügung stellen bzw. die Einsichtnahme gewähren. Dies gilt auch bei einer Auftragsweitergabe an Dritte. Weiterhin sind die Unternehmen berechtigt, die Einhaltung der Verpflichtung aus dieser Vereinbarung und der sozialen Mindeststandards überprüfen zu lassen." (§ 6 des Verhaltenskodex der Fleischwirtschaft)

Diesen Kodex hatten bis Oktober 2015 66 Unternehmen mit 143 Produktionsbetrieben, die mit Werkvertragsunternehmen zusammenarbeiteten, unterzeichnet

(Verband der Fleischwirtschaft 2015). Der Grad der tatsächlichen Einhaltung ist allerdings bis heute schwierig abzuschätzen, weil keine Informationen dazu vorliegen, ob in den folgenden Jahren noch weitere Unternehmen den Verhaltenskodex unterzeichnet haben. Hinzu kommt, dass bei Verstößen keinerlei Sanktionen vorgesehen sind. „Wir vertrauen darauf, dass Firmen, die unterschrieben haben, sich auch daran halten", sagte der VdEW-Hauptgeschäftsführer Andritzky dazu in der Presse (NDR 2014).

Vertreter_innen der Beratungsstellen „Faire Mobilität", die vor allem Beschäftigte aus Mittel- und Osteuropa beraten und sie bei der Durchsetzung von vorenthaltenen Löhnen unterstützen, verwiesen demgegenüber auch Anfang 2018 noch darauf, dass es weiterhin teils erhebliche Missstände in den Unterkünften und beim Umgang mit Beschäftigten im Fall von Erkrankungen oder Arbeitsunfällen gebe:

> „Bei den Subunternehmen handelt es sich häufig um Briefkastenfirmen, die, sobald Probleme entstehen, vom Markt verschwinden und dann unter neuem Namen wieder auftauchen. Bessere Arbeitsbedingungen und höhere Löhne sind kaum durchsetzbar. Gelingt es den Beschäftigten, die Konditionen bei den Subunternehmen zu verbessern, droht deren Insolvenz, wie das [..] Beispiel eines größeren Subunternehmens aus der Branche zeigt: Den Angestellten war es, nachdem sie dort mehrere Jahre gearbeitet hatten, gelungen, bescheidene Lohnerhöhungen durchzusetzen. Daraufhin suchte sich der Auftraggeber dieses Subunternehmens einen neuen, billigeren Dienstleister. Das Subunternehmen ging pleite und die Mitarbeiter, zumeist Facharbeiter aus Rumänien, wurden drei Monate aus der Insolvenzgeldkasse bezahlt. Gleichzeitig erhielten sie ein Angebot, bei dem neuen Dienstleister unter Vertrag zu gehen, allerdings zu schlechteren Konditionen als zuvor [...]. Trotzdem willigten die Facharbeiter ein. Schließlich – so wurde ihnen klargemacht – gäbe es genug Rumänen, die sich über einen solchen Job freuen würden." (Sepsi und John 2018, S. 2)

Presseberichten zufolge liegen zudem seit Jahren Hinweise auf teils dubiose Verflechtungen der Fleischunternehmen mit den Wirtschaftsprüfungsgesellschaften vor, die Zweifel an der Glaubwürdigkeit und Unabhängigkeit der Prüfungen schüren (Doeleke 2015).

### Die freiwillige Selbstverpflichtung

Auch nach der Einigung über einen Branchenmindestlohn im Januar 2014 wurden die Bedingungen, unter denen die entsandten Beschäftigten von Werkvertragsunternehmen in der deutschen Fleischwirtschaft arbeiteten, weiter scharf kritisiert. Im Frühjahr 2015 hatte der damalige Bundeswirtschaftsminister Sigmar Gabriel mehrere Schlachthöfe in Deutschland besucht und mit den jeweiligen

Geschäftsleitungen über die intensive Nutzung von Werkverträgen gesprochen. Er forderte die Unternehmen auf, gegen bestehende Missstände vorzugehen und die Arbeitsbedingungen in der Branche deutlich zu verbessern. Der Minister drohte auch damit, eine Quote für den Anteil der Beschäftigten, die bei Werkvertragsunternehmen angestellt sind, einzuführen. Diese Quote sollte bei nur 20 % der Belegschaften liegen (Wyputta 2015a), was weitaus niedriger gewesen wäre, als damals und auch heute noch in der Branche üblich.

Um eine deutliche Einschränkung der Nutzung von Werkverträgen abzuwenden, wurde koordiniert von der Arbeitgebervereinigung Nahrung und Genuss und den sechs größten Unternehmen am 21. September 2015 die „Standortoffensive deutscher Unternehmen der Fleischwirtschaft – Selbstverpflichtung der Unternehmen für attraktivere Arbeitsbedingungen" im Bundesministerium für Wirtschaft und Energie in Berlin unterzeichnet. Damit verpflichteten sich die beteiligten Unternehmen, bis Juli 2016 ihre Strukturen so umzustellen, dass sich sämtliche in ihren Betrieben eingesetzten Beschäftigten in einem in Deutschland gemeldeten, sozialversicherungspflichtigen Beschäftigungsverhältnis befinden.

Nach Aussagen mehrerer Interviewpartner_innen wurde dies vor allem dadurch umgesetzt, dass die bisherigen osteuropäischen Werkvertragsunternehmen – teils mit Unterstützung der Unternehmen der Fleischwirtschaft – in deutsche GmbHs umgewandelt wurden. Die Beschäftigten blieben häufig dieselben und den osteuropäischen Geschäftsführungen wurden heimische Geschäftsführer_innen zur Seite gestellt. Ein Gewerkschaftssekretär der NGG bestätigte im Juni 2016, dass es in der Branche kaum noch Entsendungen oder osteuropäische Werkvertragsunternehmen gebe,

„weil es aufgrund des Mindestlohns nicht mehr möglich ist, bestimmte Umgehungsstrategien durch ausländische Sozialversicherungen und Steuergestaltung zu nutzen" (Interview NGG, 6/2016).

In einer Pressemitteilung der Gewerkschaft NGG bezeichnete diese die Selbstverpflichtung als einen „Schritt in die richtige Richtung" (NGG 2015). Die Anstellung von Werkvertragsbeschäftigten bei deutschen GmbHs und nicht bei Entsendefirmen führe zu einer besseren sozialen Absicherung der Beschäftigten bei Krankheit und Arbeitsunfällen, weil die Beschäftigten nunmehr Zugang zu einer deutschen Krankenversicherung hätten.

Die Betriebsräte zweier großer Fleischunternehmen bemängelten, dass die Vereinbarung nur für die großen Unternehmen gelte, die die vereinbarten Standards, insbesondere die Umstellung auf Werkverträge mit deutschen Firmen, bereits zuvor im Wesentlichen umgesetzt hätten. Handlungsbedarf besteht nach

ihrer Einschätzung aber eher bei den anderen Unternehmen, für die die Selbstverpflichtung nicht bindend sei:

> „Da steht kein Gesetz hinter, keine Verordnung, da kann sich ja jetzt jeder etwas
> aussuchen. Wir definieren ein Ziel, das gar nicht klar formuliert ist, es gibt keine
> prozentuale Zahl, die besagt, wie viele Eigen- und Fremdbeschäftigte man haben
> muss. Und auch sonst sind keine Zahlen genannt. [...] In dem Zuge, in dem ich
> eine Selbstverpflichtung mit den ganzen Beteiligten unterschreibe, bedarf es doch
> erst mal einer Vorarbeit zu gucken, wie der Ist-Zustand ist. Dann sollen doch bitte
> alle Beteiligten ihre Quoten offenlegen, wie viele Dienstleister und wie viele eigene
> Beschäftigte sie haben. Dann muss ich auch ein Ziel definieren und festlegen, wann
> kontrolliert wird." (Interview Betriebsrat, 10/2015)

Sie betonten weiterhin, dass möglichst viele Unternehmen die Selbstverpflichtung
unterzeichnen müssten, weil nur so der Anteil der Stammbeschäftigten in der
Branche spürbar erhöht werden könne. Während die Umstellung auf deutsche
Werkvertragsfirmen bereits weitgehend abgeschlossen sei, liege der Anteil der
per Werkvertrag Beschäftigten auch in den großen Firmen häufig noch bei mehr
als 50 %, da das Lohngefälle zwischen den (z. T. tariflich entlohnten) Stammbeschäftigten und den bei Werkvertragsfirmen Beschäftigten weiterhin groß sei.
Gleichzeitig könne man auf Werkverträge jedoch nicht gänzlich verzichten:

> „Das hat etwas mit der Wettbewerbsfähigkeit zu tun. Wir haben – nehmen wir nur
> [Unternehmensname] – einen Tarifvertrag. Wir haben seit 40, 50 Jahren mit der
> NGG Tarife. Der Ungelernte fängt bei uns mit mehr als 12 € an. Stellen Sie sich vor,
> wir würden die alle einstellen, dann müssten wir die auch mit 12 € vergüten. Der
> Wettbewerber macht das dann für 8,60 €. Das wäre das Aus." (Interview Betriebsrat,
> 10/2015)

Ein Gewerkschaftssekretär bestätigte Mitte 2016 im Interview, dass es inzwischen
in der Branche kaum noch Entsendungen oder osteuropäische Werkvertragsunternehmen gebe:

> „Man hat schon mit der Einführung des Mindestlohns gesehen, dass das angefangen
> hat. Die rumänischen Beschäftigten haben fast alle zum 1. Juli 2015 neue Verträge
> gekriegt. Das war die erste Folge, die man direkt spüren konnte, aufgrund der Ein-
> führung des Mindestlohns in der Branche. Umwandlung in deutsche Arbeitsverhält-
> nisse. Zum einen denke ich, dass der Mindestlohn es nicht mehr möglich gemacht
> hat, bestimmte Umgehungsstrategien durch ausländische Sozialversicherungen und
> Steuergestaltung zu nutzen. Weil die anfangs 7,75 € mussten bezahlt werden, brutto,
> und die mussten dann auch versteuert und verbeitragt werden in Deutschland. Das
> heißt, ich kann nicht irgendwelche Phantasiegeschichten machen mit 3 € abrechnen

und der Rest schwarz im Ausland, das funktioniert ja nicht mehr. Das war vorher die übliche Masche. Relativ niedriger Lohn in Deutschland versteuert und der Rest im Ausland abgewickelt. Das Modell funktioniert aber nicht mehr mit dem deutschen Mindestlohn. Ich muss den vollen Mindestlohn in Deutschland verbeitragen. Das heißt, Entsendung lohnte sich nicht mehr." (Interview NGG, 6/2016)

Ein Betriebsrat wies im Interview zusätzlich auch auf die Bedeutung der Nachunternehmerhaftung hin:

„Es gibt ja die Durchgriffshaftung für Generalunternehmer und das wäre jetzt meine Theorie, dass man gesagt hat, dass die Kontrolle bei Unternehmen, die in Deutschland registriert sind, einfacher ist." (Interview Betriebsrat, 10/2015)

Ein hoher Verbreitungsgrad der Selbstverpflichtung wäre nach Einschätzung der von uns interviewten Betriebsräte zweier großer Firmen auch eine wichtige Voraussetzung für die Umsetzung der Verpflichtung, den Anteil der Stammbeschäftigten zu erhöhen. Während die Umstellung auf deutsche Werkvertragsfirmen dort bereits weitgehend abgeschlossen war, liege der Anteil der per Werkvertrag Beschäftigten auch in den großen Firmen häufig noch bei 50 % oder mehr, da das Lohngefälle zwischen den (z. T. tariflich entlohnten) Stammbeschäftigten und den bei den Werkvertragsfirmen Beschäftigten weiterhin groß sei und bislang nur wenige Unternehmen die Selbstverpflichtung unterzeichnet hätten:

„In der Selbstverpflichtung steht, dass man den Anteil an Stammarbeitnehmern erhöhen will. Das geht ja nur so: Ich nehme das Instrument Werkvertrag raus und beschäftige die direkt. [...] Oder wir machen Leiharbeit draus. Ist auch nicht schön, aber die mildere Form, weil wir darauf ja auch Zugriff und Einfluss haben. [...] Wir geben der Geschäftsführung den Hinweis, dass wir die Kollegen aufgrund der Arbeitnehmerfreizügigkeit auch direkt beschäftigen können, aber darauf geht man nicht ein. Wenn es keine Branchenlösung gibt, dann bringt das nichts. Wenn es nur einer macht, dann entsteht für den ein direkter Wettbewerbnachteil. Vielleicht wird das zwar von der Öffentlichkeit honoriert und man wird zu Talkshows eingeladen, aber wirtschaftlich wird sich die Lage verschlechtern." (Interview Betriebsrat, 10/2015).

Der Hauptgeschäftsführer des VdEW zog demgegenüber in einem Beitrag in der Zeitschrift Fleischwirtschaft eine positive Bilanz der Selbstverpflichtung und wies Kritik an den Arbeitsbedingungen zurück: „Alle Überprüfungen des Zolls in den Betrieben belegen, dass der Mindestlohn eingehalten wird. Vorwürfe, insbesondere vonseiten der Gewerkschaft NGG, dass der Mindestlohn massiv unterschritten wird, sind nachweislich falsch." Er gab allerdings zu, „dass immer noch zahlreiche Unternehmen, insbesondere aus der Schlachtwirtschaft, die Selbstverpflichtung nicht unterschrieben" hätten. Ziel müsse daher sein, dass sich noch weitere Unternehmen der Selbstverpflichtung anschließen und die Entsendung beenden (Andritzky 2016).

„Geschieht dieses nicht, können deutliche Wettbewerbsunterschiede zwischen den Unternehmen, die von der Entsendung Abstand nehmen, und Unternehmen, die weiter mit der Entsendung arbeiten, entstehen. Hintergrund ist, dass die Sozialversicherung vielfach in den Heimatländern der entsendeten Arbeitnehmer günstiger und die Kostenbelastung niedriger ist. Solche Wettbewerbsunterschiede könnten wiederum andere Unternehmen veranlassen, doch zur Entsendung zurück zu kehren. Es ist offensichtlich, dass einen solche Abkehr von der Zusage für das Ansehen der Branche schädlich wäre." (Andritzky 2016)

Der erste Bericht zur Umsetzung der Selbstverpflichtung wurde am 28. September 2016 den zuständigen Bundesministerien für Arbeit und Wirtschaft übergeben und veröffentlicht. Kurz gefasst war das Ergebnis, dass die 18 Unternehmen mit 88 Betriebsstätten, die die Selbstverpflichtung bis dahin unterzeichnet hatten, keine entsandten Arbeitskräfte mehr einsetzten, sondern diese nunmehr überwiegend in deutschen Werkvertragsunternehmen beschäftigt waren. Das zweite wichtige Ziel der Selbstverpflichtung – die Steigerung des Anteils der Stammbelegschaften – wurde hingegen nicht erreicht. Von Ende 2014 auf Ende 2015 hatte sich der Anteil der direkt bei den Fleischunternehmen unter Vertrag stehenden Beschäftigten von 44,8 % auf 46,0 % nur minimal erhöht. Dem Bericht zufolge wurde die Umstellung der Arbeitsverträge auf deutsches Arbeitsrecht zudem nicht von allen zuvor entsandten Beschäftigten positiv gesehen:

„Die Umstellung verlief nicht in allen Betrieben ohne Konflikte. Zahlreiche Mitarbeiter verweigerten zunächst die Umstellung, da sie kein Interesse zeigten, in das deutsche Rentenversicherungssystem einzuzahlen und zudem die Umstellung zu Nettoeinbußen führte." (Sozialpolitischer Ausschuss der Fleischindustrie 2016)

Von der Gewerkschaft NGG wurden weitere Änderungen gefordert: „Die Selbstverpflichtung ist vielleicht ein winzig kleiner Schritt. Aber wir brauchen klare gesetzliche Regelungen, um das Problem weiter einzugrenzen. Wir brauchen ordentliche Arbeitsverhältnisse, und wir brauchen letztendlich auch die Verantwortung der großen Schlachtkonzerne für die Menschen, die in ihren Betrieben arbeiten" (Maiweg 2017, S. 7).

**Tab. 7.3** Entwicklung der Zahl und Struktur der Beschäftigten bei den Unternehmen der Fleischwirtschaft, die die freiwillige Selbstverpflichtung unterzeichnet hatten, 2014 bis 2017

| Jahr | Ende 2014 | | Ende 2015 | | Ende 2016 | | Ende 2017 | |
|---|---|---|---|---|---|---|---|---|
| | Zahl | Anteil (%) | Zahl | Anteil (%) | Zahl | Anteil (%) | Zahl | Anteil (%) |
| Beschäftigte gesamt | 31.922 | 100 | 32.197 | 100 | 39.683 | 100 | 41.289 | 100 |
| Eigene Beschäftigte bei den Unternehmen der Fleisch-wirtschaft | 14.287 | 44,8 | 14.814 | 46,0 | 19.622 | 49,4 | 20.306 | 49,2 |
| Leiharbeitskräfte | 2581 | 8,1 | 2512 | 7,8 | 3761 | 9,5 | 3584 | 8,7 |
| Beschäftigte bei Dienstleistern | 15.054 | 47,2 | 14.871 | 46,2 | 16.300 | 41,1 | 17.399 | 42,1 |

Quelle: Eigene Darstellung nach Sozialpolitischer Ausschuss der Fleischindustrie (2016, 2017, 2018)

Tab. 7.3 zeigt im Überblick, wie sich die Zahl und Struktur der Beschäftigten in den Unternehmen, die sich der freiwilligen Selbstverpflichtung angeschlossen hatten, von Ende 2014 bis Ende 2017 entwickelt haben.

Bis Ende 2016 war die Zahl der Unternehmen, die die Selbstverpflichtung unterzeichnet hatten, auf 23 Unternehmen mit 100 Betriebsstätten leicht gestiegen. Diese Unternehmen hatten im Bereich der Schweineschlachtung einen Marktanteil von immerhin 68 %, während in den anderen Bereichen die Marktanteile mit 45 bzw. 47 % deutlich niedriger lagen (Sozialpolitischer Ausschuss der Fleischindustrie 2017). Auf die unterzeichnenden Unternehmen entfielen Ende 2016 insgesamt 39.683 Beschäftigte, was gegenüber dem Vorjahr einem Anstieg um immerhin 7486 Beschäftigte entsprach. Der Anteil der bei den Fleischunternehmen direkt Beschäftigten war von 46 % auf 49,4 % stärker gestiegen als in den Vorjahren, aber gleichzeitig hatte sich auch der Anteil der Leiharbeitskräfte auf 9,5 % wieder erhöht (Vorjahr: 7,8 %). Ende 2017 lag der Anteil der bei den Fleischunternehmen direkt Beschäftigten mit 49,2 % sogar etwas niedriger als im Vorjahr und der Anteil der bei Dienstleistern unter Vertrag stehenden

Beschäftigten hatte sich um einen Prozentpunkt auf 42,1 % wieder leicht erhöht. Insgesamt legen die mit Ausnahme des Jahres 2016 geringen Veränderungen der Beschäftigtenstruktur nahe, dass sich die Unternehmen der Fleischwirtschaft mit der politisch geforderten Stärkung der Stammbelegschaften sehr schwer tun. Freiwillige Selbstverpflichtungen sind offenbar nur begrenzt effektiv, weil sie keine bindende Wirkung entfalten.

Als Positivbeispiel nannte ein Gewerkschaftssekretär in der Presse das Unternehmen Westfleisch in Münster, das über 1000 Beschäftigte von Werkvertragsunternehmen in die eigene Belegschaft übernommen habe. Der Branchenprimus Tönnies aus Rheda-Wiedenbrück habe demgegenüber kaum osteuropäische Beschäftigte in die Kernbelegschaft integriert (Göres 2017).

*Gesetzliche Maßnahmen*

Vor allem die Gewerkschaft NGG hatte gehofft, dass mit dem „Gesetz gegen den Missbrauch von Leiharbeit und Werkverträgen", das im Herbst 2016 vom Deutschen Bundestag verabschiedet wurde, die Nutzung von Werkverträgen insgesamt und insbesondere auch in der Fleischwirtschaft deutlich eingeschränkt werden könnte. Allerdings waren die zunächst vorgesehenen deutlichen Einschränkungen von Werkvertragskonstellationen[8] im Gesetzgebungsverfahren auf Druck der Unternehmensverbände und Unionsparteien so stark aufgeweicht worden, dass sie letztlich fast folgenlos blieben. In einer Pressemitteilung nahm Claus-Harald Güster von der NGG hierzu Stellung:

> „Während es für Leiharbeiter Verbesserungen gäbe, seien die Regelungen bei den Werkverträgen durch die Unternehmerlobby aufgeweicht worden. Zu begrüßen sei […], dass missbräuchliche Werkverträge nicht mehr nachträglich in Leiharbeit umgewandelt werden könnten. Nach wie vor sei es allerdings ungestraft möglich, Betriebe in immer kleinere Einheiten zu zerlegen, Teile der Kernproduktion fremd zu vergeben, somit die Stammbelegschaften weiter zu reduzieren und Tarifverträge zu unterlaufen. […] Die Ausweitung von prekärer Beschäftigung über Werkverträge wird nicht beendet. Die Mitbestimmung bleibt weiterhin ausgehebelt." (NGG 2016)

---

[8]Im Referentenentwurf (Bundesministerium für Arbeit und Soziales 2015) war vorgesehen, den Arbeitnehmerbegriff anhand allgemeiner Grundsätze, wie sie von der Rechtsprechung seit vielen Jahren entwickelt worden sind, zu präzisieren, um abhängige Beschäftigung und Selbstständigkeit eindeutiger voneinander abzugrenzen. Im verabschiedeten Gesetz (Deutscher Bundestag 2016b) sind diese Präzisierungen jedoch nicht enthalten. „Die ursprünglich geplante Regulierung von Werkverträgen ist im parlamentarischen Verfahren auf ein Minimum reduziert worden. Der neue § 611a BGB gibt letztlich lediglich die einschlägige Rechtsprechung wieder." (Haufe 2017).

Auch in der Politik wurde es offenbar zunehmend bezweifelt, dass sich die
Arbeitsbedingungen in der Fleischwirtschaft durch freiwillige Initiativen und
sanktionslose Selbstverpflichtungen verbessern ließen. Am 1. Juni 2017 verabschiedete der Bundestag daher völlig überraschend das „Gesetz zur Sicherung von Arbeitnehmerrechten in der Fleischwirtschaft" (GSA Fleisch). Damit
wurde die Bedeutung der Generalunternehmerhaftung nach dem Vorbild des
Baugewerbes in der Fleischwirtschaft gestärkt, sodass Auftraggeber für fällige Beitragszahlungen zur Sozialversicherung von Werkvertragsfirmen haftbar
gemacht werden können. Zudem muss die Arbeitszeitaufzeichnung nunmehr am
selben Tag erfolgen und den Betrieben drohen Geldbußen von bis zu 50.000 €,
wenn sie Kosten für notwendige Arbeitsmittel vom Lohn abziehen (Deutscher
Bundestag 2017a). Das Gesetz wurde im Vorfeld bewusst aus der Öffentlichkeit herausgehalten und im sogenannten „Omnibusverfahren" an einen anderen
Gesetzentwurf angehängt. Begründet wurde dies damit, dass auf dadurch eine
Einmischung der Fleischkonzerne in den Gesetzgebungsprozess unterbunden
werden sollte (Balser 2017).

Von den Gewerkschaften wurde das Gesetz überwiegend positiv beurteilt, da
es an den richtigen Punkten ansetze. Dies betreffe etwa die neue Verpflichtung,
die Aufzeichnung von Arbeitszeiten nunmehr am selben Tag vorzunehmen
(NGG 2017). Noch besser wäre aus Sicht der Gewerkschaft NGG jedoch, die
Beschäftigten ihre Arbeitszeitaufzeichnungen zur Prüfung und Bestätigung
erhalten würden. Auch die Generalunternehmerhaftung nach dem Vorbild des
Baugewerbes wurde grundsätzlich positiv bewertet (Deutscher Gewerkschaftsbund 2017).

Scharfe Kritik kam demgegenüber vonseiten des VdEW-Geschäftsführers
Andritzky, der den Beschluss als „Nacht- und Nebelaktion" bezeichnete und
darauf hinwies, dass Werkverträge in weiten Teilen der Fleischwirtschaft gar
nicht oder nur in geringem Umfang genutzt würden. „Die gesamte Branche
wird aber diesen Regelungen zu Unrecht unterworfen", beklagte er in der Presse
(Lebensmittel Zeitung 2017).

Ein zentraler Schwachpunkt besteht aus der Sicht von Expert_innen weiterhin
darin, dass auch das GSA Fleisch keinerlei Ansatzpunkte bietet, um die Nutzung
von Werkvertragskonstellationen deutlich einzuschränken und den Anteil der
Stammbelegschaften entsprechend zu erhöhen. Küppers und Nothelle-Wildfeuer
(2018, S. 206 f.) führen hierzu aus:

> „Wenn ein zusammenhängender betrieblicher Arbeitsprozess, dessen Ablauf bis
> ins Detail vom Schlachtunternehmen festgelegt ist, künstlich ausdifferenziert wird
> und etwa die Schlachtung, die Grobzerlegung, die Feinzerlegung, das Verwiegen

und das Abpacken des Fleisches zu jeweils eigenständigen Gewerken erklärt werden, dann ist das absurd, und eine dementsprechende gesetzgeberische Klarstellung
wäre notwendig. Das würde auch für mehr Gerechtigkeit im Wettbewerb sorgen,
denn diejenigen, die sich ihrer sozialen Verantwortung entledigen, indem sie mit
Subunternehmen aus Osteuropa zusammenarbeiten, verschaffen sich mehr Flexibilität und Vorteile gegenüber denen, die die Arbeitskräfte in ihre eigene Belegschaft
aufnehmen."

## 7.5   Einhaltung des Mindestlohns und Umgehungsstrategien

Nach Einschätzung von Vertreter_innen der Gewerkschaft NGG und der
Beratungsstellen „Faire Mobilität" in unseren Interviews wird der Mindestlohn
in der Fleischwirtschaft inzwischen „auf dem Papier" meistens eingehalten. Es
gebe kaum noch Lohnabrechnungen, in denen nicht der jeweilige Mindestlohn als Stundenlohn stehe. Als zentrales Einfallstor für Unterschreitungen wird
allerdings weiterhin die unzureichende bzw. falsche Aufzeichnung der tatsächlich geleisteten Arbeitszeiten gesehen. Zwar hätten viele Unternehmen elektronische Zugangssysteme, die aufzeichnen, wie lange sich Beschäftigte im Betrieb
aufgehalten haben. Dies reiche aber nicht aus, um die tatsächlich geleisteten
Arbeitszeiten verlässlich zu dokumentieren. Häufig werde z. B. behauptet, dass
Beschäftigte zwischendurch lange Pausen gemacht hätten. Ein Unternehmensver-
treter sagte hierzu im Interview:

„Wenn ich keine Datenerfassung habe, wie halte ich dann die Stunde fest? Ich kann
mir die Stunden zwar unterschreiben lassen, aber man hört ja, dass dann auch mal
mehr Stunden gearbeitet werden. Das kann man natürlich nicht prüfen. Was passiert
mit Wartezeiten, wenn zum Beispiel das Band stillsteht, weil eine Kette gerissen
ist? Ich kenne auch die Verträge nicht, werden die nach Stunden oder nach Stück
abgerechnet? Da ist dem Missbrauch Tür und Tor geöffnet." (Interview Unter-
nehmensvertreter, 9/2015)

Die Gewerkschaft NGG empfiehlt den Beschäftigten, sich ihre Arbeitszeiten
selbst aufzuschreiben und auch von einem Kollegen oder einer Kollegin gegenzeichnen zu lassen, um bei Streitigkeiten vor Gericht Nachweise zu haben. Das
werde von vielen Beschäftigten aber nicht oder nur unzureichend umgesetzt.
Sollte es zu gerichtlichen Verfahren kommen, würden genaue Aufzeichnungen
der Arbeitszeiten aber dringend benötigt, um überhaupt eine Chance zu haben,
vorenthaltenen Lohn nachzufordern. Erschwert werde dies allerdings zusätzlich
auch dadurch, dass Beschäftigte, die sich beschweren, häufig mit fadenscheinigen

Begründungen entlassen und in ihr Heimatland zurückgeschickt würden. Als
weitere Möglichkeiten zur faktischen Unterschreitung des Mindestlohns nann-
ten Vertreter_innen der Gewerkschaft u. a., dass Beschäftigte genötigt würden,
Doppelschichten zu leisten, aber nur acht Stunden bezahlt bekämen, und diverse
Strafgelder:

> „Wenn Beschäftigten beim Zerlegen ein Stück Fleisch herunterfällt, gibt es Lohn-
> abzüge. Selbst für die Überlassung des Fleischermessers müssen sie zahlen. [...] In
> der Branche heißt das ‚Messergeld'. Auch für Schutzhandschuhe und deren Reini-
> gung wird vielen Werkvertragsarbeitern Geld abgenommen – entgegen der gültigen
> Rechtsprechung." (Wyputta 2015b)

In unseren Interviews verwiesen die Gesprächspartner_innen auch auf eine Reihe
von Ansatzpunkten, um die Einhaltung des Mindestlohns besser zu kontrollieren
und durchsetzen zu können. Die Gewerkschaft NGG empfiehlt den Beschäftigten,
ihre Arbeitszeiten selbst aufzuschreiben und möglichst auch von einem Kollegen
oder einer Kollegin gegenzeichnen zu lassen, um bei Streitigkeiten Nachweise
zu haben. Das werde von vielen Beschäftigten aber nicht oder nur unzureichend
umgesetzt. Sollte es zu gerichtlichen Verfahren kommen, würden genaue Aufzeichnungen aber dringend benötigt, um überhaupt eine Chance zu haben, vorenthaltenen Lohn nachzufordern. Ein Betriebsrat führte hierzu im Interview aus:

> „Was viel schlimmer ist, was wir gar nicht kontrollieren können, ist, ob das, was
> die Mitarbeiter gearbeitet haben, mit der Abrechnung passt. Bei uns im Lohnbüro
> sieht doch keiner, was der für Abrechnungen schreibt, durch wie viele Hände die
> gegangen sind, wie oft die kontrolliert worden sind. Wenn ich mit den Leuten spre-
> che, dann hör ich das. Am Band selber wird mich keiner ansprechen. Das passiert
> dann im Sozialraum oder irgendwo im Flur und das sehr, sehr leise nach dem Motto:
> ‚Unsere Abrechnungen stimmen nicht, ich habe hier fünf Stunden zu wenig.' Die
> schreiben sich das teilweise selber auf, aber auch eher schlecht und ungenau. Die
> FKS müsste zumindest die Möglichkeit bekommen, auf die elektronische Zeit-
> erfassung zuzugreifen. Das mit dem Bleistift im Buch muss beendet werden. Ich
> würde einen ganz anderen Weg einschlagen. Der Generalunternehmer wird ver-
> pflichtet, dafür zu sorgen und der darf sich dann auch die Arbeitszeiten angucken.
> Das dürfen wir ja heute nicht wegen des Werkvertrages. Wenn der Generalunter-
> nehmer gesetzlich gezwungen würde, für ordentlichen Zustände bei den Dienst-
> leistern Sorge zu tragen, dann kann er seine elektronischen Mittel, die er ohnehin
> schon implementiert hat, auch für diese Beschäftigten mitbenutzen." (Interview
> Betriebsrat, 10/2015)

Ein zentraler Ansatzpunkt zur verbesserten Durchsetzung des Mindestlohns
wurde im grundsätzlichen Umgang mit Werkverträgen gesehen:

„Werkvertrag verbieten. Oder den Werkvertrag neu definieren, d.h. dass die Kernkompetenzen eines Unternehmens kein Werkvertrag sein kann." (Interview
Betriebsrat, 10/2015)

Aus der Perspektive einer Beratungsstelle für entsandte Beschäftigte aus Mittel-
und Osteuropa hat die Einführung der Generalunternehmerhaftung in der Fleischwirtschaft dazu beigetragen, dass die Zahl von Entsendungen abgenommen hat:

„Ohne die Generalunternehmerhaftung wäre die Lage sofort wieder schwieriger,
weil dann würden sich die Unternehmen wieder zurücklehnen und sagen, ja jetzt
habe ich ja keine Risiken mehr. Man hat ja gesehen, wie sie sich verhalten, wenn
jemand seine Arbeitszeit einklagt. Wenn dann noch die Generalunternehmerhaftung
ausgehebelt wird, dann haben sie steuerlich und sozialversicherungsmäßig keine
Risiken. Dann müssten sie höchstens noch einen Skandal in der Presse fürchten,
aber da sind die meisten recht schmerzlos." (Interview Beratungsstelle 8/2016)

Darüber hinaus könnten sich Beratungsstellen jetzt direkt an den Auftraggeber
wenden, wenn bei einem Subunternehmer Verfehlungen festgestellt werden, und
dieser sich dem Problem nicht annehmen will:

„Dann halten sie Rücksprache mit ihren Subunternehmen und die zahlen dann
meist. Also wir nutzen das in der Regel, bevor wir den Menschen zum Arbeits-
gericht schicken. Wir schreiben die Auftraggeber an und verweisen auf ihre Verpflichtungen und da reagieren sie meistens auch drauf." (Interview Beratungsstelle
8/2016)

## 7.6  Kontrollen

Die Kontrollergebnisse des Zolls lassen nur vage Vermutungen über den Grad der
Einhaltung des Mindestlohns in der Branche zu. Obwohl die Fleischwirtschaft zu
den Schwerpunktbranchen des Schwarzarbeitsbekämpfungsgesetzes gehört, ist
die Zahl der Kontrollen sehr überschaubar. Zwischen 2014 und 2017 war die Zahl
der Arbeitgeberprüfungen stark rückläufig und wurde erst im Jahr 2018 wieder
erhöht (Tab. 7.4). Auch die Zahl der eingeleiteten Ermittlungsverfahren schwankt.
Im Jahr 2017 wurde im Betrachtungszeitraum der höchste Stand an festgesetzten
Geldbußen, Geldstrafen und Freiheitsstrafen erzielt. Allerdings waren die Zahlen
im Jahr 2018 bereits wieder rückläufig.
  Um Mindestlohnverstöße wirksamer aufzudecken und zu ahnden, wurde
in mehreren Interviews gefordert, dass die Unternehmen der Fleischwirtschaft
oder die Betriebsräte (oder beide) das Recht haben sollten, die Löhne und

**Tab. 7.4**  Kontrolle, Ermittlungen und Strafen in der Fleischwirtschaft

|  | 2014 | 2015 | 2016 | 2017 | 2018 |
|---|---|---|---|---|---|
| Prüfung von Arbeitgebern | 578 | 445 | 278 | 233 | 332 |
| Eingeleitete Ermittlungsverfahren wegen Nichtgewährung des Mindestlohns | 9 | 25 | 25 | 26 | 19 |
| Festgesetzte Geldbußen wegen Nichtgewährung des Mindestlohns (in €) | – | 190.121 | 161.300 | 364.512 | 313.151 |
| Abgeschlossene Ermittlungsverfahren nach § 266a des Strafgesetzbuches | 67 | 92 | 94 | 67 | 86 |
| Geldstrafen nach § 266a (in €) | 61.250 | 22.625 | 81.550 | 56.250 | 12.300 |
| Freiheitsstrafen nach § 266a (in Jahren) | 5,6 | 3,7 | 4,3 | 7,6 | 3,5 |

Quelle: Deutscher Bundestag (2016a, 2018a, 2019)

Arbeitsbedingungen (einschließlich der Arbeitszeiten) bei den Subunternehmen zu prüfen. Das sei wesentlich effektiver, als dem Zoll diese Aufgabe allein zu überlassen:

„Wenn der Betriebsrat bei dem Dienstleister in die Buchhaltung gucken dürfte, könnte er die Abrechnung stichpunktartig überprüfen. Betriebsräte kennen den Betrieb besser als jede FKS. Wo die FKS mit einer Hundertschaft ankommen muss und ein bis zwei Tage prüft, habe ich das mit meinem Stellvertreter in fünf Stunden gemacht. […] Ich würde auch klare gesetzliche Vorgaben machen, was die Kosten für Unterkünfte und Transport und angeht. Das würde ich von der FKS prüfen lassen. Wenn die die Vorgaben haben, dann können sie sich das Quartier anschauen und beurteilen, ob das der Norm entspricht. Und die Abrechnungen dann elektronisch, dass sich die FKS das mit einem Stick herauszieht und dann in aller Ruhe prüfen kann. Oder man geht eben an Arbeitnehmervertretungen und gibt denen mehr Rechte. Das sind aber momentan Dinge, die noch nicht möglich sind." (Interview Betriebsrat 10/2015)

## 7.7    Zusammenfassung und Schlussfolgerungen

Die deutsche Fleischwirtschaft ist eine Branche, die beispielhaft dafür steht, wie prekär die Arbeitsbedingungen in einer Branche werden können, wenn Arbeitgeber und Gewerkschaften schwach sind, die Unternehmen vor allem auf Kostensenkungsstrategien setzen und keinen Gestaltungswillen haben. Durch das Fehlen von Mindeststandards für Löhne und Arbeitsbedingungen und den zunehmenden Einsatz von Werkvertragsunternehmen mit entsandten Beschäftigten vor allem aus Mittel- und Osteuropa ist die Branche zum Musterfall für Lohndumping-Strategien geworden. Dies hat auch ihrer Reputation im In- und Ausland erheblich geschadet.

Erst als sich abzeichnete, dass in Deutschland ein gesetzlicher Mindestlohn eingeführt werden könnte, lenkten die die großen Unternehmen der Branche ein und schufen die organisatorischen Voraussetzungen, um einen branchenbezogenen Mindestlohn für die Fleischwirtschaft zu vereinbaren. Nach zähen Verhandlungen, in deren Rahmen sich selbst die Bundesvereinigung der Deutschen Arbeitgeberverbände nachdrücklich für einen Mindestlohn in der Fleischwirtschaft einsetzte, kam letztlich im Januar 2014 ein Tarifabschluss zustande. Der branchenbezogene Mindestlohn galt seit August 2014 nicht nur für die Stammbelegschaften der Fleischunternehmen, sondern auch für Beschäftigte von ausländischen Werkvertragsunternehmen, die in der Fleischwirtschaft tätig sind. Ein Gewerkschaftssekretär betonte im Interview, dass die Verhandlungen über den Mindestlohn für die Fleischwirtschaft politische Verhandlungen und keine tariflichen Verhandlungen waren.

Um weitere gesetzliche Beschränkungen – etwa durch Quoten für Werkvertragskräfte – zu vermeiden, hat die Branche auf freiwillige Selbstverpflichtungen gesetzt, mit denen Missstände angegangen werden sollten, ohne gesetzliche Vorschriften zu verschärfen. Den Verhaltenskodex von Juli 2014 und insbesondere die freiwillige Selbstverpflichtung der Branche von September 2015 sind aber bis heute nur von wenigen und meist eher großen Unternehmen der Fleischwirtschaft unterzeichnet worden. Zudem fehlen wirksame Sanktionen für den Fall, dass die Vereinbarungen nicht eingehalten bzw. umgesetzt werden. Bis Ende 2017 war es noch nicht einmal gelungen, den Anteil der Stammbelegschaften in den Unternehmen, die sich der freiwilligen Selbstverpflichtung angeschlossen hatten, auf über 50 % zu erhöhen. Positiver ist zu bewerten, dass zuvor entsandte Beschäftige von Werkvertragsunternehmen nunmehr meist Arbeitsverträge nach deutschem Arbeitsrecht haben und sie in das deutsche Sozialversicherungssystem einbezogen sind, was ihnen insbesondere Zugang zu einer Krankenversicherung in Deutschland verschafft hat. Allerdings sind viele Beschäftigte weiterhin nicht bei den Fleischunternehmen selbst, sondern bei Werkvertragsunternehmen angestellt, die i. d. R. schlechtere Arbeitsbedingungen und eine geringere Beschäftigungssicherheit bieten. Dies liegt u. a. auch daran, dass betriebliche Interessenvertretungen in Werkvertragsunternehmen eher die Ausnahme sind (Sepsi und John 2018).

Wie in Abschn. 4.2.4 bereits angesprochen, kann die Reichweite und Wirkung von Selbstverpflichtungen sehr unterschiedlich sein. Im Fall der Fleischwirtschaft

zielten diese vor allem darauf, den beschädigten Ruf der Branche aufzupolieren, aber harte gesetzliche Maßnahmen zu vermeiden. Dies ist letztlich nicht
gelungen, weil auf politischer Ebene die Ernsthaftigkeit der Selbstverpflichtungen
angezweifelt wurde. Vor diesem Hintergrund wurde am 1. Juni 2017 völlig überraschend das „Gesetz zur Sicherung von Arbeitnehmerrechten in der Fleischwirtschaft" (GSA Fleisch) vom Deutschen Bundestag verabschiedet – und zwar ohne
jegliche vorherige Konsultation und Beratung mit dem Arbeitgeberverband und
den Unternehmen der Fleischwirtschaft. Diese ungewöhnliche Vorgehensweise
wurde von mehreren Bundestagsabgeordneten ausdrücklich damit begründet, dass
eine Verwässerung der gesetzlichen Regelung durch eine Einflussnahme der großen
Fleischkonzerne unterbunden werden sollte.

Ob das GSA Fleisch in der Praxis tatsächlich zu Verbesserungen der Arbeitsbedingungen in der deutschen Fleischwirtschaft geführt hat oder zumindest
künftig führen wird, wird von der Gewerkschaft bezweifelt. Das Gesetz helfe
den Beschäftigten nur wenig, weil sie „ihre Ansprüche auch weiterhin über
ein gerichtliches Verfahren von ihrem Arbeitgeber einfordern und vor Gericht
beweisen müssen" (NGG 2018b).

Im Schlachthof-Report 2018 forderte die Gewerkschaft NGG nochmals
nachdrücklich, dass Beginn und Ende der Arbeitszeiten in der Fleischwirtschaft
manipulationssicher dokumentiert und der Wohnraum für ausländische Arbeitskräfte von den Schlachtkonzernen bereitgestellt werden müsse. Weiter wird dort
berichtet, dass „sich die Arbeitnehmer- und Arbeitgeberseite einig [seien], dass
sich die Unternehmen im sich verschärfenden Wettbewerb um Fachkräfte ebenso
wie um un- und angelernte Arbeitskräfte nur dann behaupten können, wenn sie
attraktive tarifliche Löhne und Arbeitsbedingungen schaffen" (Allgemeine Fleischer Zeitung 2018, S. 36). Auch der Geschäftsführer des regionalen Arbeitgeberverbands VdEW Andritzky sieht dem Bericht zufolge „die Lösung darin,
einen Tarifvertrag mit deutlich weitergehenden Regelungen auszustatten, als das
bisher beim Branchenmindestlohn der Fall war" (Allgemeine Fleischer Zeitung
2018, S. 36).

Angesichts des sehr eingeschränkten Regelungsspektrums der beiden bisherigen Mindestlohntarifverträge für die Branche und des ersatzlosen Wegfalls
des Mindestlohns für die Fleischwirtschaft im Jahr 2018, weil das Bundesarbeitsministerium sich weigerte, die AVE für den Mindestlohntarifvertrag 2018 zu
erteilen, käme dies einer Sensation gleich. Es bleibt abzuwarten, ob es in absehbarer Zeit tatsächlich gelingen wird, einen solchen umfänglicheren Tarifvertrag
für die Fleischwirtschaft abzuschließen.

Studien zu den Arbeitsbedingungen von Beschäftigten in der dänischen
Fleischindustrie haben gezeigt, dass es dort gelungen ist, eine Spaltung der

Belegschaften zu verhindern. Die tariflichen Stundenlöhne liegen bei etwa 25 €. Obwohl der Anteil von ausländischen Arbeitskräften auch in Dänemark hoch ist, sind diese offenbar ausnahmslos bei den Fleischunternehmen selbst beschäftigt. Arbeitsbedingungen und Löhne sind in einem Branchentarifvertrag geregelt und die große Mehrheit der Beschäftigten ist gewerkschaftlich organisiert. Dies gilt auch für ausländische Beschäftigte, deren Anteil auf knapp ein Drittel der Belegschaften beziffert wird (Refslund und Wagner 2018, S. 69). Die in Dänemark zuständige Gewerkschaft NNF hat auf nationaler Ebene die Verlagerung von Beschäftigung hin zu Subunternehmen erfolgreich verhindert – allerdings um den Preis, dass ein Teil der Arbeitsplätze aus der dänischen Fleischwirtschaft nach Deutschland, Großbritannien und Polen verlagert worden ist. Die Gewerkschaft hat sich jedoch trotzdem nicht erpressen lassen, Zugeständnisse bei den Löhnen oder Arbeitsbedingungen der Beschäftigten in Dänemark zu machen, um Verlagerungen von Betriebsstätten in andere Länder zu verhindern.

Eine wichtige Rolle spielen hierbei gravierende Unterschiede in den institutionellen Rahmenbedingungen. In Dänemark sind die Entlohnung und Arbeitsbedingungen tariflich geregelt und nahezu alle Beschäftigten in der Fleischwirtschaft sind gewerkschaftlich organisiert (Refslund 2012). Maßgeblich hierfür sind nach Einschätzung von Wagner und Refslund (2016) die größeren Machtressourcen der Gewerkschaft (u. a. aufgrund des Gent-Systems) einerseits und deren bessere Einbindung in das Sozial- und Produktionssystem andererseits. „While the external pressures are comparable across the two countries, what differs is their impact due to the interplay between institutions and actor strategies" (Refslund und Wagner 2018, S. 79.) Dadurch konnte in Dänemark eine Spaltung der Belegschaften verhindert werden.

Der Vergleich mit Dänemark legt nahe, dass eine deutliche Erhöhung der Tarifbindung und des gewerkschaftlichen Organisationsgrads der Beschäftigten einen maßgeblichen Beitrag zur Verbesserung der Löhne und Arbeitsbedingungen in der deutschen Fleischwirtschaft leisten könnten. Es spricht jedoch wenig dafür, dass sich dies in Deutschland in absehbarer Zeit erreichen lässt. Insofern wäre der entscheidende Hebel zur Verbesserung der Arbeitsbedingungen in der Branche eher darin zu sehen, die Nutzung von Werkvertragskonstellationen im Kerngeschäft von Unternehmen in Deutschland zu unterbinden oder zumindest deutlich einzuschränken (Weinkopf 2018, S. 215). Allerdings gibt es derzeit keinerlei Anzeichen für eine politische Mehrheit, die sich für eine solche grundlegende Veränderung einsetzen könnte, zumal davon auch diverse andere Branchen betroffen wären.

## Literatur

Allgemeine Fleischer Zeitung (AFZ). 2013. Noch im Oktober starten Gespräche: Vion, Tönnies, Danish Crown und Westfleisch stehen hinter einem tariflichen Mindestlohn. Ausgabe 38 vom 18. September.

Allgemeine Fleischer Zeitung (AFZ). 2014. Keine Einigung beim Mindestlohn. Tarifverhandlungen für die Fleischwirtschaft bleiben ohne Ergebnis. Ausgabe 1 vom 2. Januar, S. 16.

Allgemeine Fleischer Zeitung (AFZ). 2018. Schlachthof-Report 2018. https://www.fleischwirtschaft.de/digital-magazine/Schlachthof-Report-2018. Zugegriffen: 9. Mai 2019.

Andritzky, E. Michael. 2016. „Maßnahmen im Konsens umgesetzt" – Die Selbstverpflichtung der Fleischwirtschaft für attraktivere Arbeitsbedingungen. In: Fleischwirtschaft vom 14. November 2016.

ANG (Arbeitgebervereinigung Nahrung und Genuss). 2016a. Differenzierte Tariflandschaft. http://www.ang-online.com/tarifpolitik.html. Zugegriffen: 9. Mai 2019.

ANG (Arbeitgebervereinigung Nahrung und Genuss). 2016b. Sozialpolitische Entwicklung: Die Fleischwirtschaft in Deutschland. http://www.ang-online.com/nachricht/selbstverpflichtung-der-deutschen-fleischwirtschaft.html. Zugegriffen: 8. Mai 2019.

Balser, Markus. 2017. Ausgebeutet auf dem Schlachthof. Süddeutsche Zeitung vom 1. Juni 2017. http://www.sueddeutsche.de/wirtschaft/fleischindustrie-ausgebeutet-auf-dem-schlachthof-1.3530747. Zugegriffen: 9. Mai 2019.

Beile, Judith, M. Klein, und K. Maack. 2007. *Zukunft der Fleischwirtschaft*. Düsseldorf: Hans Böckler Stiftung.

Beugré Diama, Bernadette, H. Blair, M. Brzostowski, J. Ehmcke, J.M. Fragoso, S. Kroos, W. Lampe, S. Lentz, D.M. Schädlich, M. Sternitzke, und S. Tielebier. 2014. Osteuropäische Werkvertragsbeschäftigte in der Fleischindustrie: Prekäre Lebens- und Arbeitsbedingungen als politische Herausforderung. In *Das Weiterbildende Studium „Sozialwissenschaftliche Grundbildung"*, Hrsg. Zentrum für Arbeit und Politik, Nr. 26, S. 11–125. Bremen: Zentraldruckerei der Universität Bremen.

Bosch, Gerhard, C. Weinkopf, und G. Worthmann. 2011. *Die Fragilität des Tarifsystems – Einhaltung von Entgeltstandards und Mindestlöhnen am Beispiel des Bauhauptgewerbes*. Berlin: Edition sigma.

Brinkmann, Ulrich, und O. Nachtwey. 2014. Prekäre Demokratie? Zu den Auswirkungen atypischer Beschäftigung auf die betriebliche Mitbestimmung. *Industrielle Beziehungen* 21 (1): 78–98.

Brüggemann, Christian. 2013. Mindestlohn für Schlachter und Zerleger? http://www.topagrar.com/news/Home-top-News-Mindestlohn-fuer-Schlachter-und-Zerleger-1230409.html. Zugegriffen: 9. Mai 2019.

Brümmer, Matthias. 2014. Sozialdumping in der deutschen Fleischindustrie – Lohnsklaven machen deutsches Fleisch konkurrenzlos billig. Der kritische Agrarbericht, S. 145–150. www.kritischer-agrarbericht.de/fileadmin/Daten-KAB/KAB-2014/KAB2014_145_150_Bruemmer.pdf. Zugegriffen: 9. Mai 2019.

Brümmer, Matthias. 2016. Die Ausbreitung der Werkverträge in der Fleischindustrie – Schluss mit den Verwerfungen am Arbeitsmarkt! Gegenblende vom 14. Januar 2016. http://www.gegenblende.de/++co++3c68ba7c-baaf-11e5-9de9-52540066f352. Zugegriffen: 9. Mai 2019.

Bundesagentur für Arbeit. 2018a. Beschäftigungsstatistik. Beschäftigte nach Wirtschaftszweigen (WZ 2008) – Quartalszahlen, Nürnberg.

Bundesagentur für Arbeit. 2018b. Sozialversicherungspflichtig und geringfügig Beschäftigte nach ausgewählten Wirtschaftszweigen. Sonderauswertung, Nürnberg.

Bundesagentur für Arbeit. 2019. Beschäftigungsstatistik. Beschäftigte nach Wirtschaftszweigen (WZ 2008) – Quartalszahlen, Nürnberg.

Bundesministerium für Arbeit und Soziales (BMAS). 2015. Entwurf eines Gesetzes zur Änderung des Arbeitnehmerüberlassungsgesetzes und anderer Gesetze. Referentenentwurf vom 16. November 2015, Berlin.

Creutzburg, Dietrich. 2014. Die Fleischer schließen den ersten Tarifvertrag. In: FAZ vom 14. Januar 2014. http://www.faz.net/-gqe-7l7cb. Zugegriffen: 10. Mai 2019.

Czommer, Lars. 2007. Wildwestzustände in Deutschland?! Einfacharbeitsplätze in der Ernährungsindustrie. In *Arbeiten für wenig Geld – Niedriglohnbeschäftigung in Deutschland*, Hrsg. G. Bosch und C. Weinkopf, 142–174. Frankfurt: Campus.

Deutscher Bundestag. 2005. Antwort der Bundesregierung auf die Große Anfrage (…) der Fraktion der CDU/CSU – Drucksache 15/5168 – Sozialdumping durch osteuropäische Billiganbieter. *Drucksache 15/5813 vom 22. Juni 2005*. Berlin. dipbt.bundestag.de/dip21/btd/15/058/1505813.pdf. Zugegriffen: 3. Mai 2019.

Deutscher Bundestag. 2016a. Antwort der Bundesregierung auf die Kleine Anfrage (…) der Fraktion BÜNDNIS 90/DIE GRÜNEN – Drucksache 18/7405 – Finanzkontrolle Schwarzarbeit – Kontrolle von Mindestlöhnen 2015. *Drucksache 18/7525 vom 15. Februar 2016*. Berlin. http://dip21.bundestag.de/dip21/btd/18/075/1807525.pdf. Zugegriffen: 2. Mai 2019.

Deutscher Bundestag. 2016b. Beschlussempfehlung und Bericht des Ausschusses für Arbeit und Soziales (11. Ausschuss) a) zu dem Gesetzentwurf der Bundesregierung – Drucksache 18/9232 – Entwurf eines Gesetzes zur Änderung des Arbeitnehmerüberlassungsgesetzes und anderer Gesetze, zu dem Antrag der (…) Fraktion DIE LINKE – Drucksache 18/9664 – Etablierung von Leiharbeit und Missbrauch von Werkverträgen verhindern, c) zu dem Antrag der (…) Fraktion BÜNDNIS 90/DIE GRÜNEN – Drucksache 18/7370 – Missbrauch von Leiharbeit und Werkverträgen verhindern. *Drucksache 18/10064 vom 19. Oktober 2016*. Berlin. dip21.bundestag.de/dip21/btd/18/100/1810064.pdf. Zugegriffen: 3. Mai 2019.

Deutscher Bundestag. 2016c. Antwort der Bundesregierung auf die Kleine Anfrage der (…) Fraktion DIE LINKE – Drucksache 18/9904 – Arbeitsbedingungen in der Fleischindustrie. *Drucksache 18/10084 vom 20. Oktober 2016*. Berlin. dip21.bundestag.de/dip21/btd/18/100/1810084.pdf. Zugegriffen: 3. Mai 2019.

Deutscher Bundestag. 2017a. Beschlussempfehlung und Bericht des Ausschusses für Arbeit und Soziales (11. Ausschuss) zu dem Gesetzentwurf der Bundesregierung – Drucksachen 18/12041, 18/12481 – Entwurf eines Gesetzes zur Änderung des Bundesversorgungsgesetzes und anderer Vorschriften. *Drucksache 18/12611 vom 31. Mai 2017*. Berlin. dip21.bundestag.de/dip21/btd/18/126/1812611.pdf. Zugegriffen: 13. Mai 2019.

Deutscher Bundestag. 2017b. Antwort der Bundesregierung auf die Kleine Anfrage der Fraktion BÜNDNIS 90/DIE GRÜNEN – Drucksache 18/12458 – Arbeits- und Entlohnungsbedingungen in der Fleischwirtschaft. *Drucksache 18/12726 von 14. Juni 2017*. Berlin. dip21.bundestag.de/dip21/btd/18/127/1812726.pdf. Zugegriffen: 8. Mai 2019.

Deutscher Bundestag. 2018a. Antwort der Bundesregierung auf die Kleine Anfrage (…) der Fraktion BÜNDNIS 90/DIE GRÜNEN – Drucksache 19/660. Finanzkontrolle Schwarzarbeit – Kontrolle von Mindestlöhnen 2017. *Drucksache 19/875 vom 22. Februar 2018*. Berlin. dipbt.bundestag.de/doc/btd/19/008/1900875.pdf. Zugegriffen: 2. Mai 2019.

Deutscher Bundestag. 2018b. Antwort der Bundesregierung auf die Kleine Anfrage der (…) Fraktion BÜNDNIS 90/DIE GRÜNEN – Drucksache 19/5834 – Arbeits- und Entlohnungsbedingungen in der Fleischwirtschaft. *Drucksache 19/6323 vom 4. Dezember 2018*. Berlin. dipbt.bundestag.de/dip21/btd/19/063/1906323.pdf. Zugegriffen: 10. Mai 2019.

Deutscher Bundestag. 2019. Antwort der Bundesregierung auf die Kleine Anfrage (…) der Fraktion BÜNDNIS 90/DIE GRÜNEN – Drucksache 19/7744 – Mindestlöhne – Kontrollen der Finanzkontrolle Schwarzarbeit im Jahr 2018. *Drucksache 19/8830 vom 29. März 2019*. Berlin. dip21.bundestag.de/dip21/btd/19/088/1908830.pdf. Zugegriffen: 3. Mai 2019.

Deutscher Gewerkschaftsbund. 2017. Ausbeutung in der Fleischwirtschaft stoppen. Klartext 27/2017. Berlin. https://www.dgb.de/themen/++co++ae1fdc7e-622c-11e7-b998-525400e5a74a. Zugegriffen: 14. Mai 2019.

Deutscher Gewerkschaftsbund. 2019. DGB-Mitgliederzahlen 2010–2018. http://www.dgb.de/uber-uns/dgb-heute/mitgliederzahlen/2010. Zugegriffen: 2. Mai. 2019.

Doeleke, Karl. 2015. Arbeitsbedingungen: Zweifel an Reformen in der Fleischindustrie. In: Hannoversche Zeitung vom 22. Juli 2015. http://www.haz.de/Nachrichten/Der-Norden/Uebersicht/Arbeitsbedingungen-in-der-Fleischindustrie. Zugegriffen: 8. Mai 2019.

Doelfs, Guntram. 2012. Werkverträge. 1,02 Euro pro Schwein. In: Magazin Mitbestimmung 12. http://www.boeckler.de/41784_41843.htm. Zugegriffen: 7. Mai 2019.

Doelfs, Guntram. 2014. Werkvertragsnehmer mit im Boot. In: Magazin Mitbestimmung 4. http://www.boeckler.de/46892_46911.htm. Zugegriffen: 8. Mai 2019.

EFFAT. 2012. Sozialdumping in der Fleischindustrie – Treffen mit der deutschen Arbeitsministerin. http://www.effat.org/de/news/sozialdumping-der-fleischindustrie-treffen-mit-der-deutschen-arbeitsministerin. Zugegriffen: 7. Mai 2019.

EFFAT. 2013. Belgian ministers' condemnation of Germany's social dumping practices is reminder to act. http://www.effat.org/sites/default/files/news/9933/press-release-belgian-ministers-denounce-social-dumping-en.pdf. Zugegriffen: 7. Mai 2019.

Göres, Joachim. 2017. Beteiligte sehen „mafiöse Strukturen" in der Fleischindustrie. *Neue Westfälische vom 29. August.* http://www.nw.de/nachrichten/wirtschaft/21899509_Beteiligte-sehen-mafioese-Strukturen-in-der-Fleischindustrie.html. Zugegriffen: 6. Mai 2019.

Grunert, Klaus G., S. James, und P. Moss. 2010. Tough meat, hard candy: Implications for low-wage work in the food-processing industry. In *Low-wage work in the wealthy world,* Hrsg. J. Gautié und J. Schmitt, 367–420. New York: Russell Sage.

Güster, Claus-Harald. 2015. *Tarifpolitik im Jahr 1 des Mindestlohns. Präsentation auf der Tarifpolitischen Tagung des WSI 2015,* Düsseldorf.

Haufe. 2017. AÜG-Reform 2017: Arbeitnehmerüberlassungsgesetz gilt ab April. https://www.haufe.de/personal/arbeitsrecht/bundestag-beschliesst-gesetzentwurf-zu-leiharbeit_76_382250.html. Zugegriffen: 7. Mai 2019.

Heiligenstadt, Frauke. 2004. Illegale Beschäftigung in der niedersächsischen Fleischwirtschaft. *Rede im Plenum des niedersächsischen Landtags*, Hannover.

Heitmann, Jens. 2018. Fleischwirtschaft: Mindestlohntarifvertrag scheitert an Berlin. http://www.haz.de/Nachrichten/Wirtschaft/Niedersachsen/Fleischwirtschaft-Neuer-Mindestlohntarifvertrag-scheitert. Zugegriffen: 7. Mai 2019.

Hensche Rechtsanwälte. 2013. NGG verlangt in Tarifverhandlungen Mindestlohn für Fleischindustrie. *Arbeitsrecht aktuell 13/305.* http://www.hensche.de/NGG_Tarifverhandlungen_Mindestlohn_Fleischindustrie_NGG_verlangt_in_Tarifverhandlungen_Mindestlohn_fuer_Fleischindustrie.html. Zugegriffen: 7. Mai 2019.

Hertwig, Markus, J. Kirsch, und C. Wirth. 2015a. Onsite-Werkverträge: Verbreitung und Praktiken im Verarbeitenden Gewerbe. *WSI-Mitteilungen* 68 (6): 457–465.

Hertwig, Markus, J. Kirsch, und C. Wirth. 2015b. *Werkverträge im Betrieb. Eine empirische Untersuchung.* Düsseldorf: Hans-Böckler-Stiftung (Reihe Study 300).

Hertwig, Markus, J. Kirsch, und C. Wirth. 2016. Onsite-Werkverträge und Industrielle Beziehungen: Praktiken der Betriebsräte zwischen Ablehnung und Akzeptanz. *Industrielle Beziehungen* 23 (2): 113–141.

HSH Nordbank. 2017. *Branchenstudie Fleischwarenindustrie.* Hamburg.

Interessengemeinschaft der Schweinehalter Deutschlands. 2018. ISN-Schlachthofranking 2017: Neue Namen, große Herausforderungen. https://www.schweine.net/news/isn-schlachthofranking-2017-neue-namen.html. Zugegriffen: 7. Mai 2019.

Klein-Schneider, Hartmut, und K. Beutler. 2013. Werkvertragsunternehmen: Outsourcing auf dem Betriebsgelände. *WSI-Mitteilungen* 66 (2): 144–148.

Knödl, Maren. 2018. Umziehen für Umme. Arbeitgeber und Gewerkschaften der Fleischindustrie fordern für den neuen Tarifvertrag die Vergütung der Umkleidezeiten. Dem Ministerium fehlt dafür die Rechtsgrundlage. *TAZ vom 29. August 2018.* http://www.taz.de/!5528214/. Zugegriffen: 7. Mai 2019.

Küppers, Arnd, und U. Nothelle-Wildfeuer. 2018. Arbeitsbedingungen in der Fleischindustrie – Ein Testfall für die soziale Marktwirtschaft. *Zeitschrift für Arbeitswissenschaft* 72 (3): 204–207.

Lebensmittel Zeitung. 2017. Verband kritisiert Gesetz. Meldung vom 9. Juni 2017.

Leubecher, Marcel. 2013: Deutschland wird Europas Schlachthaus: Der Einsatz osteuropäischer Billigarbeiter verschafft den Firmen Wettbewerbsvorteile. In: Die WELT vom 27. Juli.

Maiweg, Bernd. 2017. „Wir importieren billige Arbeitskräfte und exportieren billiges Fleisch". In *Werkverträge – Subunternehmer – Arbeitsbedingungen. Zur Situation in der deutschen Fleischindustrie – Standpunkte und Fallbeispiele,* Hrsg. Faire Mobilität, 7. http://www.faire-mobilitaet.de/++co++11424146-ec7d-11e6-9438-525400e5a74a. Zugegriffen: 7. Mai 2019.

Mense-Petermann, Ursula. 2018. Eastern European service contract workers in the German meat industry – A case study in market making of a transnational labour market. *ZiF-Mitteilungen* 2:23–31.

Menz, Georg. 2001. The domestic determinants of national response strategies to EU-induced liberalization: Examining the regulation of wages for posted workers in Austria and Germany. *Politique européenne* 3 (2): 137–165.

NDR. 2014. Fleischindustrie führt Verhaltenskodex ein. http://www.ndr.de/nachrichten/niedersachsen/oldenburg_ostfriesland/Fleischindustrie-fuehrt-Verhaltenskodex-ein,mindestlohn270.html. Zugegriffen: 9. Mai 2019.

NDR. 2018. Fleischwirtschaft: Neuer Mindestlohn nicht bindend. Meldung vom 27. August 2018. https://www.ndr.de/nachrichten/niedersachsen/hannover_weser-leine-gebiet/Fleischwirtschaft-Neuer-Mindestlohn-nicht-bindend,fleischwirtschaft104.html. Zugegriffen: 7. Mai 2019.

NGG – Gewerkschaft Nahrung-Genuss-Gaststätten. 2013. Nicht um jeden Preis. Zweite Verhandlung über Mindestlohn in der Fleischwirtschaft ergebnislos. Pressemitteilung vom 18. Dezember 2013. https://www.ngg.net/artikel/2013/12/nicht-um-jeden-preis/. Zugegriffen: 7. Mai 2019.

NGG – Gewerkschaft Nahrung-Genuss-Gaststätten. 2014. Anfang vom Ende des Lohndumpings. Nach zähen Verhandlungen: NGG und ANG einigen sich auf Mindestlohn für die Fleischwirtschaft. Pressemitteilung vom 15. Januar. https://www.ngg.net/artikel/2014/01/anfang-vom-ende-des-lohndumpings/. Zugegriffen: 7. Mai 2019.

NGG – Gewerkschaft Nahrung-Genuss-Gaststätten. 2015. Fleischgipfel – Freiwillige Selbstverpflichtung. Schreiben der NGG vom 21. September 2015. Hamburg. http://www.effat.org/de/node/14058. Zugegriffen: 7. Mai 2019.

NGG – Gewerkschaft Nahrung-Genuss-Gaststätten. 2016. Werkverträge müssen stärker reguliert werden – NGG-Vize Güster sieht im Gesetz gegen Missbrauch von Leiharbeit und Werkverträgen nur einen ersten Schritt. Pressemitteilung vom 5. November. Hamburg. https://www.ngg.net/pressemitteilungen/2016/4-quartal/5-11-chg/. Zugegriffen: 7. Mai 2019.

NGG – Gewerkschaft Nahrung-Genuss-Gaststätten. 2017. Güster: „Gesetz ist richtungsweisend". Pressemitteilung vom 2. Juni. Hamburg. https://www.ngg.net/pressemitteilungen/2017/2-quartal/02-06-chg/. Zugegriffen: 7. Mai 2019.

NGG – Gewerkschaft Nahrung-Genuss-Gaststätten. 2018a. Fleischwirtschaft: Einigung bei Mindestarbeitsbedingungen. Branchenmindestlohn steigt auf 9 Euro. https://www.ngg.net/pressemitteilungen/2018/1-quartal/18-02-18-branchenmindestlohn/. Zugegriffen: 7. Mai 2019.

NGG – Gewerkschaft Nahrung, Genuss, Gaststätten. 2018b. „Das Gesetz hilft nur wenig". Warum das Gesetz zum Schutz der Arbeitnehmerrechte in der Fleischwirtschaft nicht ausreicht. Interview mit Thomas Bernhard. https://www.ngg.net/artikel/2018/4/interview-mit-thomas-bernhard/. Zugegriffen: 7. Mai 2019.

Niedersächsischer Landtag. 2004. Illegale Beschäftigung in der niedersächsischen Fleischwirtschaft wirksam bekämpfen. Antrag der Fraktion der SPD – *Drucksache 15/367 vom 9. Januar 2004*, Hannover.

Niedersächsischer Landtag. 2005. Recht und Ordnung auf dem deutschen Arbeitsmarkt – Missbrauch der Dienstleistungsfreiheit in deutschen Schlacht- und Zerlegebetrieben verhindern. *Antrag der SPD vom 13. April 2005. Drucksache 15/1828*, Hannover.

Peter, Adrian. 2006. *Die Fleischmafia: Kriminelle Geschäfte mit Fleisch und Menschen.* Düsseldorf: Econ.

Refslund, Bjarke. 2012. Offshoring Danish jobs to Germany: Regional effects and challenges to workers' organisation in the slaughterhouse industry. *Work Organisation, Labour & Globalisation* 6 (2): 113–129.

Refslund, Bjarke, und I. Wagner. 2018. Cutting to the bone – Workers' Solidarity in the Danish-German slaughterhouse industry. In *Reconstructing solidarity: Labour unions, precarious work, and the politics of institutional change in europe* doellgast, Hrsg. Virginia Doellgast, Nathan Lillie, und Valeria Pulignano, 67–83. Oxford: Oxford University Press.

Sepsi, Szabolcs, und D. John. 2018. Ausgeschlachtet – Werkvertragsbeschäftigte in der Fleischindustrie. Deutscher Gewerkschaftsbund/Faire Mobilität. Berlin. http://www.faire-mobilitaet.de/++co++d3a16176-081b-11e8-89f0-52540088cada. Zugegriffen: 14. Mai 2019.

Sieler, Sandra. 2018. Fleischwirtschaft. Verbesserte Sozialstandards sind ein Grund für Zuversicht. Fleischwirtschaft.de vom 18. Dezember. https://www.fleischwirtschaft.de/management/kommentare/Fleischwirtschaft-Verbesserte-Sozialstandards-sind-ein-Grund-fuer-Zuversicht-38198. Zugegriffen: 7. Mai 2019.

Sirlechtov, Antje. 2007. Regierung geht gegen die Fleischindustrie vor. Arbeitsministerium droht mit Mindestlöhnen, wenn die Branche keinen Tarifvertrag schafft. Tagesspiegel vom 4. Mai 2007. http://www.tagesspiegel.de/wirtschaft/regierung-geht-gegen-die-fleischindustrie-vor/842104.html. Zugegriffen: 7. Mai 2019.

Sozialpolitischer Ausschuss der Fleischwirtschaft (SPA). 2016. Standortoffensive deutscher Unternehmen der Fleischwirtschaft – Selbstverpflichtung für attraktivere Arbeitsbedingungen. Hannover. http://www.vdew-online.de/bericht-zur-umsetzung-der-selbstverpflichtung-in-der-fleischwirtschaft/. Zugegriffen: 7. Mai 2019.

Sozialpolitischer Ausschuss der Fleischwirtschaft (SPA). 2017. Standortoffensive deutscher Unternehmen der Fleischwirtschaft – Selbstverpflichtung für attraktivere Arbeitsbedingungen. 2. Bericht, vorgelegt im September 2017. Hannover. https://www.vdew-online.de/2-bericht-zur-umsetzung-der-selbstverpflichtung-der-fleischwirtschaft/. Zugegriffen: 7. Mai 2019.

Sozialpolitischer Ausschuss der Fleischwirtschaft (SPA). 2018. Standortoffensive deutscher Unternehmen der Fleischwirtschaft – Selbstverpflichtung für attraktivere Arbeitsbedingungen. 3. Bericht, vorgelegt im September 2018, Hannover.

SPIEGEL. 2013. Nur ohne Gewerkschaft. Der Fleischkonzern Tönnies blockiert die Einführung eines Tarif-Mindestlohns auf Schlachthöfen. Ausgabe 37 vom 9. September 2013: 83.

Statistisches Bundesamt. 2016a. Produzierendes Gewerbe, Beschäftigung und Umsatz der Betriebe des Verarbeitenden Gewerbes sowie des Bergbaus und der Gewinnung von Steinen und Erden – Jahresergebnisse. Fachserie 4, Reihe 4.1.1. Wiesbaden.

Statistisches Bundesamt. 2016b. Verdienste und Arbeitskosten. Tarifbindung in Deutschland 2014, Wiesbaden.

Statistisches Bundesamt. 2018. Verdienste und Arbeitskosten. Arbeitnehmerverdienste 2. Vierteljahr 2017. Fachserie 16 Reihe 2.1, Wiesbaden.

Stracke, Stefan. 2018. Branchenmonitor Schlachten und Fleischverarbeitung. Im Auftrag der Hans-Böckler-Stiftung, Düsseldorf.

Thielbeer, Siegfried. 2005. Lohndumping: Für Hungerlohn filetieren Polen das „Russenfleisch". Frankfurter Allgemeine Zeitung vom 17. Mai 2005. https://www.faz.net/aktuell/politik/europaeische-union/lohndumping-fuer-hungerlohn-filetieren-polen-das-russenfleisch-1231894-p2.html. Zugegriffen: 7. Mai 2019.

Traxler, Franz, und B. Woitech. 2000. Transnational investments and national labour market regimes: A case of,regime shopping'? *European Journal of Industrial Relations* 6 (2): 141–159.

Verband der Fleischwirtschaft. 2013. Führende Fleischunternehmen für tariflichen Mindestlohn. Pressemeldung vom 10. September 2013. Bonn. http://www.v-d-f.de/news/pm_20130910_0241/. Zugegriffen: 7. Mai 2019.

Verband der Fleischwirtschaft. 2015. Verhaltenskodex Fleischwirtschaft. https://www.v-d-f. de/news/pm_20150723_0017/. Zugegriffen: 9. Mai 2019.

Wagner, Bettina, und A. Hassel. 2016. Posting, subcontracting and low-wage employment in the German meat industry. *Transfer – European Review of Labour and Research* 22 (2): 163–178.

Wagner, Ines. 2015a. Arbeitnehmerentsendung in der EU: Folgen für Arbeitsmarktintegration und soziale Sicherung. *WSI-Mitteilungen* 68 (3): 338–344.

Wagner, Ines. 2015b. EU posted work and transnational action in the German meat industry. *Transfer – European Review of Labour and Research* 21 (2): 201–213.

Wagner, Ines, und B. Refslund. 2016. Understanding the diverging trajectories of slaughterhouse work in Denmark and Germany: A power resource approach. *European Journal of Industrial Relations* 22 (4): 335–351.

Weinkopf, Claudia. 2018. Arbeitsbedingungen in der Fleischwirtschaft im Vergleich. *Zeitschrift für Arbeitswissenschaft* 72 (3): 213–216.

Weinkopf, Claudia, und F. Hüttenhoff. 2017. Der Mindestlohn in der Fleischwirtschaft. *WSI-Mitteilungen* 70 (7): 533–539.

Wyputta, Andreas. 2015a. Lohndrückerei in der Fleischindustrie – Zerleger werden ausgebeutet. TAZ vom 9. April 2015. http://www.taz.de/Lohndrueckerei-in-der-Fleischindustrie/!5013291/. Zugegriffen: 8. Mai 2019.

Wyputta, Andreas. 2015b. Matthias Brümmer über Werkverträge: „Ausbeutung breitet sich aus". TAZ vom 4. Dezember 2015. http://www.taz.de/!5253048/. Zugegriffen: 7. Mai 2019.

Wyputta, Andreas. 2016. Kritik am neuen Leiharbeitsgesetz – Ausbeutung am laufenden Band. TAZ vom 24. Mai 2016. http://www.taz.de/Kritik-am-neuen-Leiharbeitsgesetz/!5303659/. Zugegriffen: 9. Mai 2019.

# Hotel- und Gaststättengewerbe — 8

Das Hotel- und Gaststättengewerbe (im Folgenden meist als „Gastgewerbe"
bezeichnet) ist mit gut 2,2 Mio. Beschäftigten nach dem Einzelhandel, in dem
rund 3 Mio. Beschäftigte tätig sind, die zweitgrößte Dienstleistungsbranche
in Deutschland. „Das Gastgewerbe umfasst mit den Bereichen Beherbergung,
Gastronomie und Catering mehrere Teilbranchen mit sehr unterschiedlichen
Betriebsarten [..], die sich vom Campingplatz bis zum Fünfsternehotel, von der
Eckkneipe bis zum international agierenden Systemgastronomen und vom kleinen Catering-Betrieb um die Ecke bis zum Multidienstleister erstrecken" (Maack
et al. 2013, S. 11). Gemeinsam ist allen drei Sparten der Branche, dass einer
großen Zahl von Kleinstbetrieben eine eher geringe, aber wachsende Zahl von
Großunternehmen (insbesondere Hotelketten, Systemgastronomie und Cateringunternehmen) gegenübersteht. Besonders deutlich expandiert ist in den letzten
Jahren die Systemgastronomie, auf die zwar nur 10 bis 15 % der Betriebe in
der Branche entfallen, aber inzwischen fast ein Drittel der gesamten Umsätze
(Arbeitnehmerkammer Bremen 2018a, S. 54).

Das Lohnniveau im Gastgewerbe liegt deutlich unter dem Durchschnitt aller
Branchen. Nach einer Auswertung auf der Basis der Verdienststrukturerhebung
(VSE) arbeiteten im Jahr 2014 gut zwei Drittel aller Beschäftigten im Gastgewerbe für einen Niedriglohn von unter 10 €.[1] In Westdeutschland und Berlin lag der Anteil der Niedriglohnbeschäftigten bei 64,4 %, in Ostdeutschland
sogar bei 84,7 %. Weibliche Beschäftigte im Gastgewerbe waren von Niedriglöhnen mit 71,2 % häufiger betroffen als männliche Beschäftigte (64,7 %).

---

[1]Nach Angaben der Bundesregierung war dies auf Basis der Verdienststrukturerhebung
(VSE) die Niedriglohnschwelle im Jahr 2014.

© Springer Fachmedien Wiesbaden GmbH, ein Teil von Springer Nature 2019        237
G. Bosch et al., *Kontrolle von Mindestlöhnen*,
https://doi.org/10.1007/978-3-658-26806-0_8

Besonders hohe Niedriglohnanteile wiesen darüber hinaus unter 25-Jährige (81 %) und ältere Beschäftigte (65 Jahre und älter) mit 71,4 % auf (Deutscher Bundestag 2016a, S. 22).

Mehr als die Hälfte aller Beschäftigten im Gastgewerbe (52 %) verdienten nach unseren eigenen Berechnungen auf der Basis des SOEP vor der Einführung des gesetzlichen Mindestlohns im Jahr 2014 weniger als 8,50 € pro Stunde (Weinkopf 2018). Noch höhere Anteile von Stundenlöhnen unter 8,50 € im Jahr 2014 wiesen nur die deutlich kleineren Branchen „Betrieb von Taxis" (70 %) und das „Spiel, Wett- und Lotteriewesen" (57 %) auf (Mindestlohnkommission 2018, S. 45). Daher war das Gastgewerbe in besonders hohem Maße von der Einführung des gesetzlichen Mindestlohns betroffen. Vor diesem Hintergrund verwies der Branchen- und Arbeitgeberverband DEHOGA im Vorfeld wie auch nach der Mindestlohneinführung wiederholt auf erhebliche Risiken hinsichtlich der Beschäftigung und der Umsätze in der Branche. Er befürchtete deutlich steigende Personalkosten und beklagte einen erhöhten bürokratischen Aufwand bei der Dokumentation der geleisteten Arbeitszeit der Beschäftigten (DEHOGA-Bundesverband 2016b, S. 41).

Da im Jahr 2017 fast die Hälfte aller Beschäftigten im Gastgewerbe in Minijobs und nur noch knapp 28 % der Beschäftigten in Vollzeit tätig waren, verteilt sich das Arbeitsvolumen in der Branche auf überdurchschnittlich viele Köpfe. Durch die von der Branche selbst gewählte Fragmentierung der Beschäftigung, die wegen der erheblichen Nichteinhaltung von Arbeitsstandards gerade bei Minijobs zu erheblichen Compliance-Problemen führt, ist der Aufwand bei der Arbeitszeitaufzeichnung höher als in Branchen mit einem größeren Anteil von Vollzeitbeschäftigten. Die Unternehmen müssen jedoch die Aufzeichnung der Arbeitszeiten ihrer Beschäftigten nicht zwingend selbst übernehmen, sondern es besteht auch die Möglichkeit, dass die Beschäftigten ihre geleistete Arbeitszeit selbst dokumentieren – z. B. mittels einer App. Die Verantwortung für die korrekte Erfassung der geleisteten Arbeitszeiten der Beschäftigten liegt jedoch beim Arbeitgeber.

Die im Durchschnitt vergleichsweise kurzen Arbeitszeiten der Beschäftigten im Gastgewerbe führen in Kombination mit den oftmals geringen Stundenlöhnen gerade bei geringfügiger Beschäftigung auch dazu, dass überdurchschnittlich viele Beschäftigte Anspruch auf ergänzende Hilfen zum Lebensunterhalt nach dem SGB II haben. Ende März 2017 gab es rund 150.000 solche „Aufstocker_innen" im Gastgewerbe, was fast 10 % aller Beschäftigten in der Branche entsprach. Bei den sozialversicherungspflichtig Beschäftigten lag der Anteil der Aufstocker_innen bei knapp 7 % (71.277 Personen – darunter 11.900 Vollzeitbeschäftigte) – und bei den ausschließlich geringfügig Beschäftigten sogar bei fast 15 % (77.666 Personen) (Bundesagentur für Arbeit 2018). Die Kosten für aufstockende Leistungen an Beschäftigte im Gastgewerbe lagen im Jahr 2017 insgesamt bei gut 1,7 Mrd €, was einem Anteil von 18,3 % an den gesamten Aufwendungen für erwerbstätige Hilfebedürftige in Deutschland entsprach. Allein die Zahlungen an die ausschließlich geringfügig Beschäftigten, die im Gastgewerbe tätig waren, beliefen sich im Jahr 2017 auf knapp 1 Mrd. €, was fast einem Viertel der gesamten Zahlungen an geringfügig Beschäftigte in der Gesamtwirtschaft entsprach (Marschall 2018).[2] Die oftmals geringen Stundenlöhne und häufig kleinteiligen Arbeitsverhältnisse im Gastgewerbe werden also in besonders hohem Maße durch öffentliche Gelder subventioniert.

Obwohl das Gastgewerbe in den vergangenen Jahren Zuwächse bei der Beschäftigung wie auch beim Umsatz realisieren konnte, ist die Konkurrenz vor allem in der Gastronomie sehr hoch. Es werden häufig neue Restaurants und Gaststätten eröffnet, während andere Betriebe aufgeben müssen. In kaum einer anderen Branche herrscht eine so starke Fluktuation und Dynamik, was auch mit einem starken Kostendruck und einem hohen Anteil der Personalkosten begründet wird. Der Anteil der Arbeitnehmerentgelte am Umsatz lag im Gastgewerbe mit 33,7 % deutlich über dem Durchschnitt der Gesamtwirtschaft (28,6 %), wobei das Bezugsjahr unklar ist. 69,1 % der Bruttowertschöpfung im Gastgewerbe entfielen auf Löhne und Gehälter (Gesamtwirtschaft 56,4 %) (Arbeitnehmerkammer Bremen 2018a, S. 57). Die Arbeitskosten spielen für den Unternehmenserfolg daher eine zentrale Rolle.

Bereits seit Jahren klagt das gesamte Gastgewerbe über zunehmende Schwierigkeiten bei der Rekrutierung von Beschäftigten, was nicht nur mit der vielfach sehr geringen Bezahlung, sondern zweifellos auch mit den weiteren eher ungünstigen Arbeitsbedingungen zu tun hat. Dazu zählen z. B. die oftmals kurzfristig geplanten Arbeitseinsätze, die häufig abends und am Wochenende anfallen, der Stress bei hohem Kundenaufkommen und das teilweise wenig professionelle Management vor allem in Kleinbetrieben. Noch schwieriger gestaltet sich die Gewinnung von Auszubildenden, zumal die Abbruchquoten in der Branche sehr hoch sind. Maack et al. (2013, S. 134) bezeichnen dies als „Ausbildungskrise". Viele Arbeitskräfte verlassen die Branche nach kurzer Zeit wieder und

---

[2]Nur im Bereich der Reinigungsdienste lagen die Anteile der sozialversicherungspflichtig und geringfügig Beschäftigten, die ergänzende Hilfen zum Lebensunterhalt bezogen, mit 10,6 % bzw. 17 % noch höher als im Gastgewerbe. Die Zahl der Betroffenen war mit insgesamt gut 97.000 Beschäftigten aber deutlich niedriger als im Gastgewerbe (Bundesagentur für Arbeit 2018).

wechseln in andere Branchen, die zumindest etwas bessere Arbeitsbedingungen und geregeltere Arbeitszeiten versprechen (z. B. Einzelhandel – vgl. Maack et al. 2013, S. 53).

Im Folgenden gehen wir zunächst auf die Zahl und Struktur der Betriebe und Beschäftigten und auf die wirtschaftliche Entwicklung in den drei Teilbranchen in den letzten Jahren ein (Abschn. 8.1). Anschließend untersuchen wir die industriellen Beziehungen im Gastgewerbe (Abschn. 8.2). In Abschn. 8.3 gehen wir auf die eher ungünstigen Arbeitsbedingungen im Gastgewerbe ein. In Abschn. 8.4 stehen Aspekte, die in den Debatten auf Branchenebene und zwischen den Sozialpartnern sowie in unseren Interviews mit Expert_innen eine besondere Rolle gespielt haben, im Mittelpunkt. In Abschn. 8.5 gehen wir auf die Kontrollen der FKS im Gastgewerbe ein. In Abschn. 8.6 fassen wir die Ergebnisse zusammen und skizzieren die Herausforderungen, mit denen die Branche bei der Personalgewinnung und -bindung konfrontiert ist.

## 8.1    Betriebe, Beschäftigung und Umsätze

Das Gastgewerbe umfasst mit der Gastronomie, dem Beherbergungsgewerbe und dem Catering drei Teilbranchen, die sich bezogen auf ihre Größe und Struktur deutlich voneinander unterscheiden. Dominiert wird der Sektor von der Gastronomie, auf die im Jahr 2017 fast drei Viertel der Unternehmen, knapp zwei Drittel der tätigen Personen und gut die Hälfte des Umsatzes der Gesamtbranche entfielen (vgl. Tab. 8.1). In der Beherbergung waren im Jahr 2016 knapp ein Fünftel der Unternehmen und ein Viertel der Beschäftigten tätig, aber auf diesen Bereich entfielen immerhin fast 34 % der Umsätze. Auf das Catering entfielen nur knapp 7 % der Unternehmen, aber gut 12 % der tätigen Personen und fast 13 % der Umsätze der gesamten Branche.

**Tab. 8.1**  Unternehmen, tätige Personen und Umsatz im Gastgewerbe, 2017

| Gastgewerbe insgesamt | | Darunter in % | | |
|---|---|---|---|---|
| | | Gastronomie | Beherbergung | Catering |
| Unternehmen | 230.040 | 73,3 | 19,8 | 6,9 |
| Tätige Personen | 2.300.813 | 62,8 | 25,0 | 12,2 |
| Umsatz in Mrd.€ | 88,93 | 53,3 | 33,8 | 12,8 |

Quelle: Statistisches Bundesamt (2018)

Charakteristisch für das Gastgewerbe sind Kleinstunternehmen. Durchschnittlich waren im Jahr 2015 in den gastgewerblichen Betrieben nur neun Personen beschäftigt, wobei es zwischen den Teilsektoren Unterschiede gab. Betriebe im Beherbergungssektor wiesen im Durchschnitt knapp zwölf Beschäftigte auf. Insgesamt hatten mehr als die Hälfte aller Betriebe (56 %) in der Gesamtbranche fünf oder weniger Beschäftigte. Nur in gut einem Viertel der Betriebe (25,8 %) waren zehn oder mehr Beschäftigte tätig. „Die Zahlen verdeutlichen die klein- bis mittelständisch und damit auch überwiegend familiär geprägte Struktur der Branche." (DEHOGA 2016c, S. 21) Wie Tab. 8.2 veranschaulicht, entfielen jedoch 77,1 % des Gesamtumsatzes und 73,5 % der Beschäftigten auf Betriebe mit mindestens zehn Beschäftigten.

Abb. 8.1 veranschaulicht, dass die Umsätze im Gastgewerbe seit 2009 kontinuierlich gestiegen sind und sich im Jahr 2017 auf insgesamt auf 85,4 Mrd. € beliefen. Die Einführung des gesetzlichen Mindestlohns im Jahr 2015 hat diese positive Entwicklung offenkundig nicht gebremst.

Ähnlich positiv wie die Umsatzentwicklung verlief auch die Entwicklung der Beschäftigtenzahlen (Abb. 8.2). Mit Ausnahme des Krisenjahres 2009 ist die Beschäftigtenzahl im Gastgewerbe in den letzten Jahren kontinuierlich gestiegen und erreichte im Jahr 2018 mit über 2,2 Mio. abhängig Beschäftigten einen neuen Höchststand. Die Einführung des gesetzlichen Mindestlohns hat also nicht zu Einbrüchen bei den Umsätzen und der Zahl der Beschäftigten in der Branche geführt.

**Tab. 8.2** Umsatz und Beschäftigtenstruktur im Gastgewerbe nach Zahl der Beschäftigten im Betrieb, 2016 (Neuere Daten in dieser Unterteilung lagen im Mai 2019 noch nicht vor.)

| Zahl der Beschäftigten im Betrieb | Unternehmen (Anzahl) | Unternehmen (in %) | Beschäftigte (Anzahl) | Beschäftigte (in %) | Umsatz (in Mrd. €) | Anteil am Gesamtumsatz (in %) |
|---|---|---|---|---|---|---|
| 1–2 | 58.656 | 25,5 | 88.815 | 3,9 | 3,655 | 4,1 |
| 3–5 | 66.507 | 28,9 | 242.606 | 10,5 | 7,897 | 8,9 |
| 6–9 | 40.959 | 17,8 | 278.230 | 12,1 | 8,791 | 9,9 |
| 10 und mehr | 63.917 | 27,8 | 1.691.161 | 73,5 | 68,590 | 77,1 |
| Gesamt | 230.039 | 100 | 2.300.812 | 100 | 88,933 | 100 |

Quelle: Eigene Berechnungen auf Basis des Statistischen Bundesamtes. Code WZ2008; Tabelle 45342 – 0002

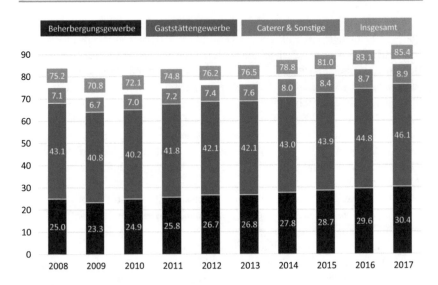

**Abb. 8.1**  Umsätze im Gastgewerbe in Mrd. € (netto), 2008–2017. (Quelle: Eigene Darstellung nach DEHOGA-Bundesverband 2018a)

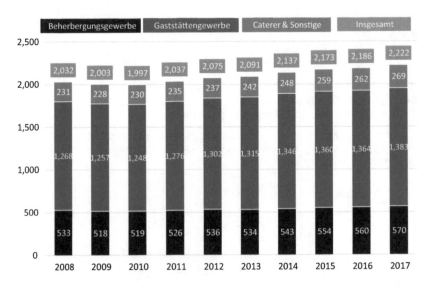

**Abb. 8.2**  Zahl der Beschäftigten im Gastgewerbe (in 1000), 2008–2017. (Quelle: Eigene Darstellung nach DEHOGA-Bundesverband 2018a)

## 8.1.1  Veränderungen der Beschäftigtenstruktur

Die Zahl und der Anteil von geringfügig Beschäftigten im Gastgewerbe sind in den letzten beiden Jahrzehnten erheblich gestiegen. Im Jahr 2000 waren mit 55,5 % noch deutlich mehr als die Hälfte aller Beschäftigten im Gastgewerbe in Vollzeit tätig. Der Anteil der geringfügig Beschäftigten lag damals bei knapp einem Drittel (32,9 %) und nur 11,7 % der Beschäftigten waren sozialversicherungspflichtig Teilzeitbeschäftigte (Hieming et al. 2010).

Bis Mitte 2018 ist der Anteil der Minijobber_innen auf fast die Hälfte (48,7 %) aller Beschäftigten im Gastgewerbe gestiegen (Abb. 8.3). Von diesen sind knapp zwei Drittel ausschließlich und die anderen im Nebenjob geringfügig beschäftigt. Fast zwei Drittel (62 %) aller Minijobber_innen sind Frauen. In der Beherbergung liegt der Frauenanteil bei den geringfügig Beschäftigten sogar bei gut 70 % (Gastronomie: 60,5 %). Der Anteil der Vollzeitbeschäftigten lag Mitte 2018 nur noch bei 27,3 % aller Beschäftigten im Gastgewerbe, während der Anteil der sozialversicherungspflichtig Teilzeitbeschäftigten auf 23,9 % gestiegen ist (Deutscher Bundestag 2019a).

Die Verschiebung der Beschäftigungsstruktur im Gastgewerbe hin zu immer höheren Anteil von Minijobs ist zweifellos auch durch die Neuregelungen im

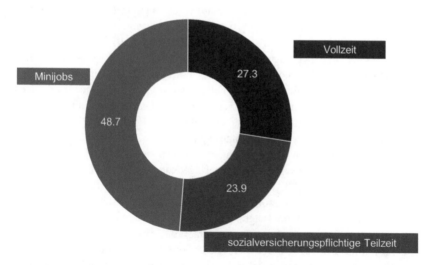

**Abb. 8.3** Beschäftigtenstruktur im Gastgewerbe (Vollzeit, sozialversicherungs-pflichtige Teilzeit, Minijobs), Anteile in % (Stichtag: 30. Juni 2018). (Quelle: Eigene Berechnung auf Basis von Angaben der Bundesagentur für Arbeit 2019)

Zuge der Hartz-Gesetze 2003/2004 begünstigt worden – insbesondere durch die Anhebung der Geringfügigkeitsgrenze auf 450 € pro Monat und die Abschaffung der Begrenzung der zulässigen Wochenstundenzahl, die bis dahin bei 15 h gelegen hatte. Darüber hinaus ist der Anteil der Minijobs als Nebenjob in den letzten Jahren branchenübergreifend deutlich stärker gestiegen als die ausschließliche geringfügige Beschäftigung. Im Gastgewerbe handelt es sich bei etwa einem Drittel der Minijobs um Nebenjobs.

Eine wichtige Rolle bei der zunehmenden Nutzung von Minijobs spielen aber auch veränderte betriebliche Strategien, die auf eine erhöhte Flexibilität des Personaleinsatzes und eine Verringerung der Personalkosten zielen. Minijobs sind für Unternehmen bei Einhaltung tariflicher und gesetzlicher Regelungen aufgrund höherer Abgaben zwar teurer als sozialversicherungspflichtige Beschäftigung (Weinkopf 2009), aber viele Betriebe kompensieren diese Mehrkosten durch geringere Stundenlöhne sowie die Nichteinhaltung von weiteren arbeitsrechtlichen Standards wie z. B. die Lohnfortzahlung bei Krankheit, Urlaub und Feiertagen (Bachmann et al. 2017; Bosch und Weinkopf 2017). Minijobs sind darüber hinaus auch ein zentrales Einfallstor für weitere arbeitsrechtliche Verstöße sowie zur Tarnung von Schwarzarbeit.

Im Vergleich zur Gesamtwirtschaft weist die Branche einen überdurchschnittlich hohen Anteil von Selbstständigen und mithelfenden Familienangehörigen auf. Während im Jahr 2016 in der Gesamtwirtschaft nur 10 % aller Erwerbstätigen selbstständig tätig waren, lag deren Anteil im Gastgewerbe bei 12,9 % und damit um fast ein Drittel höher (Statistisches Bundesamt 2017). Auch der Anteil der befristeten Arbeitsverträge bei Neueinstellungen im Gastgewerbe lag im Jahr 2016 mit 60 % deutlich höher als in der Gesamtwirtschaft. Differenziert nach Teilbranchen waren im Bereich der Hotellerie sogar 71 % aller Neueinstellungen befristet, während der Anteil von Befristungen in der Gastronomie mit 53 % niedriger war. Die Übernahmequote in unbefristete Beschäftigung lag in der Gesamtbranche nur bei 34 % (Deutscher Bundestag 2017b).

Angesichts der überwiegend geringen Stundenlöhne spielen Leiharbeit und Werkverträge im Gastgewerbe nur eine geringe Rolle, weil diese Beschäftigungsformen aufgrund der fälligen Zuschläge keine Spielräume für weitere Einsparungen von Lohnkosten eröffnen (vgl. auch Maack et al. 2013, S. 87). Ende 2016 waren im gesamten Gastgewerbe 27.231 Leiharbeitskräfte tätig, davon mit 25.190 die meisten in der Gastronomie (92,5 %) (Deutscher Bundestag). Die Flexibilität im Gastgewerbe wird also vorrangig über Minijobs und sozialversicherungspflichtige Teilzeitarbeit sowie hochflexible Arbeitszeiten gesichert. Die Arbeitnehmerkammer Bremen (2018a, S. 80) verweist in ihrer aktuellen Branchenstudie zum Gastgewerbe allerdings darauf, dass sich die Nutzung von

Leiharbeit und Werkverträgen im Bereich der Reinigung von Hotelzimmern, zum
kurzfristigen Ersatz von erkrankten Beschäftigten (z. B. bei Grippewellen) sowie
zur Abdeckung des hohen Bedarfs an zusätzlichem Personal bei Großveranstal-
tungen erhöht hat.

## 8.1.2  Beschäftigungsentwicklung

Die Gesamtzahl der abhängig Beschäftigten im Gastgewerbe ist zwischen 2004
und 2018 kontinuierlich und insgesamt um gut 744.000 oder 54,3 % auf über
2,1 Mio. Beschäftigte gestiegen (Abb. 8.4). Der Zuwachs war bei geringfügig
Beschäftigten in diesem Zeitraum mit 61,1 % deutlich ausgeprägter als bei den
sozialversicherungspflichtig Beschäftigten (48,5 %). Besonders stark stieg die
Zahl der Minijobs im Jahr 2009 (um gut 82.000). In den folgenden Jahren lagen
die Zahlen von geringfügig und sozialversicherungspflichtig Beschäftigten im
Gastgewerbe sehr nah beieinander und im Jahr 2014 waren fast die Hälfte der
Beschäftigten Minijobber_innen. Seit der Einführung des gesetzlichen Mindest-
lohns im Jahr 2015 ist die sozialversicherungspflichtige Beschäftigung im

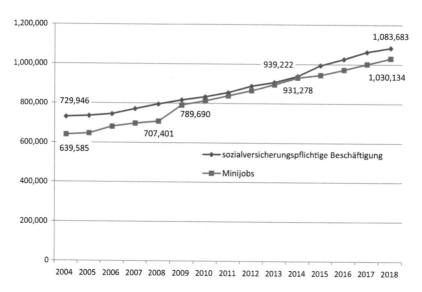

**Abb. 8.4**  Beschäftigungsentwicklung im Gastgewerbe, 2004–2018. (Quelle: Deutscher
Bundestag 2019a)

Gastgewerbe bis 2018 jedoch um gut 144.000 Beschäftigte und damit deutlich stärker gestiegen als die Zahl der Minijobs, die sich um knapp 99.000 erhöht hat. Im Jahr 2018 war der Zuwachs bei den Minijobs mit fast 30.000 zusätzlichen Beschäftigten erstmals wieder höher als bei den sozialversicherungspflichtig Beschäftigten, deren Zahl sich von 2017 auf 2018 nur um knapp 21.000 erhöht hatte. Hier stellt sich die Frage, ob dies daran liegt, dass die Unternehmen ihre die anfängliche Sorge vor der Aufdeckung von Verstößen gegen den Mindestlohn bei Minijobs inzwischen wieder verloren haben, weil sie nur sehr selten kontrolliert werden.

Festzuhalten bleibt, dass die vom DEHOGA-Bundesverband im Vorfeld der Mindestlohneinführung befürchteten Beschäftigungsverluste nicht eingetreten sind – im Gegenteil: Die sozialversicherungspflichtige Beschäftigung im Gastgewerbe hat sich nach der Einführung des gesetzlichen Mindestlohns besonders positiv entwickelt. Allerdings ist zuletzt auch die Zahl der Minijobs weiter gestiegen.

### 8.1.3   Besonderheiten und Entwicklungstrends in den Teilbranchen des Gastgewerbes

In der *Gastronomie* sind aktuell zwei gegenläufige Trends erkennbar: Die Nachfrage nach Außer-Haus-Angeboten ist gestiegen, aber der Markt ist enger geworden und wird zunehmend von größeren Anbietern insbesondere in der Systemgastronomie dominiert. Für unabhängige kleine Restaurants ist es immer schwieriger geworden, sich am Markt zu halten. „Sie profitieren nicht von den Skalenerträgen größerer Betriebsstrukturen, müssen aber qualitativ mithalten und sind dennoch preislich an bestimmte Grenzen gebunden." (Arbeitnehmerkammer Bremen 2018a, S. 58) Die vergleichsweise hohe Fluktuation von Betrieben ist auch dadurch bedingt, dass die Eintrittsbarrieren bei der Eröffnung einer Gaststätte relativ niedrig sind – auch weil es nicht nur die Möglichkeit einer Neueröffnung, sondern auch der Übernahme eines bereits bestehenden Betriebs gibt. Gründer_innen müssen zudem weder eine entsprechende Ausbildung aufweisen noch eine vergleichbare Qualifikation. Dies trägt auch dazu bei, dass der Entschluss, ein Restaurant oder eine Kneipe zu eröffnen, nicht selten erfolgt, ohne sich über die Kostenstrukturen, die in der Branche herrschen, Gedanken zu machen (Arbeitnehmerkammer Bremen 2018a, S. 57).

Im Bereich der *Beherbergung* ist zu unterscheiden zwischen privat geführten Hotels einerseits und der Ketten- bzw. Markenhotellerie andererseits. In den vergangenen Jahren ist der Marktanteil von Hotelketten in Deutschland bezogen auf die vermieteten Zimmer auf etwa 40 % gestiegen (Maack et al. 2013, S. 13). Hotelbuchungen werden zunehmend häufiger über Buchungsportale vorgenommen, die eine hohe Transparenz über die Übernachtungspreise und oftmals auch kurzfristige Stornierungen ermöglichen. Die Fixkosten in der Hotellerie sind relativ hoch; die durchschnittliche Bettenauslastung lag im Jahr 2011 demgegenüber nur bei 33,5 % (Maack et al. 2013, S. 28). Die Auslastung variiert stark zwischen Stadt und Land, einzelnen Orten und Regionen sowie zwischen den verschiedenen Beherbergungstypen und Marktsegmenten. Die Margen in der deutschen Hotellerie sind im internationalen Vergleich eher gering.

Das Segment der *Systemgastronomie* hat in den vergangenen Jahren deutlich an Bedeutung gewonnen. Hauptmerkmale sind ein standardisiertes Bewirtungskonzept, eine zentrale Steuerung und eine weite Verbreitung von Franchise-Systemen. Mehr als die Hälfte aller Betriebe werden inzwischen als Franchise-Filialen betrieben (Maack et al. 2013, S. 50). Während die so genannten „Company-Filialen" meist tarifgebunden sind, ist dies bei den Franchise-Filialen häufig nicht der Fall. Bei diesen sind unbezahlte Überstunden, eine stärkere Nutzung von befristeten Arbeitsverträgen und Behinderungen von Betriebsratsgründungen an der Tagesordnung (Maack et al. 2013, S. 51).

Die *Catering-Branche* ist das kleinste Segment innerhalb des Gastgewerbes, das aber seit Jahren hohe Wachstumsraten aufweist. Diese Teilbranche des Gastgewerbes wird durch eine relativ kleine Gruppe großer Unternehmen dominiert, die vor allem von der zunehmenden Auslagerung der Betriebsverpflegung in Kantinen, Krankenhäusern und Seniorenheimen sowie Schulen, Mensen und Kitas profitiert haben (Maack et al. 2013, S. 57). Caterer haben den höchsten Anteil von sozialversicherungspflichtiger Teilzeitarbeit, weil die Schwankungen des Arbeitsanfalls geringer sind als in den anderen Teilbranchen des Gastgewerbes (Schlote-Sautter et al. 2018, S. 64).

## 8.2   Industrielle Beziehungen

Die industriellen Beziehungen im Gastgewerbe sind aufgrund der großen Zahl von Kleinbetrieben besonders fragmentiert und die Tarifbindung ist zwar je nach Bundesland unterschiedlich hoch, aber im Vergleich zu den meisten anderen Branchen eher gering. Betriebliche Interessenvertretungen finden sich nur in wenigen größeren Betrieben.

## 8.2.1   Arbeitgeberverbände und Gewerkschaften

Arbeitgeberverbände im Gastgewerbe sind der DEHOGA-Bundesverband mit seinen 17 regionalen Mitgliedsverbänden und der Bundesverband der System-gastronomie (BdS). Zum Organisationsgrad von Unternehmen in den beiden Arbeitgeberverbänden liegen keine verlässlichen Informationen vor. Zuständige Gewerkschaft für beide Teilbranchen ist die Gewerkschaft NGG. Nach Angaben des Deutschen Gewerkschaftsbundes (2019) lag die Zahl der in der NGG orga-nisierten Beschäftigten Ende 2018 bei gut 198.000, was dafür spricht, dass der gewerkschaftliche Organisationsgrad sehr gering ist.

## 8.2.2   Tarifbindung

Tarifverträge für das *Hotel- und Gaststättengewerbe* werden von der Gewerk-schaft NGG mit den regionalen Mitgliedsverbänden des DEHOGA in 17 Tarifgebieten ausgehandelt. Die Höhe der Tarifbindung und der Tariflöhne unter-scheiden sich je nach Bundesland bzw. Region teils deutlich (vgl. Abschn. 8.3). In der *Systemgastronomie* gelten demgegenüber bundesweite Tarifverträge, die von der Gewerkschaft NGG mit dem Bundesverband der Systemgastronomie (BdS) ausgehandelt werden.

Nach Angaben des DEHOGA-Bundesverbandes (2016d) besteht im Gast-gewerbe „ein flächendeckendes, funktionierendes Netz von Tarifverträgen. Zeiten längerer tarifloser Zustände in einzelnen Tarifgebieten gehören der Vergangenheit an." Die überwiegende Zahl der Mitglieder entscheide sich für die Mitgliedschaft mit Tarifbindung. Diese Behauptung erscheint bei genauerer Betrachtung aber auf tönernen Füßen zu stehen. Denn während die Mitgliedschaft im Arbeitgeber-band im Gastgewerbe früher automatisch an die Tarifbindung gekoppelt war, sind insbesondere die ostdeutschen Mitgliedsverbände des DEHOGA-Verbandes seit Anfang der 2000er Jahre dazu übergegangen, Neumitgliedern die Tarifbindung freizustellen (OT-Mitgliedschaft). Der Verband begründete den Schritt, niedrig-schwellige Angebote für eine Mitgliedschaft anzubieten, mit der abnehmenden Bindungskraft (Tarifflucht), den gravierenden Unterschieden bei der Ertrags-kraft von Klein- und Großbetrieben und der unterschiedlichen Fähigkeit, tarif-liche Regelungen finanzieren zu können, sowie mit der Verbandsabstinenz neuer Betriebe. Die Möglichkeit einer Mitgliedschaft ohne Tarifbindung (OT) besteht aktuell in den Landesverbänden Bayern, Berlin, Brandenburg, Hamburg, Hessen, Mecklenburg-Vorpommern, Sachsen, Sachsen-Anhalt und Thüringen.

In einem unserer Interviews mit Vertreter_innen der Gewerkschaft NGG in Berlin berichteten diese, dass in ihrem Zuständigkeitsbereich nur noch höchstens 10 % der Betriebe tariflich gebunden seien (Interview NGG Berlin, 12/2016). Auf der Basis des IAB-Betriebspanels lag die Tarifbindung im Gastgewerbe (einschließlich „sonstige Dienstleistungen") im Jahr 2017 mit 37 % der Beschäftigten in West- und 24 % in Ostdeutschland deutlich unter dem Durchschnitt aller Branchen (49 % in West- und 34 % in Ostdeutschland). Hinzu kamen jeweils 2 % der Beschäftigten, die in Betrieben mit Haustarifverträgen tätig waren (Tab. 8.3). Im Vergleich zu 2010 ist der Anteil der tarifgebundenen Beschäftigten im Gastgewerbe insbesondere in Westdeutschland bis 2017 massiv zurückgegangen (um 11 Prozentpunkte). Zudem ist der Anteil der Betriebe, die nicht tarifgebunden sind, sich nach eigenen Angaben aber am Tarifvertrag orientieren, in den letzten Jahren insbesondere in Westdeutschland deutlich gesunken.

Einer anderen Auswertung auf der Basis der Verdienststrukturerhebung 2014 (Statistisches Bundesamt 2016) zufolge lag die Tarifbindung der Beschäftigten im Gastgewerbe bereits im Jahr 2014 bundesweit sogar bei nur noch 23 % (21 % Branchentarifvertrag und 2 % Firmentarifvertrag). Nach Angaben des WSI, die sich allerdings auf das Jahr 2010 beziehen, bestehen auch erhebliche Unterschiede in der Höhe der Tarifbindung nach Bundesländern (Amlinger und Bispinck 2015, S. 14): Die weitaus höchste Tarifbindung an einen Branchentarifvertrag wies im Jahr 2010 Nordrhein-Westfalen auf (53 %), gefolgt von Mecklenburg-Vorpommern (49 %) und Hessen (44 %). Die geringste Tarifbindung an einen Branchentarifvertrag erreichten Bayern mit nur 16 % und Sachsen-Anhalt

**Tab. 8.3** Tarifbindung der Beschäftigten im Gastgewerbe (und sonstige Dienstleistungen) und insgesamt, 2010 und 2017 (in %)

|  |  | Branchentarifvertrag | | Haus-/Firmentarifvertrag | | Kein Tarifvertrag (davon Orientierung an Tarifvertrag) | |
|---|---|---|---|---|---|---|---|
|  |  | West | Ost | West | Ost | West | Ost |
| Gastgewerbe | 2010 | 48 | 25 | 2 | 7 | 50 (43) | 68 (41) |
|  | 2017 | 37 | 24 | (2)[a] | (2)[a] | 61 (37) | 73 (39) |
| Insgesamt | 2010 | 56 | 37 | 7 | 13 | 37 (50) | 51 (47) |
|  | 2017 | 49 | 34 | 8 | 10 | 43 (50) | 56 (45) |

[a]Wert wenig belastbar, da Fallzahl < 20
Quelle: Eigene Darstellung nach Ellguth und Kohaut 2011, S. 243 und 2018, S. 300 (Basis: IAB-Betriebspanel)

mit 17 %. In diesen beiden Bundesländern kamen jeweils 3 % mit Firmentarifvertrag hinzu.

In einem Interview beim DEHOGA-Bundesverband wurden die deutlichen regionalen Unterschiede der Tarifbindung im Gastgewerbe mit „unterschiedlichen Traditionen", der jeweiligen Struktur der Mitgliedsunternehmen in den Bundesländern sowie Unterschieden zwischen Ost- und Westdeutschland begründet. Die geringe Tarifbindung in Bayern habe z. B. auch mit den vergleichsweise hohen Tariflöhnen zu tun, die zwar von großen ertragsstarken Hotels in München und Oberbayern bezahlt werden könnten, nicht aber von vielen Gastwirten im bayrischen Wald. Daher gebe es dort die Möglichkeit der OT-Mitgliedschaft, die auch viele Betriebe nutzten (Interview DEHOGA 2/2017).

## 8.2.3   Betriebliche Interessenvertretung

Aufgrund der großen Zahl von Klein- und Kleinstbetrieben vor allem in der Gastronomie, aber auch in Teilen der Beherbergung ist der Einfluss betrieblicher Interessenvertretungen in weiten Teilen des Hotel- und Gaststättengewerbes sehr gering. Für das Gastgewerbe insgesamt verweisen Maack et al. (2013, S. 98) auf Schätzungen der Gewerkschaft NGG, nach denen in nur etwa 900 der rund 230.000 Betriebe bundesweit überhaupt ein Betriebsrat existiert. Dies entspräche einem Anteil von nur 0,4 % aller gastgewerblichen Betriebe mit einer betrieblichen Interessenvertretung. Ellguth und Kohaut (2017) kommen auf der Basis des IAB-Betriebspanels für 2016 für Betriebe mit mindestens fünf Beschäftigten auf eine Quote von nur 3 % der Betriebe mit betrieblicher Interessenvertretung, wobei sich diese Angabe auf den Bereich Gastgewerbe und sonstige Dienstleistungen bezieht. Der Anteil der Beschäftigten im Gastgewerbe, die in einem Betrieb mit einem Betriebsrat tätig waren, lag mit 12 % etwas höher, aber ebenfalls weit unter dem Durchschnitt in der Gesamtwirtschaft (Tab. 8.4).

Die Bedingungen für eine betriebliche Interessenvertretung im Gastgewerbe sind aufgrund zersplitterter Arbeitsverhältnisse, erheblicher Arbeitsbelastungen und einer hohen Fluktuation der Beschäftigten und Betriebe besonders ungünstig. Die Arbeitnehmerkammer Bremen (2018a, S. 94) verweist auf folgende Ursachen: „Je geringer das Stundenvolumen einer Tätigkeit ist, desto niedriger sind auch die Identifikation mit dem Betrieb und die Bereitschaft, etwas an der eigenen Beschäftigungssituation zu verbessern. Außerdem ist es in einer Belegschaft, die aus vielen Teilzeitstellen und Minijobs besteht, auch wesentlich schwieriger, sich untereinander abzustimmen und zu solidarisieren."

**Tab. 8.4** Betriebliche Interessenvertretung im Gastgewerbe und in der Gesamtwirtschaft, 2016, in %

| | Gastgewerbe und sonstige Dienstleistungen | Gesamtwirtschaft |
|---|---|---|
| Betriebe mit Betriebsrat | 3 | 9 |
| Betriebe mit anderer Interessenvertretung | 13 | 15 |
| Beschäftigte mit Betriebsrat | 12 | 41 |
| Beschäftigte mit anderer Interessenvertretung | 18 | 19 |

Quelle: Eigene Darstellung nach Ellguth und Kohaut (2017, S. 283)

Festzuhalten ist, dass jeweils nur ein kleiner Teil der Unternehmen und Beschäftigten im Gastgewerbe verbandlich bzw. gewerkschaftlich organisiert sind. Die Tarifbindung im Gastgewerbe ist je nach Bundesland unterschiedlich hoch, liegt aber weit unter dem Durchschnitt aller Branchen und betriebliche Interessenvertretungen existieren nur in wenigen meist größeren Betrieben. Vor diesem Hintergrund sind die industriellen Beziehungen im Gastgewerbe wie in einigen anderen Dienstleistungsbranchen auch als „prekäre Interessenvertretung" (Artus 2007) zu bezeichnen. Dies setzt den Durchsetzungschancen gewerkschaftlicher Forderungen nach auskömmlichen Löhnen und besseren Arbeitsbedingungen enge Grenzen.

## 8.2.4 Allgemeinverbindlicherklärungen im Gastgewerbe

In der Vergangenheit wurden Allgemeinverbindlicherklärungen von Tarifverträgen im Gastgewerbe häufiger von beiden Seiten – Gewerkschaften und Arbeitgebern – unterstützt, um die Tarifbindung zu stärken und den stark lohnkostengetriebenen Wettbewerb einzudämmen. Dieser Konsens ist aber in den letzten Jahren in vielen Bundesländern von Arbeitgeberseite aufgekündigt worden. Selbst wenn sich die Tarifvertragsparteien auf regionaler Ebene einig waren, eine AVE zu beantragen, wurde dies nicht selten im Tarifausschuss von Arbeitgebervertreter_innen aus teils völlig anderen Branchen abgelehnt. Daher gab es zeitweilig gar keine Allgemeinverbindlicherklärungen im Gastgewerbe mehr. Im Saarland scheiterte der gemeinsam von der Gewerkschaft NGG und dem regionalen Arbeitgeberverband gestellte Antrag auf eine AVE für die untersten drei Tariflohngruppen für das

**Tab. 8.5** Allgemeinverbindlich erklärte Lohngruppen im Gastgewerbe in Nordrhein-Westfalen – Stand: August 2017

| Tarifgruppe (TG) | Monatslohn (Vollzeit) (€) | Stundenlohn (rechnerisch bei 169 h pro Monat) (€) |
|---|---|---|
| **TG 1:** einfache Tätigkeiten, die durch Anlernen erworben werden können | 1564 | 9,25 |
| **TG 2:** Tätigkeiten, die geringe fachliche Kenntnisse und Fertigkeiten erfordern | 1659 | 9,82 |
| **TG 3:** Tätigkeiten, die erweiterte Kenntnisse oder Fertigkeiten und längere Erfahrung hierin erfordern | 1823 | 10,79 |

Quelle: Eigene Darstellung nach Bundesanzeiger vom 13. Oktober 2016

Gastgewerbe im Juli 2015, weil die Arbeitgebervertreter im Tarifausschuss auf Landesebene dagegen votierten (Wollschläger 2015).[3]

In den Jahren 2016 bis 2018 waren im Gastgewerbe nur zwei AVE-Anträge in Nordrhein-Westfalen und in Bremen erfolgreich, über die jeweils auf der Ebene der Tarifausschüsse in den betreffenden Bundesländern entschieden worden ist: In Nordrhein-Westfalen wurden im September 2016 die untersten drei Entgeltgruppen des Tarifvertrags im Gastgewerbe für allgemeinverbindlich erklärt. Tab. 8.5 gibt einen Überblick zur Höhe der Monatslöhne in den betreffenden drei Tarifgruppen in NRW und den sich hieraus bei einer monatlichen Arbeitszeit von 169 h ergebenden Stundenlöhnen im Jahr 2017.

Die AVE für die drei untersten Lohngruppen im Gastgewerbe in NRW ist jedoch zwischenzeitlich ersatzlos ausgelaufen, weil die Arbeitgeberseite nach dem letzten Tarifabschluss im November 2018 einer neuerlichen AVE der untersten drei Tariflohngruppen im Gastgewerbe nicht zugestimmt hat (DEHOGA NRW 2018).

In Bremen haben die Gewerkschaft NGG und der regionale DEHOGA-Verband Anfang 2018 demgegenüber gemeinsam einen AVE-Antrag gestellt, der

---

[3]Die Arbeitgeberseite wurde hier vertreten durch die Vereinigung der saarländischen Unternehmensverbände (VSU), den Arbeitgeberverband des saarländischen Handwerks sowie den Kfz-Verband.

sich auf den gesamten Tarifvertrag für das Gastgewerbe bezieht, was nach unserer Kenntnis im Gastgewerbe lange Zeit nicht mehr vorgekommen ist. In Vorbereitung der Einreichung des AVE-Antrages hatte die Arbeitnehmerkammer Bremen eine umfassende Branchenstudie zum Gastgewerbe erstellt, in der u. a. das niedrige Lohnniveau, die schlechten Arbeitsbedingungen und die häufigen Abbrüche von Ausbildungsverträgen veranschaulicht wurden (Arbeitnehmerkammer Bremen 2018a). In Kraft getreten ist diese Allgemeinverbindlicherklärung im Juli 2018:

> „Künftig muss jeder Beschäftigte in Hotels oder der Gastronomie mindestens 9,56 Euro bekommen. Wer eine Fachausbildung hat, für den liegt die Mindestgrenze in Bremen bei 11,51 Euro. Die Art der Beschäftigung ist dabei egal: Der neue Stundenlohn gilt für Festangestellte, Auszubildende, Teilzeitkräfte und geringfügig Beschäftigte gleichermaßen. Natürlich können Betreiber aber auch freiwillig mehr zahlen. Lediglich die Angestellten in der Systemgastronomie sind von der Allgemeinverbindlichkeit ausgenommen, sofern ihr Arbeitgeber im Tarifvertrag dieser Branche ist." (Lakeband 2018)

In einer Pressemitteilung im Mai 2018 begrüßte die Arbeitnehmerkammer Bremen die Entscheidung, den neu abgeschlossenen Entgelttarifvertrag künftig für alle 20.000 Beschäftigten im Gastgewerbe im Land Bremen gelten zu lassen: „Die beschlossene Allgemeinverbindlichkeitserklärung ist ein wichtiger Meilenstein, um Lohndumping zu verhindern und die Branche attraktiver für Fachkräfte zu machen", sagte der Hauptgeschäftsführer der Arbeitnehmerkammer Bremen Ingo Schierenbeck zur Entscheidung des Tarifausschusses. „Dies kann eine Blaupause für andere Branchen sein, in denen die Gehaltsstrukturen ein existenzsicherndes Einkommen nicht mehr gewährleisten." (Arbeitnehmerkammer Bremen 2018b).

Die AVE hat nach Angaben der Arbeitnehmerkammer dazu geführt, dass der Monatslohn für an- und ungelernte Vollzeitkräfte im Bremer Gastgewerbe im Jahr 2018 im Durchschnitt um 93 € und damit deutlich stärker als für Fachkräfte (29 €) gestiegen ist (Roth 2019).

### 8.2.5 Tariflohnstruktur im Gastgewerbe und in der Systemgastronomie

Im Gastgewerbe gelten unterschiedliche Entgelttarifverträge, die auf regionaler Ebene (i. d. R. Bundesländer) mit den DEHOGA-Landesverbänden abgeschlossen werden. Dabei bestehen teilweise erhebliche Unterschiede in den

monatlichen tariflichen Vergütungen für vollzeitbeschäftigte Hilfs- und Fachkräfte in gastgewerblichen Betrieben (Tab. 8.6). Die monatlichen Regelarbeits-
zeiten liegen in den meisten westdeutschen Tarifgebieten bei 39 h pro Woche
bzw. 169 h pro Monat. In Hamburg, Niedersachsen, im Saarland, auf den ostfriesischen Inseln und in der Region Weser-Ems/Oldenburg liegt die monatliche Arbeitszeit von Vollzeitbeschäftigten demgegenüber wie auch in den
ostdeutschen Bundesländern bei 173 h.[4]

Aus der tabellarischen Übersicht lässt sich erkennen, dass es in den meisten
Tarifgebieten gelungen ist, die untersten Tariflöhne auf oder über den gesetzlichen Mindestlohn zu heben. Unterste tarifliche Stundenlöhne von über
10 € galten 2019 in Hessen (10,72 € pro Stunde), Bayern (10,52 € ab dem 4.
Beschäftigungsmonat) sowie in Baden-Württemberg (10,09 €).

Allerdings lagen die untersten Tariflöhne Mitte 2019 in Rheinland-Pfalz (in
den ersten beiden Beschäftigungsjahren) und Niedersachsen (im ersten Jahr)
sowie in Mecklenburg-Vorpommern und Sachsen-Anhalt noch unter dem gesetzlichen Mindestlohn von 9,19 € und in Brandenburg lag der rechnerische Stundenlohn mit 9,23 € nur um wenige Cent darüber.

Da in der Tarifsynopse des DEHOGA-Bundesverbandes die Laufzeiten der
Tarifverträge nicht für alle Bundesländer genau benannt werden, lassen sich die
Steigerungsraten der unteren tariflichen Stundenlöhne teils nur grob abschätzen.
Überdurchschnittlich hohe Steigerungen von zwischen 5 und fast 9 % ver-
zeichneten zuletzt Schleswig-Holstein, Brandenburg, Sachsen-Anhalt, Hessen,
das Saarland und die Ostfriesischen Inseln. In vier Bundesländern stiegen die
Bruttolöhne für Hilfskräfte um mehr als 100 € pro Monat (Schleswig-Holstein,
Hessen, Brandenburg und Sachsen-Anhalt). Schlusslichter waren demgegenüber
NRW und Bayern mit Steigerungsraten von unter 3 %.

Gleichzeitig scheint es – entgegen den Befürchtungen des DEHOGA-Bundesverbandes – in den meisten Bundesländern gelungen zu sein, auch den Abstand
der untersten tariflichen Stundenlöhne zu den höheren Löhnen für Beschäftigte
mit einer abgeschlossenen Berufsausbildung zu erhalten oder sogar – teils deutlich – zu erhöhen. Dies betrifft insbesondere Hamburg (um 138 € auf 265 € pro
Monat) und Baden-Württemberg (um 92 € auf 407 €). Auf den Ostfriesischen
Inseln sowie in Sachsen stiegen die Lohnunterschiede zwischen Hilfs- und Fachkräften jeweils um 62 € pro Monat und in Schleswig-Holstein um 56 €. Nur in
drei Bundesländern (NRW, Saarland und Sachsen-Anhalt) sind die Lohnabstände
von Hilfs- und Fachkräften um zwischen 26 und 36 € pro Monat gesunken.

---

[4]Ausnahme ist Sachsen, wo die Regelarbeitszeit bei 173,5 h pro Monat liegt.

**Tab. 8.6**  Tarifliche Monats- und Stundenlöhne im Gastgewerbe – nach Qualifikation und Bundesland (2018/2019)

| Bundesland bzw. Tarifregion | Monatslohn für Hilfskräfte (Vollzeit) | Monatslohn für Fachkräfte mit abgeschlossener Berufsausbildung (Vollzeit) (€) | Differenz zwischen den Monatslöhnen für Hilfs- und Fachkräfte (Vollzeit) | Rechnerischer Stundenlohn von Hilfskräften |
|---|---|---|---|---|
| Baden-Württemberg | 1706 € | 2113 | 407 € | 10,09 € |
| Bayern | 1639 € in den ersten 3 Monaten, danach 1778 € | 2035 | 396 bzw. 257 € ab 4. Monat | 10,52 € ab 4. Monat |
| Berlin | 1643 € | 2065 | 422 € | 9,72 € |
| Brandenburg | 1560 € | 1934 | 374 € | 9,23 € |
| Bremen | 1660 € | 2000 | 340 € | 9,82 € |
| Hamburg | 1650 € | 1915 | 265 € | 9,53 € |
| Hessen | 1811 € | 2240 | 429 € | 10,72 € |
| Mecklenburg-Vorpommern | 1529,32 € | 1639 | 110 € | 8,84 € |
| Niedersachsen | 1574 € bzw. 1726 € nach 12 Monaten | 1939 | 365 € bzw. 213 € | 9,10 € bzw. 9,98 € |
| NRW | 1610 € | 1964 | 308 € | 9,53 € |
| Rheinland-Pfalz | 1436,50 €; 1563,25 € ab dem 3. Beschäftigungsjahr | 1859 | 423 € | 8,50 € bzw. 9,25 € ab 3. Jahr |
| Saarland | 1590 € | 1868 | 278 € | 9,19 € |
| Sachsen | 1622 € | 1778 | 156 € | 9,35 € |
| Sachsen-Anhalt | 1575 € | 1669 | 94 € | 9,10 € |
| Schleswig-Holstein | 1630 € | 1850 | 220 € | 9,64 € |
| Thüringen | 1690 € | 1814 | 124 € | 9,77 € |
| Ostfriesische Inseln | 1690 € | 1970 | 344 € | 9,62 € |
| Weser-Ems/ Oldenburg | 1626 € | 1809 | 183 € | 9,40 € |

Quelle: Eigene Darstellung nach DEHOGA-Bundesverband (2019) (Tarifsynopse)

Besonders geringe Aufschläge für eine abgeschlossene Berufsausbildung sehen die Tarifverträge in Ostdeutschland vor. Dies betraf im Jahr 2019 insbesondere Sachsen-Anhalt (94 € pro Monat), Mecklenburg-Vorpommern (110 €) sowie Thüringen (126 €) und Sachsen (156 €). Insgesamt ist jedoch positiv hervorheben, dass in den meisten Tarifgebieten des Gastgewerbes das Bewusstsein der Arbeitgeberseite dafür gestiegen ist, dass eine abgeschlossene Berufsausbildung auch finanziell entsprechend honoriert werden muss, damit Fachkräfte gehalten werden können, statt in andere Branchen abzuwandern.

In den Bereichen *Systemgastronomie* und *Catering* gelten demgegenüber bundesweit einheitliche Tarifverträge, die von der Gewerkschaft NGG mit dem Bundesverband der Systemgastronomie (BdS) abgeschlossen werden. Eine OT-Mitgliedschaft ist hierbei nicht vorgesehen, sodass die Unternehmen verpflichtet sind, sich an die tarifvertraglichen Regelungen zur Entlohnung zu halten.

Vor der Einführung des gesetzlichen Mindestlohns lagen in der Systemgastronomie jeweils mehrere tarifliche Lohngruppen in Ost- und Westdeutschland teils deutlich unterhalb von 8,50 €. In Ostdeutschland betraf dies fünf Tarifgruppen mit Stundenlöhnen zwischen 7,06 und 8,32 €; in Westdeutschland waren es drei Tarifgruppen mit Stundenlöhnen zwischen 7,71 und 8,10 €. Zum Jahresbeginn 2015 wurden die beiden unteren Tarifgruppen in der Systemgastronomie bundeseinheitlich auf 8,51 € erhöht (Bundesverband der Systemgastronomie 2015) – also nur 0,01 € über dem damaligen gesetzlichen Mindestlohn. Im Gegenzug verlangten die Arbeitgeber in der Systemgastronomie eine Streichung sämtlicher Zulagen und Zuschläge, die zuvor galten. Letztlich einigte man sich mit der Gewerkschaft NGG auf einen Bestandsschutz für bereits Beschäftigte, sodass die tariflichen Urlaubs- und Weihnachtsgeldansprüche nur für neue Beschäftigte reduziert wurden (DEHOGA-Bundesverband 2016c, S. 12).

In den Verhandlungen über einen neuen Tarifvertrag ab Anfang 2017 bot der BdS zunächst lediglich an, in der untersten Lohngruppe den ab Januar 2017 gültigen gesetzlichen Mindestlohn von 8,84 € pro Stunde vorzusehen. Im Juli 2017 einigten sich die Tarifpartner dann jedoch in einem Schlichtungsverfahren auf einen neuen Tarifvertrag, der ab August 2017 für die untersten drei Tarifgruppen erstmals bundeseinheitliche Stundenlöhne von zwischen 9,00 € und 9,32 € vorsah. Vereinbart wurde im Rahmen der Tarifverhandlungen auch ein Stufenplan, um die Angleichung der Tariflöhne in West- und Ostdeutschland ab August 2018 zu erreichen. Außerdem wurde eine weitere Erhöhung der Tariflöhne ab 1. Januar 2019 vereinbart. Der unterste Stundenlohn lag 2019 bei 9,25 € und damit nur um 0,06 € über dem gesetzlichen Mindestlohn von 9,19 € (Tab. 8.7).

**Tab. 8.7**  Tariflöhne in der Systemgastronomie ab 1. Januar 2019

| Tarifgruppe (TG) | Bruttostundenentgelt in € | Bruttomonatsentgelt in € (Vollzeit) |
|---|---|---|
| TG 1 | 9,25 | 1563 |
| TG 2 | 9,40 | 1589 |
| TG 3 | 9,76 | 1649 |
| TG 4 | 10,60 | 1791 |
| TG 5 | 12,04 | 2035 |
| TG 6 | 13,39 | 2263 |
| TG 7 | 14,21 | 2401 |
| TG 8 | 15,00 | 2535 |
| TG 9 | 16,28 | 2751 |
| TG 10 | 17,69 | 2990 |
| TG 11 | 19,16 | 3238 |
| TG 12 | 20,72 | 3502 |

Quelle: Bundesverband der Systemgastronomie (2018)

Eine Gewerkschaftssekretärin der NGG hob im Interview hervor, dass die meisten Beschäftigten in der Systemgastronomie in die unterste Tarifgruppe 1 eingruppiert sind:

> „Diese ganz normalen Rotationsmitarbeiter, so nennen die sich, die fangen alle bei der untersten Tarifgruppe an. Und da müssen sie sich hocharbeiten, dann wird man in die [Tarifgruppe] zwei oder in die drei eingruppiert. Bei Mc Donalds oder Burger King oder Vapiano, ob sie dann die Burger drehen, an der Fritteuse stehen oder selbst auch an der Kasse. […] Ansonsten klassisch die kleinen oder auch nicht so kleinen Ketten, Cafés, Restaurants, wo viele Studenten nebenbei arbeiten, die werden oft nur in der untersten Tarifgruppe bezahlt, obwohl eine Servicekraft laut Tarifvertrag nicht in die Tarifgruppe 1 gehört. Das ist so ein klassischer Missbrauch, die werden aber so bezahlt und immer gerne mit dem Argument, ihr bekommt ja Trinkgeld. Und da ist auch das Problem, dass sich da seltenst jemand […] beschwert, weil die sagen, das ist ein Nebenjob und da wird es dann eben schwierig." (Interview NGG NRW, 12/2015)

Zusammenfassend ist festzuhalten, dass die untersten tariflichen Stundenlöhne im Gastgewerbe und in der Systemgastronomie in der Nähe des gesetzlichen Mindestlohns liegen und im Zuge von Erhöhungen des Mindestlohns häufig angehoben werden müssen. Während der Tarifvertrag für die Systemgastronomie inzwischen keine Lohnunterschiede zwischen Ost- und Westdeutschland mehr vorsieht, unterscheiden sich die tariflichen Monatslöhne für vollzeitbeschäftigte Hilfskräfte im Gastgewerbe je nach Bundesland bzw. Region weiterhin deutlich. Die höchsten Tariflöhne im Gastgewerbe galten im Jahr 2019 in Hessen (1811 €), gefolgt von Bayern (1778 € nach drei Monaten) sowie Baden-Württemberg (1706 €), was deutlich über dem untersten Monatslohn für Vollzeitbeschäftigte in der Systemgastronomie (seit 1/2019: 1563 €) liegt. In einigen Bundesländern sind die Löhne für Hilfskräfte im Gastgewerbe aber auch niedriger als in der System-gastronomie (z. B. in Mecklenburg-Vorpommern und in Rheinland-Pfalz in den ersten beiden Jahren der Beschäftigung). Die früher ausgeprägten Ost-West-Unter-schiede in den tariflichen Monatslöhnen sind im Gastgewerbe nicht mehr durch-gängig erkennbar. Die untersten tariflichen Monatslöhne für Hilfskräfte lagen 2019 nach Angaben der DEHOGA-Tarifsynopse (DEHOGA-Bundesverband 2019) in Thüringen (1690 €) und Sachsen (1622 €) sogar höher als z. B. in NRW (1610 €).

Dagegen sind die Lohnunterschiede zwischen Hilfs- und Fachkräften in den ostdeutschen Bundesländern mit Ausnahme von Berlin und Brandenburg mit zwi-schen 94 € pro Monat in Sachsen-Anhalt und 153 € in Sachsen noch immer deut-lich geringer als in Westdeutschland.

## 8.3   Arbeitsbedingungen

Das im Vergleich zu den meisten anderen Branchen besonders geringe Lohn-niveau im Gastgewerbe hängt nicht nur mit der eher schwachen Ertragskraft der Branche zusammen, sondern auch mit der geringen Tarifbindung der Betriebe. Hinzu kommt der mit fast 50 % extrem hohe Anteil von Beschäftigten in Mini-jobs, die im Vergleich zu anderen Beschäftigtengruppen vielfach Lohnabschläge hinnehmen müssen. Je nach Teilbranche und Betriebstyp sind auch die Lage und Planbarkeit der Arbeitszeiten für die Beschäftigten häufig eher ungünstig. Wegen starker Schwankungen des Kundenaufkommens nach Tageszeit, Wochentag, Sai-son und weiteren Faktoren wie z. B. der Wetterlage variiert der Personalbedarf erheblich. Um Auftragsspitzen abzudecken, werden vor allem Minijobber_innen oft flexibel abgerufen und eingesetzt.

Aufgrund der in vielen Bereichen des Gastgewerbes langen Betriebszeiten sind Arbeitseinsätze abends und am Wochenende weit verbreitet – ebenso wie Schichtarbeit und Arbeit auf Abruf, die im Gastgewerbe deutlich häufiger genutzt wird als in anderen Branchen (Hank und Stegmaier 2018; Kalina und Jaehrling

2019, S. 12). Schwankungen des Arbeitsanfalls im Tagesverlauf werden teilweise auch durch geteilte Dienste an einem Tag aufgefangen – d. h. die Beschäftigten müssen z. B. morgens und abends arbeiten – mit einer oftmals mehrstündigen unbezahlten Unterbrechung (Hieming et al. 2010).

Im Bereich der Kantinen und Caterer ist der Personalbedarf demgegenüber i. d. R. weniger volatil und besser planbar und der Großteil der in diesen Bereichen Beschäftigten müssen meist nicht am Wochenende oder abends bzw. nachts arbeiten (Maack et al. 2013, S. 73). Vor diesem Hintergrund wechseln vor allem ältere Beschäftigte, sofern sich die Möglichkeit bietet, aus der Gastronomie ins Catering, weil die Arbeitszeiten dort meist geregelter und besser planbar sind (Maack et al. 2013, S. 85).

Die starken Schwankungen des Arbeitsanfalls in vielen Bereichen der Branche sind auch der zentrale Treiber für die hohen Anteile von Teilzeitbeschäftigung und vor allem von Minijobs im Gastgewerbe, die angesichts der oftmals sehr geringen Stundenlöhne und kurzen Arbeitszeiten keine eigenständige Existenzsicherung ermöglichen. Selbst bei Vollzeitbeschäftigung reicht das monatliche Einkommen oft nicht aus, um ohne ergänzende Sozialleistungen den Lebensunterhalt zu sichern. Bei Minijobs kommt hinzu, dass den Beschäftigten bekanntlich nicht selten Ansprüche wie Lohnfortzahlung im Krankheitsfall oder bezahlter Urlaub vorenthalten werden.

Nach Auswertungen des „DGB-Index Gute Arbeit" schätzen die Beschäftigten im Gastgewerbe die Arbeitszeitlage, die Gestaltungs- und Entwicklungsmöglichkeiten sowie insbesondere die Verdienstchancen als eher ungünstig ein (Brandt 2017). Die Beschäftigten geben in dieser Branche besonders häufig an, wenig Einfluss auf die Gestaltung ihrer Arbeitszeit und den Ausgleich von Überstunden zu haben. Mehr als die Hälfte der Beschäftigten im Gastgewerbe fühlen sich häufig einem starken Termin- oder Leistungsdruck ausgesetzt (Gerstenberg und Wöhrmann 2018, S. 11). Neben Teildiensten und Überstunden wird eine schlechte Planbarkeit der Arbeitszeiten von vielen Beschäftigten als belastend empfunden. Dienstpläne werden häufig kurzfristig erstellt und geändert, die gesetzlich und tariflich geregelten Arbeitszeitvorschriften werden missachtet und Schichtdienste folgen aufeinander, teils in kurzen Wechseln (Maack et al. 2013, S. 106; Krüger und Guhlemann 2018, S. 85).

Angesichts der geringen Bezahlung und den häufig ungünstigen Arbeitsbedingungen im Gastgewerbe stellt sich die Frage, wie es der Branche trotzdem gelingt, Personal zu gewinnen. Goedicke und Beermeier (2018) beschreiben ein ganzes Bündel von Faktoren, die dies ermöglichen: So verzichteten Betriebe im Gastgewerbe in vielen Tätigkeitsbereichen auf spezifische Anforderungen und Erwartungen z. B. bezogen auf Berufsabschlüsse und Berufserfahrung der

Bewerber_innen. „Damit bietet das Gastgewerbe wie einige andere ‚einfache' Dienstleistungsbranchen auch Personen Erwerbschancen, die anderswo auf Restriktionen und Einstiegsbarrieren treffen." (Holtgrewe 2015, S. 10).

Der hohe Anteil geringfügiger Beschäftigungsverhältnisse und Teilzeittätigkeiten wird im Gastgewerbe nicht nur durch betriebliche Flexibilisierungsstrategien und die rechtlichen Spielräume bei der Ausgestaltung von Beschäftigungsverhältnissen bestimmt, sondern nach Einschätzung von Goedicke und Beermeier (2018) auch durch die spezifischen Erwerbsorientierungen vieler Beschäftigter ermöglicht. In Saisonbeschäftigung, Teilzeittätigkeiten und Minijobs sind häufig Beschäftigte tätig, die aus unterschiedlichen Gründen nur zeitlich begrenzt zur Verfügung stehen. Dabei handelt es sich insbesondere um Personen mit Erziehungs-, Pflege- oder Hausarbeitsverpflichtungen, in der Regel Frauen, sowie um Schüler_innen und Studierende, die häufig (nur) einen Zuverdienst zur Einkommensaufstockung erzielen wollten. „Die Branche hat daher gesamtgesellschaftlich eine Integrationsfunktion und gastgewerbliche Personalpolitiken docken an Erwerbsorientierungen an, die der Wohlfahrtsstaat – vor allem über die Familien- und die Sozialpolitik – systematisch erzeugt." (Goedicke und Beermeier 2018, S. 37).

Hinzu kommt, dass „die eingeschränkte ‚Marktmacht' der Beschäftigten, denen das Gastgewerbe durch reduzierte Verfügbarkeitserwartungen und Qualifikationsansprüche eine Berufsperspektive eröffnet, […] ihre Dankbarkeit und Loyalität gegenüber der Branche, dem Betrieb sowie den Kolleginnen und Kollegen" erhöht. Ähnliches gelte für ihre Bereitschaft, schwierige Arbeits- und Beschäftigungsbedingungen zu akzeptieren (Goedicke und Beermeier 2018, S. 33).

Ob diese Strategien bei einer zunehmenden Konkurrenz um qualifizierte und motivierte Arbeitskräfte mit anderen Branchen auch künftig noch ausreichen werden, um den hohen Personalbedarf im Gastgewerbe zu decken, ohne dass Löhne und Arbeitsbedingungen verbessert werden, erscheint jedoch fraglich.

## 8.4 Entwicklungen im Zuge der Mindestlohneinführung

Im Folgenden gehen wir auf einige zentrale Entwicklungen bzw. Veränderungen im Zuge der Mindestlohneinführung ein, die in unseren Interviews mit Expert_ innen aus dem Gastgewerbe bezogen auf die Branche besonders herausgehoben wurden.

*Verhandlungen über tarifliche Ausnahmeregelungen*

Nach dem grundsätzlichen Beschluss der Bundesregierung, ab Januar 2015 einen gesetzlichen Mindestlohn von 8,50 € pro Stunde einzuführen, aber zeitweilige tarifliche Abweichungen nach unten durch allgemeinverbindliche Tarifabschlüsse zuzulassen, hatte der Arbeitgeberverband DEHOGA die Gewerkschaft NGG zu entsprechenden Verhandlungen insbesondere für das ostdeutsche Gastgewerbe aufgefordert, weil die dortigen Gaststätten und Hotels auf Abweichungen vom gesetzlichen Mindestlohn gedrängt hatten. Der DEHOGA wollte in Ostdeutschland mit einem abgesenkten Mindestlohn von 7,50 € einsteigen und diesen dann schrittweise auf 8,50 € ab September 2016 zu erhöhen (Güster 2015).

Die Gewerkschaft NGG war bereit, den gesetzlichen Mindestlohn von 8,50 € in Ostdeutschland erst ab 1. Juni 2015 greifen zu lassen. Allerdings sollte die Vergütung in den unteren Lohngruppen dann in mehreren Stufen deutlich steigen und bereits zum 1. Juli 2017 10 € pro Stunde erreichen. Dies wurde von der Arbeitgeberseite jedoch strikt abgelehnt. Der DEHOGA-Verhandlungsführer und Präsident des Landesverbandes Mecklenburg-Vorpommern, Guido Zöllick, sagte dem Handelsblatt hierzu: „Die Forderungen der NGG waren maßlos und absolut überzogen. Ein solches Ergebnis hätten wir unseren Mitgliedsbetrieben nicht vermitteln können." (Specht 2014).

Da letztlich also keine Einigung über zeitweilige tarifliche Abweichungen vom Mindestlohn nach unten zwischen der Gewerkschaft NGG und dem DEHOGA-Bundesverband erzielt werden konnte, galt der gesetzliche Mindestlohn von 8,50 € im Gastgewerbe wie in den meisten anderen Branchen auch bereits ab Januar 2015.

*Arbeitszeiterfassung und „Bürokratiemonster"*

Der DEHOGA zählte und zählt zu den heftigsten Kritikern des gesetzlichen Mindestlohns. Insbesondere die Vorschriften zur Arbeitszeitaufzeichnung wurden in der Presse wie auch in den Experteninterviews als „Bürokratiemonster" und insbesondere für kleine und mittlere Unternehmen als kaum zumutbar bezeichnet. Dahinter steht allerdings offenbar auch, dass mit der Aufzeichnungspflicht der von den Beschäftigten geleisteten Arbeitszeiten einhergeht, dass Verstöße gegen Arbeitszeitgesetze leichter aufgedeckt werden können.

> „Ich kenne das so, dass hinter jedem Tresen oder irgendwo anders ein Plan liegt, wo die Servicekräfte für die Küche und vorne für den Kellnerbereich wochenweise eingetragen werden und wo man genau sehen kann, wann die da sind. Die können mir doch nicht erzählen, dass die vor 2015 nur einen Cent Lohn ausgezahlt haben, ohne

zu wissen und ohne einen Überblick gehabt zu haben, wie viel ihre Leute tatsächlich gearbeitet haben. Das sind alles Scheingefechte. Im Grunde wissen die ganz genau, sie müssen uns jetzt Dinge offenlegen, die sie vorher so in der Form nicht brauchten." (Interview FKS, 2/2016)

Der DEHOGA-Bundesverband fordert bereits seit 2015 eine Änderung der Arbeitszeitgesetzgebung (Deutscher Bundestag 2015) und unterstrich diese Forderungen auch in seiner Stellungnahme zur schriftlichen Anhörung der Mindestlohnkommission im Jahr 2018 nochmals:

„Der DEHOGA hält es daher für unerlässlich, die durch die Pflicht zur täglichen Arbeitszeitdokumentation im MiLoG verschärfte Problematik des unflexiblen Arbeitszeitgesetzes abzumildern. Dazu müssen gesetzliche Lösungen geschaffen werden, die eine flexiblere Verteilung der heute zu starren täglichen Höchstarbeitszeit ermöglichen. Ein Vorschlag dazu ist die Umstellung von der täglichen auf eine wöchentliche Höchstarbeitszeit, alternativ wären auch begrenzte Überschreitungsmöglichkeiten der 10-h-Tagesgrenze vorstellbar." (DEHOGA-Bundesverband 2018c)

Die Gewerkschaft NGG lehnt solche Änderungen demgegenüber strikt ab:

„Die Forderung des Deutschen Hotel- und Gaststättenverbandes DEHOGA, die tägliche Arbeitszeit auf bis zu 13 h täglich und an bis zu sechs Tagen in der Woche auszudehnen, ist wirklichkeitsfremd und ein Schlag ins Gesicht der Beschäftigten. Es ist falsch, dass das Arbeitszeitgesetz nicht flexibel ist: Im Gastgewerbe wird seit jeher sehr flexibel gearbeitet – mit wöchentlichen, monatlichen Arbeitszeitkonten, flexiblen Schichtplänen, Teildiensten oder Teilzeitarbeit. Wer die tägliche Arbeitszeit ausdehnen will, spielt mit der Gesundheit der Beschäftigten." (NGG 2017)

In einem Interview bei der NGG betonten die Gesprächspartner_innen überdies, dass die Betriebe im Gastgewerbe bereits über eine sehr hohe Flexibilität verfügen, was aber häufig kaum genutzt werde:

„Wir haben Jahreszeitarbeitskonten, die können [..] hin- und her schwanken zwischen fünf und zehn Stunden pro Tag, die [Betriebe] können eine 6 Tage-Woche einführen, die haben totale Flexibilität in dem Bereich, aber es wird nicht genutzt, weil sie gar nicht wissen, wie sie das machen sollen." (Interview NGG Berlin, 12/2016)

Zur Arbeitszeitaufzeichnung und zum bürokratischen Aufwand sagte eine NGG-Gewerkschaftssekretärin im Interview:

„Und was die Arbeitgeber da sagen, dass der Mindestlohn ein Monster ist: Ich frage
mich immer, wie haben die früher Lohnabrechnungen gemacht? Die mussten doch
schon immer die Arbeitszeit dokumentieren. […] Früher haben sie ihre Schweine-
reien unterm Tisch gemacht." (Interview NGG NRW 12/2015)

Die Arbeitnehmerkammer Bremen (2018a, S. 105) konstatierte, dass die
Kombination von hoher Arbeitsbelastung und ungünstigen Arbeitszeiten ein
wesentliches Manko der Arbeitsbedingungen im Gastgewerbe sei. Vor diesem
Hintergrund sei der gesetzliche und durch den Manteltarifvertrag vorgegebene
Rahmen hinsichtlich der Höchstarbeitszeit und der Ruhezeiten für die Branche
besonders wichtig, weil er „einen essenziellen Schutz für die Arbeitnehmerinnen
und Arbeitnehmer" darstelle. In Interviews mit Beschäftigten aus dem Gastgewerbe sei deutlich geworden, dass immer dann, wenn diese vorgegebenen
Grenzen überschritten wurden, erhebliche körperliche und auch psychische
Belastungen die Folge waren. „Versuche des DEHOGA, das Arbeitszeitgesetz
zu reformieren und längere Arbeitszeiten zu ermöglichen, sind daher kontra-
produktiv und tragen weiter dazu bei, das Image der Branche zusätzlich zu schä-
digen." (Arbeitnehmerkammer Bremen 2018a, S. 105).

*Geringfügige Nebenjobs*

Als weiteres Problem wurde in unseren Interviews beim DEHOGA-Bundesverband (1/2016 und 2/2017) der Einsatz von geringfügig beschäftigten „Aushilfen"
genannt, die einen Nebenjob im Gastgewerbe haben. Bei diesen Beschäftigten
könne man nicht wissen, wie lange sie zuvor schon bei ihrem anderen Arbeitgeber gearbeitet hätten. Außerdem würde es die Ausrichtung von Hochzeiten oder
ähnlichen Feiern behindern, wenn man Beschäftigte nach Erreichen der Höchstarbeitszeit nach Hause schicken müsse. In der Stellungnahme des DEHOGA im
Rahmen der ersten schriftlichen Anhörung der Mindestlohnkommission wurde
hierzu angemerkt, dass dies teilweise zur Auflösung von bestehenden Nebenjobs geführt habe, um nicht Gefahr zu laufen, gegen das Arbeitszeitgesetz zu verstoßen (DEHOGA-Bundesverband 2016b).

Eine Vertreterin der Gewerkschaft NGG verwies im Interview demgegenüber
darauf, dass es eine einfache Lösung für dieses vermeintliche Problem gebe:

„Wenn die abends jemanden für vier Stunden brauchen, dann müssen sie eben zwei
Leute für zwei Stunden holen. Ich glaube, dass das alles möglich und machbar ist.
Nur es ist dann vielleicht aufwändiger oder man muss dann den zweiten Minijobber
dazu einstellen." (Interview NGG NRW 12/2015)

*Tarifautonomie und Lohndifferenzierung*

Ein weiteres wichtiges Thema für den DEHOGA-Bundesverband ist die Wahrung der Tarifautonomie. Nach Angaben des Verbandes gab es Anfang 2015 noch fünf Tarifverträge im Gastgewerbe, die über Januar 2015 hinaus unterste Tariflöhne von weniger als 8,50 € pro Stunde vorsahen (Brandenburg, Mecklenburg-Vorpommern, Sachsen, Sachsen-Anhalt, Weser-Ems). In vier weiteren Tarifregionen (Rheinland-Pfalz, Saarland, Schleswig-Holstein, Thüringen) gab es Ende 2014 noch Tariflöhne unter 8,50 €. Daraus folgerte der DEHOGA-Bundesverband (2016b, S. 10): „Mit dem Mindestlohn ist dort also die Tarifautonomie massiv eingeschränkt worden." Im Interview relativierte eine Verbandsvertreterin allerdings das Ausmaß dieses Problems:

> „Wir haben festgestellt, dass es im Bereich der Tarifpolitik Schwierigkeiten gibt, die aber zumindest bei uns in den Landesverbänden überall einigermaßen elegant gelöst worden sind. Der Mindestlohn hat nirgendwo dazu geführt, dass das Tarifgeschäft zum Erliegen gekommen ist, Gottseidank." (Interview DEHOGA-Bundesverband, 1/2016)

In der Stellungnahme des DEHOGA-Bundesverbandes im Rahmen der Anhörung der Mindestlohnkommission Anfang 2018 verwies dieser darauf, dass mit der Anhebung des gesetzlichen Mindestlohns Anfang 2017 elf DEHOGA-Tarifverträge „überholt" worden seien. Es gebe auch Indizien dafür, dass in den Landesverbänden, die entsprechende Satzungsregelungen haben, der Anteil so genannter „OT-Mitgliedschaften" (ohne Tarifbindung) wächst. „Die Betriebe müssen sich [..] den ihnen im Niedriglohnbereich genommenen Spielraum nunmehr an anderer Stelle (insbesondere bei Sonderzahlungen) beschaffen." (DEHOGA-Bundesverband 2018c, S. 4).

In mehreren Interviews wurde darauf verwiesen, dass die Lohnunterschiede zwischen ungelernten Arbeitskräften und Beschäftigten mit abgeschlossener Berufsausbildung im Zuge der Mindestlohneinführung deutlich geschrumpft seien. Befürchtet wird, dass sich dadurch das Interesse an einer Berufsausbildung im Gastgewerbe weiter verringern könnte. Tab. 8.7 hat veranschaulicht, dass die Unterschiede der Tariflöhne von Hilfs- und Fachkräften im Gastgewerbe vor allem in den ostdeutschen Tarifgebieten mit zwischen 94 € pro Monat in Sachsen-Anhalt und 156 € in Sachsen tatsächlich recht gering sind. In den meisten westdeutschen Tarifgebieten haben die Tarifpartner jedoch erste erfolgreiche Anstrengungen unternommen, um die Lohnabstände zwischen Un- und Angelernten und Beschäftigten mit einer abgeschlossenen Berufsausbildung zu vergrößern, was bis auf wenige Ausnahmen auch gelungen

ist (DEHOGA-Bundesverband 2019). Dies zielt auch darauf ab, die Bereitschaft von Beschäftigten fördern, eine Berufsausbildung im Gastgewerbe zu
absolvieren und nach der Ausbildung auch in der Branche zu bleiben. Zusätzlich gefördert werden könnte dies durch eine betriebliche Personalpolitik, die
stärker auf die Arbeitszeitwünsche der Beschäftigten Rücksicht nimmt und auch
darauf abzielt, die Arbeitsbedingungen zu verbessern.

*Wirkungen des Mindestlohns auf betrieblicher Ebene*
Zwischen Dezember 2015 und Januar 2016 hatte der DEHOGA-Bundesverband
eine eigene Umfrage zu den Auswirkungen des Mindestlohns im Hotel- und
Gaststättengewerbe durchgeführt, an der sich 4958 Betriebe beteiligten. 74 %
der Betriebe gaben in dieser Befragung an, dass ihre Personalkosten im Zuge
der Mindestlohneinführung gestiegen seien, und 67,1 % verwiesen auf erhöhte
Kosten von Lieferanten und Dienstleistern. 62,3 % der Befragten sagten, dass
ihr Ertrag seit der Einführung des Mindestlohns gesunken sei und 46,4 % verwiesen auf verringerte Investitionen. Der Umsatz war bei über 50 % der Betriebe
jedoch gleichgeblieben und bei 22,1 % sogar gestiegen (DEHOGA-Bundesverband 2016a). Innerbetrieblich hatte knapp die Hälfte der befragten Betriebe
mit Änderungen der Dienstplangestaltung auf die Einführung des Mindestlohns
reagiert. Ebenfalls etwa die Hälfte der Betriebe gaben an, die Preise erhöht zu
haben. Darüber hinaus wurden nach Angaben der befragten Betriebe Öffnungs-
zeiten eingeschränkt (35,8 %), die Zahl der geringfügig Beschäftigten reduziert
(32 %), Küchenzeiten verkürzt (28 %) oder die Zahl der Beschäftigten insgesamt
reduziert (20,9 %) (DEHOGA-Bundesverband 2016a).

In einer anderen Studie wurden auf Basis des IAB-Betriebspanels betriebliche
Reaktionen auf die Mindestlohneinführung auch nach Branchen differenziert
untersucht. Im Gastgewerbe gaben 13,1 % der Betriebe an, Einstellungen zurückhaltend vorgenommen zu haben, und weitere 8,2 % sagten, dass dies beabsichtigt
sei. 5,7 % der Betriebe im Gastgewerbe sagten, dass sie Entlassungen vorgenommen hätten, und 3,5 % gaben an, dass dies beabsichtigt sei. Im Vergleich
zu den entsprechenden Werten für andere Branchen lag das Gastgewerbe damit
über dem Durchschnitt (Bellmann et al. 2016).

Die Antworten der befragten Betriebe in beiden Studien legen nahe, dass es
zu Rückgängen der Beschäftigtenzahl und des Arbeitsvolumens im Gastgewerbe
gekommen sein müsste. Tatsächlich ist die Zahl der geleisteten Arbeitsstunden in
der Branche in den Jahren 2014 bis 2016 jedoch merklich gestiegen – im Jahr
2014 um 1,3 %, 2015 um 2 % und im Jahr 2016 sogar um 2,2 %, wobei in der
zugrundeliegenden Auswertung die Arbeitsstunden von Beschäftigten mit Nebenjobs nicht enthalten sind. Da diese Gruppe in den vergangenen Jahren stark

gewachsen ist, dürfte das tatsächliche Arbeitsvolumen im Gastgewerbe sogar noch stärker gestiegen sein.

Die insgesamt positive Beschäftigungsentwicklung im Gastgewerbe auch nach der Einführung des gesetzlichen Mindestlohns spricht dafür, dass es der Branche offenbar gelungen ist, den in vielen Bereichen notwendigen Anstieg der Löhne zu verkraften. Es ist zwar keineswegs auszuschließen, dass einzelne Betriebe, deren Geschäftsmodell auf vorrangig auf sehr niedrigen Löhnen basierte, Beschäftigte entlassen haben oder sogar schließen mussten. Offensichtlich sind aber andere Betriebe gewachsen und haben mehr Beschäftigte eingestellt. Deshalb lassen sich aus Umfragen von Betrieben keine verlässlichen Schlussfolgerungen bezogen auf die Gesamtentwicklung ableiten.

## 8.5    Ansatzpunkte und Strategien zur Umgehung des Mindestlohns

Wie in den anderen beiden Untersuchungsbranchen wird auch im Gastgewerbe das Einfallstor für Verstöße gegen den Mindestlohn vor allem darin gesehen, dass die von den Beschäftigten tatsächlich geleistete Arbeitszeit nicht korrekt erfasst wird. Dies betrifft z. B. Vor- und Nacharbeiten, aber auch die Nicht-Gewährung von gesetzlich vorgeschriebenen Pausenzeiten. Ein Gewerkschafter sagte hierzu in der Presse:

> „Am meisten getrickst wird mit der Arbeitszeit. Die Vor- und Nachbereitungszeit wird oftmals nicht dokumentiert und vergütet [...]. Der Dienstbeginn wird dann mit der Ladenöffnungszeit gleichgesetzt, dabei müssen die Beschäftigten in Wirklichkeit schon eine Dreiviertelstunde vorher antreten und nach Ladenschluss unbezahlt putzen und aufräumen." (Dribbusch 2017)

Im Interview betonte eine Vertreterin der Gewerkschaft NGG, wie wichtig die Pflicht zur Dokumentation der Arbeitszeiten sei, und forderte, dass diese möglichst noch konkreter gefasst werden sollte:

> „In Absprache funktioniert da viel und das Problem ist wirklich, dass die befristeten Beschäftigten im Betrieb alles mitmachen. Wenn da der Chef sagt: ,Du trägst Dir nur so und so viele Stunden ein', dann machen die das. Das Problem haben wir selbst gehabt sogar in Häusern mit Betriebsrat, dass an der Arbeitszeit wirklich gedeichselt wurde, am Betriebsrat vorbei, weil die Abteilungsleiter wissen, wenn sie irgendwo elf Stunden stehen hätten, dann würde es Theater mit dem Betriebsrat geben." (Interview NGG NRW, 12/2015)

Angesichts der Tatsache, dass fast die Hälfte aller Beschäftigten im Gastgewerbe in Minijobs tätig sind, ist zudem auch davon auszugehen, dass weiterhin vielen dieser Beschäftigten rechtswidrig Ansprüche wie Lohnfortzahlung im Krankheitsfall sowie bezahlten Urlaub nicht gewährt werden (Fischer et al. 2015; Bosch und Weinkopf 2017). Dies bestätigt auch eine Studie des RWI, in deren Rahmen im Jahr 2016 sowohl Beschäftigte in Minijobs als auch Betriebe zu den Arbeitsbedingungen von Beschäftigten mit Minijobs befragt wurden (Bachmann et al. 2017). Ergebnis war, dass es in erheblichem Umfang Hinweise auf arbeitsrechtliche Verstöße gab:

- In der Beschäftigtenbefragung sagten 67 % der Befragten im Gastgewerbe, dass bezahlter Urlaub „nicht möglich" sei und weitere 9,7 % der Beschäftigten gaben an, dass dies zwar möglich sei, aber von ihnen „nicht genutzt" worden sei. Nur 13,7 % der Beschäftigten im Gastgewerbe hatten nach eigenen Angaben schon einmal eine Bezahlung für Urlaubstage erhalten. Im Unterschied hierzu sagten in der Arbeitgeberbefragung 55,1 % der gastgewerblichen Betriebe, dass bezahlter Urlaub von den Beschäftigten „genutzt werde", während 24,4 % der befragten Unternehmen angaben, dass diese Möglichkeit nicht bestehe.
- Besonders selten wird bei Minijobs im Gastgewerbe offenbar eine Lohnfortzahlung im Krankheitsfall gewährt. In der Beschäftigtenbefragung gaben 60,4 % der Befragten an, dass dies „nicht möglich" sei, und nur 8,8 % der Beschäftigten hatten schon einmal eine Lohnfortzahlung für Krankheitstage erhalten. Weitere 12,8 % der Beschäftigten sagten, dass dies zwar möglich sei, aber nicht genutzt wurde. Auch hiervon weichen die Angaben der Arbeitgeber erheblich ab. 48,7 % der Arbeitgeber gaben an, dass Lohnfortzahlung im Krankheitsfall gewährt werde, und ein weiteres Drittel der Betriebe sagten, dass dies zwar möglich sei, aber von den Beschäftigten „nicht genutzt werde". Immerhin 17,9 % der Betriebe gaben an, dass dies „nicht möglich" sei.

Eine weitere Studie des IAB (Fischer et al. 2015) hat ergeben, dass selbst geringfügig Beschäftigte, denen bekannt ist, dass sie Anspruch auf bezahlte Urlaubs- und Krankheitstage haben, diese bei ihrem Arbeitgeber häufig nicht einfordern. Hintergrund ist offenbar, dass sie sich selbst als „Aushilfen" empfinden oder fürchten, ihren Arbeitsplatz zu verlieren, wenn sie sich gegen Benachteiligungen wehren würden.

## 8.6    Kontrollen

Das Gastgewerbe ist eine Schwerpunktbranche nach dem Schwarzarbeitsbekämpfungsgesetz und findet deshalb besondere Berücksichtigung bei den
Prüfaktivitäten der FKS. Im Jahr 2016 fanden in der Branche insgesamt 6030
Arbeitgeber- und 88.729 Personenüberprüfungen durch die FKS statt. Das Hotel-
und Gaststättengewerbe zählt damit neben der Baubranche zu den am häufigsten
geprüften Branchen (Deutscher Bundestag 2017a, S. 5).

In den Jahren 2017 und insbesondere 2018 ist die Zahl der FKS-Kontrollen im
Gastgewerbe im Vergleich zu den Vorjahren nochmals deutlich gestiegen: Im Jahr
2018 wurden 9239 Arbeitgeberprüfungen durchgeführt und 933 Ermittlungsverfahren eingeleitet (Tab. 8.8). Bei einer Zahl von rund 230.000 gastgewerblichen
Betrieben bundesweit wurden damit aber nur gut 3 % aller Betriebe geprüft.
Das Risiko, kontrolliert zu werden, ist damit im Gastgewerbe vergleichsweise
gering geblieben. Immerhin wurden im Bereich des Gastgewerbes im Jahr 2018
Geldbußen in Höhe von insgesamt 8,666 Mio. € und Geldstrafen in Höhe von
1,137 Mio. € verhängt (Deutscher Bundestag 2018 und 2019b). Inwieweit diese
jedoch tatsächlich vollstreckt werden konnten, ist nicht bekannt.

**Tab. 8.8**  Kontrollen, Ermittlungen und Strafen im Gastgewerbe

|                                                                        | 2014  | 2015      | 2016      | 2017      | 2018      |
|------------------------------------------------------------------------|-------|-----------|-----------|-----------|-----------|
| Prüfung von Arbeitgebern                                               | –     | 7287      | 6030      | 8179      | 9239      |
| Eingeleitete Ermittlungs- verfahren wegen Nicht- gewährung des Mindestlohns | –     | 341       | 611       | 871       | 933       |
| Festgesetzte Geldbußen wegen Nichtgewährung des Mindestlohns (in €)    | –     | 4.249.672 | 5.132.407 | 6.493.522 | 8.666.445 |
| Abgeschlossene Ermittlungs- verfahren nach § 266a des Strafgesetzbuches | 2415  | 2392      | 2277      | 2579      | 2886      |
| Geldstrafen nach § 266a (in €)                                         | 912.050 | 996.195 | 1.754.965 | 940.945   | 1.137.210 |
| Freiheitsstrafen nach § 266a (in Jahren)                               | 74,1  | 64,5      | 67,0      | 50,3      | 76,9      |

Quelle: Deutscher Bundestag (2016b, 2018, 2019b)

Im Unterschied zu einer Reihe von anderen Branchen wie z. B. dem Baugewerbe und dem Gebäudereinigerhandwerk besteht im Gastgewerbe kein formelles Bündnis gegen Schwarzarbeit, sondern es gibt nach Angaben des Zolls lediglich einen formlosen Austausch mit den Sozialpartnern.

## 8.7 Fazit und Schlussfolgerungen

Das Gastgewerbe war eine der größten und am stärksten von der Mindestlohneinführung betroffenen Branchen, weil mehr als die Hälfte der Beschäftigten durch den Mindestlohn Anspruch auf eine Lohnerhöhung hatten. Die Branche ist personalintensiv und der Arbeitsanfall unterliegt je nach Art des Betriebs teils erheblichen Schwankungen im Tages- und Wochenverlauf sowie in manchen Bereichen auch starken saisonalen Schwankungen. Vor allem Kleinbetriebe sahen sich vor teils nicht unerhebliche Herausforderungen gestellt, die steigenden Lohnkosten zu bewältigen bzw. durch Preissteigerungen und andere Maßnahmen zu kompensieren.

Die vom DEHOGA-Bundesverband anfangs befürchteten Umsatzeinbußen und Arbeitsplatzverluste sind jedoch nicht eingetreten, sondern die Umsätze und Beschäftigtenzahlen im Gastgewerbe haben sich auch nach Einführung des gesetzlichen Mindestlohns weiter positiv entwickelt (DEHOGA-Bundesverband 2018b). Ob und inwieweit dies auch damit zusammenhängt, dass der Mindestlohn im Gastgewerbe noch nicht flächendeckend eingehalten wird, ist schwierig zu beurteilen. Eine Auswertung des WSI auf der Basis des SOEP hat gezeigt, dass mehr als ein Drittel der Beschäftigten im Gastgewerbe im Jahr 2016 noch weniger als 8,50 € pro Stunde erhielten (Pusch 2018, S. 256).

Angesichts des hohen Anteils von Minijobs und der Vielzahl von kleinen Betrieben sowie den teils starken Schwankungen des Arbeitsanfalls im Gastgewerbe ist die im Mindestlohngesetz enthaltene Vorgabe, dass in Branchen, die im Schwarzarbeitsbekämpfungsgesetz genannt werden, für alle Beschäftigten die geleisteten Arbeitszeiten aufgezeichnet werden müssen, für die Kontrolle der Einhaltung des gesetzlichen Mindestlohns von hoher Bedeutung. Allerdings ist das Risiko, dass Mindestlohnverstöße aufgedeckt werden, angesichts der eher geringen Zahl von Kontrollen minimal, und wenn Beschäftigte falsche Aufzeichnungen ihrer Arbeitszeiten tolerieren, lassen sich Verstöße gar nicht nachweisen.

Die vom DEHOGA-Bundesverband befürchtete Schrumpfung der tariflichen Lohnunterschiede zwischen Hilfs- und Fachkräften im Gastgewerbe ist nicht eingetreten. In den meisten Bundesländern ist es gelungen, die Lohnabstände nach

Qualifikation der Beschäftigten zu vergrößern und in einigen Fällen – vor allem in Westdeutschland – sogar deutlich zu erhöhen.

Die Verbände und Betriebe im Gastgewerbe klagen bereits seit Längerem darüber, dass es immer schwieriger geworden ist, geeignete Auszubildende und Arbeitskräfte zu finden. Dies bezieht sich nicht nur auf die hohe Zahl unbesetzter Ausbildungsstellen und die häufige Auflösung bestehender Ausbildungsverträge, sondern auch ausgebildete Fachkräfte sind nach Angaben des DEHOGA nur schwer zu gewinnen. Einer im Rahmen des Projekts „Arbeitsmarkt- und Fachkräfteanalyse Tourismus" durchgeführten Befragung zufolge spielt hier die gesamte Beschäftigungssituation eine Rolle: „Die negative Präsenz in den Medien, unattraktive Arbeitszeiten, ein stressiges Arbeitsumfeld, der raue Ton bzw. die vermeintlich schlechte Behandlung der Mitarbeiter und Auszubildenden sowie die schlechtere Bezahlung im Vergleich zu anderen Branchen wurden immer wieder als Manko der Branche genannt." (Hoffmann et al. 2014, S. 36).

Allerdings sind die Bedingungen für eine Verbesserung der Löhne und Arbeitsbedingungen angesichts der überwiegend geringen Tarifbindung und der schwachen sowie fragmentierten industriellen Beziehungen im Gastgewerbe eher schwierig. Nur in zwei Bundesländern ist es nach der Einführung des gesetzlichen Mindestlohns bislang gelungen, eine Allgemeinverbindlicherklärung der drei untersten Lohngruppen (NRW)[5] bzw. sogar des gesamten Tarifgitters (Bremen) zu erreichen. Dass diesen Initiativen weitere folgen werden, erscheint allerdings derzeit eher unwahrscheinlich, weil die Tarifbindung im Gastgewerbe in den meisten Bundesländern in den letzten Jahren auf deutlich unter 50 % stark gesunken ist. Um trotzdem mehr AVE zu erreichen, müssten die Arbeitgebervertreter_innen ihren vor allem in der BDA stark ausgeprägten Widerstand gegen Allgemeinverbindlicherklärungen aufgeben. Die AVE für den gesamten Tarifvertrag im Gastgewerbe in Bremen, die im Sommer 2018 erfolgt ist, könnte hier ein Vorbild sowohl für das Gastgewerbe in anderen Bundesländer als auch für weitere Branchen sein.

Höchst umstritten ist weiterhin die Forderung der Arbeitgeberseite im Gastgewerbe, das Arbeitszeitgesetz zu „modernisieren", womit vor allem gemeint ist, die Beschränkung der täglichen Höchstarbeitszeit zu lockern und die Mindestdauer der Ruhezeiten zwischen zwei Schichten zu verkürzen. Die Gewerkschaft NGG lehnt dies strikt ab:

---

[5]In den Tarifverhandlungen im Gastgewerbe im November 2018 lehnte die Arbeitgeberseite bzw. die Große Tarifkommission es jedoch ab, die AVE erneut zu beantragen (DEHOGA NRW 2018).

„Das Arbeitszeitgesetz ist ein Schutzgesetz. Es dient dem Schutz der Gesundheit der Menschen. Das gilt auch in den Zeiten der Digitalisierung und des technologischen Fortschritts. Was die Menschen brauchen, ist eine soziale Flexibilisierung der Arbeitszeit und keine Rund-um-die-Uhr-Verfügbarkeit mit Restfreizeit. Die Menschen brauchen eine andere Form der Flexibilität, als Unternehmen sie verlangen. Sie brauchen selbstbestimmtere und an ihren Interessen ausgerichtete Arbeitszeiten." (NGG 2018).

Aus unserer Sicht spricht vieles dafür, dass das Gastgewerbe in den kommenden Jahren erhebliche Anstrengungen unternehmen muss, um im zunehmenden Wettbewerb um geeignetes und motiviertes Personal mit anderen (Dienstleistungs-) Branchen bestehen zu können. Ob dies ohne eine Anhebung des Lohnniveaus, bessere Arbeitsbedingungen und Aufstiegschancen sowie für die Beschäftigten verlässlichere und besser planbare Arbeitszeiten gelingen kann, ist fraglich. Dringend notwendig erscheint darüber hinaus auch, die Qualität der Berufsausbildung im Gastgewerbe deutlich zu steigern und die hohe Quote von vorzeitigen Ausbildungsabbrüchen zu reduzieren.

## Literatur

Amlinger, Marc, und R. Bispinck. 2015. Tarifbindung in Deutschland – Ergebnisse der Verdienststrukturerhebung. www.boeckler.de/pdf/p_wsi_report_25_2015.pdf. Zugegriffen: 2. Mai. 2019.

Arbeitnehmerkammer Bremen. 2018a. Das Gastgewerbe in Bremen – eine dynamische Branche mit schwierigen Arbeitsbedingungen. https://www.arbeitnehmerkammer.de/politik/wirtschaft-infrastruktur/gastgewerbe.html. Zugegriffen: 2. Mai. 2019.

Arbeitnehmerkammer Bremen. 2018b. Gutes Ergebnis: Höhere Löhne für alle Beschäftigten im Bremer Gastgewerbe. Warum die beschlossene Allgemeinverbindlichkeitserklärung ein wichtiger Meilenstein gegen Lohndumping ist. Pressemitteilung vom 14. Mai 2018. https://www.arbeitnehmerkammer.de/service/presse/pressemitteilungen/hoehere-loehne-fuer-alle-beschaeftigten-im-bremer-gastgewerbe.html. Zugegriffen: 2. Mai. 2019.

Artus, Ingrid. 2007. Prekäre Interessenvertretung. Ein deutsch-französischer Vergleich von Beschäftigtenrepräsentation im niedrig entlohnten Dienstleistungsbereich. *Industrielle Beziehungen* 1:5–29.

Bachmann, Ronald, W. Dürig, H. Frings, L.S. Höckel, und F. Martinez Flores. 2017. Minijobs nach Einführung des Mindestlohns – Eine Bestandsaufnahme. *RWI Materialien* 114. Essen.

Bellmann, Lutz, M. Bossler, M. Dütsch, H.D. Gerner, und C. Ohlert. 2016. Folgen des Mindestlohns in Deutschland: Betriebe reagieren nur selten mit Entlassungen. *IAB-Kurzbericht* 18, Nürnberg.

Bosch, Gerhard, und C. Weinkopf. 2017. *Gleichstellung marginaler Beschäftigung – Vorschlag zur Reform der Minijobs*. Expertise im Rahmen des Zweiten Gleichstellungsberichts der Bundesregierung. Berlin.

Brandt, Torsten. 2017. *Befragungsergebnisse zu Arbeitsbedingungen und Arbeitszeiten im Gastgewerbe*. Präsentation vom 15. Mai 2017, Saarbrücken.

Bundesagentur für Arbeit. 2018. *Sozialversicherungspflichtig und geringfügig Beschäftigte nach ausgewählten Wirtschaftszweigen*. Sonderauswertung vom 22. Februar 2018, Nürnberg.

Bundesagentur für Arbeit. 2019. Beschäftigte nach Wirtschaftszweigen. Deutschland. Stichtag 30. September 2018, Nürnberg.

Bundesanzeiger. 2016. Land Nordrhein-Westfalen: Bekanntmachung über die Allgemeinverbindlicherklärung eines Tarifvertrags für das Gaststätten- und Hotelgewerbe vom 20. September 2016. Veröffentlicht am 13. Oktober 2016.

Bundesverband der Systemgastronomie. 2015. *Manteltarifvertrag für die Systemgastronomie*. München.

Bundesverband der Systemgastronomie. 2018. *Entgelttarifvertrag für die Systemgastronomie*. München.

DEHOGA-Bundesverband. 2016a. DEHOGA-Umfrage zu einem Jahr Mindestlohn: Höhere Kosten und Bürokratiefrust in Gastronomie und Hotellerie. Pressemitteilung 16/02 vom 25. Januar 2016, Berlin.

DEHOGA-Bundesverband 2016b: Stellungnahme des Deutschen Hotel- und Gaststättenverbandes e. V. vom 22. April 2016 gegenüber der Mindestlohnkommission gemäß § 10 Abs. 3, 4 MiLoG zu den Auswirkungen des gesetzlichen Mindestlohns in Hotellerie und Gastronomie und zur Anpassung des Mindestlohns zum 1.1.2017, Berlin.

DEHOGA-Bundesverband. 2016c. Wirtschaftskraft und Jobmotor Gastronomie und Hotellerie. Berlin.

DEHOGA-Bundesverband. 2016d. Tarifverträge. http://www.dehoga-bundesverband.de/branchenthemen/arbeitsmarkt-und-tarifvertraege/tarifvertraege/. Zugegriffen: 2. Mai 2019.

DEHOGA-Bundesverband. 2017. *Tarifsynopse* (Stand: 1. Juli 2017). Berlin.

DEHOGA-Bundesverband. 2018a. Zahlen & Fakten. https://www.dehoga-bundesverband.de/zahlen-fakten/beschaeftigung/. Zugegriffen: 2. Mai. 2019.

DEHOGA-Bundesverband. 2018b. DEHOGA legt Branchenbericht vor – Gastgewerbe: Gute Umsätze bei steigenden Belastungen. Pressemitteilung vom 6. Juni 2018. Berlin.

DEHOGA-Bundesverband. 2018c. Stellungnahme des Deutschen Hotel- und Gaststättenverbandes (DEHOGA Bundesverband e. V.) gegenüber der Mindestlohnkommission gemäß § 10 Abs. 3, 4 MiLoG für den Beschluss über die Anpassung des gesetzlichen Mindestlohns zum 1.1.2019 und den zweiten Bericht zu den Auswirkungen des gesetzlichen Mindestlohns zur Vorlage an die Bundesregierung. Berlin.

DEHOGA-Bundesverband. 2019. *Tarifsynopse* (Stand: 12. April 2019). Berlin.

DEHOGA NRW. 2018. *Tarifabschluss 2018: DEHOGA NRW lehnt Allgemeinverbindlichkeit des Entgelttarifvertrages ab*. Meldung vom 11. Dezember 2018.

Deutscher Bundestag. 2015. Antwort der Bundesregierung auf die kleine Anfrage (…) der Fraktion DIE LINKE. – Drucksache 18/5735 – Möglicher Einfluss des Deutschen Hotel- und Gaststättenverbandes auf die Korrekturen bei der Umsetzung des Mindestlohngesetzes. Drucksache 18/5979 vom 11. September 2015. Berlin. dip21.bundestag.de/dip21/btd/18/059/1805979.pdf. Zugegriffen: 2. Mai. 2019.

Deutscher Bundestag. 2016a. Antwort der Bundesregierung auf die Kleine Anfrage der (…) Fraktion DIE LINKE – Drucksache 18/10369 – Niedriglöhne in der Bundesrepublik Deutschland. Drucksache 18/10582 vom 7. Dezember 2016. dip21.bundestag.de/dip21/btd/18/105/1810582.pdf. Zugegriffen: 2. Mai. 2019.

Deutscher Bundestag. 2016b. Antwort der Bundesregierung auf die Kleine Anfrage (…) der Fraktion BÜNDNIS 90/DIE GRÜNEN – Drucksache 18/7405 – Finanzkontrolle Schwarzarbeit – Kontrolle von Mindestlöhnen 2015. Drucksache 18/7525 vom 15. Februar 2016. Berlin. https://dip21.bundestag.de/dip21/btd/18/075/1807525.pdf. Zugegriffen: 9. Mai. 2019.

Deutscher Bundestag. 2017a. Antwort der Bundesregierung auf die Kleine Anfrage (…) der Fraktion Bündnis 90/DIE GRÜNEN – Drucksache 18/11497. Arbeitsbedingungen im Hotel- und Gaststättengewerbe. Drucksache 18/11735 vom 29. März 2017. Berlin. dip21.bundestag.de/dip21/btd/18/117/1811735.pdf. Zugegriffen: 8. Mai. 2019.

Deutscher Bundestag. 2017b. Antwort der Bundesregierung auf die Kleine Anfrage (…) der Fraktion DIE LINKE – Drucksache 18/13182. Beschäftigungsbedingungen im Hotel- und Gaststättengewerbe. Drucksache 18/13488 vom 5. September 2017. Berlin. dip21.bundestag.de/dip21/btd/18/134/1813488.pdf. Zugegriffen: 2. Mai. 2019.

Deutscher Bundestag. 2018. Antwort der Bundesregierung auf die Kleine Anfrage (…) der Fraktion BÜNDNIS 90/DIE GRÜNEN – Drucksache 19/660. Finanzkontrolle Schwarzarbeit – Kontrolle von Mindestlöhnen 2017. Drucksache 19/875 vom 22. Februar 2018. Berlin. dipbt.bundestag.de/doc/btd/19/008/1900875.pdf. Zugegriffen: 2. Mai. 2019.

Deutscher Bundestag. 2019a. Antwort der Bundesregierung auf die Kleine Anfrage (…) der Fraktion BÜNDNIS 90/DIE GRÜNEN – Drucksache 19/7934 – Arbeitsbedingungen im Hotel- und Gastgewerbe. Drucksache 19/8260 vom 7. März 2019. Berlin. dipbt.bundestag.de/doc/btd/19/082/1908260.pdf. Zugegriffen: 2. Mai. 2019.

Deutscher Bundestag. 2019b. Antwort der Bundesregierung auf die Kleine Anfrage der Fraktion DIE LINKE – Drucksache 19/8315 – Mindestlohnkontrollen in den Bundesländern. Drucksache 19/9573 vom 18. April 2019. Berlin. dipbt.bundestag.de/doc/btd/19/095/1909573.pdf. Zugegriffen: 2. Mai 2019.

Deutscher Gewerkschaftsbund. 2019. DGB-Mitgliederzahlen 2010-2018. http://www.dgb.de/uber-uns/dgb-heute/mitgliederzahlen/2010. Zugegriffen: 2. Mai. 2019.

Dribbusch, Barbara. 2017. Ausgehebelter Mindestlohn. Kreative Lohngestaltung. In: TAZ vom 31. Januar 2017. https://www.taz.de/Ausgehebelter-Mindestlohn/!5375764/. Zugegriffen: 2. Mai. 2019.

Ellguth, Peter, und S. Kohaut. 2011. Tarifbindung und betriebliche Interessenvertretung: Ergebnisse aus dem IAB-Betriebspanel 2010. *WSI-Mitteilungen* 64 (5): 242–247.

Ellguth, Peter, und S. Kohaut. 2017. Tarifbindung und betriebliche Interessenvertretung: Ergebnisse aus dem IAB-Betriebspanel 2016. *WSI-Mitteilungen* 70 (4): 278–286.

Ellguth, Peter, und S. Kohaut. 2018. Tarifbindung und betriebliche Interessenvertretung: Ergebnisse aus dem IAB-Betriebspanel 2017. *WSI-Mitteilungen* 71 (4): 299–306.

Fischer, Gabriele, S. Gundert, S. Kawalec, F. Sowa, J. Stegmaier, K. Tesching, und S. Theuer. 2015. *Situation atypisch Beschäftigter und Arbeitszeitwünsche von Teilzeitbeschäftigten – Quantitative und qualitative Erhebung sowie begleitende Forschung.* Forschungsprojekt im Auftrag des Bundesministeriums für Arbeit und Soziales. Nürnberg: IAB.

Gerstenberg, Susanne, und A. M. Wöhrmann. 2018. *Arbeitszeiten im Gastgewerbe – Ergebnisse aus der BAuA-Arbeitszeitbefragung*. Dortmund.

Goedicke, Anne, und E. Beerheide. 2018. Institutionelle und tätigkeitsbezogene Bedingungen der Arbeits- und Beschäftigungsqualität im Gastgewerbe. In *Gesundheitsgerechte Dienstleistungsarbeit. Diskontinuierliche Erwerbsverläufe als Herausforderung für Arbeitsgestaltung und Kompetenzentwicklung im Gastgewerbe*, Hrsg. E. Beerheide et al., 15–42. Wiesbaden: Springer VS.

Güster, Claus-Harald. 2015. Tarifpolitik im Jahr 1 des Mindestlohns. Präsentation auf der Tarifpolitischen Tagung des WSI 2015. Düsseldorf. https://www.boeckler.de/veranstaltung_60685.htm. Zugegriffen: 5. Mai 2019.

Hank, E., und J. Stegmaier. 2018. Arbeit auf Abruf, Rufbereitschaft und Bereitschaftsdienst. Wenn die Arbeit ruft. *IAB-Kurzbericht 14*. http://doku.iab.de/kurzber/2018/kb1418.pdf.

Hieming, Bettina, K. Jaehrling, T. Kalina, L. Mesaros, A. Vanselow, und C. Weinkopf. 2010. Möglichkeiten zur Steigerung der Attraktivität einer Beschäftigung im Hotel- und Gaststättengewerbe. Abschlussbericht. Duisburg. https://www.researchgate.net/publication/310626304_Moglichkeiten_zur_Steigerung_der_Attraktivitat_einer_Beschaftigung_im_Hotel-_und_Gaststattengewerbe. Zugegriffen: 4. Mai 2019.

Hoffmann, Jana, R. Hübner, P. Millies, und S. Speck. 2014. Abschlussbericht des Projekts „Arbeitsmarkt- und Fachkräfteanalyse Tourismus". Bildungswerk der Sächsischen Wirtschaft gGmbH. http://www.tourismus-fachkraefte.de/projektergebnisse/. Zugegriffen: 2. Mai. 2019.

Holtgrewe, Ursula. 2015. Einfachdienstleistungen in der Fläche – Die Unterseite der Tertiarisierung. Dienstleistungsgestaltung und -politik in schwierigem Gelände. *Arbeits- und Industriesoziologische Studien* 8 (1): 5–20.

Kalina, Thorsten, und K. Jaehrling. 2019. Formelle und informelle Formen von Abrufarbeit in Deutschland. Eine Bestandsaufnahme zu Verbreitung und Prekaritätsrisiken. IAQ-Report 2019-03, Duisburg.

Krüger, Franziska, und K. Guhlemann. 2018. Arbeit und Arbeitsbedingungen im Gastgewerbe. In *Gesundheitsgerechte Dienstleistungsarbeit. Diskontinuierliche Erwerbsverläufe als Herausforderung für Arbeitsgestaltung und Kompetenzentwicklung im Gastgewerbe*, Hrsg. Emanuel Beerheide et al., 79–104. Berlin: Springer.

Lakeband, Stefan. 2018. Neuer Tarifvertrag in Bremens Hotel- und Gaststättengewerbe. In: *Weser Kurier* vom 14. Mai 2018.

Maack, Klaus, J. Haves, B. Homann, und K. Schmid. 2013. *Die Zukunft des Gastgewerbes – Beschäftigungsperspektiven im deutschen Gastgewerbe*. Düsseldorf: Hans-Böckler-Stiftung. http://www.boeckler.de/pdf/p_edition_hbs_188. Zugegriffen: 2. Mai. 2019.

Marschall, Birgit. 2018. Eine Milliarde Euro für Mini-Jobber in der Gastronomie. RP-Online vom 12. Oktober 2018. https://rp-online.de/politik/deutschland/hartz-iv-aufstocker-eine-milliarde-fuer-gastro-mini-jobber_aid-33619929. Zugegriffen: 2. Mai. 2019.

Mindestlohnkommission. 2018. *Zweiter Bericht zu den Auswirkungen des gesetzlichen Mindestlohns. Bericht der Mindestlohnkommission an die Bundesregierung nach § 9 Abs. 4 Mindestlohngesetz*. Berlin.

NGG – Gewerkschaft Nahrung, Genuss, Gaststätten. 2017. Guido Zeitler: „Hände weg vom Arbeitszeitgesetz!" Pressemitteilung vom 29. März 2017. https://www.ngg.net/pressemitteilungen/2017/1-quartal/29-03-gz/. Zugegriffen: 2. Mai. 2019.

NGG – Gewerkschaft Nahrung, Genuss, Gaststätten. 2018. Zeitler: Mindestlohn- und Arbeitszeitgesetz nicht aushöhlen! *Pressemitteilung der NGG vom 9. Januar 2018.* https://www.ngg.net/pressemitteilungen/2018/1-quartal/09-01-gz/. Zugegriffen: 2. Mai. 2019.

Pusch, Toralf. 2018. Bilanz des gesetzlichen Mindestlohns: deutliche Lohnerhöhungen, aber auch viele Umgehungen. *Wirtschaftsdienst* 4:252–259.

Roth, Eva. 2019. Tarifgehälter – schwer gemacht. Wie es ein Unternehmensverband und eine Gewerkschaft geschafft haben, die Tarifbindung zu erhöhen. *Neues Deutschland* vom 9. März 2019.

Schlote-Sautter, Barbara, R. Herter-Eschweiler, und S. Keller. 2018. Beschäftigungs- und Betriebsstrukturen im Gastgewerbe. In *Gesundheitsgerechte Dienstleistungsarbeit. Diskontinuierliche Erwerbsverläufe als Herausforderung für Arbeitsgestaltung und Kompetenzentwicklung im Gastgewerbe* Hrsg. Emanuel Beerheide et al., 43–78. Wiesbaden: Springer VS.

Specht, Frank. 2014. Gastgewerbe – Mindestlohn-Verhandlungen gescheitert. Handelsblatt vom 21. Juli 2014. http://www.handelsblatt.com/politik/deutschland/gastgewerbe-mindestlohn-verhandlungen-gescheitert/10227222.html. Zugegriffen: 2. Mai. 2019.

Statistisches Bundesamt. 2016. Verdienste und Arbeitskosten. *Tarifbindung in Deutschland 2014*, Wiesbaden.

Statistisches Bundesamt. 2017. *Bevölkerung und Erwerbstätigkeit*. Fachserie 1, Reihe 4.1, Wiesbaden.

Statistisches Bundesamt. 2018. Verdienste und Arbeitskosten. *Arbeitnehmerverdienste – Jahresergebnisse*, Fachserie 16, Reihe 2.3. Wiesbaden.

Weinkopf, Claudia. 2009. Germany: Precarious employment and the rise of mini-jobs. In *Gender and the contours of precarious employment*, Hrsg. L. Vosko, M. MacDonald, und I. Campbell, 177–193. London: Routledge.

Weinkopf, Claudia. 2018. Verringerung des Gender Pay Gaps durch Mindestlöhne und Tarifpolitik? Vortrag auf der Tagung der Arbeitnehmerkammer Bremen „Tarifpolitik gegen soziale Ungleichheit – Potenziale, Herausforderungen und Grenzen" am 18. Januar 2018, Bremen.

Wollschläger, Joachim. 2015. Heftiger Streit um Löhne in der Saar-Gastronomie. In: Saarbrücker Zeitung vom 15. Juli 2015. https://www.saarbruecker-zeitung.de/heftiger-streit-um-loehne-in-der-saar-gastronomie_aid-1563234. Zugegriffen: 2. Mai. 2019.

# Zusammenfassung und Schlussfolgerungen

9

Die Festlegung und Einhaltung von Lohnstandards wurde in Deutschland lange nicht als staatliche Aufgabe angesehen. Man vertraute auf die Sozialpartner, die autonom nicht nur Löhne, Arbeitszeiten und viele andere Arbeitsbedingungen aushandelten, sondern auch für die Einhaltung und Kontrolle ihrer Vereinbarungen verantwortlich waren. Vor allem über die Mitbestimmung der Betriebsräte stärkte der Staat dabei die Ressourcen der schwächeren Seite, also der Vertreter_innen der Beschäftigten. Die Kontrollfunktionen der Betriebsräte wurden ausdrücklich im Betriebsverfassungsgesetz festgeschrieben.

Dieses System der Delegation der Festlegung und der Kontrolle zentraler Arbeitsstandards an die Sozialpartner funktionierte bis Anfang der 1990er Jahre in Deutschland sehr gut. 85 % der Beschäftigten fielen unter einen Tarifvertrag und die Kontrolle der Einhaltung der Gesetze und der Tarifverträge gehörten zu den Kernaufgaben von betrieblichen Interessenvertretungen. Allerdings wurden auch damals lange nicht alle Beschäftigten durch einen Betriebs- oder Personalrat vertreten. Die fast selbstverständliche Einhaltung von tariflichen Standards ist daher ohne fest verankerte Wertvorstellungen von fairer Bezahlung bei den meisten Unternehmen nicht zu erklären.

Die Schwächung der autonomen Normsetzung und Kontrollfähigkeit der Sozialpartner durch die Deregulierung von Produkt- und Arbeitsmärkten hatte nicht intendierte Folgen. Sie zwang den Staat, in die Bresche zu springen. Er verlieh zunächst tariflich ausgehandelten Mindestlöhnen gesetzlichen Charakter und setzte ab Anfang 2015 durch die Einführung des gesetzlichen Mindestlohns eine eigene Lohnuntergrenze. Damit verbunden übernahm er die Aufgabe, auch die Einhaltung der Mindestlöhne zu kontrollieren und Verstöße gegen die korrekte Abführung von Sozialversicherungsbeiträgen mit abschreckenden Strafen zu sanktionieren. Mit den neuen Kontrollaufgaben wurde die Finanzkontrolle

© Springer Fachmedien Wiesbaden GmbH, ein Teil von Springer Nature 2019
G. Bosch et al., *Kontrolle von Mindestlöhnen*,
https://doi.org/10.1007/978-3-658-26806-0_9

Schwarzarbeit (FKS), eine Direktion des Zolls, beauftragt, deren Aufgaben sich mit der Einführung des gesetzlichen Mindestlohns erheblich erweitert haben. Gleichzeitig sind auch andere Behörden in die Kontrollen eingebunden (z. B. die Deutsche Rentenversicherung).

Aus der internationalen Forschung wissen wir, dass effiziente Kontrollen von Lohnstandards alles andere als selbstverständlich sind. Eine unzureichende Kontrolldichte kann beabsichtigt sein, wenn Kontrollen als unnütze „burdens on business" angesehen werden (Dickens 2009, S. 3). In diesem Fall fehlt der Kontrollwille, was eine Form der Deregulierung des Arbeitsmarktes ist. „Turning a blind eye" (Basu et al. 2007) oder die bewusste Inkaufnahme ineffizienter Kontrollstrukturen soll den Unternehmen signalisieren, dass sie keine harten Sanktionen fürchten müssen. Aber selbst wenn der Kontrollwille ausgeprägt ist, ist die Effizienz nicht garantiert. Sie kann durch fehlende Kenntnis der Umgehungsstrategien, unzureichende rechtliche Instrumente, eine mangelnde Ausstattung und ineffiziente Strukturen der Kontrollbehörden sowie wenig wirkungsvolle Kontrollstrategien verringert werden.

Hier setzte unsere Untersuchung an. Mit den Branchenmindestlöhnen und der Einführung des gesetzlichen Mindestlohns im Januar 2015 wurde in Deutschland Neuland betreten, die auch Lücken in der Forschung offen legten. Zwar wurden die Auswirkungen der branchenbezogenen Mindestlöhne auf die Beschäftigung, die Arbeitsbedingungen und die Wettbewerbssituation in den betroffenen Branchen intensiv evaluiert (Bosch und Weinkopf 2012). Auch zur Um- und Durchsetzung des gesetzlichen Mindestlohns liegen bereits erste Erkenntnisse vor, die unerwartet hohe Compliance-Probleme aufgedeckt haben (Burauel et al. 2017; Pusch 2018). Die Kontrollen der Mindestlöhne sind allerdings bislang im Schatten der Forschung geblieben, obwohl die hohen Compliance-Probleme unübersehbare Hinweise auf kaum untersuchte Effizienzprobleme bei den Kontrollen sind.

Zur Erschließung dieses in Deutschland noch neuen Forschungsfeldes durch eigene empirische Forschung genügte es nicht, nur am Ende bei den eigentlichen Kontrollen des Zolls anzusetzen. Ein solcher „end of the pipe"-Ansatz hat sich bereits in vielen anderen Feldern staatlichen Handelns, wie etwa im Umweltschutz, als unzureichend erwiesen. Man muss daher das ganze System in den Blick nehmen, das Schwachstellen an vielen Stellen enthalten kann, die dann am Ende die Kontrollbehörden vor unter Umständen kaum lösbare Aufgaben stellen. Wie beim Umweltschutz gelingt eine Einhaltung der Arbeitsstandards am besten, wenn sie präventiv im gesamten System verankert ist, was natürlich immer nur in Verbindung mit wirkungsvollen Kontrollen funktioniert. Die abschreckende Wirkung von Kontrollen veranlasst ja oft erst die Unternehmen, die Regeleinhaltung in den Unternehmenszielen, der Unternehmensorganisation und vor allem in den relevanten Prozessen präventiv zu verankern. Ziel unserer Untersuchung war es daher, das gesamte Kontrollsystem einschließlich der präventiv verankerten Instrumente in den Blick zu nehmen. Ein solch ganzheitlicher Blick ist auch notwendig für die Entwicklung einer erfolgversprechenden Reformagenda, die sich auf die gesamte Wertschöpfungskettebeziehen muss.

Zunächst einmal lag es nahe, die reichhaltige internationale Forschung vor allem aus angelsächsischen Ländern mit ihren langjährigen Erfahrungen zur Compliance und zur Kontrolle von gesetzlichen Mindestlöhnen aufzuarbeiten. Diese Literatur verdeutlicht, wie sehr die Nichteinhaltung von Arbeitsstandards durch die Deregulierung von Arbeitsmärkten und den Verlust früher sehr wirkungsvoller präventiver Kontrollinstanzen im Betrieb, vor allem in Form starker Gewerkschaften, inzwischen in vielen Bereichen „endemisch" geworden ist. Kontrollstrategien können ihre Wirkungen verlieren, wenn sie nur Symptome bekämpfen und nicht strategisch ansetzen (Abschn. 9.1).

Als nächstes war es notwendig, die Größenordnung des Problems in Deutschland genauer einzugrenzen. Dazu liegen aus der neueren Mindestlohnforschung, aber auch aus Untersuchungen zur Einhaltung von Arbeitsstandards bei prekären Beschäftigungsverhältnissen schon wichtige Erkenntnisse vor, obwohl man davon ausgehen muss, dass man – wie bei der Untersuchung aller illegalen Handlungen – mit den Methoden der empirischen Sozialforschung immer nur die Spitze des Eisbergs erfassen kann. Allerdings ist trotz dieser Einschränkung die Anfälligkeit besonderer Beschäftigungsformen, Betriebsgrößen und Branchen für Missbrauch gut belegt und hat auch schon zu präventiven Sonderregelungen für die „üblich verdächtigen" Branchen und die Beschäftigungsformen (z. B. Minijobs, Entsendungen; Werkverträge und entsandte Arbeitskräfte) geführt (Abschn. 9.2).

Anschließend wurden die Wechselwirkungen zwischen Mindestlöhnen und Tarifverträgen in den Blick genommen. Hinreichend bekannt ist, dass vor allem Branchen mit geringer Tarifbindung die höchsten Anteile geringer Löhne haben und sich hier die Kontrollprobleme häufen. Allerdings ist auch eine überdurchschnittlich hohe Tarifbindung keine Garantie für eine hohe Compliance mit Mindestlöhnen, wenn die Unternehmen in diesen Branchen über Exit-Optionen aus dem Regelsystem verfügen. Das Bauhauptgewerbe mit seinem hohen Anteil schwer zu kontrollierender entsandter Arbeitskräfte, die bei Werkvertragsunternehmen beschäftigt sind, ist ein gutes Beispiel für eine fragile Balance zwischen guten Tarifverträgen und prekärer Beschäftigung. In anderen Fällen kann ein Mindestlohn aber durchaus auch dazu beitragen, das vorhandene Tarifgefüge zu stabilisieren (Abschn. 9.3).

Wie bei allen anderen staatlichen Institutionen und auch privaten Unternehmen kann die Effizienz der Arbeit des Zolls nur durch eine kontinuierliche Weiterentwicklung der Organisation, der Kontrollstrategien, der Kooperation mit anderen Akteuren und bei Bedarf auch durch eine Verbesserung seiner Ausstattung und eine Schärfung seiner Instrumente gewährleistet werden. Voraussetzung dafür sind reflexive Reformen, also eine kontinuierliche Beseitigung von Schwachstellen, die man durch Aufarbeitung der eigenen Kontrollerfahrungen und eine forschungsbasierte Evaluation identifiziert hat. Unsere Untersuchung zeigt, dass wir in Deutschland von einer solchen reflexiven Modernisierung des Zolls noch weit entfernt sind (Abschn. 9.4).

Darüber hinaus war es notwendig, die Umgehungsmethoden in besonders betroffenen Branchen und die darauf ausgerichteten Kontrollstrategien zu verstehen. Dazu haben wir drei Branchen ausgewählt, die in der Vergangenheit schon durch überdurchschnittlich häufige Gesetzesverstöße aufgefallen sind und aus diesem Grund durch das Schwarzarbeitsbekämpfungs- und Mindestlohngesetz besonderen Ausweis- und Dokumentationspflichten unterliegen. In Abschn. 9.5 werden die wichtigsten Erkenntnisse aus unseren drei Branchenstudien zusammengefasst.

Zum Abschluss legen wir Reformvorschläge zur Verbesserung der Einhaltung von Arbeitsstandards vor, die wir aus unseren Untersuchungsergebnissen abgeleitet haben, was ohne die konkreten Hinweise auf Handlungsbedarfe durch viele der Experten_innen, mit denen wir Interviews geführt haben, nicht möglich gewesen wäre. Wir plädieren für einen ganzheitlichen Reformansatz, der nicht nur am Ende der Wertschöpfungskette Gesetzesverstöße aufdecken und ahnden will, sondern – wie es alle gut geführten Unternehmen tun und wie es im Umweltschutz längst selbstverständlich ist – präventiv die Einhaltung und Kontrolle von Arbeitsstandards in der Wirtschaft verankert (Abschn. 9.6).

## 9.1  Durchsetzung von Arbeitsstandards – die internationale Literatur

Die ältere Literatur zur Durchsetzung von Arbeitsstandards in den entwickelten Industrieländern hat sich weitgehend auf die Analyse der eigentlichen Kontrolltätigkeiten konzentriert. Dieser eingeschränkte Fokus war in einer Umwelt mit stabilen Märkten sinnvoll, in der Unternehmen mit klaren und expliziten Regeln, deren Einhaltung von Vertretern der Beschäftigten kontrolliert wurde, eine faire Entlohnung garantierten. Weil (2014, S. 31) spricht hier von den „visible hands" der Unternehmen. Erleichtert wurde diese Form der Selbstregulierung durch die hohe Transparenz der Arbeitsbedingungen in integrierten Unternehmen mit hohen Anteilen interner Wertschöpfung und überwiegend festangestellten Beschäftigten. Die Regelsysteme und auch der Wettbewerb waren auf die Einhaltung von vereinbarten und selbstgesetzten Standards ausgerichtet, sodass durch eine wirkungsvolle Selbstbindung der Unternehmen Fehlverhalten wenig verbreitet war (Dickens 2009).

In der neueren Literatur hat sich der Analysehorizont erheblich erweitert. Zunehmend werden auch die Ursachen für die wachsenden Kontrollprobleme untersucht. Das kann nicht überraschen, da mittlerweile „Parallelwelten in der Arbeit" (Holst und Singe 2013) entstanden sind, für die Regeln guter Arbeit nicht mehr gelten und die darauf ausgerichtet sind, Fehlverhalten zu verschleiern und sich Kontrollen zu entziehen. Die wichtigsten Gründe für die wachsenden Compliance-Probleme werden zum einen in der zunehmenden Fragmentierung von Unternehmen durch die Auslagerung vieler Tätigkeiten aus den Unternehmen in unübersichtliche Subunternehmerketten und zum anderen in der wachsenden Heterogenität von Beschäftigungsformen gesehen. In fragmentierten Unternehmen bleibt oft unklar, wer eigentlich der für die Arbeitsbedingungen verantwortliche Unternehmer ist. Die Aufspaltung der Unternehmen erhöht den Aufwand für externe Kontrollen um ein Vielfaches, weil nicht nur der eigentliche Arbeitgeber identifiziert werden muss, sondern auch, welche spezifischen Regelungen für die jeweiligen Unternehmen gelten. Ähnliche Probleme resultieren aus der wachsenden Heterogenität der Arbeitsformen – vor allem, wenn sie unterschiedlich reguliert sind.

Hier reicht es für die Kontrollbehörden nicht mehr, die besonderen Regulierungen für alle Beschäftigungsformen wie etwa für Beschäftigte in Minijobs oder entsandte Arbeitskräfte aus Mittel- und Osteuropa, die bei Werkvertragsunternehmen tätig sind, zu kennen. Oft muss erst einmal – wie im Fall von Scheinselbstständigen oder Plattformbeschäftigten – aufwendig der Beschäftigtenstatus festgestellt werden. Vor allem aber handelt es sich heute nicht mehr allein um das Fehlverhalten einzelner Unternehmen, sondern zunehmend auch um systematisch organisierte Kriminalität in grenzüberschreitenden Netzwerken.

Besonders anfällig für die Nichteinhaltung von Mindestarbeitsbedingungen sind Branchen mit hohen Anteilen prekärer Beschäftigungsformen und langen Subunternehmerketten, kleinbetrieblichen Strukturen ohne eine wirkungsvolle Vertretung der Beschäftigten und mit ständig wechselnden Einsatzorten, die die Kontrolle erschweren. Auch hohe Anteile von Migrant_innen ohne Kenntnisse der Landessprache, die ihre Rechte nicht kennen und mit den heimischen Arbeitskräften nicht kommunizieren können, sind ein guter Indikator. Auf der Basis solcher Indikatoren haben die Kontrollbehörden in verschiedenen Ländern fast überall die gleichen verdächtigen Branchen und Beschäftigungsformen für strategische Kontrollen identifiziert.

Neoliberale Vorstellungen, dass Beschäftigte ihren Arbeitsplatz nach ihren Präferenzen auswählen, mit den Unternehmen auf Augenhöhe verhandeln und bei ungünstigen Arbeitsbedingungen Verbesserungen einfordern oder den Arbeitsplatz wechseln, mögen die Realität am oberen Ende des Arbeitsmarktes mit verhandlungsstarken und hoch qualifizierten Beschäftigten widerspiegeln. Alle Untersuchungen, die sich mit der Wahrnehmung individueller Rechte befassen, finden am unteren Ende des Arbeitsmarktes jedoch massive Machtungleichgewichte mit eingeschüchterten und wenig informierten Beschäftigte vor, die Angst haben, die ihnen zustehenden Ansprüche einzuklagen. Dieser Weg wird – wenn überhaupt – meistens erst nach Beendigung eines Arbeitsverhältnisses und oft nur mit externer Hilfe (etwa gewerkschaftlichem Rechtsschutz) wahrgenommen (z. B. Dickens 2009; Kocher 2012). Die in angelsächsischen Ländern üblichen außergerichtlichen Schlichtungsverfahren haben den Nachteil, dass die Einhaltung der Standards zur Verhandlungssache wird (Vosko et al. 2016, S. 35).

Die Hoffnungen, dass die Unternehmen an der Spitze der Wertschöpfungsketten ihre Verantwortung für die nachgelagerten Arbeitsbedingungen freiwillig übernehmen und Missstände durch neue Formen der „visible hands" (Weil 2014, S. 31), also der expliziten Übernahme der Verantwortung für die Einhaltung von Standards, selbst abstellen, haben sich nicht erfüllt. Mehrere Untersuchungen haben gezeigt, dass die Versuchung groß ist, solche Corporate Responsibility-Programme nur als Marketinginstrument zu nutzen und allenfalls halbherzig umzusetzen – insbesondere dann, wenn der Staat aufgrund der Selbstverpflichtung der Unternehmen die Zahl seiner Kontrollen verringert (z. B. Locke 2013). Unverzichtbar sind allerdings interne Compliance-Strategien, wenn der Staat die Kultur der Verantwortungslosigkeit der Auftraggeber, die sich in den komplexen Wertschöpfungsketten eingenistet hat, mit neuen Instrumenten ernsthaft bekämpft. Eine Generalunternehmerhaftung der Auftraggeber für Mindestarbeitsbedingungen in den von ihnen beauftragten Subunternehmen erfordert wirkungsvolle Compliance-Strategien, da Auftraggeber nur so ihre Risiken durch ein Fehlverhalten ihrer Unterauftragnehmer minimieren können (Hardy und Howe 2015). Ähnliches gilt für soziale Kriterien in öffentlichen Ausschreibungen und den Ausschluss aus künftigen Bieterverfahren bei Nichteinhaltung der Standards. Zukunftsweisend erscheinen auch die in der Obama-Administration in den USA eingeführten Compliance-Vereinbarungen mit Generalunternehmen für ihre Wertschöpfungsketten, die dadurch einen verbindlicheren Charakter bekommen haben als die freiwilligen Selbstverpflichtungen (Weil 2018).

Bis 2010 wurde in der Literatur noch kontrovers diskutiert, ob sich die Kontrollbehörden mehr auf weiche Ansätze der Information und Überzeugung oder harte Formen der Kontrollen und Sanktionen konzentrieren sollten (Hartlapp 2007, S. 656; Piore und Schrank 2008). Der eigentliche Konflikt hinter dieser Kontroverse lag in unterschiedlichen Diagnosen der Gründe für die Nichteinhaltung von Standards. Wenn sie vor allem in Nichtwissen und unzureichenden betrieblichen Kontrollstrategien bestehen, kann man sich auf weiche Ansätze beschränken. Der systematischen Aushebelung von Rechten in fragmentierten Unternehmen wird man damit aber nicht beikommen können. Angesichts der wachsenden Compliance-Probleme und der enttäuschenden Resultate von Überzeugungsstrategien und freiwilligen Selbstverpflichtungen scheint sich diese Kontroverse in der Forschung erledigt zu haben. Inzwischen geht man eher von der Komplementarität der Ansätze und ihrer zeitlichen Aufeinanderfolge von Information, Überzeugung und Kontrolle aus. In der Praxis spielen weiche Ansätze gleichwohl weiter eine große Rolle, da sie den Gegnern von wirkungsvollen Kontrollen Begründungen liefern, angeblich gutwillige Unternehmen vor Bürokratie zu schützen (Tombs und White 2013). Zudem bieten sich solche Ansätze als eine einfache politische „Lösung" im Umgang mit den wachsenden Herausforderungen durch die Fragmentierung der Unternehmen bei gleichzeitiger chronischer Unterfinanzierung der Kontrollbehörden an (Vosko et al. 2011).

Um auf die massiven Veränderungen in der Arbeitswelt angemessen zu reagieren, fordert Weil (2010, 2018) neben neuen Instrumenten einen Paradigmenwechsel in den Strategien der Kontrollbehörden. Ähnlich wie auch Dickens (2009, S. 4) sieht er die Gefahr, dass die Kontrollbehörden in einem „victims approach" – etwa in reaktiver Bearbeitung von Einzelbeschwerden – ihre geringen Kapazitäten verbrauchen, ohne dadurch nachhaltige Verhaltensänderungen in den Unternehmen zu bewirken. Er plädiert für reflexive Strategien, die aufgrund von Analysen der Arbeitsbedingungen in unterschiedlichen Branchen, Regionen und Betriebstypen Prioritäten bei den Kontrollen und an der Spitze der Wertschöpfungskette setzen. Er spricht von der Notwendigkeit „systemischer Wirkungen". Als Leiter der US-Kontrollbehörde „Wage and Hour Division" (WHD) unter Präsident Obama ist es ihm auch gelungen, seine eigenen Vorschläge in der Praxis umzusetzen. Die Neuausrichtung dieser Behörde führte zu einer veränderten Prioritätensetzung bei den Kontrollen, neuen Leistungsindikatoren für das Personal und zu dem Versuch, auch den Habitus der Beschäftigten von einer eher reaktiven behäbigen Behörde in eine flexible Finanzpolizei zu ändern. Vor allem wurde auch das gesamte Register der Instrumente wie die Nachforderung vorenthaltener Löhne oder die Aufforderung an andere Unternehmen, die Lieferbeziehungen mit gesetzesbrüchigen Unternehmen zu unterbrechen, in der Praxis auch angewandt.

Weil ist der einzige Autor, der auch eine stärkere politische Rolle der Kontrollbehörden fordert. Wenn man in bestimmten Branchen ständig Wiederholungstäter_innen antrifft, da die Ursachen in den Wettbewerbsbedingungen der Branchen liegen, muss man diese Bedingungen verändern. Hier sollen die Kontrollbehörden aus ihrer Praxis politische Vorschläge unterbreiten. Ob eine politisch untergeordnete Behörde in einem Minenfeld unterschiedlicher Interessen aber in der Lage ist, Reformvorschläge zur Änderung der Konkurrenzbedingungen in bestimmten Branchen zu formulieren, kann bezweifelt werden.

## 9.2  Erhebliche Umsetzungsprobleme beim gesetzlichen Mindestlohn

Die ersten Untersuchungen zu den Auswirkungen des gesetzlichen Mindestlohns in Deutschland zeichnen ein widersprüchliches Bild. Auf der positiven Seite ist zu vermerken, dass die Löhne am unteren Ende der Einkommensverteilung in den Jahren 2015 und 2016 überdurchschnittlich angestiegen sind. Nach bislang verfügbaren Informationen waren die positiven Einkommenseffekte in den beiden unteren Dezilen am höchsten, reichten aber bis in die Mitte der Einkommensverteilung. Besonders profitiert vom Mindestlohn haben in den Jahren 2015 und 2016 prekär Beschäftigte, Frauen, Ausländer_innen und Beschäftigte in kleinen Betrieben (Burauel et al. 2017).

Die erstmalige Anhebung des gesetzlichen Mindestlohns auf 8,84 € pro Stunde im Jahr 2017 hat dagegen dem DIW zufolge nicht zu einem weiteren Anstieg der Stundenlöhne im unteren Dezil der Einkommensverteilung geführt (Grabka und Schröder 2019, S. 251 f.). Dies könnte dafür sprechen, dass es möglicherweise noch zu früh ist, von einer nachhaltigen Trendwende in der Lohnentwicklung auszugehen.

Trotz der in den Jahren 2015 und 2016 überdurchschnittlichen Einkommenseffekte waren bislang keine negativen Auswirkungen auf die Beschäftigung erkennbar. Die Erwerbstätigkeit ist weiter im Trend gewachsen und offenbar eher von anderen Faktoren wie der allgemeinen Konjunkturlage abhängig. Die prognostizierten Horrorszenarien sind alle nicht eingetreten, was zu einer zunehmenden Akzeptanz des Mindestlohns auch im Arbeitgeberlager geführt hat. Es gibt allerdings auch Hinweise darauf, dass vereinzelt unproduktive Betriebe schließen mussten. Bei der Bewertung der Beschäftigungseffekte muss man jedoch immer von einer Gesamtbilanz ausgehen, die eindeutig positiv ist. Wenn zudem Beschäftigte aus Betrieben mit niedriger Produktivität in andere Betriebe mit höherer Produktivität und Bezahlung wechseln und dort Personallücken schließen, ist das ein wichtiger Beitrag zur Bekämpfung des Fachkräftemangels und zur Einkommenssteigerung. Eine solche Umschichtung der Beschäftigung zugunsten von Betrieben mit höherer Produktivität ist schon in der Evaluation des Branchenmindestlohns im Dachdeckerhandwerk festgestellt worden (Aretz et al. 2011).

Die Schattenseite ist, dass die Zahl und der Anteil der anspruchsberechtigten Beschäftigten, die Stundenlöhne unterhalb des Mindestlohns erhalten, weiterhin hoch sind. Dies kann zumindest bis 2016 mit Daten belegt werden. Erste Analysen nach Branchen zeigen, dass die Probleme der Nichteinhaltung nicht mit Hinweisen auf Einführungsprobleme, die sich im Laufe der Zeit geben, relativiert werden können, sondern „systemischer" Natur sind. Die Compliance-Probleme konzentrieren sich überwiegend in besonderen Beschäftigungsformen wie vor allem Minijobs sowie in den bekannten Risikobranchen mit hohen Anteilen an Kleinbetrieben, wechselnden Arbeitszeiten und Einsatzorten sowie Betrieben ohne Tarifbindung und Betriebsräte. Nach Berechnungen des DIW erhielten rund 1,8 Mio. anspruchsberechtigte Personen im Jahr 2016 noch weniger als 8,50 € pro Stunde, was einem Anteil von 7 % entsprach. Noch höher lag der Anteil der Mindestlohnverstöße (bei knapp 10 %), wenn bei der Berechnung der Stundenlöhne die Angaben der befragten Beschäftigten zu ihrer *tatsächlichen Arbeitszeit* verwendet werden (Burauel et al. 2017, S. 1120). Selbst die überdurchschnittlichen Lohnsteigerungen für einige dieser Beschäftigungsgruppen reichten offensichtlich nicht aus, um alle Beschäftigten über die Mindestlohnschwelle zu bringen. Dies zeigt, wie extrem ausgefasert die deutsche Lohnstruktur vor Einführung des gesetzlichen Mindestlohns war.

Unsere Fallstudien und Interviews mit Expert_innen belegen, dass die meisten Betriebe inzwischen eine „saubere Aktenlage" haben und für die vertragliche Arbeitszeit mindestens den aktuellen Mindestlohn bezahlen (Weinkopf und Hüttenhoff 2017; vgl. auch Kap. 6, 7 und 8). Nicht vergütet werden aber häufig Zusatzarbeiten über die vertragliche Arbeitszeit hinaus – und zwar insbesondere in Kleinstbetrieben ohne Betriebsräte und bei Beschäftigtengruppen mit geringer Verhandlungsmacht. Bei den Minijobs kommt die Nichtbezahlung von Urlaubs- und Krankheitstagen hinzu. Mehrere Untersuchungen haben festgestellt, dass solche Regelverletzungen bei Minijobs weit verbreitet sind (z. B. Bachmann et al. 2017; Fischer et al. 2015; Bosch und Weinkopf 2017), was die Notwendigkeit der obligatorischen Aufzeichnungspflichten der Arbeitszeit bei Minijobs (außer in Privathaushalten) unterstreicht.

Die „systemische" Natur der Nichteinhaltung von Arbeitsstandards ist seit langem bekannt und hat zu einer expliziten Sonderbehandlung bestimmter Wirtschaftszweige und Beschäftigungsformen mit dem Ziel geführt, die Kontrolle

der Einhaltung des Mindestlohns zu erleichtern. Dazu zählen die besonderen
Melde- und Dokumentationspflichten bei der Beschäftigung von entsandten
Arbeitskräften, die bei Werkvertragsunternehmen angestellt sind, aber auf dem
Werksgelände von großen Fleischunternehmen in Deutschland zur Weiterverarbeitung eingesetzt werden. Ein weiteres Beispiel sind die besonderen
Dokumentationspflichten der geleisteten Arbeitszeit in bestimmten im Schwarzarbeitsbekämpfungsgesetz genannten Branchen, die als besonders missbrauchsanfällig gelten, sowie für geringfügige Beschäftigte mit Ausnahme
der Minijobber_innen in Privathaushalten. Die Sonderbehandlung der Minijobs wurde einerseits mit den infolge ihres weit überdurchschnittlichen Anteils
von Niedriglöhnen besonders hohen Lohnsteigerungen nach Einführung des
Mindestlohns begründet. Anderseits wurden die starken Schwankungen der
Arbeitszeit in den aufgeführten Branchen und auch bei Minijobs genannt, die
eine Umgehung des Mindestlohns ohne Arbeitszeitaufzeichnungen erleichtern
würden. Wichtig ist zudem die Befugnis des Bundesarbeitsministeriums, ohne
Zustimmung des Bundesrats die Liste der Branchen oder Beschäftigtengruppen,
für die die besonderen Dokumentationspflichten gelten, zu erweitern oder einzuschränken. Diese Vorschrift bietet, wie es Weil (2018) fordert, die Möglichkeit,
die Zielgenauigkeit strategischer Kontrollen durch eine Auswertung der eigenen
Kontrollerfahrungen und von Forschungsergebnissen zu verbessern.

Die bisherigen Ergebnisse zur Einhaltung des Mindestlohns nach Branchen
legen nahe, dass diese Liste nicht mehr aktuell ist. So ist z. B. der Einzelhandel
trotz überdurchschnittlicher Werte der Nichteinhaltung bislang nicht enthalten.
Die besonderen Dokumentationspflichten der Arbeitszeit von Minijobber_innen
haben zu einem leichten Rückgang der Zahl der ausschließlich geringfügig
Beschäftigten geführt, der durch Zuwächse bei der sozialversicherungspflichtigen
Beschäftigung allerdings kompensiert worden ist. Eine ähnliche Entwicklung
war zuvor bereits beim Branchenmindestlohn in der Gebäudereinigung festgestellt worden (Bosch et al. 2012). Hintergrund dürfte sein, dass der Mindestlohn für Minijobs auch eine kontrollierbare Höchstarbeitszeit pro Monat definiert,
die mit dem Mindestlohn von 2019 (9,19 €) bei rund 49 h lag. Andere Regelverstöße wie die Nichtgewährung bezahlten Urlaubs sind aber offensichtlich endemisch. Man kann ihnen nicht allein durch Kontrollen begegnen. Bei manchen
Formen prekärer Beschäftigung wie Minijobs und Werkvertragskonstellationen
im Kerngeschäft von Unternehmen stellt sich daher die Frage, ob sie nicht gänzlich unterbunden oder jedenfalls stark beschränkt werden sollten. Es ist zudem
zu vermuten, dass die unzureichende Einhaltung des Mindestlohns auch mit der
nach 2014 abnehmenden Kontrolldichte durch die Finanzkontrolle Schwarzarbeit
zusammenhängt (vgl. Abschn. 9.4).

## 9.3   Wechselwirkungen zwischen Mindest- und Tariflöhnen

Aus internationalen Vergleichen wissen wir, dass der Anteil von niedrigen Löhnen am geringsten in Ländern mit hoher Tarifbindung ist (vgl. Abb. 3.3 in Kap. 3). Bei hoher Tarifbindung sind Mindestlöhne – wenn sie überhaupt gebraucht werden – allenfalls eine untere Auffanglinie für die Tarifpartner, die für die meisten Beschäftigten aber ohnehin höhere Löhne aushandeln. Die Nichteinhaltung von Mindestlöhnen ist z. B. in Belgien wegen dieser Mehrfachsicherung durch einen gesetzlichen Mindestlohn in Kombination mit einer hohen Tarifbindung eher die Ausnahme. Ganz anders sieht es in Ländern mit einem isolierten Mindestlohn aus, auf den in großen Teilen der Wirtschaft keine Tarifverträge mehr aufbauen, wie in Großbritannien. Dort können Mindestlöhne eine Sogkraft nach unten entfalten, und die Gefahr ihrer Unterschreitung ist in Branchen und Betrieben, die großen Teilen der Beschäftigten nur den Mindestlohn zahlen, gleichzeitig aber in einem harten Kostenwettbewerb stehen, sehr hoch.

Wie lässt sich hier Deutschland einordnen? Die bisherigen Untersuchungen zu den Einkommenseffekten des gesetzlichen Mindestlohns zeigen zunächst einmal, dass es nicht nur Abweichungen nach unten gab, sondern dass auch positive Sekundäreffekte (Ripple-Effekte) nach oben bis in die Mitte der Einkommensverteilung festzustellen sind. Diese können zum einen der in den Jahren nach Einführung des gesetzlichen Mindestlohns guten Beschäftigungslage geschuldet sein, die Unternehmen veranlasst, mehr als den Mindestlohn zu zahlen, um attraktiv auf dem Arbeitsmarkt zu bleiben oder zu werden. Ein weiterer wichtiger Grund in Deutschland mit der zumindest in Teilen der Wirtschaft noch hohen Tarifbindung sind sicherlich auch positive Auswirkungen des Mindestlohns auf die Erhöhung ganzer Tarifgitter wie etwa in der Systemgastronomie.

Gleichzeitig gibt es deutliche Hinweise, dass Mindestlöhne nicht überall eingehalten werden. Wir haben es also mit einer komplexen Gemengelage von Mindestlohnverstößen auf der einen Seite des Spektrums und positiven Sekundäreffekten auf der anderen Seite zu tun. Darin spiegelt sich die Ausdifferenzierung des deutschen Lohnsystems wider.

Wie groß die Heterogenität in Deutschland inzwischen geworden ist, zeigt sich daran, dass es sehr unterschiedliche Typen der Wechselwirkungen zwischen Mindest- und Tariflöhnen gibt. Für die Analyse dieser Wechselwirkungen hilft uns eine Typologie, die wir vor einigen Jahren auf der Basis mehrerer ländervergleichender Studien entwickelt haben (Bosch und Weinkopf 2013). In Kernbranchen mit starken Betriebs- und Personalräten und Gewerkschaften wie dem öffentlichen Dienst und großen Teilen des verarbeitenden Gewerbes dominiert die „distanzierte Koexistenz". In diesen Sektoren setzen die Sozialpartner weiterhin über ihre Tarifverträge nicht nur Lohnuntergrenzen, die deutlich über dem Mindestlohn liegen, sondern vereinbaren zusätzlich differenzierte Lohngitter mit Löhnen zum Teil weit über die Medianlöhne hinaus. Statistiken zu dem geringen Anteil an Niedriglohnbeschäftigten etwa im öffentlichen Dienst oder der Metall-, Elektro- und chemischen Industrie belegen, dass in diesen Branchen die Compliance-Probleme mit dem gesetzlichen Mindestlohn gering sind.

Größer sind die Probleme mit der Compliance hingegen in Branchen des Typus *„extensiver Mindestlohn"*, also von Branchen, die über dem gesetzlichen Mindestlohn liegende branchenbezogene Mindestlöhne vereinbart haben. Diese Branchen haben sich gerade wegen der Fragilität ihrer Tarifverträge und ihres Kontrollverlustes über die betriebliche Lohngestaltung unter den staatlichen Schutzschirm von Branchenmindestlöhnen geflüchtet, der nicht nur die Allgemeinverbindlichkeit der Branchenmindestlöhne garantiert, sondern auch die Einhaltung kontrolliert und die Nichteinhaltung sanktioniert. In einigen Branchen ist dieser Kontrollverlust Folge des zunehmenden Einsatzes ausländischer Werksvertragskräfte. Für diese temporär beschäftigten ausländischen Kräfte galten bis zur Einführung des gesetzlichen Mindestlohns die Arbeitsbedingungen des Herkunftslandes – es sei denn, die Sozialpartner in der betreffenden Branche hatten sich auf einen nach dem Arbeitnehmer-Entsendegesetz für allgemeinverbindlich erklärten Branchenmindestlohn geeinigt. Die Forschung zur Umsetzung der Branchenmindestlöhne hat gezeigt, wie unterschiedlich die Auswirkungen von Branchenmindestlöhnen auf die Bezahlung in West- und in Ostdeutschland sind. Im Dachdeckerhandwerk, wo der Branchenmindestlohn Teil eines ausdifferenzierten Tarifgitters war, wurde mit den Erhöhungen des Branchenmindestlohns in Westdeutschland das gesamte Tarifgitter, nach dem in den meisten Betrieben auch bezahlt wurde, nach oben verschoben. In Ostdeutschland ist der Branchenmindestlohn hingegen aufgrund der geringen Tarifbindung und wohl auch wegen der Nichteinhaltung der Tarife zur going-rate geworden.

Der Typus der *„direkten Interaktion"*, in dem die Tarifgitter direkt an den Mindestlohn anschließen und bei Erhöhung des gesetzlichen Mindestlohns neu verhandelt werden müssen, findet sich in einigen Dienstleistungsbranchen wie etwa der Systemgastronomie. Allerdings ist dieser Typus in Deutschland gering ausgeprägt, da anders als in den westlichen Nachbarländern Frankreich, Belgien und den Niederlanden kaum noch Lohntarifverträge für allgemeinverbindlich erklärt werden.

Deutlich überdurchschnittliche Anteile geringer Löhne finden sich vor allem in Branchen mit einer niedrigen Tarifbindung (z. B. Gastgewerbe, Landwirtschaft und Handel). Bis auf „Inseln" tarifgebundener Betriebe dominiert hier der Typus des *„isolierten Mindestlohns"*. Gerade in diesen Bereichen häufen sich auch die Unterschreitungen des gesetzlichen Mindestlohns. Dies deckt sich mit Ergebnissen von ländervergleichenden Analysen, die zeigen, dass die Tarifbindung offenbar einen deutlich stärkeren Einfluss auf den Umfang des Niedriglohnsektors hat als die Existenz oder Höhe eines gesetzlichen Mindestlohns. Dies hat auch eine Untersuchung zum Anteil der Beschäftigten mit Tarifbindung in den unterschiedlichen Einkommens-Quintilen für das Jahr 2014 aufzeigt (Schulten 2018). Die geringe Tarifbindung in den beiden unteren Quintilen hängt auch damit zusammen, dass im Niedriglohnbereich immer weniger Tarifverträge bzw. tarifliche Lohngruppen für allgemeinverbindlich erklärt werden.

## 9.4 Lehren aus den Branchenstudien

Für eine detaillierte Untersuchung der Compliance-Probleme und der unterschiedlichen Umgehungsstrategien haben wir mit dem Bauhauptgewerbe, der Fleischwirtschaft und dem Gastgewerbe drei Branchen mit sehr unterschiedlichen Typen der Lohngestaltung und z. T. auch unterschiedlichen Ausweich- und Umgehungsstrategien näher untersucht. Alle drei Branchen gehören schon lange aufgrund der überdurchschnittlich hohen Zahl aufgedeckter Verstöße gegen Arbeits- und Sozialgesetze zu den üblichen „Verdächtigen" und unterliegen daher zur Erleichterung von Kontrollen besonderen Regelungen im Mindestlohn- und im Schwarzarbeitsbekämpfungsgesetz wie etwa hinsichtlich der Aufzeichnung der Arbeitszeit oder der Ausweispflicht aller Beschäftigten.

Das Bauhauptgewerbe hat im Unterschied zu den beiden anderen Branchen nicht nur handlungsfähige, sondern auch handlungswillige Sozialpartner auf Branchenebene. Die vergleichsweise hohe Tarifbindung ist nicht zuletzt auf die allgemeinverbindlichen Tarifverträge zu den gemeinsamen Sozialkassen zurückzuführen (Tab. 9.1). Auch in anderen Ländern wie Frankreich, Belgien, Österreich oder den Niederlanden haben sich ähnlich enge Kooperationsformen zwischen den Sozialpartnern im Bauhauptgewerbe entwickelt. Zwei Besonderheiten der Branche dürften dafür ausschlaggebend sein. Erstens ist Bauen im Wesentlichen standortgebunden, sodass nationale Regulierungen des Branchenarbeitsmarktes für alle Unternehmen gleiche Wettbewerbsbedingungen schaffen. Zweitens basiert Bauen im Wesentlichen auf der Kooperation unterschiedlicher fachlich spezialisierter Gewerke. Drittens ist die Fachkräfteausbildung und -bindung aufgrund der hohen saisonalen und konjunkturellen Schwankungen der Bautätigkeit ständig gefährdet und kann nur gemeinschaftlich gesichert werden. Die Sozialkassen, in die die Baubetriebe rund 20 % der

**Tab. 9.1**  Die Untersuchungsbranchen im Vergleich

|  | Bauhauptgewerbe | Fleischwirtschaft | Gastgewerbe |
|---|---|---|---|
| Sozialpartner-schaft | Ausgeprägt, hohe Handlungswillig- und -fähigkeit auf Branchenebene | Schwach, geringe Handlungswillig- und -fähigkeit auf Branchenebene | Schwach, geringe Handlungswillig- und -fähigkeit auf Branchenebene |
| Tarifbindung | Über 50 % (dualisierter Arbeitsmarkt) | Gering | Gering, große regionale Unterschiede |
| Betriebliche Interessenvertretung | Schwach | Schwach | Sehr schwach |
| Typus der Lohngestaltung | West: Mischsystem (distanzierte Koexistenz/ extensiver Mindestlohn) Ost: isolierter extensiver Mindestlohn | Isolierter Mindestlohn | Isolierter Mindestlohn/vereinzelt: direkte Interaktion |
| Strukturelle Einfallstore für Nichteinhaltung von Mindestlöhnen | Entsendungen Subunternehmerketten Viele Kleinbetriebe und Solo-Selbstständige Wechselnde Produktionsstätten | Entsendungen Subunternehmen Werkverträge | Minijobs Arbeit auf Abruf Viele Kleinbetriebe |
| Selbstregulierungsansätze | Sozialkassen Branchenmindestlöhne Bündnisse gegen Schwarzarbeit | Selbstverpflichtung Verhaltenskodex Bündnis gegen Schwarzarbeit | Allgemeinverbindlicher Tarifvertrag (nur in Bremen) |

Quelle: Eigene Darstellung

Lohnsumme einzahlen, übernehmen diese gemeinschaftlichen Aufgaben wie die Finanzierung der Berufsausbildung, den Ausgleich konjunktureller und saisonaler Auftragsschwankungen und die Urlaubsvergütung. Schließlich lässt sich die bauspezifische Arbeitsmarktpolitik wie etwa das Saisonkurzarbeitergeld oder das Verbot des Verleihs von Arbeitskräften aus anderen Branchen, die nicht den Sozialkassenbeitrag zahlen, ohne eine enge Kooperation der Sozialpartner und ihr gemeinsames Auftreten gegenüber der Politik nicht sichern.

In Deutschland ist Bauarbeit überwiegend Facharbeit mit gut ausgebildeten Arbeitskräften, die auch in anderen Branchen wegen ihrer Vielseitigkeit sehr gefragt sind. Um diese Fachkräfte in der Branche zu halten und sie auch für die regelmäßigen Einkommensverluste in Phasen saisonaler oder konjunktureller

Schwankungen zu entschädigen, handelten die Sozialpartner überdurchschnittlich hohe Löhne aus. Mit der Dienstleistungsfreiheit innerhalb der EU wurde die Bauwirtschaft zu der wichtigsten Zielbranche für entsandte Arbeitskräfte aus Niedriglohnländern, zuerst aus Süd- und dann aus Mittel- und Osteuropa. Die Gewinnmargen bei dem Einsatz von entsandten Arbeitskräften, die nach Bedingungen des Herkunftslandes entlohnt wurden, waren in einer Hochlohnbranche besonders attraktiv. Als erste Branche hat das Bauhauptgewerbe daher schon 1997 Branchenmindestlöhne vereinbart, um ihr Tarifsystem zu stabilisieren. Damals ging es vor allem darum, Mindestvergütungen auch für ausländische Werkvertragskräfte, die mit ihren Löhnen nach dem Herkunftsprinzip die heimischen Tarifverträge unterlaufen konnten, festzulegen und damit gleiche Wettbewerbsbedingungen für alle Unternehmen sicher zu stellen.

Die Branche hat auch als erste einen zweiten Mindestlohn für Facharbeiter_innen vereinbart, um auch weiterhin für qualifizierte Beschäftigte attraktiv zu bleiben. Allerdings gilt dieser zweite Mindestlohn inzwischen nur noch in Westdeutschland und Berlin, da er in Ostdeutschland, wo auch die Fachkräfte oft nur den Lohn für An- und Ungelernte erhalten, von den Arbeitgebern abgelehnt wird. Die meisten sozialversicherungspflichtig Beschäftigten erhalten in Westdeutschland einen Tariflohn oberhalb der beiden Mindestlöhne, wenngleich auch hier falsche Einstufungen und die Nichtbezahlung einzelner Lohnbestandteile wie der Auslöse bei externer Baustellenarbeit weit verbreitet sind (Bosch et al. 2011). In Ostdeutschland hingegen ist der Branchenmindestlohn zur „going rate" auch für Fachkräfte geworden und trotz erkennbaren Fachkräftemangels gibt es keine Anzeichen für eine Wiedereinführung eines Branchenmindestlohns für Facharbeiter und auch eine angemessene Vergütung für qualifizierte Beschäftigte. Rund 80 % der Beschäftigten sind in Ostdeutschland in den beiden untersten Lohngruppen für un- und angelernte Beschäftigte eingruppiert gegenüber nur 35 % in Westdeutschland. Nach unserer Typologie von Lohnsystemen (Bosch und Weinkopf 2013) findet sich im Bauhauptgewerbe ein gemischtes System mit Tariflöhnen, die deutlich über dem gesetzlichen Mindestlohn liegen, aber durch einen höheren Branchenmindestlohn stabilisiert werden müssen.

Hohe Anteile von Subunternehmen waren im Baugewerbe mit vielen fachlich spezialisierten Gewerken schon immer verbreitet. In den letzten Jahrzehnten ist dieses „kooperative Subunternehmertum" aber zunehmend durch ein „kompetitives Subunternehmertum" (Harvey 2003), das ausschließlich auf eine Verringerung der Kosten zielt, ergänzt worden. In der Folge hat sich die durchschnittliche Betriebsgröße halbiert, sodass die Zahl der Betriebe nach dem Auslaufen des Wiedervereinigungsbooms trotz des drastischen Beschäftigungsabbaus konstant um 75.000 schwankt. Dieser Fragmentierungsschub der Branche ist

das Ergebnis immer weiterer Auslagerungen und einer Verlängerung der Subunternehmerketten bis in den Bereich illegaler Beschäftigung. Die Abschaffung
der Meisterpflicht in verschiedenen Gewerken und der damit einhergehenden
Ausweitung der Solo-Selbstständigkeit hat diese Entwicklung weiter gefördert.
In den wandernden Baustellen mit ständig wechselnden Beschäftigten und
einer wachsenden Zahl von Betrieben sowie hohen Anteilen von legalen und
illegalen Beschäftigten lassen sich die tatsächlichen Arbeitsbedingungen gut verschleiern und nur schwer kontrollieren. Vor allem falsche Angaben zur tatsächlich
geleisteten Arbeitszeit sind ein häufig genutztes Einfallstor, um den Mindestlohn
zu umgehen. Die Nachunternehmerketten sind in der Regel nicht transparent
gestaltet und aus den Abrechnungen der Generalunternehmer geht nicht hervor,
wie viele Nachunternehmen an der Auftragserfüllung beteiligt waren. Vor allem
Entsendungen gelten als Haupteinfallstor für Mindestlohnverstöße und illegale
Beschäftigung, da die Firmen im Ausland gemeldet und betrügerische Unternehmen schwierig zu identifizieren sind. Auch die Vollstreckung von Strafen
stellt sich im Ausland als sehr mühsam dar und gelingt meistens nicht, da die Entsendeländer kein Interesse an der Sanktionierung ihrer Unternehmen haben.

Das Tarifsystem mit seinen eigentlich guten Löhnen wird auf diese Weise
systematisch ausgehöhlt, da oft selbst gutwillige Unternehmer nur mit Mischkalkulationen, also mit Anteilen gering entlohnter Arbeit in zweifelhaften Subunternehmen, in der Auftragsakquise erfolgreich sein können.

Mit den Sozialkassen verfügt das Bauhauptgewerbe auch über eigene
Kontrollstrukturen. Anhand der Lohndaten können grobe Verstöße bei der
Nichteinhaltung der Branchenmindestlöhne aufgedeckt werden und die Sozialpartner kooperieren dabei auch mit dem Zoll und anderen Kontrollbehörden.
Allerdings lassen sich aus Lohndaten alleine unbezahlte Arbeitszeiten nicht
erkennen. Im nationalen „Bündnis gegen Schwarzarbeit" identifizieren die
Sozialpartner gemeinsam mit den Ermittlungsbehörden sowie dem Finanz- und
Arbeitsministerium die besonders anfälligen Schwarzarbeitsbereiche, in denen
Schwerpunktkontrollen durchgeführt werden sollen, erhalten allerdings aus
Datenschutzgründen keine genauen Informationen der Ergebnisse von Betriebsprüfungen. Die Erfolge dieser „weichen" Bündnisse sind schwierig abzuschätzen,
aber nach Einschätzung der beteiligten Sozialpartner durch die Betriebsferne
des Ansatzes eher gering. Der Unterschied zur Schweiz ist jedenfalls auffällig.
Dort hat der Staat seine Kontrollaufgaben und -befugnisse an die Sozialpartner
delegiert und die Kontrollstrukturen werden über eine obligatorische Branchenumlage und staatliche Unterstützung hinreichend finanziert.

Ganz anders sehen die Lohnsysteme in den beiden anderen Untersuchungsbranchen aus. Vor allem die Arbeitgeber sind auf der Branchenebene durch die

widerstrebenden Interessen kaum noch handlungswillig und -fähig. Die Tarifbindung ist sehr schwach, sodass in beiden Branchen nur noch „tarifpolitische
Inseln" in einzelnen Unternehmen existieren. Bis auf einige Ausnahmebereiche
stehen die Fleischwirtschaft und das Gastgewerbe überwiegend für den Typus des
„isolierten Mindestlohns" ohne funktionierenden tarifpolitischen Überbau. Ohne
Branchentarifverträge, die den massiven Lohnwettbewerb begrenzen könnten,
stehen die tarifgebundenen Betriebe unter hohem Druck, dem sie in diesen lohn-
intensiven Branchen vielfach nicht mehr standhalten können.

In der Fleischindustrie finden sich vor allem mit den Schlachtunternehmen
große Betriebe, was üblicherweise die Bildung von Betriebsräten und die gewerkschaftliche Organisation der Beschäftigten erleichtert. Die Vermeidung von
Tarifverträgen und Betriebsräten ist jedoch inzwischen zum Geschäftsmodell
der meisten großen Fleischunternehmen geworden. Seit Ende der 1980er Jahre
und verstärkt nach der Jahrtausendwende haben sie ihre Stammbelegschaften
abgebaut und zunehmend auf den Einsatz von entsandten Arbeitskräften aus Mit-
tel- und Osteuropa gesetzt, die über Werkvertragsunternehmen immer größere
Teile der Arbeit in den deutschen Schlachtunternehmen übernommen haben.
Erleichtert wurde der Einsatz von entsandten Arbeitskräften, die meist keine
deutschen Sprachkenntnisse haben, auch dadurch, dass die Arbeitsabläufe in den
Unternehmen zunehmend standardisiert worden sind.

Da der Abstand zwischen den ortsüblichen Löhnen und den Löhnen in den
Herkunftsländern der entsandten Kräfte nicht so groß wie im Bauhauptgewerbe
ist, war der Druck auf die Löhne und Arbeitsbedingungen besonders hoch. Die
großen Fleischunternehmen nutzten ihre starke Verhandlungsmacht gegenüber
den Subunternehmern, denen sie die Arbeitsbedingungen diktieren konnten. Vor
der Einführung des gesetzlichen Mindestlohns wurden Niedrigstlöhne von teilweise unter 5 € pro Stunde gezahlt. Hier liegt ein extremer Fall von Monopso-
nie vor, also einseitiger Arbeitgebermacht. Die meisten entsandten Arbeitskräfte
sprechen kaum Deutsch, kennen ihre Rechte nicht, sind von als Unternehmen
getarnten Schieberbanden abhängig, werden zudem in eigenen Schlafghettos iso-
liert und können bei nicht genehmem Verhalten jederzeit in ihre Heimatländer
zurückgeschickt werden.

An einer Beseitigung dieser Missstände hatte die Branche bis auf einzelne
Unternehmen kein Interesse. An der Fragmentierung der Unternehmen kann das
nicht gelegen haben, da einige große Player diesen Trend aktiv gestalteten und bei
entsprechendem Gestaltungswillen auch über ausreichend Macht verfügt hätten,
alternative Strategien durchzusetzen. Im Unterschied zur Baubranche wird aber
nicht nur für den nationalen Markt, sondern zunehmend auch für den Export pro-
duziert. Weiterhin hat man erfolgreich Facharbeit durch einfache Arbeit ersetzt.

Der deregulierte deutsche Arbeitsmarkt gilt hier als Konkurrenzvorteil gegenüber den über mächtige Gewerkschaften oder allgemeinverbindliche Tarifverträge
erheblich stärker regulierten Arbeitsmärkten der Fleischindustrie in Nachbarländern wie Dänemark, Frankreich und den Niederlanden (Grunert et al. 2010).
Ihre beachtlichen Machtressourcen setzten die großen Player der Branche nicht zur Verbesserung der Arbeitsbedingungen ein, sondern vor allem zur
Abwehr von Vorstößen aus der Politik, um die skandalösen Praktiken in der
Fleischindustrie einzudämmen. Angesichts der wachsenden öffentlichen Kritik an diesen Praktiken wurde die Branche von der Politik bereits im Jahr 2007
gedrängt, einen Branchenmindestlohn über das Arbeitnehmer-Entsendegesetz
einzuführen. Dies wurde damals jedoch von der Arbeitgeberseite erfolgreich
abgewehrt.

Zu dieser Zeit konnte sich die Branche noch hinter der massiven Abwehrfront
der Arbeitgeberverbände gegen die Einführung eines gesetzlichen Mindestlohns
verstecken. Die Kritik an der Branche nahm dann aber auch im Arbeitgeberlager zu, da nicht mehr zu übersehen war, dass die skandalösen Zustände in dieser Branche gesetzliche Eingriffe in die Lohnfindung geradezu provozierten. Erst
unter Androhung des Entzugs von EU-Subventionen, dem Druck der Bundesvereinigung Deutscher Arbeitgeberverbände und angesichts der anstehenden Einführung des gesetzlichen Mindestlohns einigten sich die Marktführer der Branche
Anfang 2014, ab August 2014 einen Mindestlohn für die Fleischwirtschaft einzuführen. Es handelte sich offensichtlich eher um politische als tarifliche Verhandlungen. Die Zustimmung der Arbeitgeber konnte aber selbst unter diesen
Bedingungen nur für eine Vereinbarung erreicht werden, die die Annäherung des
Branchenmindestlohns an das damals erwartete Niveau des gesetzlichen Mindestlohnes bis Oktober 2015 hinauszögerte. Die Zustimmung der Gewerkschaft zu
einem solchen Abkommen lässt sich weniger mit dem leicht über dem gesetzlichen Mindestlohn liegenden Branchenmindestlohn ab Oktober 2015 erklären als
mit der Hoffnung, in dieser Branche tarifpolitisch wieder Fuß zu fassen.

Im Zuge der vorbereitenden Abstimmungen zur Einführung des Mindestlohns
in der Fleischwirtschaft wurde von den vier großen Unternehmen mit Unterstützung des Bundesarbeitsministeriums Mitte 2014 auch vereinbart, einen freiwilligen Verhaltenskodex für die Fleischwirtschaft einzuführen. Dieser zielte vor
allem darauf ab, die Qualität der Unterkünfte für die Arbeitskräfte aus Mittel- und
Osteuropa zu verbessern und die Einhaltung von Mindeststandards bei den Werkvertragsunternehmen von unabhängigen Wirtschaftsprüfungsgesellschaften prüfen zu lassen. Diesen Kodex haben aber eher wenige Unternehmen unterzeichnet
(Verband der Fleischwirtschaft 2015).

Auch nach der Einigung über einen Branchenmindestlohn im Januar 2014 wurden die Bedingungen, unter denen die entsandten Beschäftigten von Werkvertragsunternehmen in der deutschen Fleischwirtschaft arbeiteten, weiter scharf kritisiert. Im Frühjahr 2015 hatte der damalige Bundeswirtschaftsminister Sigmar Gabriel mehrere Schlachthöfe in Deutschland besucht und die Unternehmen aufgefordert, gegen bestehende Missstände vorzugehen und die Arbeitsbedingungen in der Branche deutlich zu verbessern. Falls dies nicht erfolge, drohte er damit, eine Quote für den Anteil der Beschäftigten, die bei Werkvertragsunternehmen angestellt sind, einzuführen. Diese Quote sollte mit 20 % der Belegschaften (Wyputta 2015) weit unterhalb des damals und heute in der Branche üblichen Niveaus liegen.

Um diese massive Begrenzung der Nutzung von Werkverträgen abzuwenden, wurde koordiniert von der Arbeitgebervereinigung Nahrung und Genuss und den sechs größten Unternehmen im September 2015 die „Standortoffensive deutscher Unternehmen der Fleischwirtschaft – Selbstverpflichtung der Unternehmen für attraktivere Arbeitsbedingungen" im Bundeswirtschaftsministerium unterzeichnet. Damit verpflichteten sich die beteiligten Unternehmen, bis Juli 2016 ihre Strukturen so umzustellen, dass sich sämtliche in ihren Betrieben eingesetzten Beschäftigten in einem in Deutschland gemeldeten, sozialversicherungspflichtigen Beschäftigungsverhältnis befinden. Die Selbstverpflichtung hatten bis Ende 2016 23 Unternehmen mit 100 Betriebsstätten unterzeichnet. Diese Unternehmen hatten im Bereich der Schweineschlachtung einen Marktanteil von immerhin 68 %, während in den anderen Bereichen die Marktanteile mit 45 bzw. 47 % deutlich niedriger lagen.

Durch den Mindestlohn sind die Kostenvorteile des Einsatzes von entsandten Arbeitskräften deutlich geschrumpft und viele zuvor entsandte Arbeitskräfte haben Arbeitsverträge nach deutschem Recht erhalten. Die Zahl der sozialversicherungspflichtig Beschäftigten in der Fleischwirtschaft ist nach der Mindestlohneinführung um gut 13 % gestiegen. Allerdings wurden im Zuge dieser Umstellung trotz der Selbstverpflichtung nur wenige Beschäftigte tatsächlich in die Stammbelegschaften der Fleischunternehmen übernommen; viele sind weiterhin bei Werkvertragsunternehmen beschäftigt. Es wird vermutet, dass es zwar zu Lohnerhöhungen gekommen ist, aber der Mindestlohn weiterhin vor allem über längere Arbeitszeiten und möglicherweise auch durch unzulässige Abzüge für Werkzeuge, Kleidung oder Unterkunft in wenig durchsichtigen Subunternehmerstrukturen, in denen die alten Abhängigkeitsstrukturen weiter bestehen, umgangen wird.

Die bereits erwähnten Warnungen vor sanktionslosen Selbstverpflichtungen (z. B. Locke 2013) in der Enforcement-Literatur scheinen sich bestätigt zu haben.

Offenbar bezweifelte auch die Bundesregierung zunehmend, dass sich die Arbeitsbedingungen in der Fleischwirtschaft durch freiwillige Initiativen und sanktionslose Selbstverpflichtungen verbessern ließen. Am 1. Juni 2017 wurde daher die
Generalunternehmerhaftung für fällige Sozialbeiträge in der Fleischwirtschaft nach
dem Vorbild des Baugewerbes gestärkt. Zudem muss die Arbeitszeitaufzeichnung
nunmehr am selben Tag erfolgen und den Betrieben drohen Geldbußen von bis
zu 50.000 €, wenn sie Kosten für notwendige Arbeitsmittel vom Lohn abziehen.
Das Gesetz wurde im Vorfeld bewusst aus der Öffentlichkeit herausgehalten
und im sogenannten „Omnibusverfahren" an einen anderen Gesetzentwurf
angehängt. Begründet wurde dies damit, dass auf diese Weise eine Einmischung
der Fleischkonzerne in den Gesetzgebungsprozess unterbunden werden sollte.
Vor Einschränkungen der Nutzung von Werkverträgen, wie sie der damalige Wirtschaftsminister Gabriel 2015 einmal angedroht hat, ist man aber offenbar zurück-
geschreckt.

Das Gastgewerbe ist mit gut 2,2 Mio. Beschäftigten die größte von uns
untersuchte Branche. Sie umfasst mit den Bereichen Beherbergung, Gastronomie und Catering mehrere Teilbranchen mit sehr unterschiedlichen Betriebsarten. Gemeinsam ist allen drei Sparten der Branche, dass einer großen Zahl von
Kleinstbetrieben eine eher geringe, aber wachsende Zahl von Großunternehmen
(insbesondere Hotelketten, Systemgastronomie und Cateringunternehmen) gegenübersteht.

Das Lohnniveau im Gastgewerbe liegt deutlich unter dem Durchschnitt aller
Branchen. Mehr als die Hälfte aller Beschäftigten im Gastgewerbe verdienten vor
der Einführung des gesetzlichen Mindestlohns im Jahr 2014 weniger als 8,50 €
pro Stunde und in der Praxis wird in dieser Branche der Mindestlohn häufig nicht
gehalten. Die Tariflöhne sind regional sehr unterschiedlich. Vor allem in den ostdeutschen Bundesländern verdienen Beschäftigte mit abgeschlossener Berufsausbildung kaum mehr als ungelernte Kräfte. Die untersten Tariflöhne liegen meist
sehr nah am gesetzlichen Mindestlohn und müssen nach Erhöhungen häufig
angehoben werden.

Die Fragmentierung von Unternehmen durch die Auslagerung von Tätigkeiten in Subunternehmen oder die Zellteilung von Unternehmen in mehrere
Einzelunternehmen ist vor allem in größeren Unternehmen im Gastgewerbe zu
beobachten. So lagern etwa Hotels die Zimmerreinigung aus oder große Unternehmen werden aufgeteilt, um Lohnkosten zu sparen und möglicherweise auch,
um die Gründung von Betriebsräten zu erschweren.

Die Beschäftigungsstruktur im Gastgewerbe hat sich in den letzten 20 Jahren stark verändert. Während im Jahr 2000 noch mehr als die Mehrheit der
Beschäftigten in Vollzeit tätig waren, sind inzwischen fast die Hälfte der

Beschäftigten Minijobber_innen. Die zunehmenden Compliance-Probleme im Gastgewerbe sind vor allem Folge der Prekarisierung der Beschäftigungsverhältnisse. Aus der Forschung ist hinreichend bekannt, dass geringfügig Beschäftigte häufig unterhalb des Mindestlohns entlohnt werden und ihnen oft auch die Bezahlung bei Urlaub und Krankheit sowie an Feiertagen vorenthalten wird (Bosch und Weinkopf 2017). Die im Durchschnitt vergleichsweise kurzen Arbeitszeiten der Beschäftigten im Gastgewerbe führen in Kombination mit den oftmals geringen Stundenlöhnen gerade bei geringfügiger Beschäftigung auch dazu, dass mit fast 10 % überdurchschnittlich viele Beschäftigte im Gastgewerbe Anspruch auf ergänzende Hilfen zum Lebensunterhalt nach dem SGB II haben. Die Kosten für aufstockende Leistungen an Beschäftigte im Gastgewerbe lagen im Jahr 2017 insgesamt bei gut 1,7 Mrd. €, was einem Anteil von 18,3 % an den gesamten Aufwendungen für erwerbstätige Hilfebedürftige in Deutschland entsprach. Die oftmals geringen Stundenlöhne und häufig kleinteiligen Arbeitsverhältnisse im Gastgewerbe werden also in besonders hohem Maße durch öffentliche Gelder subventioniert.

Bereits seit Jahren klagt das gesamte Gastgewerbe über zunehmende Schwierigkeiten bei der Rekrutierung von Beschäftigten, was nicht nur mit der vielfach sehr geringen Bezahlung, sondern auch mit den weiteren eher ungünstigen Arbeitsbedingungen, wie kurzfristig geplanten Arbeitszeiten sowie Nacht- und Wochenendarbeit zu tun hat. Noch schwieriger gestaltet sich die Gewinnung von Auszubildenden, zumal die Abbruchquoten in der Branche sehr hoch sind.

Die industriellen Beziehungen im Gastgewerbe sind aufgrund der großen Zahl von Kleinbetrieben und der hohen Fluktuation, die eine gewerkschaftliche Organisierung erschwert, besonders zersplittert und die Tarifbindung ist deutlich rückläufig (2017: 37 % in West- und 24 % in Ostdeutschland). Der Arbeitgeberverband der Branche hat bislang seine Energien vor allem in die Abwehr des gesetzlichen Mindestlohns und seiner Kontrolle investiert. Der DEHOGA-Bundesverband gehörte zu den heftigsten Kritikern des gesetzlichen Mindestlohns und bezeichnete insbesondere die für wirkungsvolle Kontrollen unabdingbaren Vorschriften zur Arbeitszeitaufzeichnung für Klein- und Mittelbetriebe als unzumutbare „Bürokratiemonster". Durch die von der Branche selbst gewählte Prekarisierung der Beschäftigung, die wegen der erheblichen Nichteinhaltung von Arbeitsstandards gerade bei Minijobs zu erheblichen Compliance-Problemen führt, ist der Aufwand bei der Arbeitszeitaufzeichnung höher als in Branchen mit einem größeren Anteil von Vollzeitbeschäftigten.

Das Hotel- und Gaststättengewerbe zählt neben der Baubranche zu den am häufigsten geprüften Branchen in Deutschland. Gleichwohl wurden im Jahr

2018 nur gut 4 % aller Betriebe im Gastgewerbe geprüft. Offenbar ist das Risiko, dass Mindestlohnverstöße aufgedeckt werden, angesichts der eher geringen Zahl von Kontrollen minimal, und wenn Beschäftigte falsche Aufzeichnungen ihrer Arbeitszeiten tolerieren, lassen sich Verstöße gar nicht nachweisen. Durch das geringe Risiko, dass Verstöße aufgedeckt werden, gab es bislang auch wenig Druck aus den Unternehmen auf die Arbeitgeberverbände, verbindliche Regeln für die Lohngestaltung in der Branche zu schaffen.

Vor allem die wachsenden Rekrutierungsprobleme im Gastgewerbe in den letzten Jahren haben in einigen Regionen einen Stimmungswandel eingeleitet. In Bremen ist es den Sozialpartnern der Branche im Juli 2018 gelungen, ihren Tarifvertrag mit dem gesamten Tarifgitter für allgemeinverbindlich erklären zu lassen. Wer die tariftreuen Unternehmen vor Lohnunterbietung schützen will, muss auch wirkungsvolle Kontrollen unterstützen, die nur auf der Basis von Arbeitsaufzeichnungen möglich sind. Die Arbeitgeberverbände leiden allerdings unter Mitgliedsschwund und sind so zersplittert, dass sie bislang nicht die Kraft aufgebracht haben, eine Beschäftigung und die Berufsausbildung im Gastgewerbe durch gute Löhne wieder attraktiv zu machen.

## 9.5    Wirksamkeit der Kontrollen durch die Finanzkontrolle Schwarzarbeit

Mindestlöhne werden in Deutschland seit 1997 mit der Vereinbarung der ersten Branchenmindestlöhne nach dem Arbeitnehmer-Entsendegesetz im Bauhauptgewerbe kontrolliert. Die Kontrollaufgaben haben sich durch die schrittweise Öffnung des Arbeitnehmer-Entsendegesetzes für Branchenmindestlöhne in anderen Branchen erweitert. Die Einführung des flächendeckenden Mindestlohns im Jahre 2015 hat die Kontrollaufgaben vervielfacht. Mit der Verabschiedung des Mindestlohngesetzes wurde daher entschieden, den Personalbestand bei der FKS wegen der Aufgabenerweiterung um 1600 Personen aufzustocken. Im Frühjahr 2019 wurde zudem beschlossen, die Zahl der Kontrollkräfte bis zum Jahr 2026 auf insgesamt 10.000 Beschäftigte zu erhöhen.

Die Mindestlohnkontrollen sind Aufgabe der Finanzkontrolle Schwarzarbeit (FKS). Grundlage der Prüftätigkeit ist das 2004 verabschiedete Schwarzarbeitsbekämpfungsgesetz, das u. a. die Befugnisse des Zolls bei seinen Prüfungen, die Bußgelder und Strafen bei Verstößen sowie die besonderen Pflichten in bestimmten Branchen, die zuvor durch überdurchschnittlich häufige Gesetzesverstöße aufgefallen sind, regelt. Dazu gehört in 11 Branchen die Ausweispflicht für alle dort tätigen Personen. Durch das Mindestlohngesetz sind für diese Branchen und für alle Beschäftigte in Minijobs (außer in Privathaushalten) Pflichten zur Aufzeichnung der Arbeitszeit hinzugekommen. Das Wort „Mindestlohn" sucht man im Schwarzarbeitsbekämpfungsgesetz allerdings vergeblich. In § 1, der die Ziele des Gesetzes beschreibt, wird Schwarzarbeit u. a. als Nichterfüllen der „sozialversicherungsrechtlichen Melde-, Beitrags- oder Aufzeichnungspflichten" und der sich „auf Grund der Dienst- oder Werkleistungen ergebenden steuerlichen Pflichten" bezeichnet. Der Prüfauftrag bei der Lohnzahlung beschränkt sich also auf die dem Staat oder den Sozialversicherungen zufließenden Beiträge und Steuern. Den Nettolohn durchzusetzen, bleibt individuelle Aufgabe der einzelnen Beschäftigten, wozu ihnen rechtlich der Klageweg offen steht.

Mit der Reform von 2004 wurden die zuvor getrennten Kontrolltätigkeiten der Bundesagentur für Arbeit und des Zolls in einer Einheit zusammengeführt, womit man Schnittstellen verringern und die Kontrollen effektivieren wollte. Eines der Argumente für die Konzentration der Aufgaben beim Zoll war, dass dort die Kompetenz und die Ausrüstung für vollzugspolizeiliche Aufgaben, die zur Durchführung von Kontrollen notwendig sind, bereits verfügbar waren.

Die FKS verfolgt nach eigenen Angaben einen sogenannten „ganzheitlichen Prüfansatz", was bedeutet, dass bei jeder Kontrolle alle relevanten Prüffelder bearbeitet werden, einschließlich der Einhaltung der gesetzlichen Vorgaben nach dem Mindestlohngesetz, dem Arbeitnehmer-Entsendegesetz und dem Arbeitnehmerüberlassungsgesetz. Dieser Ansatz entspricht einer Zusammenfassung der gesetzlichen Aufgaben des Zolls, ist also nicht mit einer Kontrollstrategie zu verwechseln.

Bei der strategischen Ausrichtung setzt die FKS nach eigenen Angaben auf einen Mix aus proaktiven, verdachtsunabhängigen und reaktiven Kontrollen. Der proaktive Ansatz umfasst gezielte Kontrollen in den im Gesetz genannten besonders von Schwarzarbeit betroffenen Branchen und Arbeitsverhältnissen. Zu diesem proaktiven Ansatz zählen bis zu acht Schwerpunktprüfungen pro Jahr in ausgewählten Branchen, die bundesweit oder in einer Region erfolgen können. Zu den reaktiven Strategien zählen Kontrollen, die auf konkrete Hinweise aus der Bevölkerung, von Beschäftigten oder auch Konkurrenzunternehmen eingehen. Verbreitet waren bis 2014 auch die sogenannten verdachtsunabhängigen Prüfungen, die von den damaligen Streifendiensten durchgeführt wurden.

Zur Strategie der FKS zählt auch eine gezielte Öffentlichkeitsarbeit, um erfolgreiche Kontrollen transparent zu machen und somit ein abschreckendes Signal an andere Betriebe zu senden. Zu diesem Zweck veröffentlicht der Zoll einmal pro Jahr eine Jahresbilanz mit Angaben zur Zahl der durchgeführten Kontrollen sowie den festgelegten Strafen und Bußgeldern.

Die Zusammenarbeit der FKS mit der Deutschen Rentenversicherung, den Staatsanwaltschaften, den Finanzbehörden, der SOKA-BAU und den Gewerbeämtern ist gesetzlich geregelt. Mit diesen Behörden besteht eine wechselseitige Kooperation mit einem zum Teil automatisierten Datenaustausch, gemeinsamen Kontrollen sowie Workshops und Beratungen über das Risikomanagement. Von unseren Gesprächspartner_innen in der FKS wurde diese Zusammenarbeit als effektiv eingeschätzt.

Erheblicher kritischer wurden jedoch in den Interviews die Organisationstruktur des Zolls, seine strategische Aufstellung und die Folgen der Organisationreform von 2014 gesehen. Die wesentlichen Kritikpunkte lassen sich wie folgt zusammenfassen:

1. Der Zoll verfügt mit der FKS und der Zollfahndung über zwei parallele Vollzugsdienste, die unterschiedlichen Zentraldirektion zugeordnet sind, obwohl sie vielfach ähnliche Aufgaben haben, eine vergleichbare Ausrüstung (z. B. bei der Telefonüberwachung, der IT-Ausstattung und im Fuhrpark) benötigen und ähnliche Kontrollmethoden anwenden. Diese Separierung der beiden Dienste zieht sich durch alle Hauptzollämter. Der Verzicht auf eine Bündelung der Ressourcen führt in der FKS zum Teil zu erheblichen Knappheiten vor Ort, vor allem in der IT-Ausstattung oder bei der Telefonüberwachung, obgleich diese Ausstattung für die geplante intensivere Kontrolle organisierter Kriminalität an Bedeutung gewonnen hat. Die Patchwork-Organisation des Zolls insgesamt verhindert also einen effizienten Mitteleinsatz. Hinzu kommen kaum verständliche Unterschiede in den Befugnissen. Die Nichtzahlung von Sozialversicherungsbeiträgen nach § 100a der Strafgesetzzordnung berechtigte im Unterschied zu Steuerhinterziehung oder Geldwäsche nicht zu Telefonüberwachungen, obwohl auch hier sehr hohe Beträge hinterzogen wurden. Erst mit der Reform des Schwarzarbeitsbekämpfungsgesetzes im Jahr 2019 wurde diese geändert.

2. Die Entwicklung einer gemeinsamen Corporate Identity und wirkungsvoller Kontrollstrategien ist bei Kontrollbehörden besonders schwierig, worauf auch die internationale Literatur hinweist (z. B. Tallberg 2003; Hardy 2011; Weil 2018). Sie müssen einerseits polizeidienstliche Kontrollaufgaben übernehmen, sich andererseits aber auch als Partner der Wirtschaft verstehen, die Unternehmen über ihre Verpflichtungen aufklären und ihnen bei der Compliance helfen wollen. Die Partnerrolle ist natürlich deutlich bequemer. Man hat sich in ihr gut einrichten, da sie in der Politik und vor allem auch in der Wirtschaft viel Unterstützung findet. Nimmt man diesen Habitus an, wird man aber nicht mehr wirkungsvoll kontrollieren können (Weil 2018). Über die offensichtlich

sehr gute Aus- und Weiterbildung hat man in der FKS Anstrengungen unternommen, die eigenen Leute auf wirkungsvolle Kontrollen, mit denen auch Abschreckung erreicht werden kann, vorzubereiten. Bis zur Entwicklung einer gemeinsamen Corporate Identity und der Entwicklung gemeinsamer Strategien scheint diese Organisationsentwicklung allerdings nicht gereicht zu haben. Die FKS wird zwar von oben durch Kennziffern gesteuert. So müssen 70 % der Kontrollen in den Schwerpunktbranchen und 30 % in anderen Bereichen erfolgen. Anders als in Produktionsunternehmen kann der Erfolg des Zolls jedoch nicht genau gemessen werden. Dazu taugen weder die Zahlen der Kontrollen, die ja durch oberflächliche Schwerpunktkontrollen am Jahresende leicht auf das gewünschte Soll angehoben werden können, noch die Höhe der Bußgelder, von denen man nicht weiß, ob sie am Ende auch eingetrieben werden. Die eigentlichen Kontrollstrategien werden dezentral von den Hauptzollämtern entwickelt. Diese starke Dezentralisierung in Verbindung mit einem unzureichenden Lernen aus erfolgreichen oder weniger erfolgreichen regionalen Vorgehensweisen deutet auf eine gewisse Beliebigkeit der Strategieentwicklung und einen Mangel an Führung hin.

3. Mit der Organisationsreform des Zolls von 2014 wurde der Streifendienst, in dem zuvor etwa ein Viertel aller Beschäftigten tätig waren, aufgelöst, obwohl der Bundesrechnungshof in einem Gutachten von 2008 eine erhöhte Präsenz über den Streifendienst gefordert hatte (Bundesrechnungshof 2008, S. 19). Damit wurden gut funktionierende Teams zerschlagen und Beschäftigte in den Innendienst integriert. Die anlassunabhängige Kontrolle wurde in vielen Hauptzollämtern eingestellt. Andere haben die Streifendienste in veränderter Form aufrecht erhalten. Zum Teil spiegelt sich das auch in der Schichtplangestaltung wider. Während manche Hauptzollämter Kontrollen i. d. R. nunmehr nur von montags bis freitags durchführen, werden andere bei Bedarf auch weiterhin abends, nachts oder am Wochenende tätig. Die Zahl der Kontrollen ist ausgerechnet im Jahr 2015, als der gesetzliche Mindestlohn eingeführt wurde, eingebrochen. Dies wurde u. a. damit begründet, dass man den Unternehmen zunächst etwas Zeit geben wollte, sich auf den neuen Mindestlohn einzustellen. Bis 2018 wurde die Kontrolldichte aus der Zeit vor Einführung des Mindestlohns nicht wieder erreicht, obwohl sich die Aufgaben durch den gesetzlichen Mindestlohn deutlich erweitert haben. Ziel der Zollreform sollte es sein, mehr Qualität statt Quantität zu erreichen, indem vor allem die organisierte Kriminalität stärker in den Fokus gerückt werden und Geschäftsunterlagen einer intensiveren Prüfung unterzogen werden sollten, um die Kontrolltiefe zu erhöhen. Das ist wenig überzeugend, da es – wie bereits erwähnt – weiterhin an vielen Standorten nach wie vor

an der benötigten IT-Infrastruktur fehlt. Hinzu kommt, dass viele lang-
jährige Beschäftigte mit der Zollreform und dem neuen Aufgabenzuschnitt
unzufrieden waren und sich auf andere Stellen wegbewarben, wodurch sehr
viel Kontrollerfahrung verloren ging. Obwohl zwischen 2015 und 2018 1297
Nachwuchskräfte eingestellt wurden, erhöhte sich aufgrund einer hohen Fluktuation, die immer ein Krisenindikator für den Zustand einer Behörde ist,
der Personalstand kaum, und im Januar 2019 waren noch 1304 Planstellen
unbesetzt (Deutscher Bundestag 2019).

Unsere Interviews und die Auswertung der Berichte und Kontrollzahlen des
Zolls ersetzen natürlich keine gründliche Organisationsuntersuchung, die dringend ansteht. Sie geben allerdings Eindrücke aus dem Innenleben dieser Organisation wieder, die Zweifel an ihrem Aufbau und ihrem Zustand wecken. Das
beachtliche Ausmaß der Nichteinhaltung des gesetzlichen Mindestlohns ist ein
starker Indikator dafür, dass es sowohl an Kontrolldichte als auch an Kontrolldruck fehlt. Ein Problem scheint auch darin zu bestehen, dass es bislang an einem
entsprechenden Reformdruck des Finanzministeriums fehlt, das aus seiner eigenen Logik vor allem an zuverlässigen Einnahmen interessiert ist. Immerhin ist der
Zoll eine der wichtigsten Behörde der Steuererhebung. Etwa die Hälfte der dem
Bund zufließenden Steuern (z. B. Verbrauchs- und Verkehrssteuern) werden vom
Zoll einzogen. Die inzwischen bandenmäßig organisierte Kriminalität auf dem
Arbeitsmarkt wird hingegen immer noch unterschätzt. Ein Experte bezeichnete
dies im Interview als „Niedlichkeitsfaktor der Schwarzarbeit" gegenüber anderen
organisierten Formen der Kriminalität.

## 9.6    Reformvorschläge

Ziel unserer Untersuchung war es, das Ausmaß und die Ursachen für die Einhaltung und die Nichteinhaltung des Mindestlohns zu verstehen. Dabei sind
wir davon ausgegangen, dass diese Gründe nicht alleine in Problemen der nachgelagerten Kontrollen durch die Finanzkontrolle Schwarzarbeit zu finden sind. Sie
können ebenso in der Schwäche präventiver Regulierungen und Strategien angelegt
sein, die Verstöße gegen Mindestlöhne schon im Vorfeld erschweren. Im Folgenden
werden die Reform- und Veränderungsvorschläge, die wir aus 63 Interviews mit
102 Expert_innen, aber auch aus der Analyse internationaler Erfahrungen, unseren drei Branchenstudien sowie vorliegenden Untersuchungen unterschiedlicher
Lohnsysteme gewonnen haben, zusammengefasst. Dabei wollen wir uns nicht in
technischen Details verlieren, was auch unseren Untersuchungshorizont deutlich

überschreiten würde, sondern eher einen Überblick über die zentralen Ansatz-punkte einer Reformstrategie geben (Tab. 9.2).
Bei der Prävention sehen wir drei zentrale Ansatzpunkte:

1. *Stärkung der Selbstkontrollen durch die Sozialpartner:* Die heutigen staat-lichen Kontrollen von Mindestlöhnen sind erst durch den Rückgang der Tarif-bindung und die Herausbildung eines großen Niedriglohnsektors notwendig geworden. Die geringsten Probleme mit der Einhaltung gesetzlicher Mindest-lohnstandards finden sich in Branchen, in denen das traditionelle autonome Lohnsystem noch funktioniert. Das gilt etwa für den öffentlichen Dienst, die Metall- und die chemische Industrie, wo die Tarifbindung hoch ist, die üblichen Einstiegslöhne deutlich über dem Mindestlohn liegen und starke Per-sonal- und Betriebsräte die Einhaltung von Gesetzen und Tarifen kontrollieren. Durch allgemeinverbindliche Tarifverträge mit differenzierten Lohngittern auch in Branchen mit hohen Niedriglohnanteilen wie u. a. dem Gastgewerbe, dem Einzelhandel und der Fleischindustrie könnten die Tariflöhne vieler Beschäftigter deutlich über den gesetzlichen Mindestlohn angehoben wer-den. Um dies zu erreichen, müsste die Allgemeinverbindlicherklärung von Tarifverträgen erleichtert werden. AVE-Anträge aus einzelnen Branchen soll-ten im Tarifausschuss nur mit einer Mehrheit abgelehnt werden können, um Blockademöglichkeiten einer Seite zu verhindern. Außerdem müsste das im Tarifautonomiestärkungsgesetz nicht näher definierte „Öffentliche Interesse", nach dem ein Tarifvertrag auch allgemeinverbindlich erklärt werden kann, ohne dass eine Tarifbindung von mindestens 50 % nachgewiesen werden muss, spezifiziert werden. Ein öffentliches Interesse an einer Allgemeinverbindlich-keit kann etwa angenommen werden, wenn eine Branche einen überdurch-schnittlichen Anteil an Niedriglohnbeschäftigten oder (wie in der Schweiz) eine hohe Personalfluktuation aufweist, die eine gewerkschaftliche Organisie-rung der Beschäftigten erschwert. Das öffentliche Interesse begründet sich u. a. aus den hohen Folgekosten geringer Löhne für die Sozialversicherungen und die öffentlichen Haushalte in Form der Aufstockung niedriger Löhne durch das SGB II-System oder die Grundsicherung im Alter. Allgemeinverbind-liche Tarifverträge erlauben überdies „echte" Tariftreuegesetze, die nicht nur eine Untergrenze, sondern ganze Tarifgitter bei der Vergabe öffentlicher Auf-träge verbindlich machen. Nach dem sogenannten Rueffert-Urteil des EuGH sind allgemeinverbindliche Tarifverträge die Voraussetzung für solche Vergabe-gesetze. Eine weitere Frage ist, wie man in einem freiwilligen Tarifsystem wie dem deutschen bei großen Verwerfungen in Niedriglohnbranchen und einer dauerhaften Blockade allgemeinverbindlicher Tarifverträge die Zustimmung

**Tab. 9.2**   Reformvorschläge im Überblick

| | |
|---|---|
| Präventive Maßnahmen | • Erhöhung der Tarifbindung durch Erleichterung der Allgemein-verbindlichkeitserklärung (AVE) durch Präzisierung des „öffent-lichen Interesses an einer AVE <br> • Tariftreuegesetze mit gesamtem Lohngitter für die öffentliche Vergabe <br> • Einführung allgemeinverbindlicher Tarife in tariffreien Zonen über Branchenkommissionen mit Schlichtung <br> • Einschränkung der Nutzung besonders anfälliger Beschäftigungsformen wie Minijobs und Werkvertrags-konstellationen <br> • Begrenzung der Subunternehmerketten auf drei Ebenen mit begründeten Ausnahmen bei hoher Spezialisierung |
| Stärkung der Verantwortung an der Spitze der Wertschöpfungskette | • Einbeziehung weiterer Branchen in die Generalunternehmer-haftung für die Sozialversicherungsbeiträge <br> • Einziehen der Sozialversicherungsbeiträge der Beschäftigten in Subunternehmen in Branchen mit chronischen Verstößen über den Generalunternehmer <br> • Entwicklung von Standards zu einem verantwortlichen Nachunternehmermanagement bei großen Auftraggebern in Kooperation zwischen FKS und Sozialpartnern <br> • Vereinbarungen zwischen FKS und Großunternehmen (begin-nend mit den Dax-Unternehmen und dem öffentlichen Dienst als Vorreiter) zu einem sozial verantwortlichen Nachunter-nehmen-Management und seiner gemeinsamen Umsetzung (einschließlich Kontrollen) <br> • Datenbank zu Verstößen und Ausschluss von öffentlichen Auf-trägen bei groben Verstößen und längeren Ausschlüssen für Wiederholungstäter <br> • Blame and Shame: Öffentliche Namensnennung von Unter-nehmen bei großen und wiederholten Verstößen |
| Stärkung des Self-Enforcement | • Bekanntmachung von Erhöhungen des Mindestlohns durch Pressekampagnen (z. B. Fernsehspots) <br> • Aufrundung des Mindestlohns auf glatte einfach zu merkende Beträge <br> • Allgemeinverständliche Definition der auf den Mindestlohn anrechenbaren Lohnbestandteile im Mindestlohngesetz <br> • Einrichtung eines jederzeit nutzbaren Online-Portals zur Mel-dung von Mindestlohnverstößen oder sonstigen Hinweisen |

(Fortsetzung)

**Tab. 9.2**  (Fortsetzung)

| Verbesserung der Kontrollen | • Untersuchung der Ursachen der hohen Personalfluktuation in der FKS<br>• Prüfung möglicher Effizienzsteigerungen durch Beseitigung von Doppelstrukturen bei den Fahndungsdiensten des Zolls<br>• Untersuchung der Auswirkungen der Organisationsreform der FKS von 2014 auf die Kontrolldichte und den Kontrolldruck<br>• Untersuchung der Schwerpunktsetzung bei den Kontrollen der FKS<br>• Lagerung der Arbeitszeitaufzeichnungen in den Betrieben (nicht bei Steuerberater_innen)<br>• Tägliche Arbeitszeitaufzeichnungen zur Erschwerung nachträglicher Korrekturen<br>• Stärkere Nutzung von Bündnissen gegen Schwarzarbeit, Rückmeldungen an die Sozialpartnern unter Wahrung des Datenschutzes |
|---|---|
| Verbesserung des Vollzugs | • Bildung von Schwerpunktstaatsanwaltschaften<br>• Angleichung der Verjährungsfristen für die Zahlung von Steuern, Sozialversicherungsbeiträgen und Löhnen<br>• Information der Beschäftigten über die ihnen zustehenden Lohnansprüche nach Kontrollen<br>• Verbandsklagerecht für Gewerkschaften für vorenthaltende Löhne |

der Arbeitgeberverbände für einen Tarifvertrag durch eine Schlichtung ersetzen kann und den Tarifvertrag anschließend für allgemeinverbindlich erklärt. Das schlagen britische Arbeitsrechtler_innen in Anlehnung an lange angelsächsische Traditionen vor. In Branchen ohne Tarifverhandlungen sollen „Sectoral Employment Commissions" eingerichtet werden, die allgemeinverbindliche Branchentarife aushandeln. In den paritätischen Kommissionen soll ein zusätzlicher Schlichter ein Abstimmungspatt verhindern (Ewing et al. 2016). Eine Alternative wären nach Qualifikation gestaffelte Mindestlöhne wie z. B. in der Slowakei, wo es sogar sechs Mindestlohnstufen gibt. Ein solcher extensiver Mindestlohn hätte allerdings den Nachteil, dass er ggf. dauerhaft Tarifvereinbarungen verdrängen könnte. Die Stärkung der Tarifbindung ist das beste Instrument zur Entbürokratisierung der Wirtschaft. Die Sozialpartner selbst garantieren eine faire Bezahlung und verringern damit die Notwendigkeit von Kontrollen in ihren Branchen.

2. *Stärkung der Verantwortung an der Spitze der Wertschöpfungskette:* Einer der wichtigsten Treiber für die Herausbildung des großen Niedriglohnsektors in Deutschlands und auch der weiterhin erheblichen Compliance-Probleme

ist die Auslagerung von Tätigkeiten in Subunternehmen, die selbst wiederum die Tätigkeiten in Subunternehmerketten auslagern, deren einziger Zweck darin besteht, Löhne zu drücken und diese Praktiken zu verschleiern. Der Gesetzgeber hat hierauf bereits durch die verschuldensunabhängige Haftung des Generalunternehmers beim Mindestlohn reagiert. Hinzu kommt auch die Haftung des Generalunternehmens für die Sozialversicherungsbeiträge in der Bauwirtschaft. Diese Haftungsvorschriften zwingen die Auftraggeber an der Spitze von Vergabeketten zu einem Compliance-Management, um Risiken soweit wie möglich auszuschließen. In der Obama-Administration hat die dortige Kontrollbehörde begonnen, mit Franchise-Unternehmen wie etwa Subway mit 13.000 Niederlassungen in den USA sowie verschiedenen anderen Generalunternehmen sogenannte „enhanced compliance agreements" abgeschlossen., die Standards für das interne Nachunternehmermanagement festlegen und z. B. die Ausbildung des zuständigen Personals, die Schaffung anonymer interner Beschwerdekanäle sowie unabhängiger Kontrollsysteme betreffen (Weil 2018, S. 447 f.). Die US-amerikanische Kontrollbehörde ist hier zum Partner einiger Unternehmen bei der Umsetzung eines effektiven Nachunternehmermanagement geworden. Mit einem solchen Ansatz kann man die Reichweite der Kontrollen deutlich erhöhen. Die Finanzkontrolle Schwarzarbeit könnte nach diesem Vorbild den Aufbau wirkungsvoller Compliance-Systeme in Großunternehmen und den Erfahrungsaustausch zwischen den Unternehmen in diesem Bereich unterstützen. Wenn sich überdurchschnittlich viele Mindestlohnverstöße trotz Kontrollen und Selbstverpflichtungen in Branchen mit Subunternehmerketten nicht verringern lassen, muss man notfalls auch drastischere Maßnahmen ergreifen. Dies betrifft etwa die Begrenzung der Subunterketten auf zwei oder drei Ebenen wie im spanischen Baugewerbe oder die Begrenzung der Auslagerung von Kerntätigkeiten auf 20 % der Belegschaften, wie dies der ehemalige Wirtschaftsminister Gabriel der Fleischindustrie angedroht hatte, sowie die Abführung der Sozialversicherungsbeiträge der Beschäftigten bei den Subunternehmen über den Generalunternehmer. Zudem könnte wie in Großbritannien die Sichtbarkeit von Verstößen durch öffentlichkeitswirksame „blame and shame"-Kampagnen mit direkter Namensnennung von Unternehmen, die wiederholt gegen Mindestlöhne verstoßen haben, erhöht werden.

3. *Stärkung des Self-Enforcement durch transparente und einfache Regelungen:* Eine der wichtigsten Mechanismen zur wirkungsvollen Durchsetzung von Standards sind einfache und klare Regeln, die auch bekannt sein müssen, damit die Beschäftigten ihre Ansprüche auch einfordern können. Das gilt zunächst für den Mindestlohn selbst, der am wirkungsvollsten ist, wenn er

für fast alle Beschäftigten mit nur wenigen Ausnahmen gilt, was in Deutschland der Fall ist. Er muss aber auch einfach zu kommunizieren und zu merken sein. Das galt in Deutschland zwar für den Einstieg im Jahr 2015 mit einem Wert von 8,50 €, nicht aber für die folgenden Erhöhungen auf 8,84 € (2018) oder 9,19 € (2019). Die Grundregel sollten einfach nachzuvollziehende aufgerundete Beträge sein. War bei der Einführung des gesetzlichen Mindestlohns der damalige Wert von 8,50 € durch die kontroverse Debatte um den Mindestlohn bundesweit bekannt, gilt das für die folgenden Erhöhungen nicht mehr. Um die Compliance zu verbessern, sollten die Erhöhungen in den nächsten Jahren über die Medien (z. B. Fernsehspots) bekannt gemacht werden. Schließlich ist zu fragen, ob nicht auch Beschäftigungsverhältnisse mit einem Sonderstatus neu gestaltet werden müssen, wenn sich hier Verstöße häufen. Das betrifft in Deutschland insbesondere die Minijobs. Trotz der besonderen Dokumentationspflichten der tatsächlich geleisteten Arbeitszeiten häufen sich bei dieser Arbeitsform die Verstöße gegen den Mindestlohn. Zudem erhalten Beschäftigte in Minijobs zu hohen Anteilen weder bezahlten Urlaub noch eine Lohnfortzahlung für Feier- und Krankheitstage. Vorschläge zur Abschaffung des Sonderstatus von Minijobs bzw. eine Beschränkung auf Tätigkeiten unterhalb einer Bagatellgrenze von 150 € pro Monat haben wir an anderer Stelle ausformuliert (Bosch und Weinkopf 2017).

Neben solchen präventiven Maßnahmen müssen die Kontrollen verbessert werden. Unsere Untersuchung deutet auf kontraproduktive Folgen der letzten Organisationsreform des Zolls hin, etwa durch Abschaffung des obligatorischen Streifendiensts, die ausgerechnet zeitgleich mit der Einführung des gesetzlichen Mindestlohns wirksam wurden. Die hohe Dezentralisierung der Verantwortung für Kontrollen deutet auf eine gewisse Beliebigkeit des Handelns und einen Mangel an Koordination und Erfahrungsaustausch hin. Die hohe Fluktuation bei der Finanzkontrolle Schwarzarbeit, durch die die vom Bundestag beschlossene Aufstockung des Personals für die Kontrollen des gesetzlichen Mindestlohns in der Praxis nur teilweise umgesetzt werden konnte, verweist auf eine Unzufriedenheit der Mitarbeiter_innen, deren Hintergründe näher zu untersuchen wären. Hinzu kommen ineffektive Doppelstrukturen durch die Aufrechterhaltung von zwei parallelen Fahndungsdiensten, die die interne Kommunikation sowie die Bündelung von Ressourcen behindern, die mit der zunehmenden Digitalisierung der Abläufe große Skaleneffekte erzielen könnten. Eine gründliche Organisationsuntersuchung der Strategie, der Strukturen und der internen Führung der Finanzkontrolle Schwarzarbeit und der Nutzung der Synergien mit der Zollfahndung erscheinen uns unverzichtbar.

Schließlich möchten wir noch auf drei Handlungsbereiche verweisen, auf die uns Expert_innen aus unterschiedlichen Institutionen in Interviews hingewiesen haben. Die Aufdeckung von Verstößen steht und fällt mit der korrekten Aufzeichnung der Arbeitszeit. Grundvoraussetzung dafür ist eine tägliche (elektronische) Erfassung der Arbeitszeiten, auf die die Beschäftigten das Recht zur Einsicht und Korrektur haben. Gerade in Branchen wie der Fleischwirtschaft ist dies oftmals nicht möglich und muss mühsam über Betriebsräte (sofern solche überhaupt vorhanden sind) durchgesetzt werden. Daneben sollte es zwingend vorgeschrieben sein, dass die Arbeitszeitaufzeichnungen wie in Frankreich für Kontrollen im Betrieb bereit liegen müssen und nicht beim Steuerberater deponiert werden können, wo sie leichter manipulierbar sind. Zudem könnte die Wirksamkeit von Kontrollen durch Auflagen zur Registrierung aller Beschäftigten auf Baustellen (Spanien, Italien, Norwegen, Polen) oder auch bei Frisören und in Gaststätten (z. B. in Schweden) oder durch elektronische Zeitmessung (in Griechenland durch eine Auflage der Troika) verstärkt werden.

Auch die Zusammenarbeit mit den Staatsanwaltschaften lässt sich verbessern. Von Expert_innen aus der FKS und auch von den Sozialpartnern wurde vielfach bemängelt, dass Staatsanwaltschaften sich oft mit sehr unterschiedlichen Themen befassen müssen und deshalb häufig nur unzureichend mit den gesellschaftlichen und wirtschaftlichen Dimensionen des Themas Schwarzarbeit vertraut sind. Solche Fälle haben daher oft keine Priorität und die vom Zoll vorgeschlagenen Strafen werden in Gerichtsverfahren nicht selten deutlich verringert. Dagegen zeigen einige Städte (z. B. Bochum), dass spezialisierte Schwerpunktstaatsanwaltschaften Schwarzarbeit oft mehr Aufmerksamkeit widmen und die Kooperation mit der FKS besser funktioniert. Allerdings existieren solche Schwerpunktstaatsanwaltschaften bislang nur an wenigen Standorten in Deutschland. Angesichts der Dimensionen dieses Themas sollten sie zur Regel werden.

Völlig unzureichend erscheint in Deutschland auch die Unterstützung der Beschäftigten bei der Durchsetzung ihrer Lohnansprüche. Von der FKS bzw. den Sozialbehörden werden bei festgestellten Mindestlohnverstößen nur die Sozialversicherungsbeiträge nachgefordert, nicht aber die den Beschäftigten vorenthaltenen Nettolöhne. Von Mindestlohnverstößen betroffene Beschäftigte in Deutschland werden noch nicht einmal darüber informiert, wenn die FKS bei Kontrollen Verstöße festgestellt hat. Häufig schrecken die Beschäftigten zudem vor rechtlichen Schritten gegen ihren Arbeitgeber aus Angst, entlassen zu werden zurück. Somit müssen Betriebe keine ernsthaften Konsequenzen für vorenthaltende Lohnansprüche befürchten. Der Bundesrechnungshof hat in völliger Verkennung der Macht- und Ausbeutungsstrukturen an den Rändern des Arbeitsmarktes vorenthaltene Löhne als „im Grunde private ‚Vermögenseinbußen', die beim Arbeitnehmer – überwiegend mit dessen Einwilligung – entstehen, daher jedenfalls keinen Schaden öffentlicher Kassen darstellen", bezeichnet (Bundesrechnungshof 2008, S. 23). Nur wenn die Unternehmen davon ausgehen müssen, dass Verstöße gegen Mindestlohnansprüche ernsthafte Konsequenzen nach sich ziehen, wird sich das Verhalten gegenüber den Beschäftigten verändern. Zudem ist die Verjährungsfrist bei der Vorenthaltung von Mindestlöhnen mit drei Jahren oftmals zu kurz, da sie am Ende von Gerichtsverfahren häufig schon abgelaufen ist. Eine längere Verjährungsfrist von z. B. fünf Jahren (wie bei Steuern und Sozialversicherungsbeiträgen) könnte hier mehr Spielräume für eine Nachforderung vorenthaltener Ansprüche bieten.

Einige europäische Nachbarstaaten sind bei der Unterstützung der Beschäftigten wesentlich weiter. In Frankreich und Spanien können die Arbeitsinspektionen z. B. auch direkte Anordnungen gegenüber Betrieben zur Erfüllung solcher Arbeitgeberpflichten treffen, ohne die Beschäftigten auf den privaten Rechtsweg verweisen zu müssen. Zudem werden die Beschäftigten in einigen Ländern auch stärker bei der Durchsetzung ihrer Ansprüche unterstützt. In Polen etwa berät die staatliche Arbeitsinspektion Beschäftigte über ihre Rechte und nimmt Beschwerden entgegen, denen sie selbst nachgeht. In Belgien und Großbritannien werden die Beschäftigten bei Klagen vor Gericht von den Kontrollbehörden unterstützt und in Ländern wie den Niederlanden und Frankreich haben die Gewerkschaften das Recht zur Verbandsklage.

## Literatur

Aretz, Bodo, M. Arntz, S. Gottschalk, T. Gregory, M. Niefert, C. Rammer, H. Schröder, und H. Schütz. 2011. Evaluation bestehender gesetzlicher Mindestlohnregelungen – Branche: Dackdecker. Zentrum für europäische Wirtschaftsforschung GmbH (ZEW) und infas Institut für angewandte Sozialwissenschaften GmbH. http://www.bmas.de/SharedDocs/Downloads/DE/PDF-Meldungen/evaluation-mindestlohn-dachdecker. html;jsessionid=14260746ADD6298B6D391C946C264F51. Zugegriffen: 9. Mai 2019.
Bachmann, R., W. Dürig, H. Frings, L.S. Höckel, und F. Martinez Flores. 2017. Minijobs nach Einführung des Mindestlohns – Eine Bestandsaufnahme. *RWI Materialien* 114. Essen.
Basu, Arnab K., N.H. Chau, und R. Kanbur. 2007. Turning a blind eye: Costly enforcement, credible commitment and minimum wage laws. IZA Discussion Paper 2998, Bonn.
Bosch, Gerhard, und C. Weinkopf. 2012. Wirkungen der Mindestlohnregelungen in acht Branchen. *Expertise im Auftrag der Abteilung Wirtschafts- und Sozialpolitik der Friedrich-Ebert-Stiftung*. Bonn: FES (WISO Diskurs).

Bosch, Gerhard, und C. Weinkopf. 2013. Wechselwirkungen zwischen Mindest- und Tariflöhnen. *WSI-Mitteilungen* 66 (6): 393–404.

Bosch, Gerhard, und C. Weinkopf. 2017. *Gleichstellung marginaler Beschäftigung – Vorschlag zur Reform der Minijobs.* Expertise im Rahmen des Zweiten Gleichstellungsberichts der Bundesregierung. Berlin.

Bosch, Gerhard, T. Kalina, C. Kern, S. Neuffer, M. Schwarzkopf, und C. Weinkopf. 2011. *Evaluation bestehender gesetzlicher Mindestlohnregelungen – Branche: Gebäudereinigung.* Duisburg: Institut Arbeit und Qualifikation.

Bosch, Gerhard, T. Kalina, und C. Weinkopf. 2012. Wirkungen der Mindestlohnregelungen in der Gebäudereinigung. *Journal for Labour Market Research* 45 (3–4): 209–231.

Bundesrechnungshof. 2008. *Bericht nach § 99 BHO über die Organisation und Arbeitsweise der Finanzkontrolle Schwarzarbeit* (FKS). 11. Januar 2008. Bonn.

Burauel, Patrick, M. Caliendo, A. Fedorets, M.M. Grabka, C. Schröder, J. Schupp, und L. Wittbrodt. 2017. Mindestlohn noch längst nicht für alle – Zur Entlohnung anspruchsberechtigter Erwerbstätiger vor und nach der Mindestlohnreform aus der Perspektive Beschäftigter. *DIW-Wochenbericht* 49:1109–1123.

Deutscher Bundestag. 2019. Antwort der Bundesregierung auf die Kleine Anfrage der (...) Fraktion BÜNDNIS 90/DIE GRÜNEN – Drucksache 19/7744. Mindestlöhne – Kontrollen der Finanzkontrolle Schwarzarbeit im Jahr 2018. Drucksache 19/8830 vom 29. März 2019. Berlin. http://dipbt.bundestag.de/doc/btd/19/088/1908830.pdf. Zugegriffen: 9. Mai 2019.

Dickens, Linda. 2009. Delivering fairer workplaces through statutory rights? Enforcing employment rights in Britain. Paper prepared in April 2009 and presented at the 15th World Congress of the International Industrial Relations Association held in Sydney, Australia, August 2009.

Ewing, Keith, J. Hendy, und C. Jones. 2016. *A Manifesto for labour law: Towards a comprehensive revision of workers' rights.* Liverpool: Institute of Employment Rights.

Fischer, Gabriele, S. Gundert, S. Kawalec, F. Sowa, J. Stegmaier, K. Tesching, und S. Theuer. 2015. *Situation atypisch Beschäftigter und Arbeitszeitwünsche von Teilzeitbeschäftigten – Quantitative und qualitative Erhebung sowie begleitende Forschung.* Forschungsprojekt im Auftrag des Bundesministeriums für Arbeit und Soziales. Nürnberg: IAB.

Grabka, Markus M., und C. Schröder. 2019. Der Niedriglohnsektor ist größer als bislang angenommen. *DIW-Wochenbericht* 14:249–257.

Grunert, Klaus G., S. James, und P. Moss. 2010. Tough meat, hard candy: Implications for low-wage work in the food-processing industry. In *Low-wage work in the wealthy world*, Hrsg. J. Gautié und J. Schmitt, 367–420. New York: Russell Sage Foundation.

Hardy, Tess. 2011. Enrolling non-state actors to improve compliance with minimum employment standards. *The Economic and Labour Relations Review* 22 (3): 117–140.

Hardy, Tess, und J. Howe. 2015. Chain reaction: A strategic approach to addressing employment non-compliance in complex supply chains. *Journal of Industrial Relations* 57 (4): 563–584.

Hartlapp, Miriam. 2007. On enforcement, management and persuasion: Different logics of implementation policy in the EU and the ILO. *Journal of Common Market Studies* 45 (3): 653–674.

Harvey, Mark. 2003. Privatisation, fragmentation, and inflexible flexibilization in the UK construction industry. In *Building chaos. An international comparison of deregulation in the construction industry*, Hrsg. G. Bosch und P. Phillips, 188–209. London: Routledge.

Holst, Hajo, und I. Singe. 2013. Ungleiche Parallelwelten – Zur Organisation von Arbeit in der Paketzustellung. *Arbeits- und Industriesoziologische Studien* 6 (2): 41–60.

Kocher, Eva. 2012. Barrieren der Mobilisierung von Arbeitsrecht – Oder: Lässt sich Fairness erzwingen? *Juridikum* 1:63–73.

Locke, Richard M. 2013. *The promise and limits of private power: Promoting labor standards in the global economy*. Ithaca: Cornell University Press.

Piore, Michael J., und A. Schrank. 2008. Toward managed flexibility: The revival of labour inspection in the Latin world. *International Labour Review* 147 (1): 1–47.

Pusch, Toralf. 2018. Bilanz des gesetzlichen Mindestlohns: deutliche Lohnerhöhungen, aber auch viele Umgehungen. *Wirtschaftsdienst* 4:252–259.

Schulten, Thorsten. 2018. The role of extension in German collective bargaining. In *Collective agreements: Extending labour protection*, Hrsg. S. Hayter und J. Visser: 65–92. Genf: International Labour Organisation.

Tallberg, Jonas. 2003. *European governance and supranational institutions: Making states comply*. London: Routledge.

Tombs, Steve, und D. Whyte. 2013. Transcending the deregulation debate? Regulation, risk, and the enforcement of health and safety law in the UK. *Regulation and Governance* 7 (1): 61–79.

Verband der Fleischwirtschaft. 2015. Verhaltenskodex Fleischwirtschaft. https://www.v-d-f.de/news/pm_20150723_0017/. Letzter Zugriff: 9. Mai 2019.

Vosko, Leah F., E. Tucker, M. Gellatly, und M.P. Thomas. 2011. *New approaches to enforcement and compliance with labour regulatory standards: The case of Ontario, Canada. Research Report No. 31/2011*. Toronto: Osgoode Hall Law School of York University.

Vosko, Leah F., A.M. Noack, und E. Tucker. 2016. Employment standards enforcement: A scan of employment standards complaints and workplace inspections and their resolution under the employment standards act. Ontario. https://cirhr.library.utoronto.ca/sites/cirhr.library.utoronto.ca/files/research-projects/Vosko%20Noack%20Tucker-%206A%20-ESA%20Enforcement.pdf. Zugegriffen: 9. Mai 2019.

Weil, David. 2010. Improving workplace conditions through strategic enforcement: A report to the wage and hour division. Boston University. https://www.dol.gov/whd/resources/strategicenforcement.pdf. Zugegriffen: 30. Apr. 2019.

Weil, David. 2014. *The fissured workplace. Why work became so bad for so many and what can be done to improve it*. Cambridge: Harvard University Press.

Weil, David. 2018. Creating a strategic enforcement approach to address wage theft: One academic's journey in organizational change. *Journal of Industrial Relations* 60 (3): 437–460.

Weinkopf, Claudia, und F. Hüttenhoff. 2017. Der Mindestlohn in der Fleischwirtschaft. *WSI-Mitteilungen* 70 (7): 533–539.

Wyputta, Andreas. 2015. Lohndrückerei in der Fleischindustrie – Zerleger werden ausgebeutet. TAZ vom 9. April 2015. http://www.taz.de/Lohndrueckerei-in-der-Fleischindustrie/!5013291/. Zugegriffen: 8. Mai 2019.